*Dem Land*
*zu Füßen der*
*Berggöttin La Rosa*
*gewidmet*

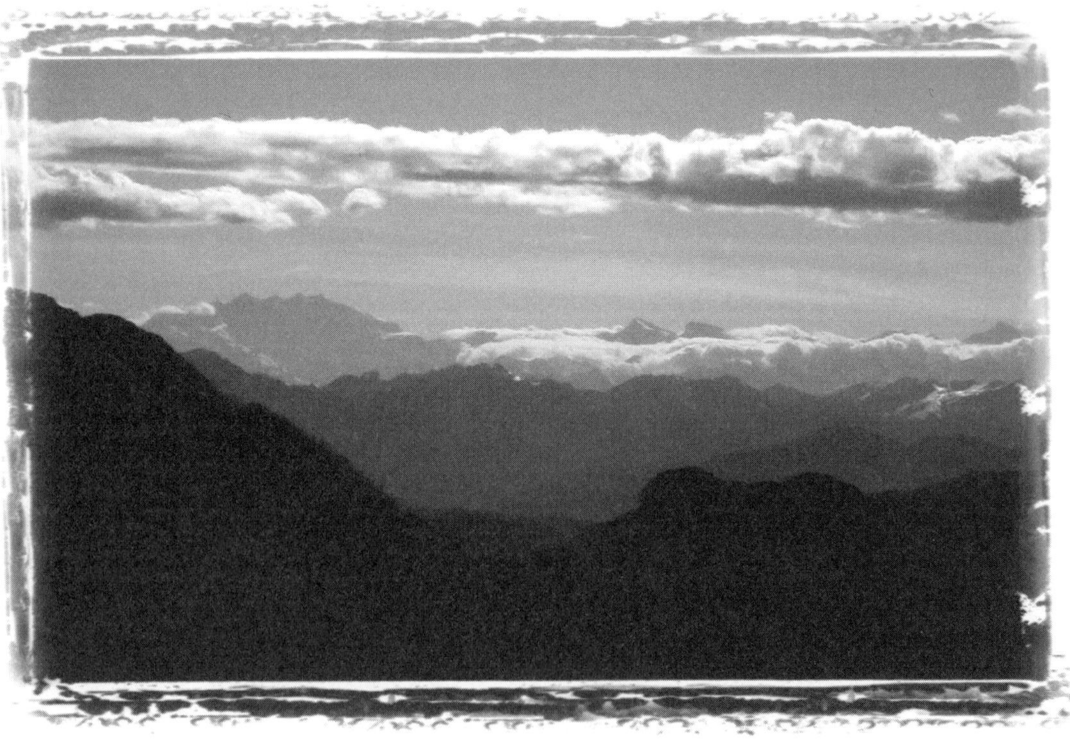

Shanti E. Petschel

# Reifeprüfung Wildnis

## ...endlich erwachsen werden...

Jugend-VisionsSuche
Initiation in modernen Zeiten:
Wie werden aus Kindern Männer und Frauen?

Mit Beiträgen von
Helen U. Schulz, Geseko v. Lüpke
und Iréne Kraus

Arun

Shanti Eberhard Petschel

Jg. 49, Vater dreier erwachsener Söhne.
20 Jahre Praxis der Heilpädagogik in Diakonie und Caritas. Ausbildungen: u.a. Trommeln, Aquatische Körperarbeit, Therapie prä- und perinataler Schockzustände und Hawaiianischer Schamanismus. Seit 1993 Leitung von Visionssuche-Gruppen für Jugendliche und Erwachsene in alpiner Wildnis. Ausbildung bei der School of Lost Borders, Kalifornien. Gründer und Leiter der CreaVista Academy: Unterstützung, Begleitung und Gestaltung von Lebensübergängen; Ausbildungen für Visionssuche-Leiter, Perma-Kultur und Change-Agents.

Lebt im Monte Rosa Gebiet, Nord-Italien


Arun-Verlag, Engerda 28, D-07407 Uhlstädt-Kirchhasel,
Tel.: 036743-233-0, Fax 036743-233-17.
email: info@arun-verlag.de, Internet: www.arun-verlag.de
Titelbild: Shanti E. Petschel.
Lektorat: Martin Pulz, Ulrich Imrich, Helen Schulz, Ute Graf, u.a.
Buchgestaltung: Arun.
Fotos: Shanti Petschel, Helen Schulz, Georg Nemec, Hermann Weber.
Gesamtherstellung: Spauda AG, Litauen.



ISBN 978-3-935581-64-6

# Inhaltsverzeichnis

Wir danken allen Visionssuchern von Herzen für die Bereitstellung von Texten, Bildern und Tagebuchaufzeichnungen und für die Erlaubnis sie hier zu verwenden.

Die VisionsSuche-Namen sind fiktiv und in Englisch. Sie sind Symbole, die die jeweilige Geschichte zusammenfassend beschreiben.

Aus Gründen des Personenschutzes sind alle Namen im Buch verändert.

Mögest du in interessanten Zeiten leben!

Alter Chinesischer Segenswunsch

(oder war das etwa ein Fluch?)

Als Kind konnte ich Glockenblumen läuten
Die Morgenperlen schüttelte ich ab
Es war, als ob sie sich darüber freuten
Und fielen glitzernd in ihr kühles Grab

Ich liebte dieses lustig bunte Treiben
Die Blumen waren jeden Morgen da
Es schien als würde alles ewig bleiben
Ein Farbenmeer in dem so viel geschah

Doch bald fand ich mich ein mit all den andern
Dort wo man für sein Wissen Zeugnis kriegt
Wir durften rechnen lesen schreiben wandern
Jetzt kams drauf an daß man beim Spielen siegt

Die Blumen muß ich jetzt beim Namen nennen
Die Morgenperlen waren Wasser nur
Ich mußte Primeln Raps und Krokus kennen
Und lernte fleißig doch gebückt und stur

(...)

Aus: „Nie wieder Frieden kriegen“ von Thomas Felder (deutscher Liedermacher)

*Ready for take-off*

Liebe Leserin, lieber Leser,

in einem zunächst verwirrend erscheinenden Spiel führt uns der Autor aus verschiedensten Blickwinkeln in das Thema „Reifeprüfung Wildnis“ ein.

Von den Naturwissenschaften zur Philosophie und Psychologie, von Spiritualität und Heiligem in die alltägliche Lebensbewältigung, baut er immer wieder Brücken zu unseren Ahnen und zur Natur und zeigt damit auf, wie verwoben und untrennbar alles einen Ursprung hat.

Liebevoll und detailliert durchwebt er das Thema mit wissenschaftlichen Erkenntnissen, eigenen Einsichten und den tiefen Erfahrungen der jungen Frauen und Männer, die bereits an JugendVisionsSuchen teilgenommen haben.

Er zeigt auf, wie komplex und differenziert das Wissen und die Einsicht der Menschen über sich selbst inzwischen geworden ist, und wie groß das Bedürfnis ist, dieses Wissen mit den Gefühlen, Handlungen und Wertvorstellungen in Übereinstimmung zu bringen

Hier entsteht die Vision von einer „Initiation zur Ganzheitlichkeit“, die unserer technokratischen Gesellschaft noch bevorsteht.

Die JugendVisionsSuche wird in einen global soziokulturellen und entwicklungspsychologischen Zusammenhang gestellt, und der Leser erhält einen deutlichen Einblick in die Zielsetzung und Intention dieses Initiationsrituals und seiner prägenden Elemente.

Nachdem meinen Erwartungen und vorgefaßten Meinungen immer mehr der Boden unter den Füßen entzogen wurde, ließ ich mich fallen und nahm die Herausforderung an, in der „Wildnis des Wissens“ eigene Zusammenhänge und Prioritäten zu setzen. Die Spur wurde einfallsreich gelegt. Beim Lesen wußte ich manchmal nicht mehr: ist es mein Chaos, das Chaos des Autors oder das Chaos unserer gigantischen Informationsgesellschaft, das mich herausforderte.

Ich stellte mich dieser Aufgabe. Es wurde mir leicht gemacht durch den bildhaften Stil und das profunde Wissen des Autors, die immer wieder Neugier und Lesefreude weckten.

Meiner Meinung nach ein Buch, dessen Lektüre auch als Initiationsritual zum mündigen Leser bezeichnet werden kann.

Viel Spaß beim Lesen
Ulrich Imrich

# Danksagung

Gewidmet in tiefer Dankbarkeit meinen Müttern Olga und Dora.

Meinem Vater Franz Petschel für die Kunst des Pirschens, meiner Mutter Olga für den schrecklichen Blick auf die Unausweichlichkeit des Todes, meiner Stiefmutter Dora für den Glauben an mich selbst, meinen Geschwistern Angela Madhurima Petschel, Franz Akam Petschel und Gerhard Petschel-Held für die unzähligen Erlebnisse der Jugend, für geistige Autonomie, listige Schlagfertigkeit und wissenschaftliche Sorgfalt – und einen erleuchtenden Vollrausch; meiner Patentante, Eva Stahmer, für die Bewahrung meiner Seele, Cassandra Petschel für unsere drei prächtigen Söhne David, Daniel und Jakob: Ihr habt mir die Augen, die Ohren und das Herz geöffnet.

Peter Sturm für seine unbequemen Wahrheiten, Birgit Parna Vogl für die Anerkennung eines schmerzenden Verlustes, Robert Schneider für eine schamanische Klangreise, Albert „Ali" Schmidt für die Ausdauer im sanftmütigen Kampf an der politischen Front, Rudolf und Uli Ackermann für die gemeinsame Entdeckung und Pflege meiner Kreativität, Petra Kelly für den Mut selbstständig zu denken und authentisch zu handeln, Wolf Gaudlitz für einen taufrischen Morgen des Lauschens, Roland Strasser für Kameradschaft während der dunkelsten Zeit, Hans Attenberger und Robert Rückerl für musikalische Geduld, Roland Paul Obermayer für den Blick hinter die kristallene Wand, Amma Amritanandamayi für die Umarmung des Lebens, Osho für den feurigen Tritt in meinen Hintern, Semu Huaute für den entscheidenden Schnitt durch den alten Schleim, Jalum Baigal Banyallam für den vollen Kontakt zur Erde, Samuel Widmer für die Madonna mit dem Kinde, Famoudou Konate und Uschi Dittmar für die Explosion der Lebensfreude an meinem 49. Geburtstag, Uhuru Uhl für das Entdecken der kollektiven Erleuchtung, Susan Pa'iniu Floydd für den lichten Tanz der Berührung, Lanakila Brandt für den Tanz des Alterns, Kailash, Brother Miten und Deva Premal für die stille Ekstase, Harold Dull für das Getragenwerden im warmen Wasser, Steven Foster für das Mitgefühl des Großvaters, Meredith Little für eine wunderbare Party in ihrer Küche, Annie Brook für das Pulsieren der Erde, Arjana Brunschwiler für den unendlichen Flug unter Wasser, Peter Schröter für die wilde, freie Kraft der singenden Männer, David Sawyer für die Befreiung meines Atems, Bali Helwig Schinko für das gemeinsame Staunen unter Brüdern, Thomas Görner für den Mut zur unbequemen Wahrheit, Stefan Fäsch für die Alchemie seiner wilden Klänge, Moni Schmidt für eine ungebrochene Zuneigung, Alexander Georgeakopoulos für die Sprache des Tanzes, Karin Mitterbauer für den Reichtum der rhythmischen Spiele, Rosetta Tuffano für die Liebe einer Tochter, Coleridge Daniels für die Taufe der Wildnis, Geseko von Lüpke für Freiheit im Denken, Irmtraut Schäfer für die Einladung zum Trommeln und allen anderen für die Wahrheit der Begegnungen...

# Prolog

An erster Stelle gilt mein tief empfundener Dank meiner langjährigen Gefährtin und Arbeitspartnerin Helen Schulz. Ohne sie wäre meine Arbeit mit Naturritualen und auch dieses Buch wohl kaum entstanden.

Sie ist mir in den vielen Jahren der Fährtensuche eine mutige, weise, inspirierende und präsente Partnerin gewesen. Ihre Fragen, Ideen, Vorschläge und beherzten Taten haben immer zu einer inhaltlichen Verfeinerung, gehaltvollen Vertiefung und klärenden Präzisierung der gemeinsamen Arbeit geführt. Und stets kann ich bei ihr spüren, wie sehr ihr das Leben der Menschen im Kontext der Natur von Bedeutung ist ... und daß sie mit großem Mitgefühl, klarer Motivation und liebevoller Entschiedenheit, dabei instinktsicher und intuitiv, das „Missing Link" findet, wenn die Dinge ins Stocken zu kommen drohen. Nicht nur die jungen und die gereiften Frauen, die zu uns kamen, waren von ihrer zutiefst menschlichen Kraft beeindruckt und berührt, sondern auch die jungen Männer, die vielleicht gerade erst vor den Ablösungskonflikten mit ihrer eigenen Mutter davongelaufen waren.

Es ist ihr Verdienst, daß unsere Arbeit durch ein Gleichgewicht von weiblicher und männlicher Kraft getragen ist. Wenn ich in den Texten dieses Buches also von „wir" und „unser" in Bezug auf die Arbeit mit Naturritualen spreche, meine ich damit Helen und mich.

Gemeinsam haben wir in Italien, den USA und Deutschland die fließenden Künste WasserShiatsu und des WasserTanzens gelernt und in Tausenden von Stunden die Künste der Therapie über und unter Wasser studiert. Aufgrund unserer gemeinsamen Begeisterung und entschiedenen Hingabe an diese wunderbar heilsame, entspannende „Arbeit" haben wir das *Institut für Aquatische Körperarbeit* gegründet und seit 1993 eine fundierte Ausbildung für Wassertherapeuten entwickelt. Wir wurden in viele Länder eingeladen, wo wir die Aquatische Körperarbeit weitergeben durften: Österreich, Schweiz, Italien, Spanien, Israel, Island, Norwegen, Holland, Hawaii und Chile wurden zu unserem Wirkungskreis. Unsere Reisen in diese Länder waren immer auch vom tiefen Interesse für Land und Leute geprägt und so haben wir manch unvergeßliche Begegnung mit der Ursprünglichkeit, Schönheit und Wildheit dieser Länder miteinander geteilt. Wir konnten hautnah erleben, daß der Aufbruch ins Unbekannte ein weltumspannender Prozeß ist und daß es überall Menschen gibt, die die Zeichen der Zeit in Gesellschaft und Natur erkennen und sich auf den Weg gemacht haben. Wir haben das feine Netzwerk spüren können, das sich mehr und mehr mit Leben füllt und durch reiche Information vibriert. „Information", ein magisches Wort, wenn man es im gestalterischen Sinne versteht: Wir ändern unsere Form, kommen in Form, wandeln unsere Gestalt! Und es klingt auch die Tatsache an, daß das Materielle aus dem Geistigen seine Formung erhält...

Einer besonderen Qualität sind wir auf den winzigen Perlen im weiten Pazifik, den Inseln von Hawaii, begegnet: Lomi Lomi Nui, die berühmte unvergleichliche Tempel-Massage. Es war sehr schnell klar: Das wollen wir lernen, *„that's definitely holy, man!"*

Wir haben Hawaiianische Heilkunst studiert und uns in Maui, Kauai und Hawaii (Big Island) zu *Kino Mana Lehrern* ausbilden lassen..., und in den Jahren danach diese ursprünglich im alten Hawaii als Initiationsritual bekannte Massage mit einer Schar aufgeweckter junger Leute als Übergangsritual ins Erwachsenwerden erprobt.

Diese jungen Männer und Frauen sprechen noch heute, nach über 10 Jahren, von der wichtigsten und einer der schönsten Erfahrungen ihres Lebens, fordern uns auf, damit weiter zu machen.

Gemeinsam haben wir zur Jahrtausendwende die Ausbildung in *Pränatale Integrative Aquatic-Therapy* bei Dr. David Sawyer, Annie Brook und Myrna Martin begonnen. Die Erfahrungen mit dem eigenen Erleben des Sterbens alter erstarrter Muster und ihres Wandels in ein fließendes Neues sind für uns beide zur Quelle stetiger Inspiration für die Arbeit mit Schwellenritualen drinnen wie draußen geworden.

Von ganzem Herzen möchte ich mich bedanken bei all den Menschen, die uns in den vielen Jahren unserer VisionsSuchen begleitet haben, und bei denen, die selbst den Schritt wagten, hinauszugehen und neue, wilde Erfahrungen mitbrachten.

Sie haben uns in alten Künsten unterrichtet. Sie haben es möglich gemacht, daß wir einen lange vergessen geglaubten Schatz heben konnten. Sie haben uns geholfen, vergilbte Karten zu lesen, altes Wissen zu entschlüsseln. Schritt für Schritt, mit der Achtsamkeit des Waldläufers, kamen wir miteinander auf die Spur.

Diese Spur führte hinaus aus der Umfriedung unserer Komfortzone. Wir suchten etwas, ohne genau zu wissen, was es war. Eines jedoch war klar: Zu finden war es nur jenseits aller Beschränkung, städtischer Alltag stand im Wege.

Wir mußten lernen, die Witterung des uralten Pfades aufzunehmen und es auch mit den unangenehmen Seiten dieser Witterung dort DRAUSSEN aufzunehmen. Intuition, Vertrauen und eine eigene Vision zu entwickeln, konnte nur gelingen, wenn wir bereit dafür wären, naß zu werden. Naß, bis auf die Haut, ja bis auf die Knochen! Wir hätten keinen Schutz, müßten alles fühlen und verantworten, wenn wir uns auf DAS ALLES einlassen wollten. Hohe, nein höchste Herausforderung, auf allen Ebenen: nichts mehr und nichts weniger!

## Was aber war es, das wir dort draußen suchten?

Was machte die unberührten Wälder in den wildesten, abgelegensten Gegenden Mitteleuropas für uns so attraktiv? Warum waren wir so ausgeglichen, wenn wir von tagelangen Wanderungen jenseits der Baumgrenze zurückkamen, wo wir kaum miteinander gesprochen hatten, nur Stunde um Stunde unsere Aufmerksamkeit im Kaleidoskop der Wolkenspiele versinken und steigen ließen? Warum machte das Leben in vertrauter Umgebung wieder Freude, wenn wir langezeit nur aus der hohlen Hand getrunken hatten, erfrischt durch das Wasser, das sich aus leuchtenden Höhen ergoß? Warum träumten wir voll und üppig, wenn wir unter dem funkelnden Firmament geschlafen hatten, auf dem letzten Fleckchen Gras, am Rande der Felsenwildnis? Wie kam es, daß wir uns wie Schneekönige auf die Menschen freuten, mit denen wir sonst doch täglich zu tun hatten, nachdem wir im Spiegel eines Bergsees unsere eigene Seele erforscht hatten?

In unseren ersten Jahren gab es niemanden, an dem wir uns hätten orientieren können. Keiner war da, der uns sagte, wie so etwas zeitgemäß gestaltet werden kann: eine VisionsSuche in der Wildnis. Abgesehen davon, daß es in Mitteleuropa so gut wie keine WILDNIS mehr gibt (nicht einmal in den Alpen!), erschienen die spärlichen Hinweise, die wir hatten, reichlich obskur. Geeignetes freies Land zu finden, war eine Sache, die kreative Phantasie, luzide Erinnerung und kundiges Kartenstudium verlangte, um für eine Suche vor Ort gut gerüstet zu sein. So fanden wir immer wieder atemberaubend schöne, wild gebliebene Landschaften in den Alpen Deutschlands, Österreichs, der Schweiz, Italiens und in Frankreich. Zeitweise schien mir, als könnten sich diese Gegenden selbst an ihre schlichten Geschichten erinnern und die urzeitlichen Geheimnisse frühester menschlicher und ritueller Heiligung noch heute jedem offenen Geist erzählen. Oft saß ich da, in Moos und Farn, und lauschte dem Raunen des Heiligen Flusses, der von lange verschollenen Botschaften sang und mein Herz weit und wild werden ließ ...

*Das Wilde Land*

Da half nur eine tüchtige Portion Entschiedenheit, beherzten Humors und Vertrauens in den eigenen Instinkt, die eigene Intuition und Phantasie. Das forderte von uns Erinnerung an uralte Geschichten und an ein dunkles, aber dennoch klares Bild von den archaischen Ritualen unserer eigenen Ahnen. Eine Fährtensuche mit der Nase dicht am Boden.

Aber den Hauptanteil an der sinnreichen und sinnlichen Entwicklung dieser Arbeit hatten sicherlich all die jungen Teilnehmer, die wild entschlossen waren, den Stier der Pubertät an den Hörnern zu packen und in die Knie zu zwingen. Oder wollten sie vielleicht lieber das Reiten lernen? Auch gut!

Sie alle haben einen selten gewordenen Mut bewiesen. Sie haben sich auf ein echtes Abenteuer eingelassen, das von ihnen viel, wenn nicht alles verlangt hat: vollständig sich einzulassen auf das Unbekannte, auf das Unkalkulierbare der inneren und äußeren Wildnis. Drei Tage und Nächte in einem weglosen Land zu fasten, mit keinem Menschen zu sprechen und sich den Launen der Natur auszusetzen, das ist für Heranwachsende heute wieder EINE GROSSE TAT.

Sie haben durch offene und mutige Stellungnahmen und präzise Beschreibung ihrer Gefühle, Erfahrungen, Nöte und Freuden, durch ihr beherztes und herzliches Engagement die Entwicklung unserer eigenen VisionsSuche mit vorangetrieben. Vor allem die bewußte Entscheidung, sich auf ein unbekanntes Ritual einzulassen, in unbekanntem Gelände, mit unbekannten Menschen als Leiter und Begleiter, verdient Achtung. Dieser Mut hat mich immer sehr beeindruckt und bestärkt, ebenfalls meinem eigenen Mut zu vertrauen, immer wieder hinaus zu gehen in das wilde Land. Der Ruf war im Getümmel des Alltages oft nur schwer zu hören. Doch dort draußen lebt etwas, das mich aufhorchen ließ, das mich lauschen lehrte: um als VisionsSucher auf der ganz eigenen Fährte, dann als Leiter und Begleiter, als Co-Kreator und Mitgestalter des Rituals und all seiner Voraussetzungen und Komponenten in ein für mich völlig unbekanntes Terrain vorzustoßen.

Im Laufe eines Jahrzehnts hat sich ein rituelles Format herausgebildet, das flexibel, variantenreich und transkulturell ist. Es ist modernen europäischen Verhältnissen angepaßt und kann dabei sicher und kompetent im Rahmen heutiger „Sicherheitsstandards“ durchgeführt werden. Die Vielfalt der Einflüsse, mancher Input aus anderen Kulturräumen, Traditionen und Schulen, allerlei Anregungen, Kritik, das Vorbild von Lehrerinnen und Lehrern, Kolleginnen und Kollegen aus aller Herren Länder haben das ihre dazu beigetragen, heute eine VisionsSuche als wertneutrales, hoch effektives Instrumentarium der persönlichen und globalen Transformation anbieten zu können.

Vor allem muß gesagt werden, daß es die Natur selbst ist, die in diesem Buch zu Wort kommt. Die Natur, von der wir hier reden, ist in uns ebenso existent, wie um uns herum. Wie innen, so außen! In unserem Inneren erfahren wir Zivilisation und Wildnis, genau so wie in unserer Außenwelt!

Die letzten Reste von Wildnis, die wir heute in Mitteleuropa finden (wenn es überhaupt angemessen ist, dieses Wort zu verwenden, – angesichts des unaufhaltsamen Vordringens moderner Zivilisation bis in die letzten Winkel!), zeigen immer noch die betörende, maßlose, überwältigende Kraft, die es binnen kurzer Zeit vermag, einige von uns zivilisierten Menschen in das innerste Zentrum unserer Wahrnehmung zu schleudern.

Wir sprechen von dem Ort, an dem wir diese Kraft in uns selbst finden. Unser Kraftquell, die Essenz unseres Seins, befindet sich in unserem Inneren. Wie ein ungeschliffener Diamant wirkt diese unschuldige, rohe Wildheit ausbalanciert durch wache Präsenz, durch sinnliche Aufmerksamkeit, sanfte Verbundenheit und verwurzelten Respekt vor der grundlosen Heiligkeit des Lebens. Wenn wir die Grundtatsachen des Lebens so betrachten, erkennen wir, daß alles im Fließen ist. Alles wird geboren, folgt seiner eigenen Bahn und begegnet am Ende seinem Tod. So repräsentiert also alles Natürliche, Wilde die gleiche Gesetzmäßigkeit: Endlichkeit des Daseins.

Ebenso haben wir in unserer Arbeit mit Naturritualen versucht, uns von der wilden Natur zum Kern, zum Wesentlichen führen zu lassen. Wir haben den Eindruck, daß wir uns in die richtige Richtung bewegen. Auf der Suche nach ungezähmter, wilder Natur, sind wir auf das Wilde in uns selbst gestoßen! Wir mußten und durften erkennen, daß diese Natur uns herausfordert, sanft und doch unnachgiebig, daß sie uns streng und meisterlich zwingt, in unserer eigenen Tiefe nach den stärksten Kräften zu graben.

Wir haben wieder gelernt, auf den Lauf der Sonne, des Mondes und der Sterne zu achten, dem Lauf der Jahreszeiten zu folgen. Wir haben gesehen, daß es gut ist, alte überwucherte Pfade zu begehen, zu sehen, wo unsere Ahnen Spuren hinterlassen haben ...

Jene, Die Vor Uns Gegangen Sind[1], könnten unsere Führer werden, wenn wir uns in neues, und doch uralt-bekanntes Terrain vorwagen.

Wir haben gelernt, die unscheinbaren Fährten zu lesen, die eine vergangene Weisheit auf ihrer Pilgerschaft durch das wilde Land gelegt hat. Auf diesen Pfaden neu zu gehen, kann uns helfen, einem blinden und tauben Dahinsiechen in unseren überhitzten Stuben zu entrinnen. Wir haben gesehen, daß wir unsere Sinne zu höchster Aufmerksamkeit schärfen müssen, um überleben zu können. Das eingeborene, heilige Tier in uns zu wecken, heißt: als wilder und zivilisierter Mensch wieder vollständig werden! Das Vertrauen in die Zuverlässigkeit der Natur eröffnet uns die Chance, im wilden Spiel des elementaren Lebens die Transzendenz zu erfahren: Wer mit dem Ganzen verbunden ist, kann niemals verloren gehen!

Das ist unser Mythos. Eine Geschichte, die es wert ist, an nächtlichen Feuern vor den glänzenden Augen der Kinder erzählt zu werden.

Noch immer gibt es verborgene Naturgesetze, die das wilde Terrain als Arena für das Abenteuer Leben aufspannen.

Noch immer gibt es in der Tiefe der Seelen den lockenden Ruf, aufzubrechen, sich selbst zu suchen und zu erkennen.

Noch immer suchen wir nach den sagenhaften, märchenhaften Landkarten des Glücks, nach denen wir Menschen unsere einsamen Pfade durch die Welt zu wählen haben! Müssen wir erkennen, daß wir hoffnungslos in die Irre gegangen sind? Haben wir die Wegzehrung restlos verbraucht und scharren bereits die letzten Brösel zusammen? Die Not wird immer unausweichlicher, aber unsere Entschlossenheit, ihr gemeinsam zu begegnen ebenso!

Wir werden lernen, die Krise zu überwinden, um sie zur Zukunftschance zu machen. Wir werden lernen, mit uns selbst Frieden zu schließen. Wir werden lernen, mit unserer *ganzen* Natur in Harmonie zu gehen. Wir werden lernen, das Wilde zu achten und zu ehren. Wir werden lernen, unseren Platz im Gewebe der Existenz in königlicher Demut einzunehmen. Wir werden lernen, den wahrhaft menschlichen Tanz zu tanzen.

Wir erkennen, dass wir zu beschäftigt waren, um unsere Hände leer zu machen für das große Geschenk einer bewußten Existenz! Wir haben geglaubt, wir seien schon am Ziel. Wir sind gestrauchelt und haben unseren bodenlosen Sturz für eine Himmelfahrt gehalten.

Wir haben geglaubt, wir seien schon erwachsen geworden. Wir haben geglaubt, daß auf dieser Welt alles erlaubt sei, was wir in unserem unreifen, kurzfristigen Denken für gut gehalten haben. Daß alles, was getan werden kann, auch getan werden darf, ohne daß wir die Folgen und Konsequenzen für das Leben verantworten müssen!

---

1 Formulierung aus: Steven Foster: „We who have gone before".

Wie? Haben wir uns getäuscht?

Der Preis, den wir für diese Täuschung bezahlt haben, ist immens. Wir haben fast alles verloren, was früher als menschlich, ja als heilig galt. Weil es kein Ziel mehr gibt, das unsere Wege ausrichtet, gehen wir planlos in die Irre. Weil wir die Suche nach dem Gral aufgegeben haben, bleiben wir Kinder und weigern uns, erwachsen zu werden. Wir spielen heillos mit der Erde. Wir halten ein paar Brocken glänzendes Metall in den Händen und beginnen fröstelnd zu gewärtigen, daß dies nicht der Himmel ist! Wir übertreten schamlos und tollkühn jegliche Grenze, die uns von unserem Untergang trennt. Wir jagen und vernichten unsere eigene Spezies, werden uns selbst zur Beute. Wir trinken das Blut der Erschlagenen und wittern die Rache, die wir uns selbst zugedacht haben! Wir haben uns des Schlafes beraubt, umtriebig realisieren wir all unsere schrecklichen Alpträume!

... und was noch schlimmer ist: Es scheint eine stillschweigende Abmachung zu geben, so zu tun, als wäre alles in bester Ordnung. Diejenigen, die warnend die Stimme erheben, das wahre Ausmaß des Dramas zu beschreiben versuchen, werden als „negativ“ ausgebuht. Kaltgestellt. Ignoriert. Belächelt und lächerlich gemacht.

Von ihnen verlangt man – quasi als Legitimation für ihre kritische Kompetenz – fertige Rezepte für die Behebung des Problems. Man tat so, als wären allein sie verantwortlich für das, was sie beschreiben.

Eine weitere gebräuchliche Taktik, die „Propheten des Unheils“ elegant aus dem Ring zu werfen, besteht darin, die negative Entwicklung unserer Zivilisation einer höheren Instanz in die Schuhe zu schieben. Wir behaupten, unsere kindliche Hilflosigkeit sei von dieser höheren Stelle gewollt und geplant.

*Treffen sich zwei Planeten. Sagt der eine zum anderen: „Oh, Mann, du schaust ja schrecklich aus, was hast du denn Schlimmes?“*

*„Homo Sapiens“.*

*„Ach so,“ sagt der erste, „das hatte ich auch schon einmal, das geht vorbei!“*

„Homo Sapiens“ als Krankheit, als gemeiner Virus, mit dem vielleicht ein zynischer Gott den unschuldigen Planeten infiziert hat.

Leute, die so denken, sollten die Pointe des Witzes einmal einem dreijährigen Kind erzählen, um das Entsetzen und das Unverständnis der WIRKLICHEN KINDER dieser Erde angesichts solcher Selbstverachtung zu erfahren.

Fest steht nur: Wir haben die Kontrolle vollständig verloren, die Dinge entgleiten unseren Händen, sind völlig aus dem Gleichgewicht geraten.

Dazu passend das Lied des schwäbischen Liedermachers Thomas Felder:

**Mutter Kugel**

Ich bin die Mutter Kugel und
Ich hab nur ein Gesicht
Ich bin von allen Seiten rund
Mal dunkel und mal licht

Ich bin schon alt muß man versteh´n
Ich hab schon viel erlebt
Was in mir ist das kann man sehn
Wenn´s oben auf mir bebt

In meiner Jugend habe ich
Mich tüchtig ausgetobt
Jetzt halt ich still und wende mich
Wie ich der Sonn gelobt

Im grauen Alter hat sie mir
Ein kostbar Kleid geschenkt
Ein Faunenfest samt geil Getier
Viel Frucht uneingeengt

Mein jüngstes Früchtchen ist derzeit
Ein Tier mit hohem Gang
Das macht sich breit fühlt sich gescheit
Lebt´s erst sekundenlang

In kurzer Zeit hat´s mir entstellt
Mein ehrbar Angesicht
Macht sich´s zum eignen Schlachtenfeld
Hält selber sich Gericht

Gern hätt ich diesem schönen Tier
Die Ewigkeit gegönnt
Doch hat´s aus schierer Geltungsgier
Mein Angebot verhöhnt

Wenn sich dies Früchtchen ausgebrüllt
Und ausgeblutet hat
Dann wird mein Kleid ganz aufgewühlt
Ganz wundenweh sein matt

Dann wart ich bis die Sonne mein
Verletztes Antlitz heilt
Und in der Nacht des Mondes Schein
Auf meinen Narben weilt

Wir müssen uns um jeden Preis erinnern! Mögen die Kosten, die wir zu bezahlen haben, auch noch so gewaltig werden, wir müssen uns an das Ziel erinnern. Wir müssen nach den alten Wegweisern Ausschau halten! JENE, DIE VOR UNS GEGANGEN SIND haben ihre Spuren hinterlassen, haben Wegmarken aufgestellt. Diejenigen, die WISSEN, stehen in Kontakt mit uns! Sie sprechen zu uns durch den Wind, die Wolken, durch Stein, Holz, Feuer und Wasser, durch Sagen und Mythen. Und wir alle sind Teil von ihnen. Wir alle tragen in uns das elementare Wissen.

Wir müssen den Weg frei machen für die KOMMENDEN. Wenn das menschliche Leben auf der Erde eine Zukunft hat, dann nur in unseren Kindern und Kindeskindern.

Denn wir selbst werden für sie jene sein, DIE VOR IHNEN GEGANGEN SIND! Ob sie uns dann segnen können, wird vom Ausgang der Geschichte abhängen...

Wir werden uns in den Strudel stürzen, werden den Tanz im selbsterzeugten Chaos wagen müssen. Besinnen wir uns auf die älteste aller Künste: „aus Scheiße Gold machen“.

„Den Gral suchen“ bedeutet, nach den alten alchemistischen Rezepturen forschen, in Kellern, Klüften und Grabkammern unserer eigenen Seelen suchen. Dort, wo es dunkel und feucht ist. Dort, wo wir lange alles deponiert haben, was uns ekelt, uns graust, uns unerwünscht ist. Wo uns der Drache begegnet, wo nackte Angst unsere pochenden Herzen beschleicht. Wir fürchten uns grenzenlos, vor unserer Unvollkommenheit, unserer intellektuellen Beschränktheit, letztendlich unserem völligen Versagen gegenüber dem Leben Dort, wo wir nicht hinschauen wollen, erwarten uns die alten, gefürchteten Dämonen: Scham, Stolz, Überheblichkeit, Kleinmut, Angst vor Verlust, Blamage, Begrenztheit, Arroganz, geistige Apartheid, Tod. Und doch: Dort, gleich dahinter, liegt auch der Schatz, das Ziel unserer Suche!

Wenn wir uns an das Leuchten unseres Mythos vor dem Aufbruch am Morgen der Zeit erinnern, werden wir den Weg durch die Dunkelheit finden. Wir werden gemeinsam mit unseren Kindern eine Initiation erleben. Wir werden feststellen, daß es eine uralte Einladung für uns gibt, auf dieser Erde zu sein. Wir werden staunend erkennen, daß wir selbst die Erde sind, die wir zerstören, aber auch lieben können, ... daß sich alles vor unseren Augen verwandelt und verändert, sobald wir uns selbst verwandeln und verändern!

In diesem Buch wird die Rede davon sein, wie es gelingen könnte, die Geburt des maturen[2] Erdenmenschen zu Ende zu bringen. Es beschreibt einen wichtigen Mosaikstein: Die Kraft der VisionsSuche. Es ist ein Buch über das Sterben und das Gebären, über den Neubeginn.

Es vermag vielleicht einen Beitrag zu leisten, den Übergang von einem unreifen zu einem reiferen Stadium menschlichen Daseins erfolgreich zu begleiten und abzuschließen ...

Erwachsenwerden heißt, aufzuwachen aus dem Traum der Kindheit. Der alte Mensch stirbt, das ist sicher. Aber er kann wiedergeboren werden und sein Lied in einer höheren Oktave erklingen lassen ...

Shanti Eberhard Petschel, Viganella, im Februar 2004

2 Maturität: Reife (lat. maturus), matura = Abitur, Hochschulreife (öst., schweiz.),

*matur* (sowohl als Eigenschaftswort *matur*, als auch substantivisch *Maturität*) scheint mir ein großartiges, sinngenaues Wort zu sein, um den Zustand einer natürlichen, dabei mütterliche Qualitäten realisierenden Reife des Menschen zu beschreiben. Es beinhaltet zugleich die Worte *Mater* (Mutter), *Ma*(n) und *Natur,* wie in einer innigen Verschmelzung.

So gesehen könnte es bedeuten: Mütterliche Natur des Menschen ... Das Wort wird in diesem Buch stets in diesem Sinne Verwendung finden.

# Sieh, die Erde!

*Bei Nacht sieht die Erde noch zauberhafter aus als am Tage. Irgendwo toben immer Gewitter. Bisweilen reicht das Geflimmer der Blitze über ein ganzes Viertel eines Kontinents. Zunächst empfanden wir diesen Aufruhr in der Natur als grandioses Schauspiel. Im Raumschiff war es ja ruhig. Man hörte kein Donnergrollen und spürte keine Windstöße. Alles schien still zu sein, lediglich ein Lichtspiel. Aber plötzlich kommt es dir vor, als seien es keine Blitze von natürlichen Gewittern, sondern Bombenexplosionen. Der Atem stockt vor Schreck. Nein. Nie darf etwas geschehen, das nicht wieder gut zu machen ist. Mögen über unserer kostbaren Erde immer nur natürliche Blitze und die Strahlen des Polarlichts aufflammen!*

Wladimir Schatalow, Weltraumfahrer UDSSR,
aus: Der Heimatplanet

Die vergleichsweise wenigen Menschen, die unsere Erde bis jetzt aus dem Weltraum, aus ihren schwebenden Archen und Nußschalen staunend, schockiert und zutiefst im Herzen bewegt erschauen durften, haben in ihren Zeugnissen das Bild der EINEN ERDE beschworen.

Sie sagen uns eindringlich: Der Planet ist ein Juwel von gigantischer Kostbarkeit, es gibt keine zweite Ersatzkugel im Kofferraum. Die Einheit allen Lebens ist eine offensichtliche Tatsache, die von der unendlichen, bedrohlichen und abgrundtief dunklen Schwärze des leeren Alls um uns her deutlich umrissen wird. Alles Leben, das für uns von Bedeutung ist, befindet sich auf der Erde!

Die Aussagen zurückgekehrter Kosmonauten sind berührende Zeugnisse von Menschen, die eine besondere Sicht auf unseren einzigartigen Planeten erfahren durften. Das scheint mir im Zusammenhang mit dem Thema Initiation und VisionsSuche eine stimmige Verbindung. Diese Menschen haben sich als Initiierte geäußert. Sie flogen in einer Sardinenbüchse den einsamen Pfad hinaus in die dunkle Nacht des Alls. Sie stürzten in das vollständige Erkennen und schockhafte Bewußtwerden des in sich geschlossenen Sphärencharakters unserer Erde. Sie brachen auf und ließen alles hinter sich: ihre Familien, ihre Gewohnheiten, ihre Schwerkraft, ihre Sicherheiten! Sie waren dem reibungslosen Funktionieren eines gigantischen, künstlichen Apparates ausgeliefert, dem Vertrauen in die Kompetenz anderer. Im Grunde mußten sie bereit sein, zu sterben. Die Raumkapsel: Ein schwebender Uterus. Die immaterielle Funk-Verbindung zur Erde: eine Nabelschnur bloßer, blanker Hoffnung!

Als sie aufbrachen, waren sie Zugehörige eines Volkes, Söhne und Töchter einer bestimmten Nation. Sie waren den Grenzen verpflichtet, innerhalb derer sie sich auf die Reise ins Unbekannte vorbereiteten.

Als sie im Weltall schwebten, wie in einem Kokon der Verwandlung, geschah etwas mit ihnen, das ihre Sicht der Welt verwandelte. Der Zauber begann zu wirken, das Erkennen kroch bis ins Zentrum ihrer Seelen: Ich bin ein Teil dieser leuchtenden, einsamen Kugel. Sie ist meine Mutter und ich habe in ihr eine mächtige und dennoch unendlich zarte und verletzliche Verbündete. Die Rückverbindung, spirituelles Erwachen zu echtem Erdenbürgertum, geschah in schlichter Großartigkeit. Als sie zurückkehrten, trugen sie in ihren Herzen ein Vibrieren, das anders war als alles bislang Gekannte.

Sie waren nicht mehr dieselben, denn sie waren zu Söhnen und Töchtern der Erde geworden, indem sie sich in die schillernde Kugel ihres Heimatplaneten, die sie „zum ersten Mal sahen", verliebten.

Diese Entwicklung zur reifen Erkenntnis der Besonderheit, Preziosität und Einmaligkeit der lebendigen Erde beschreibt das Grundmuster einer Initiation. Sie beschreibt die Entstehung einer seelenvollen Verbindlichkeit, die zur Verantwortung jenseits einer geforderten Moral fähig ist und bewußtes, schützendes und maßvolles Handeln gebiert.

*Wir hatten Anweisung, uns, während wir Experimente durchzuführen hatten, nicht am Fenster aufzuhalten. Da ich mit dem Antriebssystem beschäftigt war, ergab sich erst am letzten Flugtag die Gelegenheit, einen Blick nach draußen zu werfen. Aber was ich dann sah, war wirklich überwältigend.*

*Ein chinesisches Märchen erzählt von einigen Männern, die ausgeschickt wurden, einem jungen Mädchen etwas Böses anzutun; als sie aber sahen, wie schön es war, waren sie so gerührt, daß sie statt dessen seine Beschützer wurden. Ebenso erging es mir, als ich die Erde zum ersten Mal erblickte: Ich konnte sie nur noch lieben und verschonen.* (Taylor Gangjung Wang, China/USA)

Sollten wir also alle jungen Menschen einmal in den Weltraum schicken?

Wer sollte den ungeheuren Aufwand bezahlen? Deshalb sollten wir nach Methoden forschen, die diese Linie der Reifung nachzeichnen, mit einfacheren Mitteln den Effekt des Verliebens in die Erde und ihre Bewohner auf möglichst preiswerte und effektive Weise erzielen können. Und sie sollten für jeden erreichbar und nachhaltig in der Wirkung sein. Die Wiederverzauberung der Welt kann also weniger eine Aufgabe der Techniker, als ein Auftrag an die Schamanen, Heilerinnen und Pädagogen sein...

Dieses Buch handelt von der Befreiung der in Ketten gelegten, verstrickten Liebe innerhalb unserer modernen Familien. Es beschreibt einen Weg, wie junge Menschen an der Hand genommen und vor den großen klaren Spiegel der Natur geführt werden, um sich darin selbst zu erkennen. Es ist ein Buch über die Wiederentdeckung der Sinnlichkeit und ihrer Verbindung zur Liebe. Es zeigt Wege aus der Isolation, in die alle Generationen der Gegenwart geraten sind. Auseinanderfallende Familien kommen im Umfeld der VisionsSuche wieder zusammen, reden unbefangen miteinander und finden schließlich zurück zu einer ganz irdischen, präsenten und herzvollen gegenseitigen Umarmung.

Freiheit und Liebe gehören zueinander, wie Herz und Blut. Wenn die Reifung junger Menschen mit dem Freilassen und dem Erlangen einer gewissen Autonomie den Eltern gegenüber gleichbedeutend ist, dann folgt daraus Verantwortung des ureigenen Seins gegenüber dem größeren Ganzen, der Gemeinschaft.

Wie schon so viele Generationen vor uns erleben konnten, so zeigt sich auch heute wieder: So groß die Erkenntnis der Notwendigkeit und selbst die sehnlichsten Wünsche sein mögen, ist es doch schwer für die jungen Leute, sich ganz auf die eigenen Füße zu stellen.

Wenn wir uns ehrlich Rechenschaft ablegen über den Stand der Dinge, müssen wir sehen, daß es in der Geschichte der Menschheit vielleicht noch nie so schwierig war, wie gerade heute diese Wachstumsschritte zur maturen Autonomie des Erwachsenen erfolgreich zu vollziehen. Die meisten „Erwachsenen" scheinen selbst nicht wirklich erwachsen, „matur" zu sein, und produzieren folgerichtig eine pubertäre Gesellschaft. Diese pubertäre Phase ist nach unserer Auffassung der Hauptgrund für den desolaten Zustand von Gesellschaft, ökologischem Bewußtsein und Natur und erzeugt die beschriebene Unsicherheit.

Vor dem Hintergrund der globalen Bedrohung tut sich für junge Menschen in besonders bedrängender Weise die Frage auf, wie ein rettender Gedanke (ohne schädliche Wirkungen) in die Tat umzusetzen wäre. Sie sehen bereits seit frühester Kindheit mit großer Klarheit die Dramatik der menschlichen Befindlichkeit, die Konsequenzen der Verdrängung und die stille Verzweiflung in den versteckten Seelenwinkeln ihrer Eltern.

Sie wollen etwas zur Heilung der menschlichen Sphäre und der gesamten Erde beitragen, werden aber als „Menschen-Kinder" nicht ernst genommen. So kann es nicht verwundern, wenn sie die gleichen Verdrängungs- und Abwehrmechanismen der Erwachsenen übernehmen und als Schutz vor dem Schmerz der bitteren Erkenntnis wie eine feste Kapsel um ihre Seelen zementieren. Denn wir können unsere Kinder erziehen wie wir wollen, am Ende werden sie uns doch einfach nachahmen ...

Wenn sie die Pubertät erreichen, gerät das Innenleben in gärende Wallung, und das Innerste stülpt sich jäh nach außen. Die Natur trägt das ihre bei, um das Menschenkind in den Stand des „maturen" Erwachsenen zu führen. Die Frage ist dann nur noch, was Eltern, Großeltern und Mentoren zu Schutz, Ergänzung und Vervollkommnung des Prozesses beizutragen haben. Es braucht zunächst eine ernstgenommene Begleitung, eine respektvolle und von einfühlsamer Liebe getragene Einladung, Wegbegleitung und Heranführung an die Schwelle zur ganz eigenen Maturität. Erst durch eine „große Tat", als die eine mehrtägige, freiwillige Isolation von der Gemeinschaft der Menschen und ihrer zivilisatorischen Annehmlichkeiten gewürdigt wird, kann der begonnene Weg fortgesetzt werden. Vollendet wird er durch das Zurückkommen in die Gemeinschaft und die Beschreibung des Bildes, das der junge Pilger auf seinem Einweihungsweg von sich und der Welt gesehen hat. Das nennen wir Initiation.

Die in diesem Buch beschriebenen Initiationswege der Würdigung und Achtung, des Respekts und der Verbundenheit sind zugleich alte und neue Pfade der Menschheit. So wie sich in den intensiven Erfahrungen moderner Weltraumfahrer uralte Grundmuster eines Initiationspfades widerspiegeln, so finden wir in den aktuellen, neu entwickelten Formaten von erlebnispädagogischen und tiefenökologischen Wachstumsfeldern deutlich die Kriterien wieder, die alte traditionelle Initiationsriten zu unverzichtbaren Elementen eines dauerhaft erfolgreichen Stammeslebens gemacht hatten. Altes Wissen drängt zur Oberfläche und befruchtet zugleich die Entwicklung hoch wirksamer, moderner Wandlungsprozesse und Veränderungsstrategien.

Die „VisionsSuche" ist wohl eines der wirksamsten und nachhaltigsten Mittel zur Förderung dieses erwünschten Wandels.

Hier liegt ein großer Schatz, eine reelle Chance für die Familien in unserer Zeit.

Wir können den Sprung schaffen. Wir können erfolgreich sein und der Liebe, dem Vertrauen und einer hellen Zukunft für uns alle ein Zuhause geben.

*Den Respekt der Alten empfangen! Erleben, was würdigt.*

Die Zukunft wird in den Herzen der Menschen gemacht. Der Stoff, aus dem sie entsteht, ist die fließende Liebe zwischen Eltern und Kindern. Es ist die fließende Liebe zwischen den Kindern der Erde und ihren Eltern, Mutter Erde und Vater Himmel.

*Ich konnte es kaum erwarten, vom Berg herabzusteigen. Ich konnte jetzt meinen Wert für mich und für die Menschheit erkennen und stolz auf mich sein. ... und jeder einzelne Mensch ist ein Geschenk, das gewürdigt und respektiert werden soll. Die drei Tage völliger Ruhe haben mir auch in meinem Alltagsleben mehr Ruhe und Gelassenheit geschenkt, die ich jetzt völlig genießen kann. Die Beziehungen zu meinen Mitmenschen scheinen viel tiefer und offener zu sein als bisher.*

*Auch habe ich eine tiefe Zufriedenheit und großes Glück in mir selbst wahrgenommen und vor allem die Erkenntnis, keinen anderen Menschen zum Glücklichsein zu brauchen. Meinem Selbst bin ich ein wesentliches Stück näher gerückt und jeder Schritt nach innen und näher zum Wesentlichen bringt einen auch dem anderen Menschen näher, da das eigentliche Sein nicht im einzelnen Individuum steckt, sondern in der Einheit von allen.*

„Two River Song“, 17 Jahre, 1997

# VisionsSuche

## Was ist das?

# Einladung ins Leben

## Was ist eine Vision?

Vor kurzem hatte ich das Glück, mit Helen und meinem ältesten Sohn ein Konzert der Extraklasse zu besuchen. Jan Garbarek: der nordische Magier mit dem Saxophon. Seine Mitspieler: begnadete Könner. Seine Zuhörer: 3000 erwartungsfrohe Menschen, fasziniert, in einer Wolke von schlichtem Glück. Bereits nach den ersten Takten von „Twelve Moons: Summer-Winter" war ich völlig wehrlos, flossen mir mit stärksten Glücksgefühlen warme Tränen über das Gesicht. Mein Sohn David, der neben mir saß, erlebte offensichtlich das Gleiche. Um uns her sahen wir viele feuchte Augen, leuchtende Gesichter. Die wärmende Welle von unerwartet weichen, fließenden Tönen, die von einer inneren Folgerichtigkeit getragen waren, trug uns zusammen mit den anderen Menschen fort. Diese strahlende Schönheit und weite Klarheit waren überwältigend. Im Fließen der prachtvollen Klangkaskaden gab es keinen Bruch, keine Verzerrung, keine Unsicherheit. Die vier Musiker spielten wie ein einziger Mensch, innig verbunden und doch vollständig frei: Drei nach innen gekehrte Männer und eine lebhafte, tänzelnd ihre reichen Rhythmen beitragende Frau. Immer blieb die Musik am Leben, atmend, pulsierend, schillernd; schlang sich um das Thema, rankte sich um die Idee, trieb Zweige, Blätter, Blüten, sandte Düfte und Farben aus, ließ sausenden Wind, ziehende Wolken und überraschenden Regen durch das weite Konzertzelt gehen ... elementare Musik, voller Visionen einer lebendigen, wilden Welt...

Im Gespräch nach dem Konzert wurde uns etwas klar: Wir waren Zeugen der Beschreibung einer kraftvollen Vision geworden. Klangbilder waren vor unserem inneren Seelenspiegel, unserem hellen Gewahrsein erschaffen worden, und wir hatten eine Einladung erlebt, diese Bilder in unserem Inneren mitzuerschaffen. Obwohl – oder vielleicht weil – mein Sohn David, 28 Jahre alt, ein Freund und Ausübender einer ganz anderen Musikrichtung, des HipHop ist, erreichte ihn die Qualität der Musik von Jan Garbarek im Herzen. Diese Art von Musik war bis zu diesem Augenblick nicht seine Sprache gewesen. Aber als er innerlich die Einladung annehmen konnte, sich darauf einzulassen, erlebte er etwas Großartiges: eine Vision!

Wir waren uns vor allem einig darin, daß diese Musik göttlich war! Das erlebten wir hauptsächlich darin, daß jede „Frage", die musikalisch gestellt wurde, in vielfältiger Weise völlig befriedigend beantwortet wurde. Gegen Ende des Konzerts stellte sich das Gefühl ein, daß es keine Fragen mehr gab. Die Musiker hatten eine Vision, von der sie eine vollständige musikalische Beschreibung gaben. Die Beschreibung dieser Vision war so plastisch, farbenfroh, vielgestaltig meisterlich, präsent und emotional reich, daß am Ende „alles klar" war. Obwohl die Musiker, ihrer Vereinbarung gemäß, immer sehr definiert und entschieden im Rahmen des Stückes blieben – „dem inneren Gesetz ihrer Musik treu", wie David es nannte – übten sie keinerlei Zwang aufeinander oder auf das Publikum aus. Es war pure, sanfte Verlockung, liebreizender, magischer Zauber, übereinstimmendes, gemeinsames Schauen, Erkennen und Wollen. Es gab nicht einen Moment, in dem die Personen der Musiker wichtiger als die Musik gewesen wären. Sie blieben meisterliche Diener und demütige Götter ihrer Kunst: eine *Unio Mystica*.

Nach dem Konzert gingen die Menschen schweigend, aber mit einem stillen Lächeln und glänzenden Augen hinaus. Viele hielten sich an den Händen, schauten sich lange an. Zu diesem Konzert mußte kaum noch etwas gesagt werden. Im Vorbeigehen hörte ich jemand sagen: „So klingt Wilder Frieden!“

Das ist es! Genau, das was ich über Vision denke. Musik ist, so „ewig“ sie uns scheinen mag, vergänglich wie eine Schneeflocke. Sie verklingt bereits, schmilzt in dem winzigen Augenblick, in dem sie erzeugt wird. Sie ist der reinste Ausdruck einer Idee und erfordert doch höchste Präsenz und Kunstfertigkeit, Offenheit und Unschuld, Wille und Hingabe zugleich. So fein und zerbrechlich, kraftvoll und herausfordernd, wie wir die visionäre Musik von Jan Garbarek und Marilyn Mazur, Eberhard Weber und Rainer Brüninghaus[1] an diesem einzigartigen Abend in Freiburg erleben durften, ist die Idee einer VisionsSuche!

## Eine Vision suchen

Eines ist sehr selten geworden in unseren Tagen: der Frieden mit dem „Wilden Sein“, mit dem Unerwarteten der Wildnis. Die Vorstellungen davon, was Wildnis ist und was sie auch heute noch Essentielles zu unserem Leben beiträgt, sind verblaßt. Wildnis ist zur Kulisse modernen Freizeitverhaltens verkommen. Zur Abstellkammer des Unerwünschten, das man gelegentlich bestaunt, wie ein Tier im Zoo, wohl wissend, daß man sich in ein paar Stunden wieder auf dem Sofa der geordneten Surrogatwelt räkeln wird. Logische Konsequenz: In Mitteleuropa ist „Wildnis“ auf weniger als 5% der Landesfläche geschrumpft, und selbst dort, wo man Wildnis als schützenswert und unantastbar definiert hat, greift der Mensch noch massiv in den Naturhaushalt ein.

Aber: Die Wildnis ist die Heimat alles Menschlichen, denn alles was wir auf dem Weg in die Gegenwart brauchten, haben wir ihr zu verdanken! Sie hat uns gelehrt, all unsere Sinne zu gebrauchen und unser Gewahrwerden immer höher und höher zu entwickeln. Die Wildnis der Vergangenheit hat uns trainiert! Gerade ihre Vielgestaltigkeit hat den Menschen herausgefordert, ebenso variantenreich und genial zu werden, wie die wilde Erde selbst es ist. Der immense kulturelle Reichtum, den der Mensch bis heute als Erdenbürger zur Blüte gebracht hat, ist ein Ergebnis all seiner kreativen Fähigkeiten. Und diese haben sich im spielerischen und todernsten Kampf ums Überleben, durch Bedürfnis und Widerstand, Vision und Anpassung herausgeschält. Vom Drang nach der Erfüllung seiner Grundbedürfnisse, seiner Vision vom

1 CD: Twelve Moons; ECM Records.

geschützten Leben an „seinem Platz“ angetrieben, hat der Mensch in den unzähligen Familien, Sippen und Stämmen seiner Entwicklung gelernt, die Bedingungen seines Ortes zu erkennen und sich an sie anzupassen.

Es verschlägt einem den Atem, wenn man sich klar macht, wie verschieden etwa die konkreten Lebensbedingungen der einzelnen Menschen in den verschiedenen Klimazonen und Ökosystemen der Erde sind. Wie unterscheidet sich die tägliche Welt eines Menschen, der in der Trockenwüste Kalahari sein Leben gestaltet, von der eines Bewohners an der Küste des weiten Polarmeeres? Was macht den Unterschied zwischen dem Leben der Indianer in den entlegenen Hochtälern der peruanischen Anden und dem Leben der Fischer an den Küsten der verstreuten japanischen Inseln aus?

Alle mußten sich und ihre Bedürfnisse an die Gegebenheiten des Ortes anpassen, dem wilden Land lauschen und verstehen, was seinen jeweiligen Reichtum, seine Schätze und seine Gaben ausmacht. Auf diese Weise entwickelten sie ihre eigene Art um sich ihr Leben im Einklang mit der örtlichen Wildnis einzurichten.

Das Ergebnis dieser Jahrmillionen dauernden Anpassungsprozesse ist der moderne Mensch. Insofern dürfen wir sagen, daß wir durch und durch Natur sind, keineswegs von ihr getrennt! Wir haben nicht nur die Prinzipien der Wildnis zu verinnerlichen gelernt, sondern diese ist auch in unserer gesamten biologischen und sozialen Struktur umgesetzt.

Durch die hawaiianischen Heilkunst *Kino Mana (*Kraft des Körpers) kann dies unmittelbar erfahren werden. „Huna“, die praktische Philosophie der pazifischen Weiten, spricht vom Körper als wilde, unberührte Landschaft, denn es gibt dort keinen Unterschied zwischen dem Inneren und dem Äußeren. Wer die Oberfläche der Haut berührt, berührt die Tiefe der Seele. So ist es nur folgerichtig, wenn die kräftigste, Tote zum Leben erweckende Medizin des gesamten polynesischen Kulturraumes[2] eine Massage[3] ist. Das Kernstück der Massage, quasi ihr Herz, ist ein schamanischer Prozeß: Der Mensch, der sich ihrem fließenden Tanz hingibt, hat während der gesamten Dauer der Zeremonie die Aufgabe, sich sein höchstes, glückvollstes Lebensgefühl zu vergegenwärtigen, eine Vision des „auf der Skala nach oben unbegrenzten“ Glücklichseins zu entwerfen. Bei dieser überaus kreativen geistigen Aktivität helfen ihm die „Kahunas“ genannten Schamanen dadurch, daß sie ihn viele Stunden lang auf wohltuende Weise massieren...

Diese Massage ist ein Gesamtkunstwerk. Tanz, Gesang, Berührung, der Klang von Wind, Meereswellen und Wetter, die Düfte der tropischen Pflanzen und die speziellen Reize einer ausgesuchten, wilden Landschaft verbinden sich mit der uralten Kunstfertigkeit, Bewußtheit und Hingabe der Menschen zur richtigen Zeit, am richtigen

---

2 Die indigenen Menschen des gesamten Südpazifik, einschließlich der Südwestküste der USA (Chumash) und der Inseln von Hawaii wissen, daß sie ein Volk sind. Sie sehen in dieser riesigen maritimen Weltregion die gemeinsamen Wurzeln ihrer Kultur, ihrer Gebräuche und ihres Wissens um die Kräfte der Wildnis.

3 Lomi Lomi Nui, Romi.

Ort. Das tiefere Verständnis dieser ungemein ästhetischen Zeremonie erschließt das Wesen der EINLADUNG in die Gemeinschaft des Lebens.

Es gibt darin eine tief im Bewußtsein der Menschen verankerte Verbindung zwischen der inneren und der äußeren Wildnis. Bereits in der Sprache sind die Vernetzungen deutlich und lassen die Grenzen, die wir als moderne Menschen mit unserer technologischen Brille sehen, zerfließen. Die Begriffe, die ein Heiler in dieser Kunst zu lernen hat, sind allesamt fließender, elementarer Natur: Feuer, Wasser, Erde, Luft, Pflanzen, Tiere und der Mensch sind die Elemente, die gleichwertig das Leben erschaffen. Der „Götterhimmel“ als Abbild der geistigen Realitäten in dieser Weltgegend ist von Elementarkräften bevölkert, die sich besonders durch ihre wilden, ungezähmten und eigenwilligen Charaktere auszeichnen. Sie reiben sich aneinander, spiegeln den Kampf und Tanz der Elemente und geben für die Menschen ein überaus sinnliches Abbild von einem lebendigen Kosmos wider. Die menschlichen Wesen sind darin unmittelbare Abkömmlinge dieser Götter. Sie sind Freunde, Spielgefährten, Geliebte und Gegenspieler, Verbündete und Opponenten.

Ein Mensch, der heute aus unserem Kulturkreis unvorbereitet nach Polynesien hinkommt, wird verwundert feststellen, daß überall da, wo die Hawaiianer ihre Götter tanzen und spielen sehen, offensichtlich nichts als wilde Natur ist. Aber schaut man sich die leuchtenden Augen der „glaubend Schauenden“ genauer an, erkennt man das tanzende, spielende Spiegelbild ihrer geliebten Götter darin ...

## Vision des wilden Innenlebens

Das Leben in unseren Organen und Knochen, in unseren Muskeln und Zellen ist wild und ungezähmt, weil es in die Gesetzmäßigkeiten der Natur verwoben ist. Und es läßt sich auch nicht zähmen. Das ist nur in unserer Vorstellung so oder in der Werbung für die Verführungen des modernen Lebens. Wir lassen uns von den Installationen und Einrichtungen, die wir zu unserem angeblichen Komfort dem wilden Leben übergestülpt haben, blenden und täuschen lassen! Aber wehe uns, wenn wir diese Vorstellung für die Realität halten! Dann beginnt die Entfremdung des Geistes und der Seele von der körperlichen Zugehörigkeit und Grundlage. Der menschliche Geist hält sich heute für etwas qualitativ völlig anderes, etwas Besseres als das, worauf er sich selbst gepflanzt hat. Er sägt an dem Ast, auf dem er sitzt. Und schafft – wissend – ein Schicksal, das ihm Angst macht: Er wird fallen!

Das „Wunder des Körpers“ besteht für viele Menschen schlicht darin, daß er schon immer funktioniert hat, auch schon, bevor der Menschengeist dies analysieren und rational verstehen konnte. Und so mancher vermutet heute – zu Recht! –, daß das Ende des reibungslosen Funktionierens unserer Körper, das Ende einer *wilden* Gesundheit, zeitlich zusammenfällt mit dem Beginn eines gezielten, mechanistisch verstandenen Eingreifens.

Wenn etwas nicht funktioniert, ist es hilfreich, zuerst danach zu fragen, wie es funktionieren kann oder wie es funktionieren sollte. Wie bei der anfangs geschilderten visionären Musikerfahrung, der eine „Vision" vorausgegangen war, brauchen wir für die Lösung unserer globalen Probleme eine Vorstellung davon, wie „es" funktionieren sollte. Der lähmenden Angst vor dem immer gewisser werdenden Absturz, wenn unser Ast vollständig durchgesägt sein wird, muß etwas gegenüber gestellt werden. Etwas, das klar ist und von allen verstanden werden kann. Nur dann ist der Absturz zu verhindern.

Dieser drohende Absturz des menschlichen Geistes, der menschlichen Kultur, ja des gesamten menschlichen Lebens und möglicherweise eines gewaltigen Teiles der Biosphäre, auf den wir uns beziehen (das ist der Ast!), kann als die „Hiobsbotschaft" schlechthin bezeichnet werden.

„Ich möchte mit Gott selbst reden, was recht und was schlecht ist!" ruft Hiob aus, als er erkennt, daß er in der Klemme steckt. Erst angesichts seiner Ausweglosigkeit beginnt er, Präsidenten und Priester, die Repräsentanten der menschlichen Macht, nicht mehr in Regreß für seine Misere zu nehmen! Er erkennt, daß es eine Sache nur zwischen ihm und seinem persönlichen Gott ist. Und er untersucht seine Annahmen und Vorurteile, geht auf die Reise nach innen, ergründet sich selbst. Er geht auf VisionsSuche, denn er stellt die alten, tiefen Fragen, die das wilde Leben immer an den Menschen gestellt hat:

Welcher *Natur* sind die Dinge, die mich in diese mißliche Situation gebracht haben? Wie kann ich ihr entfliehen? Was habe ich verstanden, was habe ich möglicherweise mißverstanden von dem, was mich die Natur gelehrt hat? Sehe ich die Welt richtig? Was muß ich anders sehen und tun? [4]

Diese Fragen brennen jedem auf der Seele, der Schmerzen leidet. Erst im direkten Kontakt mit den tanzenden Elementen, den wilden Mächten, wird es möglich, echte Antworten mittels eigener Anstrengungen zu finden. Sie zu erarbeiten, bedeutet, den Konflikt und die lebenspendende Spannung zwischen Geist und Materie in der eigenen Seele, im eigenen Körper und im eigenen Geist zu durchleben. Und wenn wir der alten Spur folgen, die unsere Ahnen gezogen haben, werden wir diese Antworten *„draußen"* suchen müssen, dort wo das Leben noch ebenso wild ist, wie das Geschehen *„drinnen"*, in der Tiefe unseres eigenen Körpers ...

4 Deane Juhan: Job´s Body, Station Hill Press Inc., Barrytown, New York, 1987.

# Modelle gelungenen Wandels

*Da wir selbst durch und durch Natur sind, macht unser Leben erst Sinn, wenn wir es in die Natur einbetten. Die Verbindung, die wir zur natürlichen Welt haben, ist unsere Verbindung zum Selbst. Um diese Verbindung vollständig zu verwirklichen, müssen wir uns der lebendigen Erde hingeben. Sie wird das Maß und die Länge, die Weite und Breite, die Richtung und Geschwindigkeit unserer Schritte bestimmen und lenken, sie wird unser Leben formen, in die Essenz unserer Körper und Seelen einsickern, uns selbst nach Hause bringen. Erst, wenn wir dort ankommen, sind wir wieder ganz bei Sinnen.*

Coleridge Daniels, VisionsSuche-Leiter, Südafrika

## VisionsSuche, was ist das?

*Der Morgentau glitzert. Schwankende Fahnen der Igelgräser. Die Luft ist so klar, daß einzelne Tautropfen von den Sonnenstrahlen in leuchtende Juwelen verzaubert werden: Sie blitzen auf, in reinstem Purpur, Azurblau, Smaragd. Die mächtige Zwillingslärche, unter der wir uns still versammeln, steht regungslos in der Morgenstille. Aus den feinen lichtgrünen Zweigen steigt in filigranen Wirbeln Feuchte. Mit ihren dicken Wurzeln umgreift die Lärche eine große, fast völlig ebene, Felsplatte. Der Steinkreis darauf ist umringt vom Kreis der Menschen. Freude, Erwartung, Achtsamkeit liegen in der Luft.*

*Das ist der Moment der Entscheidung. Werde ich den Schritt über die Schwelle tun? Ich habe mich monatelang auf diesen Moment eingestimmt, mir vorzustellen versucht, wie es mir ergehen würde. Ich habe mich mit meinem bisherigen Leben eingehend und systematisch auseinandergesetzt. Ich habe meine persönlichen Angelegenheiten geklärt. Ich habe mich körperlich fit gemacht, meine Ausrüstung ergänzt und auf Vordermann gebracht.*

*Ich trete aus dem Kreis der Menschen über eine Schwelle aus Holz, die am Boden vor mir liegt, in das Zentrum des Steinkreises. Ich verlasse die äußere Sphäre der Gemeinschaft und gehe in das „Innen des Alleinseins“. Dieser Kreis symbolisiert mein eigenes Leben. In seiner Mitte steht der Leiter dieser Zeremonie und erwartet mich mit offenem Blick. Aus der Muschelschale in seiner Hand steigt weißer, süßer Rauch und wirbelt sanft um uns beide herum. Räucherwerk, aus Pflanzen der Hochalpen hergestellt, eine sinnliche Wohltat für meine Nase. Mit der langen, dunklen Adlerfeder in der Linken fächelt er langsam den Rauch über meinen ganzen Körper. Er blickt mir in die Augen und sagt mit warmer Stimme: „Wenn du hinausgehst, vertrau und schau! Tue es für dich und tue es für die Menschen! Tue es für Mutter Erde und alle, die an diesem Ort leben ...“*

*Und hockend, zur Erde gewandt, höre ich ihn leise sagen: „...schützt ihn und laßt ihn sicher und heil zurückkommen!“*

*Als er wieder in voller Größe vor mir steht, zittere ich und mir ist ein bißchen schwindlig. Er berührt mich sanft mit der Adlerfeder auf der Brust, gibt mir so das Zeichen, jetzt zu gehen. Ich nehme einen tiefen Atemzug, verabschiede mich mit einem Blick. Als ich über den Rand der Felsplatte trete und meinen Rucksack schultere, spüre ich schon, wie ich alles hinter mir lasse. Schon nach wenigen Schritten verschwindet der Kreis der Menschen aus meinem Blickfeld ... Vor mir öffnet sich ein weites, wildes Gebirgstal.*

„Burning Soil Dancer“, 20 Jahre

## Inventur des Lebens

Die VisionQuest ist ein uraltes Ritual zur Wiederverzauberung der Welt. Sie ist eine Perle aus dem Schatz unzähliger Generationen von Schamanen, Heilern, Zauberern und verrückten Mystikern. VisionQuest bedeutet, sich aus dem Getümmel der menschlichen Gemeinschaft für ein paar Tage und Nächte völlig zurückzuziehen und buchstäblich am Busen von Mutter Natur zu ruhen. Es bedeutet, sich bedingungslos dem freien Spiel der wilden Elemente auszusetzen, ohne den Komfort einer Behausung – sogar ohne Zelt. Es bedeutet, sich pflegen, wecken und züchtigen zu lassen von dem, was immer die Geister von Wind, Wetter und Landschaft für einen vorgesehen haben.

Ohne den schnellen Gang zum Kühlschrank, ohne den Griff in die Brotbox, das Ausweichen in die Wärme eines Suppentellers, verliert der Hunger seine sanften Haustierqualitäten: Er frißt knurrend ein Loch in den Bauch des fastenden Questers, bis die Landschaft in ihn hineinschaut und mit ihrer flutenden Schönheit das Vakuum zu füllen beginnt.

Nichts „Alltägliches“ zu tun zu haben, ist für die meisten Menschen eine große Herausforderung. Sie können ihrer „langen Weile“ nur standhalten, wenn sie dem Druck nach innen ausweichen: dorthin, wohin sie die eigenen Gefühle und Gedanken treiben.

VisionsSuche heißt auch: Drei ewige Tage fasten, auf dem nackten Leben kauen, die Geschichten und Dämonen der Vergangenheit verdauen und sich irgendwann, am Ende einer unendlichen Reise, auf eine lange Sterbenacht vorbereiten!

Es heißt erleben, wie die Ablenkung durch die *Synthetics* der Informationsgesellschaft ihre Kraft verliert und allmählich transparent wird, durchscheinend für die Bilder und Eindrücke der unausweichlichen, ewigen Gegenwärtigkeit. Natur und Wildnis sind einfach da, HIER und JETZT, brüllend in ihrer stillen Unaufdringlichkeit ...

Reines Sein dehnt sich in dir und um dich her: Du wirst als Beobachter zu Ausgangspunkt, Standpunkt, totem Punkt, Fluchtpunkt, Mittelpunkt! Vertraut und doch völlig fremd zugleich eröffnen sich dem staunenden Blick unbekannte Räume, neue

Sichtweisen: Es ist der Blick der kindlichen Kreativität, der Blick visionärer Natürlichkeit. Ob die mächtigen, frei wachsenden Bäume Antennen dieser anderen Realität sind?

VisionQuest-Rituale sind sehr alt. Wir finden ihre Spuren in den meisten spirituellen Traditionen dieser Erde. Auch unsere keltischen Ahnen kannten den Gang in die alles verzehrende, klärende und aufrichtende wilde Einsamkeit. Lange bevor wir Europäer die Macht über Natur, Kreatur und Mitmensch zum Götzen erhoben, bevor uns der alles an sich raffende, immer hungrige Rausch von Dominanz und diktatorischer Überlegenheit der menschlichen Rasse in den Taumel der Entfremdung riß, gab sich der natürliche Mensch im Ritual der Isolation dem Sog des Einatmens von Mutter Erde demütig hin.

Es ging beim Ritual der VisionsSuche schon immer darum, aus der von Menschen gemachten „Welt" vorübergehend ganz herauszutreten, hineinzufallen in die ungebändigte Tiefe, die transzendente Stille der Wildnis.

*Mein Wunsch geht in Erfüllung: Ich erwache früher als sonst. Genau zu Sonnenaufgang. Der Monte Rosa leuchtet rosa. Herrlich. Ich schaue ein bißchen im Liegen. Genieße die Stille und schlafe bald weiter.*

*Die Hitze weckt mich. Ich mag nicht mehr aufstehen. Ich bin doch noch zu jung zum Sterben! Geier, mein Tod, lacht: „Ja"! Goldadler, mein Leben, fliegt meistens, kümmert sich, schaut nach dem rechten. Er checkt die Lage und die Möglichkeiten. Als die Sonne bereits sehr hoch steht, komme ich meiner Pflicht nach: Drei Steine setzen am Postkasten.*

*Mann, ist mein Körper schwach. Ich mache lange Ruhepausen, dann suche ich noch drei Steine.*

*Ich fühle mich dem physischen Ende nahe.*

*Ein Foto von den Steinen, dann gehe ich wieder hoch zum Lager; Nach fünf bis sechs Metern kann ich nicht mehr. Krieche, um das Wasser zwischen den Felsbrocken aufzuspüren. Wasser, Wasser, wo bist Du? Ich rufe ...*

*Ich raffe mich auf und schaffe es bis zum Lager. Das Wasser stillt kurz den Durst, doch den tieferen Hunger nicht.*

„Hit by Tree", 32 Jahre, Monte Rosa, 2000

Gemeint war eine Suche an den Wurzeln des Daseins, ganz so, als ob der Mensch das sensibel forschende Schnuppern des Wolfes, das untergründige Graben des Dachses, das endlos weitblickende Kreisen des Steinadlers wieder genau so in seinem Bewußtsein widerspiegeln mußte, wie den unbestimmbaren Zickzack-Flug des Zaunkönigs, das Brausen und Wallen der grauen Gewitterwolken über den ewigen Eisgipfeln und die schlichte Tatsache, daß reines, lebendes Wasser nahe der Quelle einen Geschmack hat, der einen Dürstenden jubeln macht.

## Die Rolle der „Geburtsbegleiter"

Die VisionQuest-Leitung begleitet die Initianten wie eine „Hebamme" auf ihrem Weg durch die Nacht zum neuen Tag, organisiert in einem kleinen Team. In Anlehnung an den Übergang der Geburt, der dem Baby wie der Mutter als ganz natürlicher Vorgang zur Initiation wird, nennen wir in der VisionsSuchearbeit die hochqualifizierten Begleiter „VisionsSuche-Hebammen". Dies ist einerseits eine respektvolle Verneigung vor dem in der Gegenwart leider weit unterbewerteten Beruf der weisen Frauen und Heilerinnen, die den Kindern und ihren Müttern unschätzbare Unterstützung zukommen lassen. Andererseits ist es auch eine sokratische Metapher für einen im gesellschaftlichen Leben noch immer völlig unterschätzten Übergang.

Die Aufgaben einer Hebamme wurden in den verschiedenen Kulturen – auch in unserer eigenen – in alten Zeiten als heilig erachtet und hoch geschätzt. Sie waren Medizin-Frauen, Heilerinnen, Schamaninnen und Meisterinnen des Lebens. Ihre Kunst, ihr Wissen war unmittelbar und für jeden von erkennbarem, lebensförderndem Wert. Da sie aus Erfahrung um die Herausforderung, die Gefahren und Schwierigkeiten, aber ebenso um die Glorie, Ekstase, Kraft und Lebensfreude der Gebärenden wußten, konnten sie ihre eigene Rolle genau einschätzen: Sie waren reine Begleiterinnen auf dem Weg. Sie konnten die Mütter vorbereiten, ermutigen, stärken und den heiligen Raum schützen. Sie konnten das Baby rufen und anfeuern, die Passage erleichtern. Ihr medizinisches Wissen war tiefste Erfahrungsheilkunde: sie hatten meist selbst geboren. Traditionell war die Hebamme eine Kräuterkundige, sie stand in der Tradition der puren Mütterlichkeit. Ihr Wissen kam aus den alten Quellen, aus den Wurzeln der Matrix[1].

Die Aufgabe der „VisionsSuche-Hebamme" ist es, für die Sicherheit aller zu sorgen, und die „Geburt" der Initianten so gut wie möglich zu unterstützen. In den ersten drei bis vier Tagen bereitet sie diese auf die Zeit in den Bergen vor, zeigt ihnen das Land, weist auf konkrete Gefahren hin und in angemessenes Verhalten ein. Jeder lernt Vertrauen zu fassen, zur Führung entlang der alten Leitlinien, zum unterstützenden Energiefeld des Rituals und der Solidarität der Gruppe ...

Gemeinsam werden Motivationen und Fragestellungen geklärt, wird den Ängsten auf den Grund gegangen. Indem frei und offen geredet, nicht mehr ausgewichen wird, kann ein Schritt zu persönlicher Wahrheit möglich werden. Diese Wahrhaftigkeit, Ehrlichkeit und Authentizität sind es, welche die verborgenen Potentiale an Kraft zugänglich machen ...

Die „VisionsSuche-Hebamme" erläutert die Rituale, die während des Alleinseins durchgeführt werden können oder sollen; sie zeigt Möglichkeiten auf, wie diese auf die jeweiligen Bedingungen zugeschnitten werden können. Die Wandlungskräfte, die ein lebensprall mit dem persönlichen Sinn, mit intimer Geschichte und dem individuellen

1 lat.: Ursprung, Quelle, Mutter, Gebärmutter

Mythos gefüllter Steinkreis als symbolische Gebärmutter während der langen Nacht der Wiedergeburt freisetzt, erinnern an die Wirksamkeit des Familienstellens der systemischen Therapie; darüber hinaus werden biologische, wilde Natur und Kosmos in das Verständnis der harmonischen Systematik miteinbezogen.

Im Gelände des VisionQuest werden die Sicherheitsvorkehrungen abgeklärt, die „Telefonhäuschen“ oder „Postkästen“ eingerichtet (Kommunikationspunkte)

*Zeichen am Weg*

und Orientierungshilfen definiert (für den Fall schlechten Wetters). Es gibt mehrere Varianten, wie das Basislager als Zentrum, als Anker eingerichtet werden kann: Das kommt auf die Wahl des Geländes für die Solo-Zeit, die jeweilige landschaftliche Beschaffenheit und die Entfernungen zwischen den einzelnen Orten an. Wir haben auf unserem Platz in Piemont derzeit zweierlei Möglichkeiten: Entweder wird das große Tipi-Camp gleichzeitig zum Ausgangspunkt und Anfang der *Life Line (engl. Rettungsleine)*, oder wir steigen in ein anderes Gebiet auf und richten dort an einem zentralen, von allen Seiten möglichst gut zugänglichen Platz ein Basislager ein, das mit einem weithin sichtbaren Signal gekennzeichnet wird.

## Hinausgehen

Eine VisionsSuche (VisionQuest) ist eine alte tausendfach erprobte zeremonielle Verfahrensweise, um das Potential der natürlichen Reife aus den Tiefen des pubertären Bewußtseins an die Oberfläche zu locken. Junge Menschen brauchen eine solche Einladung und Führung (Initiation kommt vom lateinischen Wort *initiare,* hineinführen, ins Leben rufen, beginnen, siehe auch *Initiative*), um sich für das ganz andere, Unbekannte, das Erwachsensein und die damit verbundenen Herausforderungen, Pflichten und Chancen öffnen zu können.

Alle Naturvölker kannten und kennen solche Rituale der Wandlung. Die moderne Ethnologie nennt sie Schwellenrituale und verweist mit diesem Begriff sinnhaft auf die für die Reifung notwendige Grenzüberschreitung und vollständige Veränderung des inneren Terrains. Seit Jahrtausenden wurden so aus unselbständigen Kindern vollwertige, erwachsene Mitglieder ihrer Gesellschaften.

*Das Anhören der Geschichten, welche die Menschen aus dem heiligen Raum und der heiligen Zeit zurückbrachten, war für das Individuum genauso wichtig wie für die Gemeinschaft. Die Geschichten waren für die Gemeinschaft wie Nahrung, denn das Erzählte galt als Möglichkeit, etwas von Gott oder dem 'Spirit' zu erfahren. Den Geschichten derjenigen zu lauschen, die in der Wildnis gewesen waren, bedeutete, Informationen darüber zu erhalten, wie man ein gesundes ganzes Leben führt. Die Ältesten hörten zu, identifizierten die Geschenke, die die Geschichten enthielten und erläuterten sie den Initianten und der anwesenden Gemeinschaft. Sie bestätigten, daß der Initiant eine neue Phase seines Lebens erreicht hatte. Dann konnte die Gemeinschaft demjenigen auch den Platz einräumen, der ihm in der neuen Rolle gebührte.* (Meredith Little)

Eine Gesellschaft kann sich nur dann in ihrer Gesamtheit als mit der Natur verbunden und reif erweisen, wenn sie aus wahrhaft erwachsenen, weil in die Eigenständigkeit, Verantwortlichkeit und Maturität initiierten Individuen besteht.

*Jeder junge Erwachsene bringt gewissermaßen sein Gesellenstück mit aus der Wildnis. Indem er sich öffnet und erzählt, schenkt er der Gemeinschaft seine Erfahrungen aus der VisionsSuche und seinem bisherigen Leben. Das ist ein deutlicher Beitrag zur Erneuerung, zur Erfrischung und damit Heilung seiner sozialen Gemeinschaft. Denn in dem, was die junge Frau, was der junge Mann erfahren hat, liegt etwas ganz Eigenes, etwas ganz Einzigartiges, etwas völlig Neues für die Gemeinschaft.* (Ulrich Imrich, VisionsSuche-Leiter, Lehrer)

## Monomythos Schwellenritual: Sterben, um geboren zu werden

Der Kern eines jeden Übergangsrituals besteht in einem symbolischen Akt des Sterbens und der Wiedergeburt. Die rituelle Inszenierung des Sterbens bezieht aber nicht nur das Wesen ein, das zum Fasten und Alleinsein hinausgegangen ist und seine Initiation buchstäblich erleidet, sondern auch die ganze Gesellschaft, wenn nicht die ganze Welt. Dieses Sterben erkennen wir als eine essentielle Notwendigkeit im Tanz des Lebens. Wenn wir nicht Platz machen für die Kommenden, werden wir an Überalterung und Platzmangel jämmerlich zu Grunde gehen. Das ist etwas so Schlichtes und Ergreifendes, daß es die meisten Menschen heute zu vergessen scheinen, obwohl es doch draußen in der Natur überall ins Auge springt. Es ist ein Prinzip der Natur. Auf dem verrottenden Körper des Urwaldriesen sprießt das neue Leben besonders üppig, und der gesamte Humus der Erde ist das Millionen Jahre lang gereifte Ergebnis dieses Geschehens.

Deshalb sprechen wir beim Überschreiten der Schwelle hinaus in die Wildnis die Worte: „Ich tue es für mich – und für die Welt!“

Was hier am Beispiel einer Initiation an der Schwelle zum Erwachsensein geschildert wird, gilt ebenso für jede andere Lebensstufe: Es ist die „öffentliche“ Würdigung des sich vollendenden Lebensabschnittes, die dem Sterben desselben vorausgehen muß, soll es ohne Hemmnisse und Verhakungen, ganz natürlich und „leicht“ geschehen.

Und es bedarf der achtsamen und liebevollen Begleitung und des Gesehenwerdens von außen, wenn der Kampf im Inneren zur Ruhe kommen soll und der nächsten Lebensstufe den geweiteten Raum eines wachsenden Bewußtseins und einer leichter gewordenen Hingabe anzubieten hat. Immer wieder erleben wir in unserem Leben so etwas wie eine Metamorphose (Verwandlung).

So wie die Raupe nur zum Fressen geboren scheint, ist ihre Perspektive begrenzt auf den Ast, der in den Himmel ragt, das Zweiglein, das direkt zum Blatt führt, das sie und heißhungrig frißt. Aber keine Raupe, die zu früh fastet, wird je zum Schmetterling!

Wenn ihre Zeit gekommen ist, wird das Ziehen und Jucken in ihren Organen und in der ledern werdenden Haut sie dazu veranlassen, sich einen Platz zum Verpuppen zu suchen. Dort endet alles, was Raupe an ihr ist! Während die Haut zu einer stark verdickten, schützenden Schale wird, löst das Leben in ihrem Inneren alle feste Struktur fast vollständig auf: In der Puppe schwappt nur noch ursuppige Flüssigkeit!

*Was für die Raupe das Ende der Welt ist, nennt der Meister einen Schmetterling.*

Richard Bach

Diesem Raupenhunger nah verwandt ist das Verlangen nach „Eingeladen- und Aufgenommen-Werden“ durch die Gemeinschaft! So betrachtet ist Sinn und Zweck von Initiationsriten verschiedenster ethnischer Herkunft klar zu erkennen: Das jugendliche Individuum wird von der Gemeinschaft einer Prüfung seiner Reife unterzogen, darf sich im Lichte der versammelten Aufmerksamkeit aller zeigen und wird in einem Akt bedeutungsvoller, ritueller Handlungsabfolgen in die Gemeinschaft der Gruppe *eingeladen und aufgenommen*. Dieser Vorgang wird von allen bezeugt und bekräftigt.

Eine symbolische oder gar physisch vorhandene Schwelle, die als zentrales Element jeder Initiationszeremonie installiert ist, hat die Aufgabe, die Sammlung aller Kräfte des Individuums herauszufordern. Dabei spielen starke, vielleicht noch unbekannte Gefühle, die Konzentration aller Angstpotentiale und die Überwindung panischer, desorientierter Handlungsmuster eine zentrale Rolle.

*Ausblick*

Vom Standpunkt des „Hungerforschers“ aus können wir unschwer erkennen, daß wir, sollten wir erfolgreich sein auf der Suche nach Initiationsritualen, die für unsere Jugend in ihrer Situation heute angemessen und anwendbar erscheinen, eine breitere Wirkung der Sättigung erzielen dürften. Das heißt, daß der zentrale Hunger, ist er richtig erkannt, in seinem Ursprung befriedigt, seine weitreichende Wirkung entfaltet. Die in der bis dahin erfolglosen Suche gebundene Lebensenergie wird befreit und steht den Herausforderungen der neuen Lebensstufe frei zur Verfügung.

Das „richtig“ in die Gemeinschaft initiierte Individuum wird in die Lage versetzt, seinem Bedürfnis nach Wertschätzung in von der Gemeinschaft akzeptierter Weise Ausdruck zu verleihen. Die Schwellenprüfung ist ein von allen anderen in der Gemeinschaft meist selbst durchlebter Erfahrungsschatz; sie ebenfalls erleben zu dürfen, drückt für das jugendliche Individuum die Hochschätzung der Vorangegangenen und die Anerkenntnis der sich in ihm/ihr verwirklichenden Vollwertigkeit aus.

*Unsere Arbeit besteht darin, den modernen Menschen ein Übergangsritual anzubieten. Das heißt, wir führen sie durch eine Prüfung, die in vielen Aspekten den alten Initiationsriten entspricht, die zu allen Zeiten angewendet wurden, um Menschen von einer Phase ihres Lebens in die nächste zu führen. Auf diese Prüfung bereiten wir sie vor. Wir stellen sicher, daß sie in dieser Zeit der Prüfung keiner Gefahr ausgesetzt sind. Wenn sie nach dieser Prüfung wieder in die Gemeinschaft zurückkehren, helfen wir ihnen, ihre Erfahrungen zu verstehen und in ihr Leben zu integrieren. Und wir teilen ihnen mit, welche Elemente dieser Erfahrung sie erwachsen gemacht haben. Dieses Angebot wendet sich besonders an junge Leute. Wir dürfen nicht vergessen: Die Antworten auf die Fragen der Gegenwart liegen bei der Jugend. Wenn wir mit der Hilfe von anerkannten Übergangsriten wieder sichergestellt haben, daß unsere Jugendlichen wirklich erwachsen werden, dann hätten wir auch eine Antwort auf viele der Fragen, vor denen die moderne Welt steht.* (Steven Foster[2])

Jede Gesellschaft, die einen Zustand von dynamischer Harmonie erreichen und erhalten möchte, muß sich fragen, wie sie das unverbrauchte, kreative Potential ihrer Jugend in guter Weise integrieren kann. Sie muß dies schaffen, ohne den Widerstand, der in dem Vorgang jeder adoleszenten Ablösung liegt, übermäßig zu aktivieren. Sie muß Erfolg haben, ohne sich der Jugend anzubiedern oder unterwerfend auszuliefern. Das ist so, weil nur in einer Atmosphäre von Respekt und Wertschätzung die feineren Qualitäten von Zivilisation und Kultur als Fackel und Perle des Lebens von den Älteren an die Nachkommen weitergegeben werden können.

---

2 in einem Interview durch Geseko von Lüpke in: Politik des Herzens, Arun-Verlag, 2003.

# Die Phasen der Wandlung

## Trennung, Schwellenritual und Wiedereingliederung

VisionsSuche heißt Sinnsuche. Heilung der Selbst-Wertschätzung durch eine tiefe, ungestörte Selbst-Erfahrung in der Natur. Ein altes, traditionelles Übergangsritual in neuem Gewande für moderne Menschen.

VisionQuest bedeutet im tieferen Sinne: Intensives, entschiedenes Suchen und Ringen um eine Perspektive, eine Vision. Dabei ist mir der Begriff Vision ein wenig unheimlich, wird er doch heute allzu leicht mißverstanden, entwertet, überstrapaziert und zweckentfremdet. Unter *Vision* verstehe ich einen authentischen, dabei schlichten Einblick in das Wesen der eigenen Existenz. Die Auswahl der Natur als Ort des Geschehens verbindet uns mit ihren Qualitäten als Lehrmeisterin. Die Wildnis einer möglichst unverdorbenen, „rohen“ Natur bildet die heilende Grundmatrix. An der Natur muß sich alles orientieren, was Bestand haben möchte.

*Mich brennt's in meinen Reiseschuh'n*

Wir verstehen die VisionsSuche als kraftvolles Hilfsmittel im Sinne einer „Medizin“, um den harmonischen Fortgang gesunder Entwicklung zu gewährleisten und die innere und äußere Erstarrung wieder in einen dynamischen, lebendigen Fluß zu leiten. Dies geschieht dadurch, daß sich die schlummernden Potentiale erfolgreicher Lebensbewältigung zu entfalten beginnen. Sie werden durch den „heilsamen Schock“ des Alleinseins, Fastens und Der-Natur-Ausgesetzt-seins aktiviert.

Eine VisionsSuche umfaßt drei elementare Phasen, deutlich voneinander zu unterscheidende Wirkungssphären. Diese sind in den Strukturen der meisten Initia-tionsriten der Naturvölker wiederzufinden.

Die erste Phase des Rituals beginnt mit einer intensiven Vorbereitungszeit, in der sich die Teilnehmer über ihre Motivation und den aktuellen Stand ihres Lebens klar werden. Wer genau weiß, wo er steht, kann den gewünschten Wandel klarer fassen und schafft dadurch beste Voraussetzungen für einen erfolgreich gemeisterten Übergang.

In der Hauptphase gehen die Initianden für drei bis vier Tage und Nächte alleine hinaus in die Wildnis, um zu fasten. Diese Zeit vergleichen wir mit der Verpuppung einer Raupe, die sich im Schutz der harten Schale völlig verwandelt. Das Team der Begleiter steht in einem zentral gelegenen Basislager für eventuelle Notfälle, zur Sicherheit und Unterstützung in Krisen bereit.

Die dritte, abschließende Phase dient der Betrachtung und Würdigung des Erlebten. Dabei wird dem Initianten Gelegenheit gegeben, seine Erfahrungen zu schildern. Alle hören mit Aufmerksamkeit und Interesse zu. Dieses Zuhören stellt in seiner Vollständigkeit eine tiefgehende Motivation und Würdigung des Erzählers dar, beschreibt er doch mit seiner Geschichte die innere intime Landschaft. Im achtsamen Gespräch werden danach die Begleiter das Gehörte für den Initianten „spiegeln“, das heißt, auf seine inneren, symbolischen, psychologischen und spirituellen Gehalte hin reflektieren. Auf uralte, erprobte Weise werden die Geschichten aufgearbeitet und in das Alltagsleben integriert.

So unspektakulär dies auch klingen mag, hat es doch schon manches Leben tiefgreifend verändert. Wenige nehmen sich heute noch die Zeit, auf den Grund ihrer Seele zu blicken und einmal zwölf lange Tage der inneren Stimme und der Entfaltung der ureigenen Vorstellungen zu lauschen.

## Trennung und Ablösung

*Etwas zu beenden heißt, etwas anzufangen. Wir beginnen immer mit einem Ende.*

T.S. Elliot

Die Ablösung ist gleichzeitig die Zeit der Vorbereitung. Sie beginnt damit, daß die Entscheidung, an einer VisionsSuche teilzunehmen, ernsthaft erwogen, die Herausforderung, die darin erkennbar ist, angenommen wird. Vorbereitungen sind notwendig, sowohl auf physischer als auf psychischer Ebene. Die Absicht muß geklärt werden, und auch die Zielrichtung bedarf einer sorgfältigen Erwägung. Gleichzeitig mit dem Aufbruch verläßt der *Initiand des Lebens*[3] das „Elternhaus des Gewohnten", denn er erkennt sofort: Mit den bisher gelernten Strategien seines Lebensverlaufes hat er keine Chance, die unbekannte Herausforderung zu meistern ...

Das ruft einen intensivierten *Selbstreflexionsprozeß* hervor, da sich das junge Individuum der Frage gegenüber sieht, wie es ganz allein in der Wildnis, ohne Essen und ohne Dach über dem Kopf, standhalten kann. Ängste werden aktiviert; die Heldenreise hat begonnen. Nun ist es von entscheidender Wichtigkeit, daß die Motivation, auf die Reise zu gehen, auf Herz und Nieren geprüft wird, sonst wird sie dem Druck der Herausforderung nicht standhalten.

Die Aufgabe fordert vom Helden die vollkommene Hingabe an seine Fähigkeiten und an das Ereignis selbst. Man kann nicht üben, wie man mit einem Drachen kämpft, der jeden abgeschlagenen Kopf sofort durch zwei neue zu ersetzen weiß! Man kann kaum erproben, was geschieht, wenn das Unbekannte durch die Pforte des Jetzt schreitet.

Wie kann man lernen, der eigenen Vergänglichkeit geradewegs ins Auge zu blikken? Wie kann der junge Mensch, wenn er sich selbst im Spiegel erblickt, den Meister erkennen, der in ihm schlummert? Im Vertrauen auf seinen persönlichen Gott und seine eigenen Fähigkeiten geht er voran, auf das Unbekannte zu ...

Es ist der vollkommene Wandel, welcher solch große Angst macht! Die darin versteckte Gewißheit, daß keine Sicherheit mitgeliefert wird, wenn der Ruf kommt, aufzustehen und die Reise zu beginnen, erschüttert die Grundfesten der Persona[4]. Der Schritt ins Unbekannte ist immer mit echter Gefahr, ja mitunter auch mit Lebensgefahr verbunden. Das Vertrauen der Person kann sich „nur" noch auf „die Kraft hinter den Kulissen" beziehen, kann nur im Sprung ins Leere noch einen Halt finden! Nur wenn

---

3 Initiand = Kandidat für die Initiation; Initiant = fertig Initiierter, nach der Initiation.

4 Unser deutsches Wort *Person* leitet sich ab vom lateinischen *persona*. Es setzt sich aus *per* (durch, hindurch) und *sona* (von sonare = klingen, tönen) zusammen. Persona ist also eine Gestalt, durch die etwas hindurch-tönt ...

die Herausforderung vollständig ist, kann sie auch den verborgen schlummernden Potentialen psychischer Balance und sozialen Mutes – dem wahren Heldentum des Erwachsenseins – die Türen öffnen.

**Die wärmend Flügel unsrer Welt**

*Wie warm empfangen des blauen Planeten*
*Weit geschwungene Gestade unsere Geister,*
*Wenn wir gerade Tränen trauernd beten*
*Und in uns suchen unsren eignen Meister.*

*Wie wundersam glitzernd der Sonne Licht*
*Durch Tannenwipfel auf dem warmen Grund.*
*Wer es analysiert, versteht es nicht.*
*Nur wer es fühlt, begreift es schön und rund.*

*Die Mutter Erde liebt uns töricht Menschen,*
*Denen sie Heim gibt ohne Tausch und Geld.*
*Sie zeigt uns lächelnd uns're vielen Grenzen*
*Und lässt uns frei entscheiden, wie es uns gefällt.*

*Auch wenn der Mensch ihr nur selten dankt*
*Und blind zerstört sie und missbraucht zu oft*
*Lehrt sie im Stillen ihn des Friedens Klang*
*Und hilft ihm wenn er ist gemein und schroff.*

*Sie zeigt Gesetze ihm und immer neue Wunder,*
*Birgt jeden Einsamen mit ew'ger Treu*
*Wer sucht in ihr, der findet sich gesunder,*
*Sie zeigt den Menschen Leben ohne Scheu.*

„Listening To The Dawn“, 17 Jahre, 2004

Die alte Form der VisionsSuche gibt genaue Strukturen vor: Es ist nicht möglich, sich selbst zu initiieren. Man kann eine Initiation nicht „machen“, sondern man muß sie erleiden. Wenn wir eine VisionsSuche dem Geburtsgeschehen sinngleich setzen, ist dies erkennbar. Das kleine Kind ist auf seinem Weg durch den Geburtskanal zwar selbst aktiv, trägt wesentlich zum Erfolg der Geburt bei, aber es ist mit seinem eigenen Beitrag in ein größeres Ganzes eingebettet: die Geburt ist ein übergeordnetes, größeres Geschehen, das seine größten Auswirkungen im Körper der Mutter hat und über den Mutterleib hinaus wirkt. Seit uralten Zeiten gibt es den Beruf der „Hebamme“. Kraftvolle, weise Frauen, die der Mutter und dem Kind mit Rat und Tat zur Seite stehen.

Die „Hebamme“ stellt die Verbindung zur größeren Gemeinschaft dar. Sie bringt die Sorge, das Wissen, die Unterstützung, die Medizin, die Sicherheit und eine herzvolle Begleitung für Mutter und Kind, die in einer tiefen Übergangskrise miteinander verbunden sind.

*Für die Begleitung der Initianden waren immer die Ältesten, die Weisesten, und Erfahrensten verantwortlich. Sie schufen den Rahmen für diese Erfahrung und wachten über den sicheren Verlauf. Sie empfingen die Rückkehrer, die wie neu geboren aus der Wildnis zurückkamen. Deswegen nannte man sie „Hebammen". Und dann hörten sie sich die Geschichten der Neugeborenen an, halfen ihnen, ihre Erfahrungen zu verstehen und forderten sie auf, sie im Leben umzusetzen. Das ist eine Rolle, die unsere alten Leute nicht mehr wahrnehmen.* (Steven Foster, aus: VisionsSuche, Arun)

*Die Mittel: Klarheit, Gefäß, Führung und Echtheit*

*Die Pforte ist offen*

## Die Schwellenphase

Nach der Zeit sorgfältiger Vorbereitung wird es nun ernst! Etwas Großartiges steht an: Die jungen Menschen verlassen das Nest der Gemeinschaft und begeben sich in das unbekannte, wilde Land, jeder alleine an seinen eigenen Platz.

Sie gehen hinaus, um sich selbst dort abzuholen ...

Bereits im Morgengrauen beginnt das Ritual. Die Sonne ist noch hinter dem Horizont. Die Luft ist kühl und feucht von der Nacht, das Tipi leuchtet matt im Schein des Lagerfeuers, das in der Mitte des Kreises brennt. Wir sitzen im Kreis und so kann jede jeden noch einmal sehen. Die Gesichter werden vom Feuer erleuchtet. Es ist eine ernste, fast heilige Atmosphäre. Die klare Architektur des kegelförmigen Tipis, mit seinen elfenbeinfarbenen, lichtdurchlässigen Wänden bildet einen würdigen Rahmen. Die vier Himmelsrichtungen sind durch farbige Tücher gekennzeichnet. Der feine Rauch des Feuers kräuselt sich und schwimmt hoch oben in der Spitze des Stangengeflechtes. Durch die Rauchklappen wird er hinausgesogen in den frischen Tag. Jemand aus dem Team füttert die züngelnden Flammen mit Scheiten aus gut getrocknetem Birkenholz. Die Rucksäcke sind bereits gepackt und stehen vor dem Zelt wie eine Herde verängstigter Schafe.

Die Augen glänzen, die Gesichter sind gespannt: Es riecht nach unterdrückter Aufregung. Die Räucherschale kreist. Duftender Rauch steigt auf, eine würzige Mischung

*Eine nach der anderen treten die jungen Menschen in die offene Tür ...*

*An der Schwelle zur Solo-Zeit: sich sammeln, Segen empfangen, hinausgehen.*

aus zerstoßenem Lärchenharz, Thymian, Wacholderbeeren und Alpenrosenblättern. Die Aufregung wandelt sich in wache Aufmerksamkeit.

Wir fassen die Energien zusammen, singen ein paar Lieder, die wir in den vergangenen Tagen kennengelernt und miteinander geübt haben. Lieder, die von der Natur und ihren Wesen und Elementen erzählen. Anfangs, in den ersten Jahren, haben wir nicht schlecht gestaunt, wie leicht und gern die jungen Leute diese Lieder gelernt haben. Wir stellen jedes neue Lied gerne vor, weil wir schon viele Male erfahren haben, daß wir sie nach ein paar Tagen gut, gerne und oft singen können.

Es gibt noch etwas warmen Tee. Wie wohltuend ...

In der Runde geben wir uns gegenseitig das Versprechen, heil und gesund zurückzukommen. Dies geschieht in großer Würde und tiefem Respekt voreinander. Der Stab wandert. Das Ritual gibt uns Halt, verbindet uns miteinander. Es ist klar: Jetzt trägt jeder für sich selbst Verantwortung. Jeder muß jetzt alleine mit dem Alleinsein zurechtkommen. Jeder einzelne macht seine Erfahrungen für sich allein und ist dennoch in das Netz der Gemeinschaft eingewoben. Alle machen es so gut, wie sie können, aber sollte jemand zu Schaden kommen, wird es alle treffen! Im Falle eines Unfalles ist die VisionsSuche für alle zu Ende, denn Hilfeleistung wäre die erste vordringliche Pflicht. Das weiß jeder, denn es wurde vorher besprochen.

So flechten wir ein feines, aber dichtes und starkes Netzwerk zwischen uns. Es ist uns wichtig, alles, was in diesem Rahmen gesagt wird, auf einfachste und klarste Weise zu vermitteln. Eindeutigkeit, Klarheit, Echtheit, das sind die Ingredienzien eines wirkungsvollen Rituals. Wir beziehen uns auf das Morphische Feld der alten Schwellenrituale.

Jeder der jungen Initianden hat die Möglichkeit, noch einmal „seinen Satz" laut und deutlich für sich selbst und alle anderen auszusprechen. Warum gehst du hinaus? Was möchtest du für dich und die Welt gewinnen? Wer ist der junge Mann, die junge Frau, die das alte Ritual durchläuft? Was sind die Gaben, Kräfte, Geschenke und Taten, die diesen besonderen jungen Menschen auszeichnen? Was ist die Farbe des Mutes? Wie sieht ein Mann aus? Woran erkennt man eine Heldin?

So mag eine Stunde verstreichen. Dann kommt der große Augenblick, wenn alles bereit ist, wenn alles geklärt und gesagt ist. Alle sind nun bereit, beherzt hinauszugehen, sich selbst in der zu Wildnis begegnen, die eigene Wildheit zu erfahren, den Raum hinter der Langeweile kennen zu lernen, das Geheimnis der Stille zu erahnen. Muß ich vor meiner Angst immer zurückweichen? Die Leiter des Rituals sind hier ein wenig wie die Rabeneltern: Sanft aber bestimmt werfen sie die Jungen aus dem Nest. Aber es kommt sehr selten vor, daß jemand an dieser Stelle des Rituals nicht ohnehin den starken Drang verspürt, endlich hinauszugehen. Denn schließlich haben sich die jungen Initianden lange vorbereitet und mit ihrem Vorhaben auseinandergesetzt.

Die Tür des Tipis wird geöffnet, ein dicker, verschraubt gewachsener Ast von etwa 60 cm Länge liegt als Schwelle deutlich sichtbar auf dem Boden.

Einer nach dem anderen treten die jungen Menschen in die offene Tür, der Blick geht hinaus in den aufsteigenden Morgen. Aus dem Tal steigen Regenwolken herauf, die Sonne ist verschwunden ...

Vor der Schwelle, werden sie von den Ältesten gesegnet und würdevoll verabschiedet. Noch einmal werden Sie eingestimmt auf ihre Kräfte, ihre erhoffte Vision, ihre Helfer und unsichtbaren Begleiter, auf ihre Eltern, Geschwister und Vorfahren und auf die Kräfte des Platzes. Mit dem Satz: *„Ich tue es für mich und die Welt“* tritt der junge Mensch über die Schwelle, schultert seinen Rucksack und verläßt still das Basislager. Jetzt ist er nach dem Willen des Rituals „unsichtbar“, ein Schatten in der Schwellenwelt. Das Verpuppungsstadium hat begonnen.

## Aufbruch zur Heldenreise

Wie in den alten Mythen und Märchen beginnt alles damit, daß sich der „Held“ vor eine Herausforderung, gestellt sieht, die ihm keine Ausflucht läßt, da seine bisherige Welt zu klein geworden ist. Es ist eine Prüfung, der er völlig allein gegenübertreten muß. Er verläßt den Rahmen des Vertrauten, den Schutz der bemutternden Gemeinschaft um sich in der inneren und äußeren Wildnis zu bewähren.

Denn jetzt ist der junge Mensch an einem Punkt seines Lebens angelangt, an dem es, keine Wiederkehr in die Kindheit mehr gibt. Die Kindheit stirbt!

*Die Pubertät ist unbestritten eine besondere biologische Schwellensituation in der Entwicklung eines Menschen. Es ändert sich alles: der Körper, die Gefühle, das Rollenbild. Auch die Anforderungen, die die Welt an die Jugendlichen stellt, verändern sich: Plötzlich öffnen sich neue Beziehungsmög-lichkeiten, neue Verantwortungen sollen übernommen werden, persönliche Werte sind gefragt, die Berufswahl steht an. All diese massiven Veränderungen finden in dem knappen Zeitraum zwischen dem elften und zwanzigsten Lebensjahr statt. Der Vollzug dieser grundlegenden Wandlung aber zeigt sich nicht auf der biologischen Ebene, sondern läßt sich nur sozial definieren: durch die Kompetenz, dauerhafte Beziehungen selbständig zu gestalten und Verantwortung in Familie und Beruf zu übernehmen. Mit 18 Jahren soll der junge Mensch als gesetzestreues, sozial verantwortliches, selbstbewußtes und ordentliches Mitglied der Gesellschaft dastehen.*[5]

All das sind große Veränderungen, die Angst machen, in einer Zeitepoche, die von verdrängten Ängsten vor der Zukunft und steigenden Herausforderungen an das Erwachsensein gekennzeichnet ist. Sie vollziehen Sich vor dem Hintergrund einer Gesellschaft, die sich in großen Teilen dem banalen Spaß und der egoistischen Oberflächlichkeit verschrieben hat und erklärtermaßen weder „den Nerv" hat, noch die Zeit aufbringt, ihren jungen Leuten den „Schuhlöffel zu halten".

Sollte die Erkenntnis, daß es die jungen Menschen heute so gut haben, wie nie zuvor, (denn sie „haben ja alles"), dazu führen, sie im nächsten Atemzug als verhätschelt, verzogen und verwöhnt abzustrafen, begehen wir einen tragischen Fehler. Denn sie brauchen uns jetzt!

Erst müssen sie den Schritt über die Schwelle zum reifenden Erwachsenwerden vor aller Augen vollziehen dürfen, um sich im Leben dann folgerichtig bewähren zu können. Es gilt, den dunklen Schatten unter den Augen auf den Grund zu gehen und sich mit der eigenen Dunkelheit auseinanderzusetzen!

Warum kiffst du auf Teufel komm raus? Du ruinierst deinen brillanten, lebendigen Geist, weißt du das nicht, junger Mann? Versuchst du, die Vergangenheit im betäubenden Dunst zu ersticken, alles zu vergessen, was in deinem jungen Leben bisher war?

Und du, junge Frau? Ersäufst du deine Träume von einem guten Leben in bunten AlkoPops? Hast du bereits vor dem Start ins Leben alle Hoffnung sausen lassen? Welches sind die Dinge, die dir so viel Angst machen?

Anstatt einer demütigenden und meist weder möglichen, noch sinnvollen Flucht, wählen Helden also den Weg des größeren Widerstandes, gehen dorthin, wo sie die größte Angst erwartet. Allein das macht sie schon zu Helden, denen allerhöchster Respekt der Gesellschaft gebührt!

---

5 Silvia Koch-Weser, Geseko v. Lüpke, VisionQuest, Ariston, 2000.

In unseren Mythen und Märchen sind solche Orte dunkle Drachenhöhlen, unermeßlich große und gefährliche Wälder, unendlich ferne, von fremdartigen und nicht gerade zartbesaiteten oder gar freundlich gesinnten Wesen bewohnte Gegenden. Man fragt sich unwillkürlich, was die jungen Helden dazu treibt, sich mit allem und jedem anzulegen, und was sie dabei zu gewinnen hoffen. Sie möchten keinesfalls weiter als Kinder gesehen und behandelt werden. Ihr Hunger nach einem alle Grenzen sprengenden Erleben ist gewaltig und die Suche nach Bestätigung und Erkanntwerden ist bedingungslos, obendrein auch gar nicht mehr umkehrbar, hat sie erst einmal begonnen. Eine natürliche Grenze im Leben ist erreicht. Innerer und äußerer Ort der Kindheit werden (oder sind) zu eng, zu klein. Das Kind muß „sterben" und einem neuen Wesen Platz machen: dem Jugendlichen, dem jungen Erwachsenen.

## Der alte Pfad

*Was du ererbt von deinen Vätern, erwirb es, um es zu besitzen!*

(aus der EDDA)

Der Weg hinaus ins Freie ist steil, steinig und unbekannt. Die Knie zittern leicht und im Magen rumort ein flaues Grausen. Drei einsame Tage und drei lange, dunkle Nächte im Gebüsch, im Wohnzimmer von Schnecken, Schnaken und vielleicht unfreundlichen Schlangen. Wer weiß, was es dort draußen alles gibt?

Nichts zu essen! Zu trinken nur kühles Quellwasser ... und unausweichlich wie eine wachsende Gewitterwolke die drohende Frage: Was will ich jetzt mit mir selbst anfangen?

Erinnerungen werden aktiviert, und auf dem Weg und Verarbeitens begleiten die Wesen der Wildnis unsere Helden mit stiller Selbstverständlichkeit. Wolken, Felsen, Wurzeln, Pflanzen und Tiere, aber auch Wetterbedingungen, Landschaftsformen, die endlose Weite und das Licht des Sternenhimmels können zu hilfreichen Projektionsflächen für innere Vorgänge werden. Das heißt, inneres Erleben wird nach außen gebracht, erlebbar gemacht. Die Verarbeitung von Vergangenheit findet einen lebendigen Bezug zur äußeren Wirklichkeit; sie wird von der Natur gespiegelt, kommentiert und bestätigt.

Wenn die Heldin zu spüren beginnt, daß das Fasten, das Alleinsein und die direkte Berührung der Natur sie vollkommen in die Gegenwart des JETZT UND HIER bringen, kann sie mühelos erkennen, daß alles, was sie ist, nur im Moment der Gegenwart existiert. Sie ist zwar durch ihre eigene Geschichte das geworden, was sie jetzt ist, aber trotz der kraftvollen Gegenwärtigkeit sind alle Erinnerungen lediglich vergangene Realitäten, Echos vergangener Zeiten. Die Präsenz der „erzwungenen", unvermeidlichen Achtsamkeit läßt den gegenwärtigen Augenblick als Essenz des Seins aufleuchten ...

*Allein in der Wildnis, drei Tage lang,*
*An eines Berges steilem Hang,*
*In langen Nächten wurde mir bang,*
*Doch aus des Tales Tiefen schallt' des Alphorns Klang.*
*Nichts essen, nicht mal das kleinste Korn,*
*Das Fasten ist manchmal ein spitzer Dorn,*
*Denn ich hatte Hunger und der Körper wurd' schwach,*
*Und über dem Kopf hatt' ich nicht mal ein Dach.*
*Doch trotz all jener schwierigen Stunden,*
*Hatte am Ende ich etwas gefunden:*

*Die Liebe hat Kraft, auch wenn ich einsam gehe,*
*Bin ich nie allein, selbst wenn ich wenig verstehe,*
*Wird die Zeit mich lehren, egal wie ich's drehe,*
*Und nun wart ich ab, bis ich die Morgensonn' sehe.*

„Listening To The Dawn", 17 Jahre, 2003

Hier liegt ein wesentliches Wirkprinzip von Schwellenritualen offen vor uns: die Trennung von den gewohnten Bedingungen des Alltäglichen, wie regelmäßiges Essen, ein Dach über dem Kopf und ablenkende Gesellschaft, Gerätschaften für jeden x-beliebigen Vorgang und Zweck, das Behütetsein durch Eltern und Familie. Durch diesen heiligen Schrecken wird der trennende Filter weggenommen, der zwischen der unmittelbaren Erfahrung und dem Erlebenden liegt. Die Pforte zu tiefen, starken Gefühlen wird entschieden geöffnet, und zuvor nur vermutete Fähigkeiten drängen an die Oberfläche.

Eine VisionQuest-Teilnehmerin, 18 Jahre, berichtet:

*Als ich bemerkte, daß es zu regnen angefangen hatte, wurde mir echt mulmig! Damit hatte ich nicht gerechnet, das war nicht abgemacht ... nach dem ersten Schritt hinaus in den Regen war alles anders. Das Wasser und die frische Luft im Gesicht veränderten blitzschnell mein Empfinden. Mir war, als würde das Wasser alle Ängste und Befürchtungen abwaschen und den Kopf klar und frei machen. Es machte Spaß, den Regen auf der Haut zu spüren. Ich hatte plötzlich Lust, in die Pfützen zu springen, zu hüpfen, zu tanzen.*

*Ich begrüßte den Regen, und er begrüßte mich. Er war jetzt mein Freund. Die ganze Situation war für mich komisch und wunderbar zugleich. Ich mußte lachen, lauthals lachen, während ich den Regen genoß. Es war richtig befreiend.Ich fühlte ein seltsam heimeliges Gefühl mitten in der wilden, nassen Landschaft! Sah ich das alles zum ersten Mal? Ich sah, irgendwie tief in meinen Knochen. Ich war mir so sicher: Hier bin ich richtig, hier kann ich sein.*

Damit dieses Gefühl von Sicherheit und Richtigkeit sich, trotz möglicherweise widriger Umstände, einstellen kann, ist eine Anbindung an das Basislager wichtig. In unserem System der VisionsSuche nennen wir das die *Life Line*. Sie ist ein Weg, von dem, ähnlich wie bei einem Baum die Seitenäste, rechts und links kleine unsichtbare Pfade ins wilde Gelände abzweigen, an deren Ende die jungen Menschen ihren Platz gefunden haben. Die *Life Line* ist ein Ausdruck der Liebe, eine Bestätigung der tiefen Verbundenheit. Sie stellt gleichzeitig ein Symbol für den Lebensbaum dar, an dessen Zweigen alles Leben gedeiht. Die jungen Quester sind neu austreibende Blätter und Blüten. Das Team der „VisionsSuche-Hebammen" und „Elders" (also der Ältestenrat) bildet im Basislager die Wurzel des Lebensbaums.

Am letzten Abend vor dem Hinausgehen haben sie den jungen Helden und Heldinnen versprochen, täglich die *Life Line* mit ihren Füßen zu „massieren“, das heißt von unten bis zum oberen Ende hinaufzugehen und nachzuschauen, ob es allen gut geht.

*Ich habe einen Platz gefunden. Einen Platz, an dem ich mich warm und geborgen fühle. Ruhe. Nicht völlige, da ich Kuhglocken höre, aber Ruhe vor den Menschen und dem anstrengenden Aufmarsch! Langsam komme ich in meditative Stimmung, bin aber zu müde, um wirklich zu meditieren. Im Übrigen ist es viel zu dämmrig. Es ist gerade eine etwas abstrakte Vorstellung für mich, daß ich die nächsten drei Tage alleine verbringen werde. Ohne Kontakt mit anderen. Bisher war es keine Frage und keine Angst vor dem Alleinsein; Angst habe ich auch nicht, aber alles ist irgendwie anders, irgendwie spüre ich ein bedrängendes Gefühl in mir. Doch ich fühle mich wohl und freue mich Morgen aufs Aufwachen.*

*Der Himmel ist wunderschön gerötet. Es wird gleich dunkel sein. Ich bin müde. Mein Baum, unter dem ich schlafe, wird mir Schutz und Geborgenheit bieten...*

„Stone Root Woman“, 15 Jahre, 2001

Bereits auf dem Weg zum eigenen Platz zeigen sich neue Qualitäten, die die jungen Leute bei sich vorher nur geahnt haben. Der Rucksack ist schwerer als erwartet, der Weg steil und lang und der Magen leer! Schnell erkennen sie, daß alles ganz anders kommt als erwartet. Sie müssen tief in sich selbst graben, um an ihr tieferes Potential zu gelangen, um ihre wirklichen Stärken ins Spiel zu bringen.

In der Vorbereitungsphase war es von großer Bedeutung, diese neu erkennbaren Fähigkeiten heraus zu arbeiten, sie zu benennen und zu würdigen. Sie werden dadurch für den Helden auf seiner Reise zu wertvollen Verbündeten und können nun im VisionQuest als Lebenskompetenzen bewußt gemacht, erprobt und gefestigt werden.

*Weit unten im Tal seh' ich jemand die Life Line heraufkommen.*
*Muß noch meine Steinmännchen aufstellen.*

*Nachdem ich bei meinem Postkasten war, öffnet sich eine große Zeitblase!*
*Einfach nur dasitzen, staunen. Ganz langsam ein Teil der Umgebung werden, zusammenfließen. Das Äußere in sich aufnehmen, das Innen nach außen stülpen. Ich atme. Der Berg atmet. In seinem Rhythmus zieht er die Wolken an, entläßt sie wieder. Wie schnell doch mein langsamer Atem noch ist, im Vergleich zu dem der Natur. Ich beginne mich der Dimension der Unendlichkeit zu nähern, genieße Zeitlosigkeit, ohne Uhr, ohne Plan.*

*Wie einfach hier alles ist und wie klar! Wenn ich Durst habe, gehe ich zum Bach hinunter. Wenn es dunkel wird, lege ich mich schlafen. Doch ich ruhe nur äußerlich ... mein Geist wandert. Die starke Energie des Universums erzeugt Ladung in meinen Körperzellen, eine positive Anspannung. Dieser Fluß der Energie schenkt mir mehr Regeneration, als ich durch Schlaf erhalten hätte. Ich lege ein altes Muster*

*Steinmännchen: 3 Tage vollendet*

*beiseite, daß der Mensch immer schlafen muß. Wie oft fühlte ich mich nach langem Schlaf den ganzen Tag träge.*

*Einmal besucht mich eine Heuschrecke, demonstriert mir ihre Singkunst mit den Hinterbeinen. Sie teilt mir mehr mit als viele schlaue Bücher: Mein Sprechen sollte ein Singen sein, mein Gehen ein Tanzen. Meine Beine tragen mich durch die Welt. Ich fühle große Dankbarkeit, daß ich mich rhythmisch fortbewegen und damit auch mitteilen kann. Singend und tanzend, klatschend und stampfend.*

*Es wird frostig kalt, meine Füße sind nur noch Eisklötze. Ein Feuer entzünde ich nachts. Ein Geschenk. Ich verbrenne zuvor abgeschnittene Haare. Beobachte den Tanz, den Gesang. Alles tönt und bewegt sich. Auch die Berge, auf ihre Art. Die aufgehende Sonne schenkt ganz anderes Licht. Hell und warm wie nie, unendlich erhaben, Lebensquell. So viel Schönheit empfangen. Die Eiseskälte der Nacht vergessen.*

„Two Raven Song“, 23 Jahre, 2001

## Wiedereingliederung

Der Weg zurück in die Gemeinschaft der Menschen führt den Berg hinab. Der Hunger der ersten Tage hat sich verwandelt. Warme Sehnsucht nach menschlichem Kontakt, echter Kommunikation und respektvoller Berührung wohnen jetzt im leuchtenden Glanz der klaren Augen, milde Schwäche in den Gliedern, glühende Stärke im Herzen ... Jedes Wort hat wieder eine tragende Bedeutung. Der Himmel, Spiegel der Seele, kann wieder Geschichten erzählen wie ein Großvater. Das Leben ist lebenswert, denn du gehörst dazu ...

Menschen, die das erlebt haben, sind sensibel geworden für das, was noch hinter dem Horizont schwebt. Sie sehen das Herz der Dinge im Verborgenen schlagen und haben den großen Strom des Lebens in seiner Majestät erblickt. Sie sind von Wind, Wetter, wirklich starken Gefühlen „naß" geworden auf dem heiligen Berg. Aber genau deshalb sind sie jetzt bereit, die Fackel des Lebens aufzuheben und sie weiter zu tragen.

Sie wissen: Sie haben von denen, DIE VOR UNS GEGANGEN SIND, den uralten Auftrag angenommen, die Perle des Lebens für die Kommenden zu bewahren.

Das ist die Initiation in das Rad des Lebens.

Die Einladung wurde gehört, und das Geschenk ist im Herzen angenommen. Der Platz in der Wildnis ist zum Kraftsymbol geworden; er ist durch den Aufenthalt eines Suchers gewürdigt und vor seinem Abschied mit liebevoller Achtsamkeit in seinen ursprünglichen, natürlichen Zustand zurückversetzt worden. (Steinkreis, kleine Feuerstelle spurlos beseitigen, umgebogene Äste richten etc.). So hat das Herz der jungen Heldin eine tiefe Verbundenheit mit dem Ort der dreitägigen Natur-Klausur entstehen lassen:

*Was zurückbleibt, könnte eine Liebeserklärung an die Natur sein. Wie kann ich die Achtsamkeit und Zärtlichkeit beschreiben, die ich vom Berg mit hierher nach Hause gebracht habe? Wenn ich die Augen schließe, und mich an den Platz setze, den mir die Naturgeister für drei Tage überlassen haben, spüre ich sofort die Verbundenheit. Ich erinnere mich an das sanfte Wiegen der Gräser. Das freundliche Plätschern des Baches klingt mir tröstlich in den Ohren. Ich fühle mich vom Wind liebkost und rieche den würzigen Geruch der Alpenpflanzen. Meine Beziehung zur Natur hat sich durch diese intensive Begegnung grundlegend transformiert in eine respektvolle Freundschaft, ganz im Bewußtsein, daß jeder Stein, jede Pflanze, der Wind, das Wasser, Sonne, Mond und Erde uns wohlgesinnt begleiten ...*

„Sitzt in Stille", 23 Jahre, 1998

Die erste Begegnung mit einem Menschen nach der „Sterbenacht im Steinkreis" ist zart, intensiv und bedeutungsvoll. Empfangen mit dem Gruß: „Willkommen bei den Menschen!" wird der/die Initiierte – ansonsten schweigend – die letzten Meter zum Tipi im Basislager begleitet.

Zurück auf der Alpe gehen die Augen auf und eine verfeinerte Wahrnehmung von sich selbst und den Verhältnissen zwischen den Menschen wird wirksam.

*Ich war auf jeden Fall sehr motzig und negativ in dieser Zeit. Den Höhepunkt erreichte das auf dem Berg. Ich wußte nicht, was ich dort sollte und warum ich mir das Ganze überhaupt antat. Aber im Rückblick war das unerheblich. Was mir diese Zeit auf dem Berg gebracht hat, war ein Riß in meinem Schutzpanzer, ich war bereit, jemanden in die Arme zu nehmen, meinen Betreuer auf dem Berg und alle anderen auch. Ich fühlte mich am Tag nach dem Berg fast wie zu Hause. Ich glaube, ich hatte ein Gefühl von Willkommensein.*

„Nosey Shell", 17 Jahre, 1998

In der wiedergewonnenen menschlichen Gemeinschaft gibt es eine erste, schlichte Mahlzeit, um sich für den Abstieg zu kräftigen. Das leuchtende Schweigen der ersten Stunde ist beredt und bedeutungsvoll.

Dann folgen drei bis fünf Tage für die Integration der Erfahrungen im Kreise der Gruppe. Wir würdigen gemeinsam in Ritual und Gespräch das Erlebnis und suchen nach praktischen Lösungen, um es ins Tägliche zu transferieren. Dabei können Herausforderungen und Chancen erkannt und genutzt werden. Die durch innere Schau, Ahnungen oder Bilder (Visionen) veränderte Lebensperspektive kann so Schritt für Schritt umgesetzt werden, um einen gangbaren Pfad für das Leben zu erschaffen ... das Tagebuch wird zum Schatzkästchen der „Medizin" für die Zeit danach ...

Ein Schrei steckt tief im Herzen eines jeden Heranwachsenden. Wenn er hervorbricht, macht er unmißverständlich klar: Ich bin da und will leben und ich werde leben. Es ist wie bei der Geburt: Der Schrei markiert einen Neubeginn. Die Passage ist überwunden, der Neuling will in Empfang genommen, gesehen, gehört und vor allem willkommen geheißen werden. Der erwachsenwerdende Mensch will heraus aus dem zu eng gewordenen Uterus der Familie, hinaus ins Freie. Mächtig drängt er in die nächstgrößere Sphäre! Er braucht weiten Raum, um seine jungen, starken Flügel aufzuspannen, denn der wirklich Erwachsene ist wie ein vollständig entwickelter Schmetterling: Er kann fliegen.

Deswegen kann diese Entwicklung nicht in engen Kammern vollbracht werden. Es muß einen Weg hinaus geben: Luft, Licht, Weite. Der Schrei muß widerhallen, bezeugt von den Felswänden, den mächtigen alten Bäumen, die mit ihren Wurzeln vielen kleinen Steinen Halt geben. Es ist unmöglich, in einem viereckigen Käfig ein freies, wildes, multidimensionales Wesen zu gebären.

Wenn das Auge frei schweifen kann, werden Horizonte transparent. In der zerklüfteten Landschaft des Gebirges gibt es keine geraden Linien. Ähnlich wie die tanzenden Wogen auf dem Ozean, spielt jeder einzelne Bergrückenhorizont mit dem nächsten. Das Bedürfnis nach Rhythmus, Wiederholung und lebendiger Variation wird angesprochen und Sehnsucht nach Schönheit befriedigt. Seele und Landschaft erkennen sich wieder als Zwillingsgeschwister, nehmen den uralten Dialog wieder auf. Herz und Verstand werden ruhig und machen sich bereit für die schlichten Lehren der Natur.

*3. Tag auf dem Berg*

*Vertrauen, Akzeptanz, Toleranz ... ergeben zusammen innere Ruhe!*

*Das war meine 'Morgenerkenntnis'! Wer diese drei Eigenschaften besitzt, hat die innere Ruhe. Und ich denke, diese Ruhe ist die schönste Eigenschaft, die man haben kann. Sie gibt eine wunderbare Ausstrahlung. Wer innere Ruhe besitzt, kann diese nach außen hin abgeben, gleichzeitig viel Power und Freude. Diese können durch Unruhe beschränkt werden, da man den Kopf nicht frei hat ... – ... Ebenso ist es mit Akzeptanz und Toleranz. Akzeptiert oder toleriert man zu vieles nicht, so denkt man ständig darüber nach und bildet ständig Gegenenergien! Man bildet ununterbrochen eine Contrahaltung, die einen vom Glücklichsein abhält. Die innere Ruhe fehlt!*

*Auf dieses Schema bin ich durch eine Fliege gekommen: ... Ich bin mit der Sonne aufgestanden, um den frühen Morgen zu genießen. Ich habe einen Hügel gefunden, der wie ein Altar wirkt. Dort habe ich den Sonnengruß gemacht, den wir bei Euch gelernt haben. Danach habe ich mich hingesetzt, gelegt, gestellt. Es war wunderschön, die Wärme der Sonne im Gesicht zu spüren, wie sie sich im ganzen Körper verteilt hat. Ich konnte die Augen schließen und ganz in mir sein.*

*Ich habe mein Gesicht ins Gras gelegt und gerochen: W u n d e r b a r ! Und dann kam eine gelbe Fliege und hat sich auf meine Hand gesetzt. In einem Moment der völligen Ruhe! Ich habe mich riesig gefreut, sie gab mir etwas Gesellschaft. Ich beobachtete sie: Sie beschnüffelte und probierte mich. Im normalen Alltag würde man diese Fliege einfach wegfitschen. Ich habe mich aber über sie gefreut! Ich wollte ausprobieren, was passiert, wenn ich meine Hand nun bewege. Ein wunderschönes Phänomen, denn: Sie blieb! Ich bewegte sie stärker, doch die goldene Fliege verweilte ... – ... Eine wunderbare Erfahrung, die mich lehrte, die Natur mehr zu achten!*

„Golden Wisdom Fly", 15 Jahre, 1998, Gottesacker

Wir müssen uns fragen, was solcherlei Initiationen in der heutigen Zeit noch für einen Wert haben können. Unsere Gemeinschaften sind vollständig anders organisiert als die archaischen Sippen, aus denen uns VisionsSuche als Ritual überliefert wurde. Der Rhythmus der Zeit ist ein anderer. Was kann es für einen Wert haben, jungen Menschen den Zugang zur Natur zu verschaffen und sie dort wunderbare Erfahrungen machen zu lassen, wenn sie in ihrem Alltag eine tiefgreifende Entfremdung erleben müssen?

Es ist wichtig, Initiationsrituale der heutigen Situation der Jugend und der Sprache ihrer Welt anzupassen. Denn am Ende wird es immer darauf ankommen, was der einzelne mit sich zurück in die Gemeinschaft trägt.

*Tatsächlich vermitteln die Bruchstücke von Initiationen, die es heute noch gibt, oft nur noch Informationen, die für die heutige Welt nur wenig relevant sind. Es war aber immer die Aufgabe von Übergangsriten, genau jene Qualitäten bei jedem einzelnen Individuum zu stärken, die für die Gesundheit und das Überleben der Gemeinschaften wichtig waren. Wir müssen uns also heute fragen: Welche Fähigkeiten können mit Übergangsriten bei modernen Menschen geweckt und gestärkt werden, die der heutigen Welt nützen?*

*... Unsere Aufgabe besteht darin, den Menschen, die hinausgehen, einen sicheren Rahmen zu bieten. Wir unterstützen sie, um Klarheit zu gewinnen, welche Veränderungen sie in ihrem Leben bestätigen wollen. Wir bieten den Raum für ihre ureigene Erfahrungen, empfangen sie nach ihrer Rückkehr und lauschen ihren Geschichten. Aber es geht um ihre Geschichte und ihre Fähigkeit, Kontakt mit dem größeren Ganzen aufzunehmen, mit ihrer eigenen Sehnsucht und ihrem persönlichen Mythos. Es gibt heute viel zu viele Leute, die sich als Schamanen bezeichnen und den Menschen mit engen Ideologien Kraft nehmen, anstatt ihnen dabei zu helfen, sie zurückzugewinnen. Wir schicken sie hinaus in die Natur, damit sie erkennen, daß sie selbst die Fähigkeit haben, ihrem Leben Sinn zu geben und herauszufinden, was es heißt, ihrem eigenen Ruf zu folgen. Ich glaube, es war Martin Luther, der einmal gesagt hat: 'Es gibt keine Mittler zwischen Mensch und Gott.' Das erscheint uns als tiefe Wahrheit.*

(Steven Foster und Meredith Little[6])

6 in: Politik des Herzens, Arun-Verlag, 2003.

# Programmierter Fehlschlag: Selbstinitiation

## Das Drama des Jugendkultes

In unserem Kulturkreis fehlen bei selbst inszenierten Reifeprüfungen von Jugendlichen weitgehend die gesunden Voraussetzungen für einen gänzlich vollzogenen Übergang ins Erwachsensein. Deshalb steht die Entwicklung der Persönlichkeit an dieser so entscheidenden Stufe vor einem unüberwindlichen Hindernis und kommt ins Stocken.

Selbst gemachte Initiationsrituale versagen deshalb in ihrer Wirksamkeit, weil es an der Einladung, Ausrichtung und Anerkennung durch die Gemeinschaft (Stamm, Sippe) oder zumindest durch die Familie fehlt. Im Gegenteil, weil öffentlich akzeptierte Alternativen fehlen, werden Verfahrensweisen gewählt, die in der Regel zum Bereich der Tabuthemen und der gesellschaftlich unerwünschten Verhaltensbereiche gehören. Sie werden aus Unverstand mit Drohung, Sanktion, Liebesentzug, Isolation, Repression oder, was am schlimmsten ist, mit Gleichgültigkeit beantwortet.

Die hilflosen Versuche der Selbstinitiation lesen sich wie eine Liste der aktuellen „Jugendsünden" der jungen Generation: ungezügelte Gewalt, exzessive Lebensführung, Autowettrennen, Schußwaffengebrauch, unkontrollierter Umgang mit Alkohol und anderen Drogen, Gefahr, Extremsport und beziehungsloser Sex. Dies ist nur eine lückenhafte Aufzählung der nüchternen Realitäten und sie erhebt keinen Anspruch auf Vollständigkeit.

Was diese Vorgehensweisen auszeichnet? Sie sind Imitationen des exzentrischen Verhaltens unreifer Erwachsener, sei es aus der direkten täglichen Anschauung gelernt, oder abgeguckt von den fragwürdigen, halbseidenen Helden: des Kinos und des Fernsehens. Sie führen nicht zu einer Festigung des anstehenden Entwicklungsschrittes, sondern zu völlig unerwartetem und negativem Erfolg. Sie führen zu zusätzlichen sozialen Verwicklungen, Repressionen und Blockierungen von Seiten der Gesellschaft, die den weiteren Entwicklungsweg des jungen Menschen behindern und unnötig erschweren. Soziale Isolation und Ablehnung, Bildung von Subkulturen und Motivationsverlust sind die Folgen. Das Selbstwertgefühl wird geschwächt, statt gefördert! Die Todesraten durch Unfälle und Selbstmord unter jugendlichen Menschen sprechen eine erschreckend deutliche Sprache. Die wachsende Gewalt in den Schulen, die Bildung von jugendlichen Banden an sozialen Brennpunkten, die zunehmende juvenile Kriminalität, Asozialität und geistig-seelische Verwahrlosung sind alarmierend. Die rapide schwindende Motivation für schulische Bildung, Berufsfindung und soziales Engagement sowie tragische Fälle von Amok laufenden Halbwüchsigen zeigen eine gefährlich wachsende Orientierungslosigkeit.

Als sekundäre Folge erzeugen diese Erscheinungen in der Gesellschaft eine Welle von Ressentiments und wachsende Angst vor der Jugend. Starr vor Schreck, sitzt die

Gesellschaft vor ihrer jugendlichen Zukunft und wünscht sich sehnlichst, daß dieses Phänomen einfach verschwinden, sich in Wohlgefallen auflösen möge.

Gleichzeitig aber huldigt sie einem Trugbild ewiger Jugend als höchstem Ideal. Reife, Alter und Weisheit sind nicht mehr erstrebenswert. Es scheint den Erwachsenen nicht bewußt zu sein, daß Heranwachsende wohl kaum Lust dazu verspüren dürften, in eine Gesellschaft von Kindern initiiert zu werden, die „verkleidet" in erwachsenen Körpern leben. Wenn die „Erwachsenen" durch ihr unreifes Verhalten deutlich zu erkennen geben, daß Erwachsensein alles andere als erstrebenswert ist, wie können sie da erwarten, daß solch ein Status für die biologischen wirklich Jugendlichen attraktiv sein sollte? Wenn soziale und ökologische Verantwortlichkeit sowie ethische Ernsthaftigkeit so radikal durch Ellenbogenkultur und Egoismus ersetzt werden, wie sollen junge Menschen darin einen erfüllenden Platz für sich finden? Der ewige Jugendliche, der nie erwachsen werdende Verweigerer des Seins bestimmt mehr und mehr das Bild und lenkt die Geschicke der Welt als lässiger, cooler Dauergast der globalen Party.

*... kleiner, roter Drache...*

## Ins Leere zielen

Das „Nicht-Erkannt-Werden" im Bemühen um eine anerkannte Initiation führt in der Psyche der jungen Menschen zu einer tragischen Fehlentwicklung: Sie fühlen sich von der Gemeinschaft abgelehnt und in ihrem Reifungsbestreben verachtet. Daraufhin wenden sie sich von der Gesellschaft ab und kreieren konträr orientierte Subkulturen, stellen sich gar in bewußten Gegensatz zu allen Werten und Gesetzen einer Gesellschaft, die ihnen signalisiert, daß sie keinen Platz und keine Verwendung für sie hat! So wird ein durchaus wünschenswerter Prozeß der Entwicklung von Eigenständigkeit in sein genaues Gegenteil verkehrt. Alle Versuche der Selbst-initiation zielen ins Leere!

Keine Gesellschaft kann es sich auf Dauer leisten, ihr kreatives Potential, das in der jungen Generation schlummert und das für das Blühen und Gedeihen der Gemeinschaft gebraucht wird, so achtlos zu verwerfen.

Stimmt es nicht nachdenklich, wenn wir sehen, mit welcher Unfähigkeit zur Selbstreflexion die Generationen der Eltern und Großeltern diesen Fakten gegenüberstehen? Sie versuchen stattdessen, sie als pathologische Randerscheinungen oder para-kulturelle Auswüchse abzutun. Sie schaffen dabei Distanz zwischen sich und der Jugend, indem sie diese als Sündenböcke benutzen.

Die Kontrolle über diese Phänomene haben wir anscheinend längst verloren. Das ist jedoch kein Nachweis der Bösartigkeit, Unfähigkeit oder des Widerstrebens der Jugend, sondern verdeutlicht, daß wir durch unser Wegsehen unseren Kindern kaum helfen werden, die schwierige Schwelle zum Erwachsenwerden mit Erfolg zu überwinden. Und – können wir denn wirksam helfen, wenn wir doch selbst nicht in das Erwachsenenleben initiiert sind? Ist es möglicherweise eine logische Folge, daß wir heute in einer Gesellschaft leben, die von kindischen Verhaltensweisen geprägt ist?

So berichten die Leiter von VisionsSuchegruppen, daß der Großteil der Teilnehmer erst im Alter zwischen 35 und 50 Jahren durch Initiationsrituale geht, um endlich eine reale Schwellenprüfung zu absolvieren. Diese Menschen wollen den Durchbruch zu einer tief empfundenen und würdigen Eigenständigkeit schaffen und sich in ihrer inneren höchsten Instanz als reif und ganz erleben.

*Niemand hat das Recht zu gehorchen!*

Hanna Arendt

*Werde ich es schaffen?*

Menschen, die in frühen Entwicklungsstufen verfangen sind und die nicht in den Prozeß der Entfaltung ihrer Persönlichkeit, bzw. ihrer eigenen Werte vordringen, sind leichter lenk- und verführbar: Sie sind klassische „Opfer". Für das Gedankengut von Demagogen und Sekten, für die Illusion der virtuellen Welten und den scheinbaren Ausweg durch Drogenkonsum sind sie leicht erreichbar. Nur wer seine Reife im offenen und konfliktbereiten Wachstumsprozeß erworben hat, kann hier zu einer immunisierenden Klarheit finden.

## Ursprünge

Die Praxis der VisionsSuche ist uralt, möglicherweise so alt wie die Menschheit selbst. Das Phänomen der Wildnis wurde als Katalysator und Entwicklungsraum für die Sinn- und Gottsuche immer geachtet und geehrt. Die frühen Jäger- und Sammlerkulturen waren sehr von ihrer Verbundenheit mit der großen Mutter abhängig. Sie mußten diese Verbundenheit nutzen, um mit den Tieren und Pflanzen in Resonanz zu kommen.

Die früheste Jagd war eine magische Handlung, vorbereitet im Ritual, der segnenden Stärkung durch die Kräfte der größeren Sphäre, die dem Leben des verfolgten Tieres ebenso einen Wandel abverlangte, wie dem Bewußtsein des Jagenden. Nur der Jäger, der sich seelisch „reisend" in die Innenwelt des Hirsches versetzen konnte, war genügend „verbunden" und – erfolgreich! Er brachte von seinem Ausflug die lebensspendende Nahrung mit: Blut, Organe, Knochen, Sehnen, Haut, Geweih und Fleisch. Das Leben konnte weitergehen, die Sippe weiterleben. Der Schamanimus ist eine Verfeinerung des tiefsten Erfahrungswissens der Jäger. Er stammt aus den wildesten, entlegensten Gebirgslandschaften der Erde. Dort, wo es am wichtigsten war, *Kairos*[6] vollständig zu erfassen: Nur wenn er zum richtigen Zeitpunkt am rechten Ort war, konnte der Jäger genug Jagdglück erfahren, um den enormen Energieaufwand der frühen, archaischen Jagd zu rechtfertigen. Spurensuche, Meditation auf das Unsichtbare hin, Witterung aufnehmen, spüren, ahnen, beobachten und sinnvoll vorausempfinden, was als nächstes im fein gesponnenen Netz der Wildnis geschehen wird. Die eigene Handlung in das Naturgeschehen nahtlos einfließen lassen, aus dem sie ebenso nahtlos geboren war; den Weg des Wildes an seiner empfindlichsten Stelle kreuzen, das war es, was den Pfad hinaus in die Wildnis mit Sinn erfüllte.

Auch die Variante des Sammelns trug zur Entwicklung der sechsten und siebten Sinne bei: Die geheimen Ströme der Energie, die Rhythmen und Gezeiten der Landschaft mußten erkannt und phasengleich mitvollzogen werden. Auch beim Sammeln bedurfte es der lebenserhaltenden Fähigkeit, sich in das Naturgeschehen innigst hineinzuversetzen. Kräuter und Samen, Pilze, Rinden und Früchte, sprachen zu den Sinnen der Frauen und Männer. Sie mußten auf die Verwendbarkeit für das Leben geprüft,

6 Kairos: griech., der für etwas entscheidende, günstige Zeitpunkt.

und auf ihren nährenden, stabilisierenden oder heilenden Gehalt hin erkannt werden. Damals schon entstand die hohe Schule der Naturheilkunst, das Erfahrungswissen der feinsten Balance zwischen den Wesen und Stoffen, ihrer Beziehungen untereinander, ihrer Verteilung zum förderlichen Gebrauch im Leben der Menschen auf dem Boden der „wilden Tatsachen".

Auch das war und ist eine spirituelle Herangehensweise, die vom sinnenoffenen Spüren, von der plastischen, vorausschauenden Ahnung, dem Instinkt und der unmittelbaren Kommunikation mit den Pflanzen- und Tierwesen lebt. Hier sehen wir, die Wurzeln schamanischen Urwissens, das bis in unsere Tage fortwirkt.

An dieser Stelle seien die vielen namenlos verschollenen Helden des Bewußtseins geehrt und in der Stille einer ersten Meditation gewürdigt, die zuallererst aus ihren offenen Sinnen und Herzen gestiegen ist. An den magischen Kraftplätzen und Akupunkturpunkten im Fell der krausen Erde unserer Frühzeit, haben sie den unsichtbaren Acker des menschlichen Bewußtseins bestellt. Sie haben Wegmarken im Freien hinterlassen, Spuren im Land des Geistes, Knospen menschlicher Kultur am großen, wilden Lebensbaum.

Auf dem Weg in die Kultur des Ackerbaues, der Seßhaftigkeit, der Viehzucht und der später beginnenden Verstädterung bekam der wilde Naturraum eine ganz andere Bedeutung.

Kulturforscher mit schamanischem Hintergrund, wie Dolores La Chapelle, Holger Kalweit oder Galsang Tschinag deuten Übergang als den Beginn der ökologisch-spirituellen Katastrophe. Die Reinheit der natürlichen Ressourcen ist verloren gegangen. Wir haben immer weniger Humus, sauberes Wasser wird knapp und die Luftverschmutzung nimmt weltweit in erschreckendem Maße zu.

## Die Wurzeln der Fehlentwicklung?

*Manche sind der Meinung, daß es mit dem Beginn der Landwirtschaft passierte. Das ist 10.000 Jahre her. Während 99 Prozent der Geschichte der Menschheit waren wir Jäger und Sammler. Nur während einem Prozent dieser Zeit waren wir seßhafte Bauern. Als Jäger und Sammler mußten die Menschen im Einklang mit dem Ort leben und sie fanden die Balance zwischen sich und der Natur. Sie wußten beispielsweise: Wenn ihre Geburtenrate steigt, dann ist nicht genug für alle da. Also überwachten sie ihren Bevölkerungszuwachs. Alle diese Kulturen praktizierten (natürliche) Empfängnisverhütung und schufen so ein Gleichgewicht zwischen der Gemeinschaft und den zur Verfügung stehenden Ressourcen. Unter diesem Gesichtspunkt wird klar, daß die Landwirtschaft vielleicht gar nicht der große Fortschritt war, für den viele sie halten ... aber der wesentliche Punkt ist: Wir sind immer noch dieselben menschlichen Wesen. Die Leute sagen immer: Es gibt keinen Weg zurück und es muß immer vorwärts gehen. Aber seit mindestens 500.000 Jahren sind wir dieselbe Gattung Mensch. Da liegt unsere wirkliche Natur. Wir müssen nicht zurückgehen, sondern das wirkliche Menschsein wieder entdecken. Und da sind die Bedürfnisse gleich geblieben. Das sieht man schon daran, daß die adligen Schichten in der Feudalzeit ebenso, wie die reichen Schichten der neuen Zeit stets das Gleiche als besonderen Luxus verstanden, was die Jäger-Kulturen der Urzeit den ganzen Tag taten: Angeln, Jagen, Kommunikation, Tanz und Musik. Das ist es was der Mensch braucht. Und es ist genau das, was der Mensch schon seit Urzeiten getan hat, lange bevor all diese Probleme auftauchten.* (Dolores La Chapelle[8])

Wenn es so ist, erscheinen all die Gänge in die wilde Einsamkeit, von denen die großen Religionsstiftern berichten, in einem anderen Licht. Vielleicht folgten sie einer archaischen Erinnerung aus dem zellulären Almanach, der Spur der Weisheit, die von den Ahnen gelegt wurde.

Jesus Christus, Mohammed, Buddha und viele andere Heilige und Meister der jüngeren Weltgeschichte sind zum Fasten in die menschenleere Wüste, in wilde Gebirge, in einsame Wälder gegangen und inspiriert und verwandelt zurückgekommen.

In den Märchen und Mythen aller Völker findet sich das immer wiederkehrende Motiv der Heldenreise. Da geht einer allein auf seinem Weg hinaus in die Wildnis seines Lebensabenteuers. Er muß das Vertraute und Bergende seiner Gemeinschaft, auch seine Vorstellungen von der Welt völlig hinter sich lassen! Wenn er den Dämonen und Mächten in der Dunkelheit des Waldes begegnet, muß sich zeigen, ob er bereit ist, für sich und sein Leben einzustehen und zu kämpfen. Nimmt er die Herausforderung an?

---

8 in: Weisheit der Erde, Neue Erde Verlag.

Im Ringen mit dem unbezwinglich erscheinenden Gegner findet für den erfolgreichen Helden die geheimnisvolle Kraftübertragung statt. Hat er das Monster besiegt oder zu seinem Verbündeten gemacht, erfüllt ihn neue Kraft, die ihn auf eine qualitativ höhere Ebene hebt. Im Kampf mit dem äußeren Ungeheuer besiegt er letztlich den „inneren Schweinehund".

In unserer, von entmenschlichten Marktgesetzen bestimmten Kultur, sind solche Initiationsriten entweder völlig verschwunden, bis zur Wirkungslosigkeit entwertet oder ganz der Eigenregie der Jugendlichen anheim gestellt. Oft werden sie als entfremdete, den Marktzwecken dienende Surrogate vom Establishment mißbraucht, wie z.B. als Führerscheinprüfung, als Erlaubnis, Alkohol und Tabak legal zu konsumieren oder als Berechtigung, zu heiraten und selbst Kinder in die Welt zu setzen.

Doch keine Kultur der Erde hat je darauf verzichten können, ein wirkliches Ritual des Wandels für ihre Heranwachsenden bereitzustellen. Schon immer wurde das Erwachsenwerden, neben Geburt und Tod, als die wohl gravierendste Krise des menschlichen Lebens erkannt, und folgerichtig als Reifungsphase verstanden, die von der Gemeinschaft mit größter Achtsamkeit und mitfühlender Unterstützung begleitet werden mußte. Frühere Kulturen hatten dafür Institutionen und Zeremonien parat, die dem jungen Menschen halfen, die enormen Veränderungen in Körper und Geist zu verarbeiten. Die innere Revolution, die sich in äußerer Rebellion zeigen muß, wurde so in einem Raum des Verstehens aufgefangen, integriert und sowohl für das Individuum als auch für die Gemeinschaft nutzbar gemacht. Dabei war von entscheidender Bedeutung, daß die Gemeinschaft daran Anteil nahm, den Erfolg des Initianden bestätigte und deutlich seine Wandlung als Tatsache anerkannte. Zu Ehren der neu Initiierten wurde ein opulentes Fest gefeiert, um sie als vollwertige, verantwortliche Mitglieder zu ehren und willkommen zu heißen.

Unter einem bestimmten Blickwinkel könnte man zwar meinen, VisionsSuchen seien nur ein weiterer Adrenalin-Kick in der Reihe der Sensationen für eine gelangweilte, spielsüchtige Gesellschaft. Aber genau so wenig, wie es sich um ein reines Survival-Abenteuer mit esoterischem Anstrich handelt, sind sie seltsame Varianten ausgeflippter Extremsportarten.

Denn Reife will errungen werden.

## In der wilden Natur sich selbst begegnen

Wer könnte schon so verrückt sein, alle Annehmlichkeiten und allen Komfort unserer Zivilisation hinter sich zu lassen und drei Tage und Nächte allein in der Wildnis zu leben? Dunkelheit, Nässe und Kälte, Einsamkeit, Angst und Langeweile, Geister, Schlangen und Skorpione: Warum sollte sich ein halbwegs vernünftiger Mensch all dem aussetzen? Und dann noch mutterseelenallein. Läßt nicht schon der bloße Gedanke daran alle Haare zu Berge stehen?

Wer sich heutzutage einem solchen uralten Initiationsritual aussetzt, muß wirklich gute Gründe haben. Wer sich seinen inneren Monstren stellen will, muß bereit sein, sich selbst zu begegnen: ehrlich, erdig und ganz menschlich. Das bringt uns in Berührung mit der tiefsten Unsicherheit in uns.

Die Natur wirkt auf uns entfremdete Gegenwartsmenschen bedrohlich, scheint uns feindlich gesonnen. Gewitter, Sturm und Nebel, wilde Tiere, Klüfte im Berg und unbekannte Weiten, all das ist beängstigend und läßt den Hunger und das Alleinsein allzu hart erscheinen. Aber gerade darum scheint es zu gehen bei dieser Wildniserfahrung. Das Schlüsselwort heißt VisionsSuche, und es steht für ein wiederentdecktes Ritual der Selbstfindung, das auch bei uns wieder mehr und mehr Zuspruch findet.

## VisionsSuche, ein Initiationsritus für eine lebenswerte Zukunft

*Eine Vision ist etwas, das Mais wachsen läßt!*

Sun Bear, mündlich überliefert

Aus der Fülle der Initiationsriten, die aus Kindern junge Erwachsene werden lassen, haben wir den VisionQuest, eine VisionsSuche nach dem Vorbild der nordamerikanischen Indianerkulturen entwickelt. Obwohl es bedeutsame Hinweise auf die Existenz ähnlicher Ritualformen auch bei unseren Vorfahren in Europa gibt, müssen wir doch zugeben, daß wir erst durch indianische Lehrer wieder auf den Wert solcher Verfahren gestoßen wurden!

Charismatische Medizinleute von der „Schildkröteninsel", wie Sun Bear, Wallace Black Elk, Semu Huaute Chumash, Harley Swift Deer Reagan, und viele andere, nicht weniger kraftvolle Menschen aus dem Volk der untergehenden Sonne, haben uns mit ihrer wahrhaft wilden Aufmerksamkeit und einem oft recht derben Stoß in die erschlaffte Flanke aufgerüttelt: Es ist Zeit, weißer Bruder, das Feld zu bestellen.

Steven Foster und Meredith Little, mit ihrer *School of Lost Borders* in Kalifornien gehören zu den ersten Weißen, die aus solchen Lehren radikal die Konsequenzen gezogen haben: Bereits seit über 25 Jahren widmen sie sich der Wiederentdeckung, Erforschung und angemessenen Gestaltung dieses alten Ritualtypus gewidmet.

Bereits viele tausend „Westler" haben heute schon seine heilsame Wirkung erfahren können, und es gibt weltweit bereits wieder ein paar hundert Menschen, die diese Arbeit weitertragen und ihr einen festen Platz in der Gesellschaft der Zukunft sichern.

*Der Begriff 'VisionsSuche' hat eine enorme Spannbreite. Meistens wird er im Zusammenhang mit religiösen und spirituellen Erkenntnissen benutzt, wie sie die Heiligen und die Erlöser unserer Tradition hatten. Aber auch die Visionen von Heiligen vieler anderer Religionen lassen sich auf eine Zeit des Fastens und der Einsamkeit in der Wüste zurückführen. Diese Visionen vermitteln wichtige Werte für die Erhaltung der jeweiligen Kulturen. Aber sie waren nutzlos, solange sie nicht umgesetzt und vorgelebt wurden. Nur wenn das geschah, konnte die Gemeinschaft etwas erkennen und glauben, was das Leben und die soziale Struktur der Gemeinschaften änderte. Diese Visionen waren mehr als eine persönliche Einsicht. Solche 'persönlichen Visionen' hatten doch viele von uns in den sechziger Jahren, als wir alle möglichen Pillen wie LSD schluckten. Da hatte ich auch 'Visionen'. Aber solange sie nicht zu einer sichtbaren Veränderungen des Lebens führen, haben sie keinen Wert und sind nur eine Art spirituelle Selbst-Befriedigung. Vision ist für uns also etwas, was man aus der Wildnis mitbringt und in der Gemeinschaft umsetzt. Das ist harte Arbeit. Wer seine Wahrheit lebt, stößt auch den Wandel in seiner Gemeinschaft an. Das geschieht nicht auf Knopfdruck, macht Mühe und dauert lang. Die Überlieferungen berichten uns nichts anderes. Keiner der Heiligen kam vom Berg herunter und alle glaubten ihm. Es war vielmehr eine Lebensaufgabe, es umzusetzen und Schritt für Schritt glaubhaft zu machen.* (Steven Foster[9])

Alle Naturvölker kannten und kennen solche Rituale zur Wandlung. Die moderne Ethnologie nennt sie „Schwellenrituale“ und verweist mit diesem Begriff sinnhaft auf die für die Reifung notwendige Grenzüberschreitung und vollständige Veränderung des inneren Terrains. Dies ist eine qualitative Veränderung. Seit Jahrtausenden wurden so aus unselbständigen Kindern vollwertige, erwachsene Mitglieder der Gesellschaften. Sie wurden hervorgerufen, geboren und gewürdigt.

Eine Gesellschaft kann sich nur dann in ihrer Gesamtheit als integriert, mit der Natur verbunden und reif erweisen, wenn sie aus wahrhaft erwachsenen, weil in die Eigenständigkeit, Verantwortlichkeit und Maturität hinein initiierten Individuen besteht.

Wenn die große Geschichte der Menschheit weitergeht, wird in einer nicht allzu fernen Zukunft die Rückschau auf unsere heutigen Geburtswehen mit großem Respekt erfolgen. Denn das, was mutige Menschen heute für das Leben der Kommenden tun, wird als eine große Tat erkannt werden. Und ich bin sicher, daß die VisionsSuche einen festen Platz in der Mitte der naturverbundenen Kultur erhalten wird.

9 Koch-Weser, Sylvia und v. Lüpke, Geseko: VisionQuest, Ariston, 2000.

# Kindliche Kultur in Schräglage

## Die pubertäre Kultur

Ich habe bereits weiter vorn die Behauptung aufgestellt, daß sich die Menschheit insgesamt in einem unreifen Entwicklungsstadium befindet. Obwohl diese Behauptung eine Binsenweisheit zu sein scheint, ist sie dennoch Gegenstand wissenschaftlicher Spekulationen und sogar ernsthafter Untersuchungen. Eine solche These kann natürlich nur vor dem Hintergrund bestimmter Grundannahmen gemacht werden, wenn sie nachvollziehbar belegt werden soll. Mit anderen Worten: Woran will man diese Behauptung messen? Gibt es Hinweise darauf, daß die Menschheit als Ganzes überhaupt eine gemeinsame Entwicklung durchläuft?

Biologen, Anthropologen, Ethnologen, ja auch Soziologen und Psychologen gehen in weitgehend stillschweigender Übereinstimmung davon aus, daß es zur Beantwortung dieser Frage sinnvoll ist, nach einem vergleichbaren Modell in der Natur zu suchen. Also hält man Ausschau nach einer Weiterentwicklung von Organismen und Strukturen zu komplexeren und damit als „höher" eingestuften Organisationsformen.

Daran könnte man die Gesetzmäßigkeiten eines qualitativen Wachstums untersuchen und beschreiben.

Ein wichtiger Hinweis kommt aus der Medizin, präzise: aus der Gehirnforschung. Die genauere Untersuchung der Entwicklungswege der „alten" Gehirnregionen und des erst seit den Säugetieren deutlicher entwickelten Neocortex (Hirnrinde), vor allem deren Kooperation, Aufgabenteilung und Strukturkonflikte läßt erhellende Einblicke zu.

Etwas vereinfacht kann man sagen, daß das „alte" Gehirn, der Gehirnstamm (auch „Reptiliengehirn"[1] genannt) eine Organisation eher „konservativer" Mittel ist. Dort befinden sich der Sitz, die Kontrolle und die Verwaltung der Instinkte, Reflexe und der tief eingesunkenen Gewohnheiten, wie Bewegungsmuster, spezieller Reiz-Reaktionsmuster, die gestaltgebenden, unbewußten Muster etc. Es festigt und bewahrt jene Elemente in unserem Verhaltensrepertoire, die sich in der Evolution als notwendig für das Überleben der Gattung Mensch erwiesen haben. Weil sie ein zelluläres „Erbe" sind, das in unserer Geninformation gespeichert ist, bahnen sie uns als genetisch überlieferte Weisheit der Ahnen einen Weg durch Schwierigkeiten, vor denen wir sonst, ausschließlich mit den begrenzten Mitteln unserer individuellen Erfahrung ausgerüstet, in die Knie gehen müßten. Das Reptiliengehirn hält unsere Fähigkeiten, unsere

---

1 Das Reptiliengehirn heißt so, weil sich seine wichtigsten bleibenden Eigenschaften während der Evolution im Zeitalter der Reptilien entwickelt haben. Bei den Kriechtieren ist es die höchste Stufe sensorischer Integration und motorischer Kontrolle.

Struktur intakt. Es sorgt dafür, daß eine Palette von standardisierten Bewegungen und Haltungen aufrecht erhalten wird und wir täglich nach dem Aufwachen wieder eine gewisse Kontinuität in unserem So-sein vorfinden. Es sorgt dafür, daß sich eine Schildkröte stets wie eine Schildkröte, eine Kuh stets wie eine Kuh verhält.[2]

Nun sind wir aber Menschen, und keine Reptilien, Katzen oder Hunde und fragen uns nach dem großen Unterschied!

Der liegt in der besonderen Entwicklung des Neocortex, und seiner vollständig anderen, bewußten Arbeitsweise. Diese ist durch einen Drang zum Experiment, durch eine fundamentale Neugier und vorbehaltlosen Forschergeist gekennzeichnet. Die bewußte Wahrnehmung des jüngeren cortikalen Kontrollzentrums lockt uns aus der Reserve des Angestammten, fesselt uns durch die neuen Möglichkeiten, die wir sofort erkunden „müssen", motiviert uns dazu, die Welt zu erproben. Der Neocortex lernt durch Versuch und Erfahrung, also durch eine Feedback-Schleife, die es uns ermöglicht, immer neue, weitere Schritte zur Eroberung der Welt zu tun. Alte Gewohnheiten werden über den Haufen geworfen (ha! sind ja nur die ollen Kamellen aus dem Reptiliengehirn!), alte Blockaden durchbrochen, Reflexreaktionen korrigiert, gar gelöscht: Unser wunderbarer Neocortex ist ein pubertierendes Kontrollzentrum, das in seiner einzigartigen Brillanz ständig der Gefahr zu erliegen droht, nicht auf die „Weisheit" unserer Instinkte und Gefühle der angestammten Gehirnregionen zu hören. Jedoch können wir unsere Verbundenheit mit der Erde, mit unserer Familie und mit der gesamten Existenz nicht spüren, wenn wir keine intakte Verbindung zu unseren Instinkten und Gefühlen haben. Und logischerweise haben wir kaum Hemmungen, Menschen, Tiere und Pflanzen zu zerstören, wenn wir uns nicht mit ihnen verbunden fühlen.

Die beiden Gehirnbereiche, das alte und das neue Kontrollzentrum, liegen übereinander. Der Neokortex „thront" quasi auf seiner alten Basis, aus der er im Laufe unserer Entwicklung hervorgegangen ist. Ein harmonisches Miteinander braucht, nach Meinung der Hirnforscher, also noch ein wenig Übungszeit: Sowohl im Individuum, als auch im Kollektiv, denn die Fähigkeiten und Stärken der beiden sind erst in der Ergänzung wirklich segensreich.

Wir sind also aufgrund unserer Gehirnorganisation bereits als Babies in besonderem Maße darauf angewiesen, die Welt mit den Fähigkeiten unseres größeren und jüngeren Gehirnteiles zu erobern. Während eine kleine Meeresschildkröte sofort nach ihrem Schlüpfen aus dem Ei den sandigen Weg zum rettenden Wasser rennt und dort mit kräftigen Schwimmzügen ihren zahllosen Verfolgern zu entkommen sucht, also alle ihre Bewegungsmuster perfekt und abrufbar vorfindet, müssen wir Menschenkinder mühsam, Schritt für Schritt, unsere komplexen körperlichen, seelischen und sozialen Bewegungsmuster erlernen. Wir hätten keine Chance auf diesem langen Weg, wenn die

---

2 Siehe auch Deane Juhan, Job's Body, 1987, New York.

Natur uns nicht einen besonderen Antrieb als Motivator ins System eingebaut hätte: die Freude am Erfolg. Aber dazu später noch mehr, wenn wir über Lebensprinzipien im Kapitel „Kindheit, Pubertät und Maturität“ sprechen.

Wir konstatieren also eine gewisse Gefahr in unserer speziell menschlichen cerebralen Entwicklung. Dadurch, daß wir unser Lernen mehr auf die Funktionen des alten, „erdverbundenen“ Teils unseres Gehirns begründen, haben wir eine Freiheit gewonnen, die wir erst noch meistern müssen. Der „neugierige“ Neocortex ist eine vergleichsweise junge Errungenschaft und scheint noch nicht ausgereift zu sein.

Ist also die Menschheit entwicklungsgeschichtlich mit der Pubertät ihres Bewußtseins beschäftigt?

Auch die Biologie kennt viele Beispiele, und insofern ist es nicht verwunderlich, daß die klarsten Antworten auf diese Frage aktuell von einer Biologin gegeben werden. Dr. Elisabeth Sathouris, die griechisch-amerikanische Philosophin, Biologin, Zukunfts- und Systemforscherin und Beraterin bei den Vereinten Nationen lehrt im Bereich lebender Systeme. Sie vertritt die Auffassung, daß es (mit den Augen des Entwicklungspsychologen betrachtet) auffällige Parallelen zwischen den psychologischen Reifungsschritten eines einzelnen Menschen und dem Reifungsprozeß der modernen Menschheit als Ganzes gebe.

*Die Frühgeschichte der Menschheit könnte ... vergleichbar sein mit dem Stadium von Säuglingen. Das Bewußtsein in dieser Phase wäre bestimmt durch ein Erleben vollständiger Einheit. Ganz nah, beinahe verschmolzen, intim verbunden mit dem Körper der Mutter. Noch kaum fähig, sich überhaupt als eigenständiges Wesen zu erfahren. Die frühen Kulturen zeichneten sich dadurch aus, daß sie die Erde als lebendige, mütterliche, nährende Gottheit erlebten, deren Kinder sie waren. Von dieser Zeit künden Zeugnisse, wie die Venus von Willendorf.*

*In einem späteren Stadium ging der Fokus weg von der Mutter hin zum Vater. Das ist ein psychologisches Stadium, das wir auch aus der individuellen Entwicklungsgeschichte sehr gut kennen. Bezogen auf die Menschheitsgeschichte entspricht es dem Stadium, in dem nomadisierende Kulturen, die männliche Himmelsgötter verehrten, die großen Agrarkulturen unterwarfen, die noch die Große Göttin als Lebensquelle verehrten. Diese männlich ausgerichteten Kulturen übernahmen die Agrargesellschaften, sie drangen buchstäblich in sie ein, und manchmal gelang es ihnen, Gott und Göttin miteinander zu verheiraten.*[3]

Wenn wir uns an dieser Stelle an den Exkurs über die Verschiedenheit der Gehirnregionen erinnern, tauchen weitere Fragen auf: Könnte es sein, daß das Weibliche hier als eine Metapher für die Qualitäten der alten Stammhirnkräfte der Verbundenheit, des Verweilens am Ort, für die Beachtung von Instinkt und Tradition steht? Und daß

3 Dr. Elisabeth Sathouris, in: Politik des Herzens, Geseko v. Lüpke, Arun Verlag.

entsprechend die unruhigen, forschenden, vorwärtsdrängenden „männlichen" Qualitäten für das Aktionsprinzip des Neokortex stehen?

*Manchmal war es natürlich auch so, daß die Göttin einfach unterdrückt wurde. In unserer Schöpfungsgeschichte zeigt sich das bei Eva, die eigentlich die Symbole der Muttergöttin repräsentiert – den Baum der Erkenntnis und die Schlange der Weisheit. Doch in dieser Geschichte werden diese heiligen, positiven Bilder zu negativen, teuflischen Symbolen entwertet. Und aus der Mutter-Göttin wird eine sterbliche Frau, die Gottes Befehl mißachtet und einen Haufen Probleme in die Welt bringt. Bei den Griechen ist es die Figur der Pandora, die eine solche Rolle hat. Ihr Name bedeutet eigentlich, „Geberin aller Geschenke" – und auch sie wird mitten im Mythos eine sterbliche normale Frau. Immer wieder tauchen bei diesem kulturellen Wandel männliche Götter auf, die außerhalb der Natur angesiedelt sind, Vaterfiguren, die betont männliche Züge tragen. Auf der individuellen Ebene entspricht das der Phase der Kindheit, in der wir den Vater verehren und das kindliche Interesse primär ihm gilt.*[4]

Sathouris beschreibt im Weiteren, daß die nächste, folgerichtige Phase das Stadium der Adoleszenz sei. Kulturell spiegele sich das im Zeitalter der Aufklärung, der Renaissance, individuell in dem entwicklungspsychologischen Stadium, wo das Ego sehr stark wird. Plötzlich meint die Menschheit mehr zu wissen als der allwissende Vatergott. Sie stößt ihn vom Himmelsthron, ganz so, wie das in der griechischen Mythologie vorhergesagt wird. Das sei der Moment, an dem die Wissenschaft auftaucht, die Hypothese einer transzendenten göttlichen Kraft in Frage stellt und an ihre Stelle das Konzept der Darwinschen Evolution setzt.[5] Und in diesem Stadium seien wir, nach Meinung von Sathouris, immer noch: Wir befänden uns menschheitsgeschichtlich in der Pubertät, einem Stadium, in dem ein „übermäßig aufgeblasenes Ego" davon überzeugt sei, am Steuerknüppel des Raumschiffs Erde zu sitzen und alles unter Kontrolle zu haben. Selbst die gleichzeitig auftretende tiefe Angst, ob wir noch lange so überleben können, sei ein typisches Symptom der Adoleszenz.

Gott wurde auch in der assistierenden Philosophie für tot erklärt und damit jeglicher spiritueller oder geistiger Hintergrund unserer Existenz bewußt ausgelöscht.

4 ebda.

5 Der an dieser Stelle eingetretene Übergang (Paradigmenwechsel) weist in seiner Art darauf hin, daß ein religiöses Paradigma von einem wissenschaftlichen, also erkenntnisbedingt definierten, abgelöst wird. Wäre es so, dann sähen wir hier eine psychologisch nachvollziehbare Begründung für die wilde, rücksichtslose Entschlossenheit, mit der sich diese anfängliche Subkultur auf dem Platz der verdrängten Doktrin festgesetzt hat: Von da an verfuhr sie mit „Andersgläubigen" und ihren Kritikern genauso unnachsichtig, borniert und stur, wie ihre ideologische Vorgängerin. Denn es gab zur Zeit Darwins mit den „Lamarckschen Postulaten" eine durchaus ernstzunehmende Alternative zur Evolutionstheorie Darwins. Seither gibt es einen verdeckten „Glaubenskrieg" in der Biologie, denn die wenigen Verfechter der lamarckschen These werden als unwissenschaftlich abqualifiziert, obwohl Lamarck nie widerlegt werden konnte!

*Der Weg in die erwachsene Reife gleicht ein bißchen der schönen Parabel von Mark Twain über den jungen Mann, der sein Zuhause für ein paar Jahre verlassen hat, irgendwann zurückkehrt, den Erzählungen seines Vaters zuhört und plötzlich staunend ausruft: „Mein Gott, Papa, was du alles gelernt hast, während ich weg war!“*

*Wir lachen natürlich über diese Geschichte, weil es nicht der Vater war, der sich verändert hat, sondern der Sohn, der die Reife gewonnen hat, um zu erkennen, daß seine eigenen Eltern durch ihre Lebenserfahrung eine reife Weisheit in sich tragen. Für unsere Frage bedeutet diese Parabel, daß wir als Menschheit heute beginnen, die Natur und den Planeten als unsere Eltern wahrzunehmen und dabei zu erkennen, daß sie über viereinhalb Milliarden Jahre Erfahrung verfügen, funktionierende, lebende Systeme zu erschaffen. Deshalb denke ich auch, unser Erwachsenwerden wird darin bestehen, unser Leben und unsere Kulturen so zu organisieren, daß sie in Übereinstimmung mit diesen uralten lebenden Systemen sind.*[6]

Vor allem der vollständige und offene Gebrauch all unserer sinnlichen Potentiale wird diesen Reifungsschritt zum Erwachsenwerden möglich machen wird. Das hat schon Albert Einstein verlangt, als er den allgemeinen reduzierten Gebrauch unserer Denkfähigkeiten, sprich des Gehirns, ins Bewußtsein zu heben versuchte. Was sein Genie ausmachte, war ein sensibler, offener, vielseitig interessierter und durch die Künste geschulter Geist, der zu Begeisterung und Freude, Humor und Liebe zur Schönheit der Natur fähig war. Einerseits Analyse. andererseits Synthese. Daß Albert Einstein in Deutschland jüngst zum „Mann des Jahrhunderts“ vorgeschlagen wurde, sollte daher nicht verwundern. Besonders auch junge Menschen haben ihm ihre Stimme gegeben, denn seine Art Menschlichkeit, die er durch seine Geige und die herausgestreckte Zunge aller Welt kund getan hat, könnte auch zum Markenzeichen einer jungen Generation werden. Auch wenn es wahr ist, daß Albert Einstein wohl in den Dingen des Alltags abhängig von den Menschen seiner Umgebung war, ein Chaot in Küche, Diele und Wohnzimmer, so zeigt er doch gerade dadurch, was unter „Interdependenz“ zu verstehen ist. Albert Einstein und seine Geige! Keine Wissenschaft ohne Kunst, ohne tiefe Kreativität. Es ist eine gewisse Leichtigkeit und ein lebendiger Sinn für Humor, die aus seiner Person strahlen und die Jugend ansprechen.

Die Art, im 21. Jahrhundert zu denken, wird sicher ein vernetztes, multidimensionales, kreatives „Systemisches Denken“ sein, oder aber das Denken wird mit dem Menschen abdanken.

## Wandel des Denkens

Das systemische Denken, das für ein neues Denkmodels und damit für das Paradigma eines notwendigen Übergangs in ein ökologisches und geistiges Zeitalter steht, nutzt

6 Dr. Elisabeth Sathouris, in: Politik des Herzens, Geseko v. Lüpke, Arun Verlag.

das menschliche Gehirn und die menschlichen Potentiale in ganzheitlicher Weise: Nicht nur eine Gehirnhälfte – die linke, analytische – wird zu ihrer Höchstleistung trainiert, sondern auch die integrative, kreative rechte. Denn wenn wir dazu herausgefordert werden, die Dinge der Welt in ihren Wechselbeziehungen zueinander anzusehen, alles in sinnvoller Bewegung und seinem natürlichen Fluß zu betrachten, muß uns unsere bisherige lineare Sichtweise im Dunkeln lassen: Nichts leuchtet komplett ein, wir erkennen nur das Partielle, das Statische, alles erscheint tot. Wir sehen den Wald vor lauter Bäumen nicht!

In unserer Pubertät als Menschheit machen wir gerade den Reifungsschritt zum Wiedererkennen der großen Zusammenhänge, die uns einmal vertraut waren. Aber jetzt ist die Perspektive eine andere. Es ist ehrfürchtiges Staunen, gepaart mit klarem Erkennen. Wir haben die Sphäre des Glaubens verlassen, wurden Wanderer zwischen den Welten, wie der verlorene Sohn in der Bibel. Wir haben begonnen, uns auf den Heimweg zu machen, um unsere Erbschaft anzutreten.

Nur das sinnstiftende Zusammenwirken von linker und rechter Gehirnhälfte kann die Welt als ganzes, im Fluß befindliches System erkennen. Es ist aus einer extrem differenzierten Verbindung von Sub-Systemen in vernetzter, Art und Weise komponiert. Wenn das Gehirn selbst diese kooperative Verknüpfung nicht entwikkelt hat, kann es auch die Qualitäten der beiden Hirnhälften nicht in ganzheitlicher Weise ins Spiel bringen: Unsere Wahrnehmung der Welt bleibt eingeschränkt . Ich werde darauf weiter unten noch genauer eingehen, wenn es um die pädagogischen Faktoren für den geforderten Wandel geht. Hier sei noch gesagt, daß im Sinne einer vollständigen Beschreibung der Besonderheiten des systemischen Denkens nicht nur die Beziehung der beiden Gehirnhälften (horizontale Ebene, „Breite": rechts - links) und ihrer speziellen Arbeitsweisen von Bedeutung ist, sondern auch die ausgewogene Vernetzung von alten und neueren Gehirnregionen (vertikale Ebene, innen - außen bzw. unten - oben).

Die einzelnen Menschen sind in diesem Sinne als interdependente Subsysteme der Menschheit zu sehen, in denen sich alles abbildet, was im großen System wirksam ist. Die systemische Betrachtungsweise stellt den Menschen in einen neuen Kontext, gibt ihm eine völlig andere Bedeutung: *Interdependenz*[7] bedeutet , daß die beeinflussende Abhängigkeit in beiden Richtungen wirksam ist: Wir sind nicht mehr die Herren der Welt. Vielmehr wird der Mensch auf sich selbst zurück geworfen, auf seine Verantwortung sich selbst und der Welt gegenüber verwiesen.

Arthur Koestler hat den Begriff des Holons[8] geprägt. Joanna Macy, die Grande Dame der Tiefenökologie, beschreibt es in seiner Janus-Gesichtigkeit folgendermaßen: *Das Holon hat ein zweifaches Gesicht, eine zweifache Wesensart. Es ist sowohl selbst*

7 Interdependenz, interdependent von lat. dependens, dependere = voneinander abhängend, meint auch gegenseitige Abhängigkeit.

*eine Ganzheit, als auch Teil einer übergeordneten Ganzheit. Lebende Phänomene erscheinen deshalb als Systeme innerhalb anderer Systeme,... (Felder innerhalb von Feldern), die wie ein Set russischer Matroschka-Puppen ineinander verschachtelt sind, nur daß sie zudem miteinander in vielfältiger Beziehung stehen.*[9]

Folgt man ihren weiteren Ausführungen, dann repräsentiert jedes von ihnen eine eigene Organisationsebene, die von der gegenseitigen Beeinflussung der Systeme auf der vorhergegangenen Ebene herrührt: Die Interaktionen von Atomen bilden die Organisationsgrundlage von Molekülen, die Moleküle die Basis von Zellen, Zellen für Organe, Organe für Organismen, Organismen für Gesellschaften und so weiter. Das Leben ist nach diesem Verständnis in eine hierarchische Struktur aufgeteilt, die jedoch nicht mit hierarchischen Machtstrukturen zu verwechseln ist, sondern von gegenseitiger Abhängigkeit gekennzeichnet wird. Statt dem konventionellen Herrschaftsbegriff erkennen wir in einem selbstorganisierten organischen Zusammenspiel der vielen Teile in Systemen eine Synergie, für die am besten der Begriff des „Mitmachens" paßt. Lebende Systeme entwickeln ihre Anpassungsfähigkeit und Intelligenz nicht durch eine Abschottung von der Welt und die Errichtung von Abwehrmauern, sondern durch die ständige, größer werdende Öffnung für Ströme von Energie, Materie und Information.[10]

In der beschriebenen Sichtweise ist auch der Begriff der „Interdependenz" verdeutlicht. Gemeint ist eine auf Gegenseitigkeit beruhende Abhängigkeit. Die Natur ist voller plastischer Beispiele dafür. Ich erinnere hier etwa nur an das vielschichtige Geschehen in einem Bienenstaat, wo die einzelne Biene auf ihrem individuellen Entwicklungsweg die verschieden Ebenen der Systematik des Bienenvolkes durchläuft. Sie selbst durchläuft als ein Sub-System, die verschiedenen Systeme im Gesamtkontext des Bienenstaates. Dabei ist der gesamte Bienenstaat selbst wieder nur ein Subsystem größerer Systeme, wie etwa eines ganzen blühenden Waldes, der Welt der staatenbildenden Hautflügler oder in der Nahrungskette des Bienenfressers. Und ohne die einzelnen Bienen ist keines dieser Systeme lebensfähig.

Die unter der Überschrift „Ökologie" im letzten Drittel des vorigen Jahrhunderts begonnene Neubewertung der Betrachtungsweisen hat den Wechsel der Paradigmen ins Bewußtsein gehoben. Wir beginnen, die Welt mit anderen Augen zu betrachten, und immer mehr Menschen teilen ihre Beobachtungen aus diesem veränderten Blickwinkel mit. Der Begriff des *Ganzheitlichen* taucht auf, von *„Esoterik"* ist die Rede, von „Altem Wissen" und „Wissenschaftsgläubigkeit". In der wissenschaftlichen Welt wurde ein Glaubenskrieg entfacht, bei dem es um die Grundfesten der Wissenschaftlichkeit

8 Holon von griech. hólon = ganz, völlig.

9 Joanna Macy: Kooperation mit der Evolution.

10 Joanna Macy, in: Politik des Herzens, S. 99.

selbst zu gehen scheint: Gibt es einen Wandel der grundsätzlichen Betrachtungsweise, gibt es überhaupt so etwas wie einen Paradigmenwechsel?

# Das Bewußtsein der Raupen

## Das Risiko der Wandlung

Will das Leben weiter wachsen, wenn sich Veränderungen ankündigen? Denn immer dann wird das Leben besonders verletzbar, es wird offen und geht ein gesteigertes Risiko ein, verletzt zu werden ...

Seine Wege und Weisen, sich umzuformen, sind unschätzbar vielfältig. Der Artenreichtum auf dem Planeten Erde ist so gewaltig, daß das Auffass-ungsvermögen des menschlichen Geistes davon völlig überfordert ist. Und genauso sind die von jeder einzelnen Spezies, jedem einzelnen Wesen entwickelten Strategien der Evolution, des Wandels und seiner speziellen Weise, sich an das Ökosystem anzupassen, unendlich variantenreich. Das Leben ist ein Wunderwerk. Es hat Myriaden von abenteuerlichen Masken, täuschenden Verkleidungen und irreführenden Gestalten über sich geworfen, um seiner Wandlungswunde Schutz zu bieten. Das Leben spielt mit sich selbst Verstecken und bleibt dabei doch immer Sieger. Es hat sich am Ende doch immer weiter und höher entwickelt, bis zu einem Grad der Verfeinerung und Vielgestaltigkeit, die für den erkennenden Geist ehrfurchtgebietend ist.

Jeder Wandlungsprozeß unterliegt jedoch Gefahren und Risiken. Dies können Faktoren sein, die von außen auf den Umformungsprozeß oder seine eigenkörperliche „Wohnung“[1], – als seine biologischen Umfriedungen – einwirken, es können aber auch spezielle Bedingungen sein, die sich aus der inneren Struktur des in Wandlung befindlichen Systems ergeben.

Die größte Gefahr liegt in der Behinderung oder Unterbrechung des Prozesses. Einwirkungen von außen sind wohl die Hauptfaktoren, aber beileibe nicht die einzigen Gründe für eine Entwicklungsverzögerung oder gar deren jähes Ende. Berührt man etwa eine Schmetterlingspuppe während der besonders sensiblen ersten Knospungsphase, kann man ziemlich sicher davon ausgehen, daß die Entwicklung der Organe

---

1 Martin Heidegger gibt uns eine klare Beschreibung der tieferen (etymologischen) Wortbedeutungen: *Wohnen ist vom altsächsischen Wort Wuon oder dem gleichbedeutenden gotischen Wunian abgeleitet und sinngleich, dem hochdeutschen Bauen, das „Bleiben, das sich - Aufhalten“ bedeutet. Wunian heißt: zufrieden sein, zum Frieden gebracht, in ihm bleiben. Das Wort Friede meint das Freie, das Frye, und fry bedeutet: bewahrt vor Schaden und Bedrohung, bedeutet: geschont. „Freien“ bedeutet eigentlich „schonen“. Das Schonen selbst besteht nicht nur darin, daß wir dem Geschonten nichts antun. Das eigentliche Schonen ist etwas Positives und geschieht dann, wenn wir etwas in seinem Wesen und Werden belassen, wenn wir etwas eigens in sein Wesen zurückbergen, es entsprechend dem Wort „freien“: einfrieden.* (Vgl. auch die Baum-„Schonungen“ der Förster!)

des Falters beeinträchtigt wird: Er schlüpft etwa mit verstümmelten Flügeln, unzureichend differenzierten Gliedmaßen oder einem verquollenen Saugrüssel und stirbt meist bald nach seiner Geburt – unfähig sein Leben als Schmetterling anzutreten. Dies sind schwere Verletzungen, die wir mit dem Wort Trauma bezeichnen können. Wohl wissend, daß diese Traumata meist unwissentlich und unbeabsichtigt zugefügt wurden, erkennen wir dennoch ihre zerstörerische Wirkung!

Die Entwicklung von der Raupe zum Schmetterling – im Detail betrachtet – gibt hier Aufschluß:

*Bei der „vollkommenen" (holometabolen) Verwandlung der Schmetterlinge und Käfer, der Hautflügler (Bienen, Ameisen, Wespen und Hummeln) und Zweiflügler (Fliegen und Mücken) unterscheiden sich Jugend- und Erwachsenen-Stadium voneinander und gehören unterschiedlich hohen Evolutionsniveaus an; zwischen Larven- und Imaginalphase ist ein Puppenstadium eingeschaltet, dem eine entscheidende Funktion zukommt: Verborgen im Inneren des starren Puppenpanzers und oft genug noch zusätzlich geschützt in einem von der Raupe kurz vor der Verpuppung gesponnenen Kokon, nicht selten auch in einer Erdhöhle, vollzieht sich der Übergang vom Niederen zum Höheren. Von Übergang zu reden ist allerdings etwas irreführend, die Raupe formt sich in der Puppe nicht einfach in den Schmetterling um; eher schon handelt es sich um eine Art von Platzwechsel, bei dem das eine verschwindet und das andere, Neue seine Stelle einnimmt: So gut wie alles, was Raupe war, geht in der Puppe zugrunde, die meisten Organe lösen sich zu einer breiartigen Masse auf, Chaos entsteht. Dadurch erhalten die bereits in der Raupe als kleine Keime vorhandenen „Imaginal - Anlagen" die Möglichkeit, den frei gewordenen Platz einzunehmen und heranzuwachsen, wobei sie das abgebaute Organmaterial der Raupe zu ihrer Ernährung und damit zu ihrem eigenen Aufbau nutzen.*

*Die Metamorphose stellt also keineswegs eine Umwandlung oder Umformung fertiger Organe in andere dar. Einmal ausgebildete Organe sind keiner Wandlung mehr fähig – was sich einmal als physische Form ausgeprägt hat, hat sich aller Möglichkeiten dazu begeben. Das gilt nicht nur für Schmetterlinge und Bienen, sondern überall: Auch die Kiemen einer Molchlarve oder Kaulquappe werden nicht zu den Lungen der erwachsenen Tiere, vielmehr bilden sich die Lungen neu (und an anderer Stelle des Organismus!), in dem Maße, wie die Kiemen „eingeschmolzen" werden und verschwinden. Die Kontinuität liegt mithin nicht auf der Ebene der physischen Organe, sondern in dem Bereich, von dem die formativen Impulse ausgehen, die ein Organ durch ein anderes ersetzen – in der Sphäre des „Bildekräfteleibes"[2], der als ein sich wandelndes bewegliches Kontinuum der Dirigent und zugleich der Akteur der Prozesse ist.*[3]

Wenn diese Metapher für Entwicklung angemessen ist, stellt sich nun die Frage nach den heilen, bergenden und „freyenden" Bedingungen menschlichen Wandels, und hier besonders jener großen Wandlung vom Kind zum erwachsenen Menschen, der wir in diesem Buch besondere Aufmerksamkeit zuwenden. Um mit der Metapher vom Schmetterling zu sprechen: Wie muß die Behausung für das menschliche Puppenstadium beschaffen sein, welche Bedingungen müssen in der Umfriedung erfüllt sein, wenn der Wandel „heil" vor sich gehen soll?

Aus der Physik ebenso, wie aus der Biologie, wissen wir, daß jegliche Wandlung einen Durchgang durch Phasen des Chaos bedeutet, um eine Begegnung mit dem Tod des Bestehenden. Eine Grenze wird erreicht. Ein Prozeß kommt zum Erliegen. Es ist ein Potential geschaffen worden, das zunächst nicht offen da liegt und seine Wirkung entfaltet, sondern durch die Begrenzungen des Alten in einem Ruhestadium der Vorläufigkeit festgehalten wird.

Die Zeit des quantitativen Wachstums, durch welche die Menschheit in den vergangenen Jahrhunderten gegangen war, ist zu Ende. Die Grenze der Ausdehnung ist erreicht, wie uns schon der Bericht des Club of Rome gezeigt hat. Es ist Zeit für den *qualitativen* Wandel. Über der Tür, durch die wir zu gehen haben, steht die Inschrift:

## Wandle dich, damit du wirst!

Die Menschheit scheint durch die Ergebnisse ihres eigenen Handelns imperativ aufgefordert, den gewaltigen Schritt über die Schwelle, hinein in ein neues, globales, spirituelles und tiefenökologisches Bewußtsein zu tun. Dieses Bewußtsein ist die Voraussetzung und geistige Essenz für die Maturität, die unsere Mutter Erde jetzt von uns fordert.

Über dem geistig-seelischen Kokon, in dem die Menschheit sich in ihrem dunklen Initiationstraum windet, steht unausgesprochen eine Frage. Sie lautet schlicht: Alles oder Nichts?

Nur wenn uns Menschen diese Initiation gelingt, gewinnen wir – sei es als Individuen, oder als Spezies – eine Chance auf weitere Existenz!

---

2 Dieser Begriff wurde bereits 1820 von Goethe vorgeschlagen und begründet, von Rudolf Steiner aufgegriffenen, erforscht und erweitert. In der modernen wissenschaftlichen Terminologie würde man wohl heute den Begriff *Morphisches Feld* (Rupert Sheldrake, siehe ebda.) verwenden. Der „Bildekräfteleib" wäre dann quasi das holonische Subsystem des einzelnen Schmetterlings im großen morphischen Feld der jeweiligen Art.

3 aus: Metamorphose im Insektenreich, Andreas Suchantke, Verlag Freies Geistesleben, Stuttgart, 1965, S.12 f.

## Die Chance hinter dem Risiko

In Wahrheit ist diese Bedrohung eine ungeheuere Chance, das „ewig fressende“, konsumorientierte Lebensstadium unseres kollektiven Larvenzustandes zu Ende zu bringen. Also finden wir uns als Menschheit im Ausklingen unserer globalen Pubertät wieder. Aber wir müssen erkennen: diese ist jetzt unwiderbringlich vorüber. Wir müssen ein neues Ufer erklimmen, Grenzen überschreiten, über die dunkle Schwelle unserer Ängste gehen, um ins reife und lichte Erdenmenschenbewußtsein initiiert zu werden! Die lebendige Erde ist dabei unsere Mentorin, die zugleich materielle und geistige Matrix[4], die den Raum für unsere Wandlung bereit hält. Große Geister der menschlichen Kultur- und Geistesgeschichte haben das Herannahen dieses Momentes in ihren Visionen vorausgesehen.

Jetzt ist er da!

Die weltweite Revolution der Jugend ist ihr Hilferuf an die älteren Generationen auf diesem schwierigen Weg. Die junge Generation repräsentiert dieses Stadium als eine weltumspannende Gruppe! Und sie verdient es, vorbehaltlos von der älteren Generation auf ihrem Weg begleitet zu werden.

Nur Kinder, die geliebt wurden und sich diese Liebe bewußt gemacht haben, werden selbst Erwachsene, die zur Liebe fähig sind.

## Kinder, Kinder!

Unsere Kinder sind die Verkörperung aller menschlichen Zukunft. Lieben wir sie so, daß wir ihnen unser kollektives Raupenleben darbringen, es würdig beenden und ihnen zu Füßen legen? Lieben wir sie genug, um sie achtsam und würdig zu initiieren? Lieben wir sie genug, um ALLES zu tun, was nötig ist, um diese zerbrechliche Biosphäre – und damit uns SELBST – zu retten?

Wenn es für das Leben auf der Erde derzeit um Alles oder Nichts geht, so könnte uns klar werden, daß wir zuallererst in unseren Herzen und Seelen die Entschlossenheit herstellen müssen, die lebendige Welt zu bewahren. Dazu brauchen wir auch eine lebendige, vor brennender Liebe vibrierende Vision! Dazu müssen wir selbst aus dem Kindertraum aufwachen und ganz erwachsen werden.

Aber wenn die Erbschaft, die wir unseren Kindern hinterlassen, nur noch eine ausgebrannte, leere Hülle des vielzitierten *„Raumschiff Erde“* ist, wie wollen wir dann von ihnen auch nur ein Quäntchen Respekt erwarten, für das, „was wir für sie getan“ haben?

---

4 Matrix: Mutter, Materia, Maturität, Maria, Mare: All diese Begriffe haben – aus der indogermanischen Ursprache stammend – über das Lateinische den Weg in unser Sprach- und Weltverständnis gefunden.

Könnten wir uns dann selbst noch ertragen?

Können wir antworten?

Alle im unendlichen kosmischen Raum stehenden Fragen nach dem Wohin und Wozu der menschlichen Entwicklung schreien nach Antworten. Und am eindringlichsten steht die Frage im Raum, ob wir Menschen wirklich weiterleben möchten, – und wie wir das realisieren wollen!

## Erkenne die Grenzen!

Im täglichen Leben gehen die Dinge vor unseren Augen „offensichtlich" ihren Weg. Wir verdienen Geld, kaufen damit ein, richten unsere Wohnung ein, bereiten unser Essen zu, werfen weg, was wir nicht mehr brauchen. In den Müll, oder auf den heute wohlorganisierten Sperrmüll. Das erscheint uns logisch, als gerader konsequenter Gedankengang. Abfall und Müll muß man doch schnellstens los werden, nicht wahr? Schließlich entschwinden sie im Wochenrhythmus aus unseren Blicken, es gammelt, rottet, schimmelt, vertrocknet, gärt, stinkt und verschleimt woanders, nicht innerhalb unseres kleinen Horizonts. Und was sich türmt, was da aufquillt, sich sperrt und staut, das muß tief in der Erde vergraben werden, um unserem Bewußtsein zu entschwinden...

Das gilt fast immer, außer wir selbst werden zu Opfern des Verdrängungsprinzips, nachdem wir alle versuchen, die unangenehmen Seiten unserer Lebensführung unter den Teppich zu kehren oder dem schwächsten Nachbarn auf den Tisch zu kippen. Wohnen wir selber in der Nähe der Müllkippe, dann nerven uns Tausende von schreienden Krähen, Lachmöwen und anderes unedles Getier. Auf den Müllkippen der Dritten Welt gesellen sich dazu noch Menschen, die den Dreck nach Eßbarem durchsuchen.

Ein linearer Staffellauf von Unfeinem, Unerwünschtem, Abgestoßenem: Wehe dem, der hier in der Zielgeraden laufen muß, ihn trifft das ganze Ungemach.

Solange wir jedoch nicht bereit sind, den gesamten Weg der Dinge, die wir benutzen, zu betrachten, verstehen wir nichts von unserer eigenen Rolle in dieser Welt.

Solange bleiben wir der Mentalität von Raupen verhaftet, die nur ihren kleinen Ast kennen und alle Blätter daran für ihr naturgegebenes Eigentum halten. Tief drinnen haben sie die seltsame Gewißheit, daß sie nicht immer auf diesem Zweig bleiben werden, daß irgendwo eine größere, hellere Welt auf sie wartet. Im Liebesbrief, den sie von der Welt erhalten haben, hängen sie noch immer an den ersten paar Zeilen:

*Liebe Raupe: Nur das Fressen ist wichtig und daß du alles gut verträgst und verdaust! Mampfe, soviel du kannst, denn du mußt wachsen! Was vorne hineinkommt, geht hinten hinaus: Es fällt vom Baum und düngt ihn in optimaler Weise.*

*Also ein perfekter Kreislauf von Geben und Nehmen, richtig? In der wilden Natur funktioniert das reibungslos und zum Vorteil aller. Bei uns Menschen allerdings geht da etwas schief!*

*Das Problem, das wir Menschen hier haben, hängt mit unserer eindimensionalen, eingeschränkten Gehirnnutzung zusammen. Es ist so, als würden wir nur auf einem Bein dahinhopsen, obwohl wir doch über zwei gesunde Beine verfügen. Allerdings ist natürlich das unbenutzte sehr schwach geworden und hängt schlaff herab, „atrophiert"*[5]*, wie uns die Physiotherapeuten sagen würden. So kann man den Eindruck bekommen, der Mensch sei ein einbeiniges, hopsendes Wesen und man könne den Wunsch verspüren, das nutzlose, baumelnde und enorm störende Ding einfach abzuschneiden, nicht wahr?*

*Was wir in der Politik und im technokratischen Denken und Handeln derzeit beobachten, entspricht genau diesem Widersinn: Wir versuchen mehr von dem anzuwenden, das ohnehin schon nicht mehr funktioniert, um dem drohenden Kollaps zu entgehen. Die Raupe Wirtschaftswachstum ist längst an ihrer Grenze angelangt.*

*Genug gefressen, Raupe, nun ist es Zeit, dich zu verpuppen. (Und lies doch den Liebesbrief der Natur bis zum Ende, du wirst noch gehörig staunen, meine Liebe.)*

*Du mußt endlich aufhören, immer weiter zu fressen, weiter zu wachsen und mußt dich erinnern, was du ursprünglich werden wolltest: Was ist deine eigentliche Qualität? Was für eine Art Raupe bist du? Welche Art Schmetterling schlummert in dir?*

5 Atrophie leitet sich ab aus dem lat. und griech. atrophia = Auszehrung, Schwund.

# Die öko-spirituelle Krise

## Raubbau und Amoklauf

*„Raubbau an der Natur und Zerstörung der natürlichen Lebensgrundlagen nimmt noch immer weltweit zu! Der Hoffnung vieler Menschen zum Trotz, hat das Artensterben an Geschwindigkeit und Radikalität in den letzten Jahren nur noch zugenommen: Täglich verschwinden Dutzende Arten unwiederbringlich."*

*„Ein in sich geschlossenes Naturwunder, Regenwälder von ungeheurer Pracht und Fülle des Lebens: Das war Borneo noch vor drei Jahrzehnten. Doch dann mündete der Aberglaube, sowohl die Überbevölkerung, als auch das Wirtschaftswachstum durch Zerstörung des natürlichen Lebensraums steuern zu können, in ein beispielloses Desaster."*

*„Waldschutz auf verlorenem Posten? Jährlich schwindet allein in Brasilien eine Waldfläche, fast so groß wie Belgien..."*

*„Trotz ihrer ethnischen Vielfalt haben sich die Bewohner der Regenwälder von Australien bis Brasilien auf verblüffend ähnliche Weise dem grünen Kosmos angepaßt. Darum ist es ihnen über Jahrtausende gelungen, in und von dieser Umwelt zu leben, ohne sie zu schädigen. Ein Urwissen, das den Kolonialisten aus der alten Welt bis heute fremd geblieben ist."* (Alle Zitate aus GEO – Magazin)

Urwissen? Warum haben wir zu solchem Wissen offensichtlich keinen Zugang? Warum gelingt es uns nicht, die Natur, in der wir leben und von der wir doch gänzlich abhängig sind, so zu bewahren, daß sie uns weiterhin tragen kann? Wie kommt es, daß die „Primitiven" es verstehen, so zu leben und wir, die „Entwickelten" den Ast, auf dem wir sitzen, kaltschnäuzig absägen?

*Vielleicht sind wir „zu geil", aber wahrscheinlicher eher zu dumm für diese Welt?*

(M., 19 Jahre)

*„Amokschütze im Schulgebäude ... Mitschüler und Lehrer mit Waffe des Vaters getötet...Blutbad in der Oberstufe durch Scharfschützen der Polizei beendet ... siebzehn Tote und viele Verletzte..."*

*„Brutale Schlägereien auf dem Schulhof: Lehrer sind überfordert und müssen machtlos zusehen ... Nimmt die Gewalt in den Schulen überhand?"*

*„Der Drogendealer kam auf den Schulhof: 15-jähriger Klassensprecher versorgt Mitschüler mit Drogen ... Mehrzahl der Schüler kifft oder nimmt härtere Sachen ... Wovor wollen sie flüchten?"* (Alle Nachrichten aus der aktuellen Tagespresse anno 2000)

So und ähnlich klingen heute viele der täglichen Schlagzeilen. Die schier unendliche Kette der bedrohlich und erschreckend klingenden Nachrichten reißt nicht mehr ab. Viele von uns können es kaum noch ertragen, davon hören zu müssen. Als Folgereaktion verschließen wir uns innerlich, lassen nichts mehr an uns heran und verdrängen die Wahrnehmung dieser Tatsachen. Dabei ist es so, daß diese Nachrichten nur die Spitze eines Eisberges markieren, denn leider sind die Fakten bei genauerer Betrachtung meist noch viel erschütternder. Wenn wir die menschlichen Schicksale hinter dem Grusel der Sensation entdecken, fühlen wir etwas von der realen Bedrohung, die da auf uns zukommt. Und wir beginnen die Chance zu wittern, die hinter diesen Zeiterscheinungen sichtbar wird, wenn wir den tiefsitzenden System- und Denkfehler unserer Kultur als deren Grundlage erkannt haben.

Was haben all diese Nachrichten gemeinsam? Gibt es da vielleicht einen verborgenen Zusammenhang?

Krise heißt auch Chance. Die Phänomene, die ich hier gegenübergestellt habe, sind Symptome ein und derselben Krankheit: der Unverbundenheit (siehe auch: *Delinquenz*) unserer gesamten Kultur. Das betrifft nach dem Prinzip von Holon und Kontinuum die gesamte Gesellschaft, wie auch ihre einzelnen Teile. Also muss auch die Lösung, wollen wir die Chance nutzen, eine holistische, eine ganzheitliche sein. Der Lösungsweg führt von der Analyse der beklagenswerten Fakten, die wir in den engen Stuben der Wissenschaft zusammentragen, auswerten und würdigen, zum Erwachen des verbundenen Handelns, das uns wieder hinaus führt auf das konkrete Land unter unseren Füßen. Da wir unsere Gehirne ein paar Jahrhunderte systematisch auf das analytische Erkennen trainiert haben, fällt uns das Auseinanderpflücken der Tatsachen gar nicht so schwer. Wir haben ganze Heere von exzellenten Fachwissenschaftlern ausgebildet, die einen nie da gewesenen Standard an bedrückend präzisen Beschreibungen der Krise abliefern können. Mit anderen Worten: Wir haben die besten jemals auf der Erde vorhandenen Möglichkeiten, unseren Abgang, unser Aussterben in jedem Detail zu beobachten und akribisch aufzuschreiben. In den Computern der großen Institute von PIK bis MIT gibtes eine bedrückende Vielzahl von Szenarien, wie unser Niedergang aussehen könnte.

Bisher jedoch haben wir die Möglichkeiten, diese Dinge in systemischer, ganzheitlicher Weise zu erfassen, vernachlässigt. An dieser Stelle setzt die Tiefenökologie an. Wie wir schon gesehen haben, bietet sie eine neue Perspektive auf das Gesamtgeschehen, sie bezieht den kreativen Geist mit ein. Deshalb wäre die Bezeichnung spirituelle Ökologie wohl richtiger.

Worauf es nun also ankommen dürfte, will ich hier im folgenden aus meiner Sicht darstellen:

Als erstes brauchen wir die Motivation, den Wandel zu schaffen. Wir müssen den Wandel wollen, sonst werden wir keinen Finger krumm machen. Denn im Augenblick fehlt uns der Glaube. Wir sind im Schock, leiden an Erstarrung, halten krampfhaft am Alten fest. Was wir brauchen, ist eine Vision von dem Leben, das im Einklang mit der Natur möglich ist. Diese Vision werden wir nur draußen im wilden Land finden können, denn nur dort ist die Matrix noch heil. Wir können unser globales Trauma heilen! Können aus der Erstarrung, der Verdrängung und dem Ignorieren durch Flucht und Ausweichen aufwachen und die Krise zu einer gigantischen Chance machen. Dazu benötigen wir als erstes eine Heilung unseres Verbundenheitsempfindens, um Kräfte unseres sozialen Organismus zu reaktivieren und wieder in eine Einheit zurückzuführen, die fähig ist, den radikalen Umbau unserer Gesellschaft voranzutreiben. So gesehen wäre das Gerede von Reformen und Einschnitten durchaus angebracht, wenn es uns nur bereit und fähig machen würde, die Notwendigkeit von Veränderungen in ihrer ganzen Tiefe zu erfassen.

Das Wissen, das wir brauchen ist da – daran liegt es nicht. Es liegt am Willen und der Motivation, es auch zu tun! Deswegen ist dieser Umbau nur auf der Basis einer spirituellen Leistung, eines spirituellen Umdenkens möglich, wie es unter der Überschrift „Spirituelle Ökologie“ vorgeschlagen wurde. Es gibt ein weltumspannendes Netzwerk von Menschen und Organisationen (NGOs), die sich engagiert bereits seit Jahrzehnten für diese Veränderungen einsetzen. Es gibt überall Menschen, die innerhalb unserer Gesellschaft Ansatzpunkte für das Wachstum des Neuen hergestellt haben. Und das Wichtigste – es gibt immer noch das alte Wissen, bei Schamanen und Heilern in ihren kulturellen und ethnischen Zusammenhängen. Auch wenn es durch die Einwirkungen der Zivilisation enorm geschädigt ist, ist es immer noch stark und unendlich wertvoll.

Wir brauchen außerdem ein vollständig neues, andersartiges System von Schule, eine Wildnis-Pädagogik, die dem menschlichen Leben auf allen Entwicklungsstufen die richtigen Angebote macht. Es gibt keinen Lebensbereich, der von der Krise nicht erfaßt wäre, nicht einer fundamentalen Heilung vom Kulturschock bedürfte. Die Geburt einer neuen, globalen und öko-spirituellen Lebenskultur kann nur gelingen, wenn sich Geburtsbegleiter finden lassen, die nach den Prinzipien der „wilden Natur“ zu arbeiten fähig sind. Es wird nötig sein, große Geldströme in diese Richtung zu lenken! Solange wir noch Spielräume haben, müssen wir sie zu unserem Besten nutzen. Priorität muß der Lebensschutz, unter dem Blickwinkel eines tiefen-ökologischen Weltbildes haben; aber nicht nur Geld, sondern vor allem Herz, Hingabe, Aufmerksamkeit und Liebe sind der Treibstoff für dieses neue menschliche Gefährt.

Die Richtungsänderung, von der ich spreche, bezieht das gesamte Leben ein und ist insofern eine politische Aufgabe. Es mag ungewohnt klingen, und durchaus seltsam, aber es ist doch so, daß auch die Politik sich auf das Wildnis-Wissen beziehen muß, der Wildnis erlauben muß, zurückzukehren. Im Grunde wissen wir das alle: Entweder wir laden das Wilde ein und gestalten unser Leben nach seinen Prinzipien, im Einklang mit den uralten Gesetzen, oder das Wilde kommt zurück und überwältigt uns durch

Naturkatastrophen und die Vollendung der befürchteten Flugbahn unserer „Kultur" bis zum Aufprall auf der Mauer unseres selbstgestalteten Schicksals.

Also laßt uns die Chance nutzen!

## Öko? Oder was?

Da das Leben aus einem Netzwerk systemisch miteinander verschlungener Fakten und Bedingungen besteht, ist es unmöglich, eine Veränderung unseres Systems zu bewirken ohne geistigen Wandel. Dieser stellt sowohl den Schlüssel als auch einen Dreh- und Angelpunkt dar, auch dann, wenn ich zugeben muß, daß es auch abhängig von den pädagogischen Bedingungen ist, wes Geistes Kind man ist. Also ist auch Erziehung ein holistischer Prozeß mit ebenfalls interdependenten Verknüpfungen zu allen Feldern des menschlichen Entwicklungsprozesses. Die Menschen, die sich mit den holonischen Prinzipien beschäftigen, und diese Art die Welt wahrzunehmen bei sich entwickelt haben, können durchaus Aussagen darüber machen, durch welche Einwirkungen ein System wahrscheinlich am günstigsten beeinflußt wird. Aus dieser Perspektive sieht man unsere Chance viel deutlicher, denn es gibt in jedem lebendigen System, wenn der Ort und die Zeit (*Kairos*) stimmen, natürliche Krisenpunkte der Entwicklung, an denen sich kleine Impulse zu gigantischen Wirkungen aufschaukeln können.

Wenn dies die eher wissenschaftliche Herangehensweise wäre, dann wäre die schamanische die eher „künstlerische". Von Mut und Kreativität getragen müßten indes beide sein! Aus der schamanischen Welt hören wir die deutliche Mahnung, uns um das Bild der Kreisläufe zu kümmern, die uns die Natur so eindrücklich als ihre Organisationsform vor Augen hält. Die Gesetze des Haushaltes müssen wieder der Organisation des Haushaltes entsprechen, wie wir sie in der Natur vorfinden, dort, wo sie wild ist und nach ihren eigenen Gesetzen existiert. Also muß auch hier das Grundsätzliche gelten. Erst die Wildnis, dann die Kultur. Allein das hat Kraft und Bestand!

Die krumme, ins Leere weisende Linie, die wir kulturell gezogen haben, muß wieder zu einem gesamten, geschlossenen Kreis vollendet werden. Die Kreisläufe des Lebens brauchen höchste Würdigung und dürfen nicht mehr aus egoistischen und partikulären Interessen zerbrochen werden. Das Individuum steht nicht über der Gemeinschaft und eben auch nicht darunter: Es ist eine holonischer Teil der gesamten Biosphäre!

Im Grunde kann es leicht sein, neue Wege (nach den uralten Karten DERER, DIE VOR UNS GEGANGEN SIND) einzuschlagen. Wenn wir das tun, erwartet uns eine Fülle von Freude, Begegnung, Nähe, Berührung und Liebe, die wir uns im gegenwärtigen Leben kaum vorstellen können. Die Kultur der Zukunft wird eine liebevolle sein, oder sie wird nicht sein. Das wilde Leben duldet keine Alternative mehr, wenn ich richtig verstehe, was ich „dort draußen" im wilden Land von den zersprengten Felsen, den schmelzenden Gletschern, den versiegenden Quellen, den verunreinigten Wasserläufen, den selten gewordenen alten Bäumen und den vereinzelten wilden Tieren zu hören bekomme ...

Weiterhin brauchen wir eine neue Art von Vertrauen zu uns selbst. Vertrauen in das Menschliche, Vertrauen in die Kinder. Die *Omega Generation*, wie ich sie nennen möchte, kommt genau im richtigen Augenblick! Es ist kein Zufall, daß die Kinder, die in den letzten 30 Jahren geboren wurden, mehr und mehr die „neuen Menschen" repräsentieren. Sie sind bestens ausgerüstet, uns auf dem Weg zu begleiten und mit uns den Wandel voranzutreiben. Dazu sind sie gekommen! Alles was es braucht, ist, daß wir unsere Herzen öffnen, ihnen zuhören, sie initiieren und mit ihnen zusammen die Ärmel hochkrempeln. Noch ist es nicht zu spät. Die Geschichten und Mythen, die in der Gegenwart in die Herzen und Gemüter unserer Kinder gepflanzt werden, sind samt und sonders getragen von der Dramatik und Dynamik der Gralssuche, vom Mysterium des Einweihungsweges, vom Paradigmenwechsel und von der Chance, das Leben auf eine höhere Stufe zu heben.

Wir werden eine Lebensschule kreieren, die ein Netzwerk für freies Lernen nach natürlichen Prinzipien auf der Basis spiritueller Ökologie zur Verfügung stellt. Wir werden die Kinder aus dem Käfig des Schulalltags befreien und parallel dazu großen Landstrichen unserer Heimat die Wildheit zurück geben. Die Natur ist das Klassenzimmer der Zukunft, nicht nur für die kleinen, sondern für alle Menschen. Eine zukunftsfähige Kultur kann nur auf der Basis „Wilden Wissens" aufgebaut werden, kann nur nach holonischen Prinzipien funktionieren. Wir werden Waldkindergärten, Wildnisschulen, Abenteuer- und Wildnis-Camps, Trekking-Pilgerschaften und die Arbeit mit heilenden Naturritualen auf der Basis des dieses Wissens zum Standard der Pädagogik machen.

Wir werden ein anderes Besitzrecht für die Erde entwickeln, das uns die nachhaltige Nutzung der Ressourcen garantiert, das nach den Prinzipien von „small is beautiful" auf den ökologischen Zusammenhang bezogenes Wirtschaften in den Regionen ermöglicht. Es darf keine Rolle spielen, ob bestimmte Produkte möglicherweise um Centbeträge billiger herzustellen sind: Wir brauchen eine gesunde lokale und regionale Wirtschaft, die in kleinen vernetzten Kreisläufen fähig ist zu arbeiten und einen Blick für das am Ort Notwendige hat. Nur so können soziale und ökologische Belange in eine gesunde Balance gelangen. Dazu brauchen wir eine Ablösung vom Zwang, alles mit Blick auf die Gesetze der zentralistischen Globalisierung zu strukturieren. Auch auf diesem Gebiet ist großartige Arbeit schon geleistet worden. Ich möchte hier nur wenige Namen stellvertretend nennen: Pestalozzi, Naomi Klein, Dr. Edward Goldsmith, Rudolf Steiner, Ernst Ulrich v. Weizsäcker, Klaus Bosselmann und José Lutzenberger.[1]

---

1 Siehe das Kapitel: Erdpolitik: auf dem Weg in eine zukunftsfähige Gesellschaft, in Politik des Herzens, Arun-Verlag, 2003.

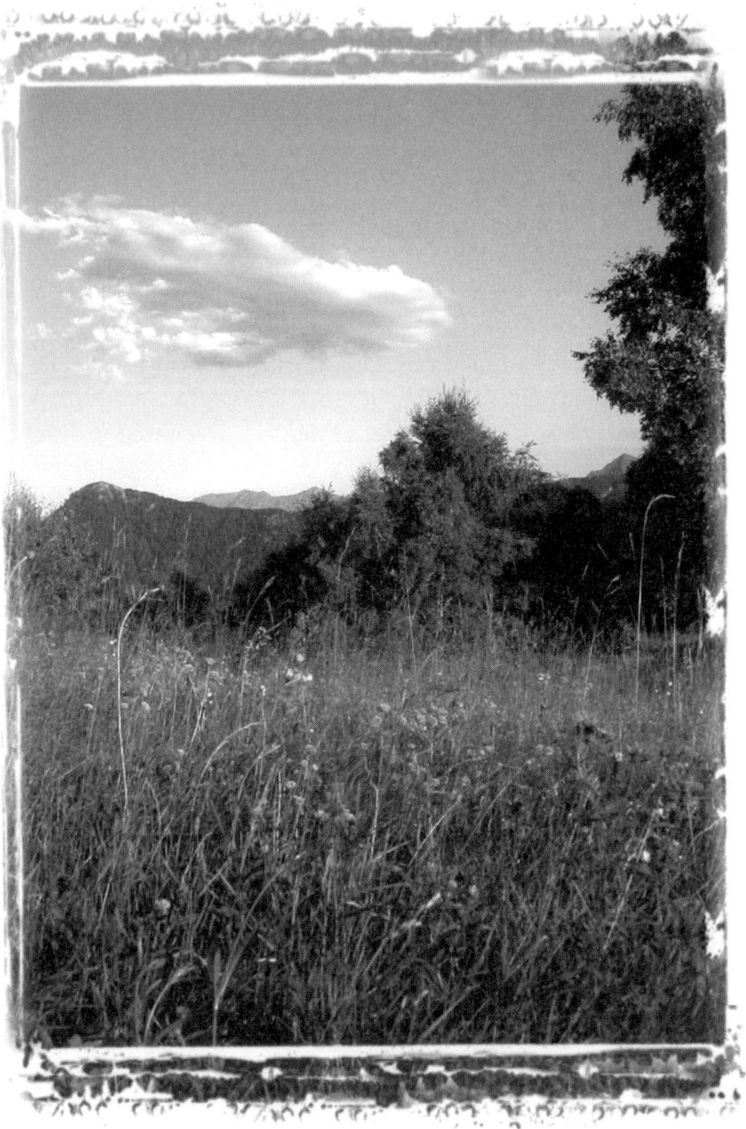

# Jugend weltweit sendet SOS

*Seit gestern frag ich mich, ob auf dem Mond,*
*nicht doch intelligentes Leben wohnt!?*
*Wenn ja, hat es uns bis jetzt verschont!*
*Oder sich vielleicht gezielt ferngehalten?*
*Das würde mich nicht wundern, bei diesen Waffengewalten,*
*in den Händen von Angsthasen und fiesen Affengestalten,*
*die schalten und walten, wie sie wollen,*
*und sich nach Lust und Laune entfalten,*
*doch nicht wissen, was sie mit dem vielen Geld machen sollen*
*dem gesunden Menschenverstand keinen Respekt mehr zollen!*
*Dabei gibt es auf der Welt so viele Menschen, die verrecken,*
*weil sie bei ihnen um die Ecke nix mehr zu fressen abchecken!*
*Doch ich bin mir sicher, es ließe sich ein guter Plan aushecken,*
*und Frieden und Wohlstand würden sich weltweit erstrecken!*
*Dann müssen wir unsere Beziehung zur Mutter Natur neu entdecken,*
*denn im Moment saugen wir an der Erde, wie ein paar Milliarden Zecken!*
*Wenn es so weitergeht, können wir uns alle bald in den Sarg stecken,*
*oder den Planeten mal so richtig krass am Arsch lecken!!!*

HipHop-Text von Dave Petschel, 2002

## Draußen vor der Tür

Jeder, der mit Heranwachsenden zu tun hat, macht heute die schockierende Erfahrung, daß da eine neue Generation heranwächst, die in dieser Welt enorme Orientierungsprobleme hat. Der sattsam bekannte Klageruf, daß die Jugend haltlos, ziellos und ohne moralische Grundausstattung sei, muß indes ins Leere gehen, wenn sich niemand findet, der diese jungen Menschen ernst nimmt, ihre Hand ergreift und mit ihnen zusammen die notwendigen Schritte in neues, für sie und uns unbekanntes Areal zu gehen bereit ist.

Es ist kein Zufall, daß wir hier von „unbekanntem Land“ sprechen, handelt es sich doch bei dem zu beschreibenden Phänomen um buchstäbliches Neuland! Die Lebenssituation, der sich Jugendliche heute gegenüber sehen, ist grundverschieden von dem, was noch für eine Generation vorher bedeutungsvoll war. Man bedenke, daß alle Probleme, denen die menschliche Zivilisation heute gegenüber steht, für die jungen, aufgeweckten Seelen um eine Dimension erschreckender erscheinen müssen, nehmen sie doch ohne Filter wahr, wie die Generationen der Eltern und Großeltern angesichts der immensen Herausforderungen in Panik, sinnlosen Aktionismus oder

Resignation verfallen. Auch Verdrängung wird als das erkannt, was sie letzten Endes ist: Die verantwortungslose Verschiebung der Probleme auf den Teller der nächsten Generation! Wohl bekomm´s!

Schließlich geht es um die Welt, die die Jungen in nicht so ferner Zukunft von unserer Generation erben sollen, ihre Welt. Schon heute läßt sich unschwer erkennen, daß wir der Jugend eine unvorstellbar hohe Rechnung der Natur und gewaltige Defizite in der Bereinigung der sozialen und ökologischen Lebensfelder zurücklassen werden, die uns allen – und den letzten Generationen vor uns – die Schamröte ins Gesicht treiben müßte!

Erwarten wir allen Ernstes, daß die junge Generation die Resultate unseres exzessiven, immer hungrigen und ökologisch unverantwortlichen Lebenswandels, der zu nie dagewesener Natur- und Kulturzerstörung geführt hat, freudig und klaglos zu schlucken bereit ist?

Erwarten wir wirklich, daß die Hauptbetroffenen der Mißwirtschaft der letzten Generationen die Ärmel hochkrempeln und den Mist aufräumen, den wir ihnen hingeschmissen haben?

Erwarten wir eine Kooperationsbereitschaft dieser neuen Generation, wenn wir es nicht einmal für nötig befinden, uns mit den Leiden und Ängsten zu befassen, denen sie im Prozeß des Aufwachens aus dem „Traum der Kindheit" ausgesetzt sind?

Wollen wir ernsthaft glauben machen, wir verstünden etwas von der Not, in die diese Kinder geraten, wenn sie sich das ganze Ausmaß der Katastrophe klarmachen, die wir mitverantwortlich für die nächsten Generationen vorbereitet haben?

Wie soll ein Prozeß der Anpassung an eine solche Gesellschaft begründet und verantwortet werden, wenn wir doch zugleich unverdrossen dabei sind, sämtliche Lebensgrundlagen zu vergiften, zu zerstören und zu plündern? Wir Älteren signalisieren obendrein auch ganz unverhohlen, daß wir an den Jungen kein wirklich menschliches Interesse haben. Unser Assimilationswunsch bezieht sich nur auf die Nachahmung jugendlichen Verhaltens zum Zwecke unserer eigenen Verewigung!

Nimmt es da noch Wunder, daß die jungen Menschen vollkommen ausflippen oder versuchen, wenigstens durch Passivität jegliche Mittäterschaft abzulehnen? Was sind die Hintergründe, aus denen sie handeln? Wie finden sie ihren Weg? Was sind die Probleme, die sie hinter sich lassen wollen?

Die Schulen und Universitäten sind für Kinder und Lehrer heute auch bei uns längst keine sicheren Orte mehr. Es ist nicht mehr länger möglich, das Hohelied des Funktionierens zu singen, den Mythos des Heils der modernen Konsumgesellschaft ohne Widerspruch zu preisen. Die Anpassung an dieses „System" stößt auf Widerstand. Die Jugend glaubt nicht mehr bedingungslos an das Credo von technischem Wissen und rationaler Bildung unter dem Führungsanspruch von Markt und finanziellen Mächten. Noch nie war die Quote der Schulverweigerer und -abbrecher in den

Industrieländern so alarmierend hoch wie heute. Immer mehr Ausbildungsplätze an Hochschulen, immer mehr Lehrstellen in Gewerbe und Industrie bleiben leer, während gleichzeitig immer mehr junge Leute eine sinnvolle, zukunftstaugliche Ausbildung suchen. Der prozentuale Anteil der Jugendlichen am Heer der Arbeitslosen ist weiter im Steigen begriffen, obwohl er schon viel zu hoch ist.

Darüber hinaus gibt es eine wachsende Tendenz, sich gar nicht mehr bei den Behörden zwecks Unterstützung zu melden. Die jungen Leute verkriechen sich in einer Grauzone der Schatten, schlagen sich mit halbseidenen und zweifelhaften Zwischenlösungen durch, verweigern die Konfrontation mit den ohnehin überforderten Institutionen. Sie versuchen, auszusteigen und sich eine Schutzzone zu erschaffen, indem sie sich im Exzeß der Wirkung von geisttötenden, vernebelnden Drogen wie Cannabis, Alkohol und anderen unterwerfen[1].

Und all das findet statt, während der Ruf aus der Welt der Arbeit nach hochqualifizierten und gut ausgebildeten Fachkräften erschallt! Muß man sich da noch fragen, was diese Welt der entfremdeten Arbeit und des wachstumsorientierten, nimmersatten Geschäfts für so viele junge Menschen so unattraktiv macht? Wie erleben sie wohl unsere „modernen Zeiten"?

## Verlust der Einheit

Wenn die Verbundenheit zwischen den einzelnen Gruppen und Teilen einer Gesellschaft nicht aktiv gelebt und gepflegt wird, kann auch keine gegenseitige heilende Unterstützung fließen. Die (meist unsichtbar-gedanklichen), trennenden Mauern sind so nicht zu überwinden. Das wäre auch nur vergleichbar mit einer Situation, in der ein von besonderem Streß befallener Körperteil von der optimalen Versorgung durch das Kreislaufsystem einfach abgekoppelt würde. Amputation bei Muskelkater!

In der Gegenwart werden wir Zeugen eines möglicherweise ganz sinnvollen Vorganges: Das bedrohliche Geschehen hat sich ins Zentrum der globalen gesellschaftlichen und wirtschaftlichen Entwicklungen, in das Herz der bürgerlichen Kultur hinein bewegt und erreicht auch die weißen Jugendlichen in „geordneten Verhältnissen". Ist das vielleicht der Sinn dieser Entwicklung, daß es den Trendsettern der Bürgerlichkeit durch das Abkippen ihrer eigenen Nachkommen bewußt gemacht wird, was im Körperinneren und an den Gliedmaßen des globalen sozialen Körpers vorgeht?

1 Der in dieser Szene für das exzessive Dope Rauchen (Haschisch, Marihuana) mittels Wasserpfeife („Bong") verwendete Begriff ist „Knechten".

## Was ist zivilisiert, was barbarisch?

Was uns heute als Kultur- und Lebensraum präsentiert wird, ist bestimmt von einem sehr eng gefaßten Verständnis des Begriffes „zivilisiert". Und das nicht erst seit dem Schock des 11. September 2001. Die Mär vom Kulturkampf zwischen *zivilisierten* und *barbarischen* Kulturen dient der „Ersten Welt" dazu, sich ganz selbstverständlich auf den Platz des „Guten" zu stellen. Das Wort „barbarisch" kann in diesem Zusammenhang durchaus als „bärtig" verstanden werden. Wenn wir diesem Wortspiel etwas weiter folgen wollen, dann könnten wir die hier postulierte Gegensätzlichkeit dahingehend fortführen, daß die *zivilisierte* Kultur der Rasur huldigt und allem Bärtigen, Haarigen und Ungekämmten abgeschworen hat.

Sieht man sich die Jahrhunderte alten Wirkungen und Folgen der sich selbst „zivilisiert" nennenden „Leitkultur" unserer „Ersten Welt" an, fällt auf, daß eine Totalrasur alles Wilden in ihrem Einflußbereich stattgefunden hat. Austrocknung der Sümpfe und Feuchtgebiete, Eindämmung und Begradigung der Bäche, Flüsse und Ströme, Abholzung der Urwälder und Reihenpflanzung von Nutzholz an ihrer Statt, Vertreibung oder Ausrottung unzähliger Tier- und Pflanzenarten sind konsequent betrieben worden. Das Lebensrecht, die Territorien und Kulturen „wilder" Stämme, Völker und ganzer Nationen, die sich nicht dem Diktat der sogenannten Zivilisation anzupassen bereit waren, sind ausgelöscht, verdrängt oder in rechtwinklige Welten gezwängt worden. Nicht anders geht es der Wildheit der Jugend, wenn sie während der Pubertät aus den vorgegebenen Bahnen ausbricht, wie ein lange gebändigt geglaubter Gebirgsbach.

Der totalitäre Umbruch auf dem Reißbrett mit Hilfe des Lineals und die radikale Begradigung jedweder krummen Natürlichkeit sind herausragende Kennzeichen „zivilisierter" Aktivitäten. Das Wilde am Leben wird mißachtet, geknechtet, vergewaltigt, abgeschnitten, aufgeräumt, die dann – irrtümlich – Kultur genannt.

Es scheint dieser Art von Denken entgangen zu sein, daß alle Wege des Heils eher verschlungene Pfade sind. Nichts, was in der Natur frei wächst, wild lebt oder ungebändigt fließt, ist gerade. Es windet sich, schlängelt sich unschuldig und rein durchs Sein, von einem flauschigen Fell umkleidet, von einer buchstäblich ungeheuerlichen Vielfalt an ungekämmten Gewändern umhüllt, wird von einem „krausen Bart" dichten Gebüschs gesäumt – barbarisch eben.

Wildheit und Reinheit sind in der Natur synonym!

Es sind die sogenannten Zivilisationen, die den Dreck machen, der bis in unsere Seelen dringt und ihnen ihre Unbeflecktheit und den Frieden raubt. Das zivilisierte Unheil kommt glatt, in geometrisch geraden Linien, getarnt in rechtwinkliger und glänzender Verpackung über uns!

Umsatzsteigerung, Rationalisierung und stetiges Wachstum sind die Leitvokabeln der dazugehörigen Religion. In ihrem Kodex gibt es keinen Platz für das Barbarische, Wilde, Ungezähmte. Wie soll sich da ein junger Mensch mit all seinen dunklen, gärenden, gefährlichen und natürlichen Schattenseiten vertrauensvoll einlassen und willkommen fühlen?

Also endet der notwendige Exzeß, der *Auszug aus Ägypten* mitten in der Wüste, in kopf- und zielloser Flucht. Gut, wenn es dann einen Moses gibt, der das Volk führen kann, weil er in der Wildnis den *„Großen Geist"* schon erkannt hat. Nur ein Wissender wie er kann die Zeichen lesen, wenn es Schlangen regnet, die Stimme des Feuers im Dornbusch aufflammt, und das Volk wieder beginnt, das goldene Kalb des blanken Materialismus zu verehren. Denn sonst würde es im Kreise tanzend in der Wüste sterben ...

*Die Götter sind gerecht:*
*aus unseren Lüsten erschaffen sie*
*das Werkzeug, uns zu geißeln.*

Shakespeare: König Lear

## Die Ewige Suche – moderne Süchte

*Ist die Suche nach Visionen auch eine Sucht?*
*Gehen nur Süchtige auf VisionsSuche?*
*Also, brauche ich nicht auf VisionsSuche, weil ich nicht süchtig bin...*

Ein unbekannter Anrufer

Wird bereits in früher Kindheit unser biologisches, psychologisches und spirituelles Kontinuum unterbrochen, ist das System dazu gezwungen, auf die Suche nach Erlösung zu gehen. Das ist die Basis aller Süchte.

In der Fachliteratur, in der man diverse Definitionen des Begriffes *Sucht* finden kann, wird eines übereinstimmend festgestellt: Sucht ist eine psychosomatische Fehlhaltung, die ihre Wurzeln in einem inneren Ungleichgewicht, einem latenten Hunger hat. Es gibt Süchte, die sich auf Stoffe beziehen, aber auch auf Reaktionen, auf Verfahren, auf Objekte oder auf Verhaltensweisen. Die psychosomatische Betrachtungsweise gibt eine zusätzliche, sehr einleuchtende Deutung, der ich mich anschließen möchte:

Beginnend auf der rein körperlichen Ebene stellen wir fest, daß das gesamte physiologische Geschehen im Körper ein dynamischer und vernetzter, holonischer Prozeß ist, bei dem feinste Fließgleichgewichte in körpereigenen Spannungszuständen durch hoch wirksame Biokatalysatoren geregelt werden. Das klingt kompliziert – und ist es auch.

Vereinfacht ausgedrückt heißt das, daß ein gesunder Körper imstande ist, einen sehr hohen Standard von „Glücksempfindung“ im Körper herzustellen, indem er das Ungleichgewicht zwischen den verschiedenen Prozeßebenen ständig neu auspendelt und immer wieder ein dynamisches Gleichgewicht herstellt. Die Einwirkungen von außen stellen dabei Impulse, Störungen oder Verstärkungen, dar, die ausgeglichen werden müssen. Der Körper kann in der Regel alle Stoffe (und Tonusverhältnisse), die er zu seinem gesteigerten Wohlberfinden braucht, selbst herstellen, vorausgesetzt, sein eigenes Kontinuum ist diesbezüglich ungebrochen.

Das bedeutet, daß wir erst dann ein süchtiges Verhalten entwickeln, wenn wir durch irgendwelche Einflüsse daran gehindert werden, in unserem Körper auf natürliche Weise Glückshormone, genannt Endorphine, herzustellen. Diese körpereigenen Drogen filtern Angst und schwächen Schmerz ab; sie regulieren somit unsere Stimmungen und das fundamentale Wohlgefühl. Sie sind für einen gesunden psychischen Haushalt von größter Bedeutung, denn sie gehören zu den bereits beschriebenen biologischen Motivationsfaktoren für das frühe und fortschreitende Lernen des Kindes. Wir wissen inzwischen, daß das kreative Lernen , das über den Neokortex geregelt wird, davon abhängig ist, ein enormes Durchhaltevermögen und stetiges Verbessern und Wiederholen (Versuch, Irrtum und Erfolg) in Gang zu halten (Befriedigungskreislauf).

Welche Rolle die Endorphine bei der Entwicklung im Gehirn im einzelnen spielen, ist noch immer nicht allzu gut erforscht, indes ist eines schon offensichtlich geworden: Drogen wie Heroin, Crack, Alkohol, Cannabis und Ecstasy (Sex und Schokolade übrigens auch!) stellen im Gehirn und im Körper vergleichbare Glücksempfindungen her und beginnen, bei regelmäßigem Gebrauch, die Endorphine zu verdrängen und zu ersetzen, um in einem zweiten Schritt, bei regelmäßigem Dauermißbrauch, die körpereigene Endorphinproduktion schließlich aktiv zu behindern, gelegentlich sogar völlig zum Erliegen zu bringen.

Eine besondere Erwähnung verdient hier der Zucker, denn er ist ein echtes, hochgefährliches und fast völlig übergangenes, weil unterschätztes Suchtmittel in unserer Derivate-Gesellschaft. Es gibt gute Gründe anzunehmen, daß der Zucker an die frühe Muttermilch und ihre dem kleinen Menschlein bestens angepaßte Süße erinnert und sich so als eine kongruente[2], sinnliche Ersatzsubstanz entlarvt. Das Süße als Mamma-Ersatz, genau wie die vielen anderen Suchtmittel. Das heilende, verbindende *Bonding* findet immer weniger statt, es wird durch Surrogate[3] ersetzt

In meinen Augen ist Sucht der Schlüsselbegriff zum Verständnis unserer heutigen Krise. Ich sehe Sucht als ein allgegenwärtiges Phänomen des globalen und persönlichen Ungleichgewichts. Süchtiges Verhalten ist das Verhalten der Raupen, wenn sie „vergessen“, wie man sich verpuppt, um ein Schmetterling zu werden; wenn sie das gefräßige Verhalten als einen endgültigen Zustand immer weiter in die Zukunft fortschreiben und so ihrer eigenen Weiterentwicklung entgegenwirken; wenn der Hunger nach Wachstum zum grundsätzlichen Zustand des Lebens wird, unstillbares, ewiges Verlangen nach *mehr*.

Und woher sollen die tiefen, archaischen Informationen über den uralten, wilden Gang der menschlichen Entwicklung kommen, wenn wir in Zukunft sogar erlauben wollen, Menschen in der Retorte herzustellen? Der Wechsel zur maschinellen Matrix als Bauplan des Menschlichen ist zugleich dessen sicherer Todesstoß.

---

2 *kongruent*: in allen Punkten übereinstimmend, völlig gleich.

3 *Surrogat*: nicht vollwertiger Ersatz, Ersatzmittel.

## Exzeß: vom unvermeidlichen Aufbruch

*Häns'chen klein ging allein in die weite Welt hinein*
*Stock und Hut steh'n ihm gut, ist gar wohlgemut*
*Aber Mutter weinet sehr, hat ja nun kein Häns'chen mehr*
*Da besinnt sich das Kind, eilt nach Haus geschwind*

Volkslied

Jedes Kind kennt hier zu Lande dieses allseits beliebte Liedchen. Schon wenn wir noch winzig und knubbelig auf dem Knie der Mama hopsen, klatschen wir belustigt dazu in die Patschehände, Mammi freut's auch. Wie gut, daß das Kind so klug ist, zurückzukommen. Die Welt ist gefährlich und grausam. Es ist noch viel zu früh für Hänschen – und für die kleine Gretel ist es auch nicht anders! Der Platz auf Mammis Schoß ist doch der beste Ort für die Kleinen. Aber die Zeit verrinnt wie im Fluge...

Was, wenn die kleinen Racker größer und größer werden? Über den Rand des Kindertellerchens hinaus schauen, nach ihrem ersten Jahrzehnt gar anfangen, sich allmählich auf das Leben als Erwachsene vorzubereiten? Der unvermeidliche Aufbruch steht ins Haus. Der soziale Uterus wird eng, eine weitere „Geburt" kündigt sich an. Plötzlich stimmt der Text des Liedchens nicht mehr: Eine Lösung muß her. Die ehemals zarten Kleinen sind ohnehin viel zu groß und schwer geworden, um noch bei Mama oder Papa auf dem Schoß Platz zu finden, auch wenn sie natürlich immer noch eine Menge Gehalten-Sein, Streicheleinheiten, berührende Zuwendung von ihren Eltern dringend brauchen. In der Phase der beginnenden Pubertät wendet sich die Aufmerksamkeit des älter werdenden Kindes von der Familie aber hinaus in die Welt. Der Blick geht suchend umher, Leitlinien der Jugendkultur, ihre Vorbilder und Idole werden an die Stelle der vormals verehrten Eltern gestellt. Kinder werden zu Fans. Sie suchen draußen in der größeren Sphäre der Welt nach Anknüpfungspunkten für ihren bevorstehenden Auszug. Sie meinen, Halt zu finden bei Idolen, die gerade selbst mitten im Drama des Übergangs stecken und kaum mehr als fünf oder zehn Jahre älter sind als sie selbst. Sie beginnen, ihre Kinderzimmer mit Postern und Sammelbildern, mit den Symbolen und Insignien des Aufbruchs zu dekorieren. Sie werden sich innerlich selbst fremd, und bringen das zum Ausdruck, indem sie das Fremde von weit draußen in ihre intime Behausung holen. Die Eltern verstehen das kaum, spüren auf einmal eine unsichtbare Grenze: Ihr Kind beginnt sich abzuschotten, indem es in einer Blase von selbst gewählten Symbolen seiner wachsenden Fremdheit verschwindet. Unter einem gewissen Blickwinkel wird erkennbar, daß das älter werdende Kind in dieser Phase bereits seine Emigration aus dem sozialen Uterus der Familie in die Tat umzusetzen beginnt. Es folgt dabei den „Gesetzen seines Blutes", und erlebt dennoch diese Phase häufig als große, beunruhigende Verwirrung. Der dunkle Fluß tritt über die Ufer. Es riecht nach Abschied, nach Verlust und Tod ...

***Beschwörung***

*Der alte Fährmann*
*Schleicht ums Haus*

*Nimm meine Hand*

*An seinen Schuhen*
*Hängt Wasser*
*Auf seinem Hut*
*Schwimmt Schilf*

*Halte mich fest*

*Aus seinen Augen*
*Tritt schwarz*
*Der Fluß*
*Da treibt meine Puppe*

*Rühr mich nicht an*

*Die ich als Kind*
*In den Schlaf sang*

Irmtraud Schäfer[4]

In dieser Phase braucht jedes Kind seine Eltern. Es braucht ihre Ruhe, ihre Stärke, ihre Präsenz. Es braucht Halt und Gehaltensein in seiner ganzen inneren Widersprüchlichkeit. Wenn der Jugendliche in seinem innerlich tobenden Sturm nicht fest gehalten wird, droht ihm ein herber Verlust. Er verliert sich im Exzeß, erreicht nie eine Grenze, an der er von selbst stoppen und sich orientieren kann. Ach, und es kämpfen nicht bloß *zwei* Seelen in seiner Brust. Wenn es nur so einfach wäre ...

*Es läuft etwas schief! Ein Teil der Jugend geht der Gesellschaft verloren, mehr noch: hat sich selbst verloren! Menschliche Grundwerte – Mitgefühl, Liebe, Respekt – scheinen sich da in Luft aufzulösen. An ihre Stelle tritt nackte Gewalt, die Angst macht. Gewalt, die sich nicht nur gegen Unschuldige richtet, sondern auch gegen die jungen Täter selbst: Jugendgefängnis, Heimeinweisung, ein Leben ohne Zukunft sind die harmlosesten Konsequenzen. Der Selbstmord nach dem Amoklauf ist die schrecklichste. Wenn Jugendliche gewalttätig werden, dann haben sie den Halt verloren, dann rufen sie mit dem Mittel der Gewalt so laut um Hilfe, daß es jeder hört. Doch meistens ist es dann schon zu spät.*[5]

4 Gelöster Bann, Gedichte und Bilder aus vierzig Jahren. Irmtraut Schäfer, Selbstverlag 2003.

5 von Lüpke, G., Wenn die Kindheit stirbt und der Erwachsene geboren wird, Radiosendung, Bayer. Rundfunk, 15.11.2000.

## Die Suche nach dem Schatz

Exzeß ist die zentrale Botschaft der Techno- und HipHop-Generation, ebenso, wie sie früher die Botschaft des Rock n' Roll und des Punk war. Exzeß ist auch der Kern der Extremsportarten, der ausufernden Gewalt in der Jugendszene und so mancher Sphäre, wo sich die „Jungen" in einer abgesonderten „Blase" ihrer eigenen Gesellschaft wiederfinden.

*Alle Sinne öffnen. Angst wahrnehmen, Reserven mobilisieren, Kraft spüren. Warum ist das nötig?*

*Ihr Exzeß ist der Ausbruch aus dem Gefängnis der Behäbigkeit des Fernsehabends, der dummdreisten, platten Soaps, der banalen Familienshows, der seichten Gewinnspiele. Er ist ein wilder Sprung aus der eingefahrenen Routine der so wohlgeregelten Welt ihrer Eltern.*[6]

Der Ausbruch der *Litima*[7] läßt die zarte Kinderhaut zerreißen, sie ist zu eng geworden. Jugendliche wollen über sich selbst hinauswachsen, ja sie müssen es sogar: Gemäß dem wilden Kontinuum in ihren Zellen, heißt das geltende Naturgesetz jetzt: aus sich herausgehen, die äußersten Grenzen der Existenz erreichen, die eigene Kraft ohne Zurückhaltung spüren. Keine von außen kommenden Regeln anerkennen, alles unvermittelt, hautnah prüfen – auch sich selbst – „es" selbst, am eigenen Leib erfahren. Sei es durch Mißachtung der physischen und psychischen Begrenzungen seiner selbst und anderer, durch extremen Drogenkonsum oder den Schritt in die verächtlich akzeptierte Asozialität gesellschaftlicher Randbereiche: Immer begleitet ein Zustand des hungrigen Suchens dieses Verhalten! Die geltenden Regeln, Werte und Grenzen müssen unbedingt unter Beschuß genommen, möglichst über den Haufen gerannt werden. Das ist die Forderung aus den inneren wilden Tiefen.

*Höher? Härter? Extremer? Riskanter? Es dem Rest der Welt und sich selber mal so richtig zeigen? Mutprobe oder nackter Wahnsinn? Aber immerhin, mag man denken: Besser als zum Messer zu greifen, den Knüppel zu schwingen oder Vaters Karabiner aus dem Waffenschrank zu holen, ist diese Lösung allemal. Keine Frage: Der Trend zu den Extremsportarten mutet verrückt an. Als das Institut des Freizeitforschers Horst Opaschowsky 3000 Jugendliche unter 14 Jahren danach fragte, was sie in Punkto Sport gerne mal ausprobieren würden, da sprach keiner von Völkerball, Fußball oder Tischtennis. Statt dessen wollten 23 % Fallschirmspringen, 21 % sich am Gummiseil in die Tiefe stürzen, 18 % wie Ikarus mit Stoff-Flügeln durch den Himmel segeln, 16 % Tiefseetauchen oder durchs Wildwasser rauschen, der Rest Berge mit dem Radl bezwingen, ohne Seil klettern oder in der Wildnis das Überleben trainieren.*[8]

---

6 ebda.

7 *Litima*: ist ein Begriff in der Sprache der Gisu aus Uganda für die feurige Energie Heranwachsender.

8 von Lüpke, G., Wenn die Kindheit stirbt und der Erwachsene geboren wird, Radiosendung, Bayer. Rundfunk.

*„Sprechenlernen" mit dem „Talkingstick"*

„Ekstase“ und Dramatik sind gefragt, Hauptsache wild und mit dem Althergebrachten nicht vereinbar Grenzen? Ach was! Es geht darum, aus dem umfriedeten Hort der Kindheit auszubrechen Sich von den Kindern zu unterscheiden. Alle verschrecken, damit sie Abstand nehmen und einen von Kopf bis Fuß anschauen. *Cool* sein und spontan. Vernünftig? Was ist das?

Exzeß und Ekstase sind Zwillingskinder des wilden, natürlichen Wachstums. Wenn die Keimdrüsen zu feuern beginnen und im Inneren ein Kampf entbrennt, erfaßt eine nie gekannte Unruhe das Menschenkind. Ob Junge oder Mädchen, dieser Prozeß ist in seiner Dramatik dem Geburtsgeschehen ebenbürtig. Und wie bei allen markanten Schwellenübergängen, werden Erinnerungen aktiviert. Das zelluläre Bewußtsein erwacht, macht sich bereit, den dramatischen Umbau zu dirigieren. Die Matrix des menschlichen Lebens spielt die Musik für die Bewegungen, die das gesamte System Kind erfassen und es in den chaotischen Strudel seiner Transformation ziehen.

Dieser Prozeß ist „Krise pur“ und kann nicht aufgehalten oder unterdrückt werden. Diese Wandlung hat ihre eigenen inneren Gesetze und muß sich in einem sicheren Schutzraum gemäß ihrer eigenen Geschwindigkeit entfalten und abschließen können.

„Denn wer an der Schwelle zum Erwachsenwerden steht, geht durch die wohl dramatischste Zeit, die das menschliche Leben für uns bereit hält“, sagt auch Sabine Pankhofer, Professorin für Psychologie und soziale Arbeit an der Katholischen Stiftungsfachhochschule für Sozialwesen (KFSH München).[9]

Das Verlassen des Nestes und der Eltern, findet im Inneren der Seele eine beängstigende Parallele! Werte müssen verlassen, vom verunsicherten, heftig pochenden Herzen handverlesen und in einem schmerzhaft langwierigen Prozeß revolutioniert werden, um im Endeffekt als tragfähige und definitiv eigene Lebensgrundlage akzeptabel zu sein! Denn jede Art von Reifung braucht ihre Zeit.

Wenn mit der Metapher „Heil sein“ ein „bei sich sein“, ein „in sich selbst ruhendes Sein“[10], also eine begründete Zufriedenheit gemeint ist, dann beschreibt *Exzeß* im Gegenteil das Fehlen dieser Stabilität und folgerichtig die Notwendigkeit, auf die Suche danach zu gehen. Unruhe, Unsicherheit, Heimatlosigkeit und Hunger der Seele sind notwendige Begleiterscheinungen dieser Suche.

Also sind die jungen Leute laut, benehmen sich rüpelhaft, leben in ihrer eigenen Welt. Eltern, Schule, Gesellschaft haben ihre liebe Mühe mit „der Jugend von heute“. Oder müßte ihnen nur jemand mal richtig zuhören?

---

9 ebda.

10 Siehe Martin Heidegger.

Pubertät ist eine Metamorphose, ein Verwandlungsprozeß von extremer Tragweite. Kein S(t)ein bleibt auf dem anderen, das pubertierende Menschenwesen ähnelt einem Haus, an dem ein radikaler Umbau stattfindet, der sogar die Einteilung der Räumlichkeiten neu gestalten soll. Wie kann darin ein Gefühl von wohligem Verweilen, die Urqualität des „daheim Seins" erfahren werden?

So ist es durchaus verständlich, daß der junge Mensch völlig „außer sich" gerät vom Hunger nach *zu Hause sein dürfen* getrieben. Daß also in der Adoleszenz, diesem entfesselten Stadium menschlicher Entwicklung, die Ablösung und die Entwicklung von Eigenständigkeit zentrale Themen sind, ist eine Binsenweisheit. So wie das Verlassen des Wohnplatzes der Eltern eine pure Notwendigkeit ist, so muß notwendigerweise auch die Behausung der geistigen Werte, die die Eltern repräsentiert hatten, verlassen werden.

*Exzeß* wird so zur Beschreibung eines Hungers nach dem vervollständigenden Bauplan. Der hungrige, jugendliche Sucher trägt draußen zusammen, was ihm zu seiner inneren Wohnlichkeit verhelfen könnte.

Sollte das Bild des „inneren Wohnens“ tauglich sein für die hier angestrebte Beschreibung des entspannt und gereift stattfindenden „Bei-sich-selbst-Zuhause-Seins“, dann macht es Sinn, nach den Elementen dieser Selbsteinrichtung des heranwachsenden Individuums Ausschau zu halten. Das ist der Schatz, den Hänschen zu finden hat, draußen in der Fremde. Er muß ausziehen, das Fürchten zu lernen und sich dem rot-schwarzen Drachen stellen, der in seinem dunklen Innern aufgewacht ist: Sein Name ist *Litima*!

Wenn *Litima* ihr schreckliches Haupt erhebt, erzittern die Grundfesten der Person, und es ist an der Zeit, dem Ruf zu folgen und auf die lange Pilgerschaft zur Pforte der Initiation zu gehen. Der Pfad führt in die mythologische Landschaft der Seele: das wilde Land. Eines ist sicher: Es wird ein Zittern und Beben geben, einen Kampf und ganz bestimmt einen Sieger.

Und was ist der Schatz, der hinter dem Schrecken verborgen liegt?

*Litima, Wächter des Schatzes*

## Was die Drogen sagen

Jede Kultur, jede Zeit hat ihre eigenen Drogen, ihr eigenes Bedürfnis nach Vergessen, ihre eigene Art, Gipfelerlebnisse anzustreben. Während die meisten archaischen Kulturen Drogen als heilige Medizin in ihren rituellen Rahmen eingebunden hatten, sind in unserer heutigen, durchrationalisierten Kultur die ehemals förderlichen psychoaktiven Substanzen entheiligt, entwürdigt und vollständig aus dem Bezug als Hilfsmittel tieferer Erkenntnis herausgelöst worden. Sie sind zu Konsum-Drogen verkommen, die illegal und vollständig den kommerziellen Gesetzen des Marktes unterworfen sind. So hat im christlichen Abendland bevorzugt der Alkohol für viele Jahrhunderte die Rolle einer Volksdroge übernommen, mit der sich die Herrschenden das untergebene, gemeine Volk in Abhängigkeit und dadurch vom Halse halten konnten. Weinkeltern, ebenso wie Bierbrauen, waren Privilegien, die nur an willfährige, der Obrigkeit zuarbeitende Abhängige (bspw. den Klerus) verliehen wurden. Während noch in der Eucharistie-Feier des christlichen Rituales anfangs das Wasser zu Wein und später zum Blut des Heilandes veredelt wurde, verfiel die Bedeutung des Alkohols als Konsum-Droge zum bloßen Betäubungsmittel. Produktion und Gebrauch des Alkohols unterlagen der Gier der Produzenten und der Maßlosigkeit der Konsumenten, genauso wie der Gebrauch des Zuckers[11], aus dem er hergestellt wurde. Beide Produkte, Zucker und Alkohol, sind gefährliche Drogen, die tief in die Seele unserer Kultur eingedrungen sind, und Klarheit, Kraft und Ausrichtung im Geist der Menschen schwächen und schließlich zerstören können. In einem gesunden sozialen Organismus müßten die Ärzte, wären sie in ihrem Selbstverständnis Heiler und nicht Mediziner, zu einer Lösung dieses Problems beitragen. Statt dessen werden klägliche Reparaturversuche als Heilung deklariert und die Tatsache der Süchtigkeit weitester Kreise der Bevölkerung als kulturimmanent und unabänderlicher Bestandteil des modernen Lebens akzeptiert. Zucker macht krank und süchtig. Dennoch wird er überall gesellschaftlich toleriert und den Kindern in unvorstellbaren Mengen, abenteuerlichen Verpackungen und unter Vorspiegelung falscher Tatsachen von frühester Kindheit an verabreicht. Die Zuckersucht ist die erste große Suchtwelle, die über unsere Jugend hinweg rollt. Sie schafft die Disposition für alle weiteren Süchte.

Derzeit ist das Problem des Alkoholmißbrauchs in unserer Jugendgeneration so offensichtlich, wie wohl noch nie. Indes könnte uns das Verständnis für die Ursachen speziell dieser Sucht zu einer wichtigen Einsicht verhelfen. Die grundlegenden Bedürfnisse müssen erkannt und gestillt werden, dann ist es möglich, jungen Menschen einen Halt zu geben, damit sie den Verführungen widerstehen können.

11 Siehe auch: Die süße Sucht. Grüner Zweig, Mc Kenna, Terence; Piper, Werner.

## Tütenreste

*Danke für eure geilen Texte, Baerl und JanDidg. Sitze grad zu Hause und hab´ eklige Tütenreste geraucht...*

*Merke, wie ich diesen Arschtritt von dir, Baerl, verdammt gut gebrauchen kann. Meine Kiffphase (das ist ja bei Jürg und mir gern mal parallel) verläuft im Moment eher schmerzlos. Will sagen, daß ich mich nicht so arg damit auseinandersetze. Hab´ gemerkt, daß es auch mal gut tun kann, es einfach nur zu tun. Trotzdem: alles Müll! Merke besonders grad, wie mich die Scheiße demotiviert ... alles öde ... Mein Gott ... ich will doch so viel erreichen. Die Welt retten und so, ihr wißt schon was ich mein´!*

*Also Jan: laß es uns tun! Laß uns gegenseitig in den Arsch treten! Laß uns was starten und zusammen die Welt retten. Verdammt Mann, wir ham´ doch immer noch uns! Wir wissen doch eigentlich viel zu genau was wir wollen, um hier in unsrer eigenen Kotze zu versauern! Nicht, daß ich die Ängste und Gefühle nicht versteh´, die du beschrieben hast ... kann die nur zu gut nachvollzieh´n, Bruderherzchen, aber laß uns einfach zeigen, was wir sonst noch so alles drauf haben. Meine Fresse, ich fühl´ mich so langweilig und schnöde. Was du geschrieben hast, JanDidge, hat mir Angst gemacht! Zitat: „Keine Droge kann dem Menschen geben, was nicht schon in ihm steckt. Aber sie kann ihm alles nehmen, was an ihm besonders ist!!!“ Weil ich nämlich wußte, daß du verdammt nochmal Recht hast Ich will was Besonderes sein! Ja, ich hab´ den Anspruch, was ganz Spezielles und Tolles zu sein! Und das will ich mir nicht wegnehmen lassen!*

*Es geht mir darum Mitmenschen (besonders junge) zu motivieren sich aus der ewigen, ätzenden Gleichgültigkeit zu verabschieden und die Augen auf zu machen ...*

aus dem Internetforum
der JugendVisionsSuchegruppe von 1999

## Cannabis, Wolke des Vergessens

Im Augenblick rollt eine Haschisch- und Marihuanawelle um die Welt, die ihresgleichen noch nie vorher gesehen hat. Hand in Hand und deckungsgleich mit der Hip-Hop-Welle hat der THC[12]-Konsum die Jugend der Gegenwart überspült. Während noch viele Eltern in gefährlicher Weise von Harmlosigkeit sprechen, da sie in ihrer eigenen Jugend Kontakt mit dieser Droge hatten, brauen sich drohende Wolken über der Jugend zusammen: Was heute geraucht wird, ist das mindestens 20-fach wirksamer als das, was die Älteren vor 25 Jahren konsumiert haben. Durch gezielte Züchtung, ausgetüftelte Anbaumethoden, Hybridzucht und Genmanipulation wurden die Pflanzen zu reinsten THC-Monstern. Aus diesem Grunde können Rufe nach Liberalisierung nur dann begründet werden, wenn entsprechende weitreichende Veränderungen im Bewußtsein der Erwachsenen, der „Menschen in der Verantwortung", diesen Prozeß begleiten. Die Jugendlichen sind jedenfalls nicht in der Lage, allein mit dieser süchtig machenden Bedrohung fertig zu werden.

*Jetzt bin ich achtzehn. Ich kiffe regelmäßig seit ich 15 bin, hab mit 13 meinen ersten Joint probiert. Mit „regelmäßig" meine ich was, das du dir kaum vorstellen kannst: jeden Tag mindestens 10 Joints und dann noch ein paar Köpfchen*[13]*. So ungefähr mit 15 habe ich angefangen bereits vor der Schule schnell noch Köpfchen zu rauchen. Ich bin 10 Minuten früher weggegangen von zu Hause, meistens ohne Frühstück, und habe mich hinter der Bushaltestelle in die Büsche geschlagen. Meistens traf ich dort Nicole und Brezel, die eine Klasse über mir in der gleichen Schule waren. Es war gar nicht schwer, sie von meiner Bong zu überzeugen. Zu zweit macht es mehr Spaß und man merkt nicht, wie man sich von der Realität verabschiedet. Es ist immer jemand dabei, der über deine blöden Sprüche lacht, und mit gleicher Münze zurückzahlen kann. Wenn du breit bist, lachst du über jeden Scheiß. Die Dialoge, wenn man das so nennen kann, waren manchmal völlig abstrus.*
*Stell' dir folgende Szene vor: Wir hängen zu dritt, voll verpeilt und zugedonnert auf zwei alten Sofas in Nicole's Bude.*

*Brezel sagt: „Was geht?"*

*Ich: „Fettes Brot oder Wu?"*

*Brezel: „nee, mein' fressmäßig!"*

*Ich: „Herrn Schnulli oder Röhre?"*

*Nicole geht voll ab: „Ey, habt ihr'n Sack auf'm Teller oder muß ich putzen gehen?"*

*Wir platzen fast vor Lachen und können nicht mehr aufhören, bis uns alles weh tut.*

---

12 THC: Tetra-Hydro-Cannabinol ist der wirksame Bestandteil im Marihuana und Haschisch.

13 meist mit Tabak gemischtes Haschisch oder Marihuana, in der Wasserpfeife geraucht.

*Dann überfällt uns die Freßwelle: Gegen uns hat kein Kühlschrank eine Chance.*

*So war ich immer breit, wenn ich in die Schule kam. Die Lehrer haben sowieso nix gepeilt, denn in unserer Stufe waren die meisten so drauf. Es fiel schon gar nicht mehr auf, unter Unterricht stelle ich mir was anderes vor! Irgend jemand aus meiner Gruppe hatte immer Mische*[14] *in der Tasche, und so ging immer was, auch wenn ich selber nix dabei hatte. Mein Taschengeld ging schnell hops, und ich konnte mir nix anderes mehr kaufen, deswegen fing ich an, auf dem Schulhof fertige Mische zu verticken. Was ich im Bahnhofsviertel kaufte. Das war vielleicht ein Streifen. Auf einmal war ich im Milieu von Strichjungen und Fixern, schwarzen und türkischen Dealern, lernte Prostituierte kennen. Wohlgemerkt, da war ich noch nicht einmal 16! In dieser Zeit habe ich wirklich brenzlige Situationen erlebt, krasser geht's nicht. Obwohl da viele wirklich nette Leute bei waren, mußte ich immer mit allem rechnen. Aber bald war das egal, denn ich war sowieso breit, wenn ich ging, um „Pfund" zu besorgen.*

*Es gab alles, Ecstasy, Speed, Koks, Marihuana, jede Menge. Außerdem: Schülerpreise! Ein paar aus unserer Gruppe waren bald ständig auf Achse, um Nachschub zu besorgen. Keine Zeit mehr für Schule, die lumpigen 300 Kilometer nach Holland fuhren wir manchmal zweimal die Woche. Nachdem wir Önder kennen gelernt hatten, der zwar keinen Job, aber ein Auto von seinen Eltern geschenkt bekommen hatte, gab es eine Zeit, wo wir ständig auf Achse waren, alles drehte sich nur noch um fette Mucke*[15]*, Mische, Bongs und Tüten.*

*Anfangs dachte ich, daß es eine wunderbare Gruppe ist, in der man wirklich Gemeinschaft erleben kann. Aber bald wurde mir klar, daß wir alle komplett geknickte Versager sind, so oder so verpeilt. Wenn wir zusammen knechteten, war die Welt vorübergehend wieder heil. Obwohl es in den Wohnungen und Zimmern, in denen wir uns trafen, meist reines Chaos war. Keiner räumte auf, keiner tat irgend etwas für die Schule und mit Mädchen lief auch immer weniger. Mein Selbstbewußtsein sank auf den Nullpunkt. Ich hatte keinen Bock auf irgend was anderes, als die nächste Bong. Meine Eltern interessierten mich einen Scheiß, die hatten ja ohnehin keine Ahnung, was bei mir lief. Meine Mutter mußte sich um ihr Geschäft kümmern, mein Vater ging abends zum „Männergesangsverein", kam oft ziemlich blau nach Haus. Wenn er nicht vor der Glotze einschlief. Im Raucherzimmer in der Schule, wo sich selten ein Lehrer blicken ließ, hing immer eine wirklich fette Wolke und ich wundere mich heute noch, wieso nie jemand was sagte, daß ich mit 15 schon meine gesamten Pausen im Raucherzimmer verbrachte.*

„Mourning Willow Walker", 18 J., 2001

---

14 Marihuana oder Haschisch mit Tabak zur Tarnung bereits vorgemischt.

15 *fette Mucke*: gute, „coole" Musik.

Die psychologischen Probleme, die aus einer solchen Isolationssituation entstehen, sind gravierend. Die Geschichte von J. zeigt deutlich den Absturz in eine Subkultur, die sich selbst genügsam, nach innen gewendet, aus dem Kontakt mit der größeren Gemeinschaft verabschiedet. Gerade während der Revolution der Pubertät, in der es um die Ausbildung eines tragfähigen, kraftvollen Selbstbildes geht, und die Identitätsfindung auf allen Ebenen stattfinden muß, ist eine solche ausagierte Sucht ein großer Schaden. Nicht nur in der Seele des jungen Menschen, sondern auch für die Gemeinschaft. In Jugendberatungsstellen, Suchtkliniken, psychiatrischen Langzeiteinrichtungen tauchen derzeit immer mehr Jugendliche auf, die bedrohliche psychosomatische Symptome entwickeln. Die Zahl der als psychotisch zu klassifizierenden Fälle wächst dramatisch.

Objektive wissenschaftliche Untersuchungen haben neuerdings ergeben, daß THC in der heute zirkulierenden Konzentration nachteilige Langzeitwirkungen hervorruft! Wieder ist die Gesundheit der nächsten Generation hochgradig bedroht.

*Mit 14 Jahren bin ich zu Hause raus geflogen. Meine Mutter hatte keinen Nerv mehr mit mir, ich war ihr einfach zu laut, zu faul, zu wild. Den ersten Sommer erlebte ich hauptsächlich auf der Straße, hing in Buden von Freunden und Freundinnen ab, verbrachte die halben Nächte in den Discos. Ich ging nicht mehr nach Hause, denn das Gelaber meiner Mutter über Jesus und mein Seelenheil ging mir voll auf den Zeiger. Sie schaffte nichts, kriegte ihr Leben selber nicht auf die Reihe. Sie konnte mit meinem Vater seit 10 Jahren nicht einmal reden, fing mit meiner Schwester ständig Streit an. Meine Oma war die einzige, die zu mir immer irgendwie gut war, aber leider lebte die in Limburg und da wollte ich nun wirklich nicht hin. Meine Freunde waren doch alle hier!*

*Als ich dreizehneinhalb war, gab mir mein Bruder Pit, der zwei Jahre älter ist als ich, einen Trip*[16]*. Da wir schon zusammen ein paar Tüten geraucht hatten, dachte ich mir nix dabei. Bekifft zu sein fand ich immer ganz süß und ich schwebte nur so durch die Gegend. Sogar das Genervе von Mama war so auszuhalten.*

*... vor meinen Augen in alle Einzelteile, alles war irgendwie Sirup, so klebrig, lebendige, zitternde Paste. Anfangs mußte ich lachen. Alles, ich weiß nicht, irgendwie lustig, ein bißchen wie im Zoo. Als mir Pit was zu essen gab, erkannte ich ihn gar nicht. Er hatte solche Glotzaugen, redete so knödelig, als hätte er lauter Schlamm im Mund. Es war unheimlich, ich bekam wahnsinnige Angst und mußte kotzen. Was ich da erlebte war so kraß, das kann ich gar nicht beschreiben. Ich glaube ich habe ewig gekotzt, die ganze Welt flog aus mir heraus und ich spürte das ganze Elend.*

Z. A., 18 J., in einem Gespräch,
nun bereits junge Mutter eines 1-jährigen Sohnes

---

16 LSD oder Mescalin.

Der Gebrauch psychoaktiver Substanzen, wie das Muscarin des Fliegenpilzes, der Alkohol der Trauben, das Psylocybin der kleinen Hutpilze oder das LSD aus dem Mutterkorn, war in früheren Zeiten in unserem Kulturraum mit einem sakralen Bann belegt. Heute gilt das noch für einige indigene Kulturen, die den Gebrauch von Meskalin, Peyote, oder Ayahuasca für den rituellen Raum reserviert haben. Das bedeutet, daß nur unter der Führung der Wissenden und Weisen die schamanische Innenweltreise unternommen werden durfte. Die Substanzen wurden als heilige Ritualkräfte angesehen, als Boten, Engel, Begleiter und Lehrer, die den Pfad zur Begegnung mit dem Göttlichen ebneten. Aber die junge Frau unserer Geschichte hat viel zu früh, in völlig ungeschütztem Rahmen und unvorbereitet eine destruktive Erfahrung gemacht, die einst, als angemessene Zeremonie durchaus einen initiatorischen Charakter mit der Dimension der Erweiterung des Bewußtseins hatte. In den von ihr beschriebenen Zusammenhängen war ihre Erfahrung jedoch nur eine Manifestation ihrer Verlassenheit, ein Knick in ihrer Identitätsfindung, ein tiefer, schockhafter Einschnitt in ihre Biographie, von dessen Folgen sie sich bis heute nicht vollständig erholt hat.

*Von dem Tag an, als ich aus der Wohnung meiner Mutter verbannt war, ging es erst richtig bei mir ab. Ich hatte Zeiten, während denen ich einen Monat lang fast täglich entweder LSD oder Ecstasy einwarf, eine Tüte nach der anderen durchzog, und nur deshalb nicht stündlich Bong rauchte, weil das Teil mir zum Herumschleppen zu klobig ist. Ich war so verpeilt, daß ich mich im Spiegel selbst nicht mehr erkannte. Wenn ich mal zufällig meine Schwester oder meinen Bruder traf, wußte ich oft nicht, wer sie waren. Mit der Zeit wurde ich extrem aggressiv. Wenn ich irgendwo war und die Leute reden hörte, dachte ich immer, sie reden über mich. Ich prügelte mich auch ein paar Mal, allmählich hörte ich sogar Stimmen, redete mit ihnen. Ich schlief tagsüber, stand abends auf, um zu irgend einem Treff zu gehen, bei dem doch nur wieder gekifft, gesoffen oder ein Ticket*[17] *eingeworfen wurde.*

*Aber manchmal hatte ich wirklich helle Momente. Da fühlte ich, was Liebe bedeuten kann. Ich spürte einen unheimlichen Flash von Glück, der meinen ganzen Körper glühen und blühen ließ und ich konnte in Lachen durch die Straßen gehen und jeden umarmen. Der Absturz kam immer, wenn ich bemerkte, wie verschlossen und grau die Menschen durch ihren Tag trotten. Sie schleppten sich eigentlich nur dahin, ey, hechelten die Gasse runter und schauten einen nie an. Die einzigen, die sich um mich dann kümmerten, waren die Penner und ihre Köter, Straßenmusikanten oder ein paar Leute aus der Disco, die ich zufällig traf.*

Z. A., 18 Jahre

Die Geschichte der jungen Frau enthüllt den Hunger nach wirklicher Tiefe der Erfahrung des Ankommens in Stimmigkeit, Wichtigkeit, Zugehörigkeit und Liebe. Die Suche nach Verbundenheit, Hingabe und Loslassen des alten Schmerzes. Und darin sehen wir auch den Mut der Verzweiflung angesichts der Ziel- und Planlosigkeit der Gesellschaft. Einerseits hat das THC die Wirkung einer sanften Stimulation – auch und gerade der Sinnlichkeit –, andererseits wirkt es aber, bei regelmäßigem und vor allem bei übermäßigem Gebrauch, als starkes Dämpfungsmittel. Es bildet eine zähe Wolke des Vergessens und puffert die verletzliche Seele vor den harten Realitäten ab.

In der Jugendszene wird es häufig dazu benutzt, exaltierende, ekstatische, erregende oder auch aufwühlende und verwirrende Erlebnisse nach dem Gebrauch von anderen psycholytischen Mitteln auszubremsen. Es wirkt dann wie ein Fallschirm, dämpft den Aufprall in der Wirklichkeit bis zur Unkenntlichkeit ab. Insofern drückt die Pendelbewegung zwischen Erregendem und Dämpfendem das Gefangen-sein in einer hermetisch abgeschlossenen Innenwelt der Phantasien und Wahnvorstellungen aus. Es gleicht Rilkes eingesperrtem Panther, der an den Gitterstäben entlangwandert und sich nach Leben sehnt.

Joanna Macy beschreibt in ihrem Exkurs über die Tiefenökologie die Herausforderungen, die derzeit von der Menschheit gemeistert werden müssen. Die größte aller Gefahren erkennt sie in der Verdrängung. Wenn wir nicht mehr im Stande sind, das Feedback der Natur auf unsere Handlungen und Haltungen zu hören, zu sehen und zu fühlen, trennen wir uns vollständig vom Kreislauf des Natürlichen ab. Die Systeme der Natur sind aber essentiell davon abhängig, daß die Feedback- Schleifen geschlossen sind. Anders kann nichts auf Dauer existieren und wird vom größeren System, zu dem es gehört, eliminiert. Weil alle Dinge miteinander vernetzt sind, ist es auch für den Menschen von vitaler Bedeutung, die Reaktionen des systematisch

17 LSD, Ecstasy, etc.

übergeordneten Naturorganismus wahrzunehmen, zu lesen, richtig zu deuten und entsprechend darauf zu reagieren.

Die Geschichten, die uns die Drogen erzählen, weisen uns deutlich daraufhin, daß wir nicht mehr hören, sehen oder fühlen wollen, was wir anrichten. Unsere Kinder halten uns den Spiegel vor; sie tun es exzessiv, wild, ungebremst und voller Verzweiflung. Wenn wir ihnen helfen wollen, aus der Sucht los zu kommen, und sich für ein selbstverantwortliches, reifes Leben zu entscheiden, müssen wir es selbst auch tun. Vor ihren Augen und zusammen mit ihnen. Wir müssen die Forderung der Initiation annehmen, uns erinnern, statt zu vergessen, aufarbeiten, statt zu verdrängen, hinschauen, statt dicht zu machen, handeln, anstatt abzuwarten aber wo nötig auch innehalten, anstatt in blinden Aktionismus zu verfallen.

Das ist das erste Naturgesetz, dem sich der Mensch zu stellen hat: Bleibe verbunden mit dem großen Ganzen, halte innigen Kontakt zur Natur, integriere Männliches und Weibliches, Helles und Dunkles, würdige und verehre, was im Naturzusammenhang größer ist als du! Sieh dir ehrlich und mutig die Folgen deines Tuns in allen erdenklichen Konsequenzen an! Lerne Veränderung im Leben anzunehmen und frage nach dem Kommentar der Natur!

Nichts mehr und nichts weniger wird genügen, um die Suche zum Finden gedeihen zu lassen!

*Bereit, über das Wasser zu gehen?*

# Das Ritual

*Das moderne Denken täuscht sich, wenn es meint, ohne Zeremonien auskommen und sich durch eine einfache Willensentscheidung an unsere Verbundenheit erinnern und entsprechend wirksam handeln zu können. Ohne die Zuflucht zu einer universellen religiösen Spiritualität, die diese Verbundenheit festigt, bleibt es dem Ritual und „affektiven Erfahrungen" überlassen, diese Transformation auf einer tiefen Ebene unseres Seins zu erfahren.*

C.G. Jung

## Ritual als Lebenshilfe

Wie kommt es, daß das Interesse an einem vergessen geglaubten Ritual heute wieder sprunghaft ansteigt? Jedes Jahr stellen sich mehrere hundert Menschen dieser intensiven Grenzerfahrung und nutzen das stetig größer werdende Angebot an Visions-Suche-Seminaren.

Diese werden von einer Handvoll ausgebildeter Leiter angeboten, die aus den verschiedensten beruflichen Hintergründen zu dieser Arbeit gekommen sind: Unter anderem sind das Pädagogen, Ärzte, Psychologen, Biologen, Künstler, Therapeuten, Sozialarbeiter und Unternehmensberater.

So bunt wie die Palette der Begleiter, ist auch die Vielfalt der Teilnehmer: Jugendliche Initianden, die mit Würde und Kraft den Schritt ins Erwachsensein deutlich hervorheben wollen. Ältere Menschen, die den Verlust einer Lebensbeziehung oder gar den Tod eines geliebten Menschen zu verarbeiten haben. Eltern, deren Kinder erwachsen geworden sind und die sich für die Zeit alleine rüsten wollen. Singles, die sich auf ein Leben in Beziehung und Familie hin öffnen und einlassen wollen. Männer und Frauen, die sich in ihrem Lebensentwurf nicht mehr wohl fühlen und den Übergang in eine neue Lebensphase gestalten möchten, neue innere Klarheit suchen, eine neue Aufgabe, eine andere Qualität in Beziehung und Gemeinschaft zu leben bereit geworden sind.

VisionsSuche bietet dabei eine wirksame rituelle Hilfe für die kreative Bewältigung solcher Lebenskrisen, macht sie erkennbar als Wandlungsphasen auf dem Weg der menschlichen Reifung. Sie eröffnet den vollständigen und heilen Übergang von einem zu eng gewordenen Entwicklungsraum in einen erfüllenden Neubeginn, in einen neuen Lebensabschnitt...

Nun täuscht sich, wer eine esoterische, heile Bilderbuchwelt dort draußen erwartet! Nicht ohne Mühsal und Schmerzen geht diese Neugeburt vor sich. Wer einmal das Glück hatte, bei einer Geburt anwesend sein zu dürfen, weiß um den Kraftakt sowohl der Mutter, als auch des Kindes: Folgerichtig werden bei VisionsSuchen die Begleiter auch „Hebammen“ oder auch „Waschbären“ (nach der Fabel von Heyhemyohshts Storm: „Springende Maus“) genannt! Sie führen die VisionsSucher an den Fluß, um sich und die Nahrung des Lebens dort zu reinigen und so für das Neue bereit zu sein. Wer vier Tage und Nächte bei wechselndem Wetter, zwischen Nacktschnecken und Stechmücken, in feuchter Kälte, Hitze und Durst, Schwäche, Hunger und Einsamkeit, aber auch in Freude und Jubel, Wärme, Kraft und Euphorie verbracht hat, weiß, aus welchen Stoffen er gemacht ist: Die Elemente dieser Komposition heißen Erde, Wasser, Luft, Feuer und Natur – und sie sind eine wahrhaft wilde Mischung!

## Initiation und Ritual für die Zeit der Adoleszenz

Schon vor Jahrtausenden haben Schamanen damit begonnen, „das, was darunter liegt“ in ihren Ritualen zu untersuchen. Sie sind „Astronauten des inneren Raumes“, sagen die Ethnologen. Ist „innerer Raum“ identisch mit der eigenen Psyche oder ein anderer Ort außerhalb von uns, von dem Rationalisten bisher nur nichts gewußt, aber gelegentlich – vielleicht in Träumen oder bei einer Meditation – etwas geahnt haben? Oder liegt auf der „anderen Seite“, unterhalb der Oberfläche, jene Welt, die Philosophen schon immer gesucht und die Theologen „Jenseits“ genannt haben?

Die Notwendigkeit, das menschliche Leben durch die gestaltende Gliederung von Zeremonien und Ritualen in neue Richtungen zu lenken oder zu strukturieren, wird in unserer Zeit und Kultur kaum noch wahrgenommen und nicht für wichtig befunden. Eine seltsame, amorphe Beliebigkeit breitet sich stattdessen aus und verwischt die Konturen einer rituellen Einladung und Integration der verschiedenen Gesellschaftsgruppen immer mehr. Wir verlieren zunehmend das Bewußtsein dafür, welch zentrale Funktion Rituale, insbesondere Initiationsrituale, für den Aufbau einer lebensfähigen Gemeinschaft zu erfüllen haben. Es scheint, als vergäßen wir gerade, wie sehr wir von der sozialen und persönlichen Kompetenz der heranwachsenden Männer und Frauen abhängig sind, welcher das Geschick unserer Gesellschaft, unserer Kultur und unserer natürlichen Umwelt kooperativ mitgestalten werden.

*So etwas wie dieses Wildniscamp wünsche ich mir schon seit Jahren. Mein Hauptgrund ist, daß ich in der Stadt lebe und die Zivilisation oft nur schwer ertragen kann; das ständige „Müssen“, das viele „Du darfst nicht“ und „Du kannst nicht“, das hektische Treiben, der ständige Streß und vor allem die vielen Menschen.*

*Ich hatte schon sehr oft das Verlangen, einfach meine Sachen zu packen und zu flüchten, weg von den ganzen Leuten, die mich andauernd beeinflussen wollen – und es leider auch schaffen. Ich habe mir schon oft überlegt, einfach mal an irgendeinen Platz in unberührter Natur zu gehen und zu sehen, wie ich überlebe, oder eine Zeit lang zu einem Indianderstamm zu ziehen oder mit Aborigines durch die Wüste zu ziehen.*

*Ich liebe die Natur und die Tiere und habe leider immer häufiger das Gefühl, den intensiven Draht zu dieser und diesen zu verlieren, einfach deshalb, weil ich in der Stadt lebe. Aber ich möchte wieder eins mit der Natur sein, ich möchte sie verstehen und ich möchte die Stimmen meiner Ahnen in ihr hören können.*

*Mich reizt es, die richtige, die (scheinbar) harte Einsamkeit kennenzulernen und ich möchte sehen, wie mein Geist damit umgeht. Aber ich brauche einen Rahmen, ein Ritual als Halt. Vielleicht gelingt es mir in den drei Tagen, alleine in der Wildnis über viele Dinge nachzudenken, wofür ich sonst keine Zeit habe; vielleicht wird mir klar, was der eigentliche Grund ist, warum ich so eine unglaublich intensive Verbindung zu Wölfen fühle. Denn es ist nicht einfach nur die Tatsache, daß der Wolf mein Lieblingstier ist, sondern da ist mehr, das fühle ich ganz deutlich. So, als wäre der Wolf in mir. Und schließlich hat mich damals in Kanada der Wolf fast eine Stunde lang besucht. Hat er etwas gespürt, hab ich ihn angelockt?*

„White Wolf Goddess", 21 Jahre

„Ritual" leitet sich ab von dem Sanskritbegriff „Rtam", was so viel bedeutet wie „das Echte, das Richtige". Zur rechten Zeit am richtigen Ort. Das Gegenteil von Rtam ist Irritam und bedeutet tatsächlich das gleiche wie Irrtum. Zur richtigen Zeit am falschen Ort, oder zur falschen Zeit am richtigen Ort oder gar beides! In allen Fällen von Irrtum findet die erhoffte Begegnung, die gewünschte Kommunikation nicht statt, sondern geht fehl. Aus dieser Beschreibung des Gegenteils können wir einiges über den positiven Wortwert von *Ritual* ablesen.

Rituale waren zu allen Zeiten Mittel, um die Mitglieder einer Gemeinschaft untereinander zu verbinden. So wie das Sitzen um ein Feuer zu den ältesten Ritualen der Menschheit gehört, haben sich auch Rituale zur Bewältigung von Krisen und Schwellenübergängen, tief in die Seele der Menschen eingegraben. Die Entfremdung unserer modernen Zeit hat die alte Kontinuität in dieser Hinsicht unterbrochen.

Dieses Vergessen von etwas so Wesentlichem wiegt schwer und hat weitreichende Konsequenzen. Daß wir Erwachsene der Gegenwart keine von der Gemeinschaft tolerierten oder gewünschten, noch gar von ihr angebotenen oder geforderten Initiationsrituale mehr erlebt haben, entspricht wohl „Zeitgeist". Die Generation unserer Eltern und Großeltern hat in leidvoller und unheilbringender Erfahrung den Mißbrauch von Ritualen zum Zwecke der Manipulation und Versklavung erlebt.

Seien es die rituellen Massenaufmärsche des Nationalsozialismus, des internationalen Sozialismus im ehemaligen Ostblock und der „Dritten Welt", sei es die brutal-mechanistische Kommerzialisierung des Menschen durch den internationalen Raubtierkapitalismus, – wir erkennen hier die zerstörerische Mißbrauchskraft von Ritualen.

*Eine Sache ist richtig, wenn sie dazu angetan ist, die Integrität, Stabilität und Schönheit der biotischen Gemeinschaft zu bewahren. Sie ist falsch, wenn sie sich in eine andere Richtung bewegt!* (Aldo Leopold)

*Diese alarmierenden Statistiken einfach nur zu veröffentlichen, damit sie vom rationalen Verstand aufgenommen werden, nützt wenig – aber ein Ritual mit Gesang und Tanz kann zu Verständnis in den älteren Schichten des Gehirns und zu Mitgefühl mit der Erde selbst führen, wie das in vergangenen Zeiten bei rituellen Feiern üblich war.* (Dolores La Chapelle)

# Matrix der Heilung: Das Lebensrad

*Ich bin ein Kreis - ich heile Dich*
*Du bist ein Kreis - Du heilst mich*
*Wir sind ein Kreis - im Kreis der Welt,*
*Sonne, Mond und Sterne -*
*der unsere Welt zusammenhält*

## Elementare Kreise

In der Ritualarbeit der Jugend-VisionsSuche verwenden wir das Phänomen des Kreises in vielerlei Hinsicht:

Wir sitzen in einem großen runden Zelt, dem „Tipi", im Kreis um eine Feuerstelle. Wir bauen draußen einen Steinkreis, um unsere letzte Ritualnacht im Solo zu durchwachen. Wir arbeiten mit dem Medizinrad im Ritual, bei dem es um die Klärung von Familienbeziehungen geht und wir sitzen auch beim Trommeln im Kreis. Warum tun wir das alles? Was ist so besonders am Kreis?

Kreis, Kugel und Ei sind in der Natur eine „regelmäßige Besonderheit". Die Faszination ihrer Erscheinungen hat den Menschen bereits in seiner frühesten Zeit ergriffen und nie mehr losgelassen. So, als wäre die Erinnerung an den Anfang des Lebens in dieser harmonischsten aller Formen auf ewig gespeichert. In den frühesten Artefakten menschlichen Schaffens, die uns aus grauer Vorzeit erhalten geblieben sind, finden sich kugelige und runde Formen in Hülle und Fülle. Nicht nur die Eier der Vögel, Reptilien, Amphibien, Fische, Insekten und anderer niederer Familien von Tieren sind rund oder rundlich, sondern auch die Eier und Keimzellen der höheren Lebewesen in ihren frühen Stadien. Ja, selbst die Lebewesen selbst sind am Anfang ihrer embryonalen Entwicklung kugelige Winzlinge. Wir erkennen hier, daß das Leben sich in Kreisen, Kugeln und Eiern begründet, entfaltet, fortbewegt, wandelt und entwickelt. Das Runde ist die Mutter aller lebendigen Formen!

Genauso wie der Mensch der früheren Zeiten in der Entstehung des Lebens das Runde in Form der Kugel erkannt hat, begegnete ihm diese Form beim Blick hinaus in die Welt und über ihren Rand hinaus. Vielleicht war es ein naheliegender Schritt, vom Nachvollziehen kugelförmiger Gebilde in der Natur zur Abstraktion einer Kreislinie. Wie dem auch sei, der Kreis als Abbild oder Symbol für das Lebendige taucht bereits in den Anfängen der Frühgeschichte der Menschheit an vielen Orten auf. Er bedeutet Schutz und Umfriedung. Zeichnen wir im Sitzen eine Linie mit gestreckten Armen und Fingern um uns, ergibt sich wiederum der Schutzkreis.

Die frühesten grafischen Darstellungen des Menschen, die ein Kind malt (Kopffüßler), sind die gleichen runden Gestalten, die sich auf den schamanischen Bildern der Huichol finden.

## Lebensmittelpunkte

Eine der ältesten Kulturleistungen des Menschen ist die Beherrschung des Feuers. Wer einmal des Nachts an einem knisternden Lagerfeuer gesessen ist, mag sich erinnern, wie der Lichtschein des Feuers eine kugelförmige Sphäre innerhalb des Dunkels bildet. Diese Sphäre bedeutete offensichtlich für den frühen Menschen, der sich schutzsuchend mit seiner Sippe um das Feuer geschart hatte, Sicherheit. Wilde Tiere wurden durch den Lichtschein zwar einerseits auf die Präsenz von Menschen aufmerksam, hielten aber respektvoll Abstand. Einen solch mächtigen Lichtschein erzeugen , ein großes Feuer unterhalten zu können, bedeutete große Macht. Eine Revolution, eine Potenzierung der Möglichkeiten, sich gegen die anderen Lebewesen abzugrenzen. Das Feuer begann, den Menschen über die anderen Lebewesen seiner Mitwelt hinaus zu heben.

## Der Kreis als Abbild der Wiederkehr

Es erscheint naheliegend, auch für den zeitlichen Ablauf unseres Daseins ein zyklisches Modell zu benutzen, weil die erfolgreichsten, kraftvollsten und klarsten Strukturen des Lebens ebenfalls zyklisch sind. Die ersten Uhren waren Sonnenuhren, Meßeinrichtungen auf der Basis von Kreisbewegungen. In allen Hochkulturen der frühen Zeit, in denen es Sonnenuhren gab, existierten auch zyklisch angeordnete Jahresübersichten. Während die Funktion von Sonnenuhren, die den Tageslauf definierten, für jeden leicht nachvollziehbar sein konnte, war das Verständnis des Kalenders den erfahrenen Älteren vorbehalten. Dies deshalb, weil die Rhythmen der Jahreszeiten in ihrem Wechselspiel mit Planetenbahnen und Mondphasen, nur über einen längeren Zeitraum zu beobachten sind. Die bloße Existenz der Jahreszeiten ist schnell zu erkennen, jedoch sind übergeordnete Rhythmen in Form subtiler Veränderungen im Laufe von Jahren keineswegs offensichtlich. Der Wunsch, größere Rhythmen und ihre exakten Phasen zu erkennen, sie voraus zu berechnen, führte zur Entwicklung extrem komplexer Kalender (Maya-Kalender).

In der gedanklichen Hierarchie sind Medizinräder (in der VisionsSuchearbeit auch Lebensrad genannt), in denen sich viele autonome Betrachtungsebenen miteinander vereinigen, überlagern und ergänzen, die höchst entwickelte Form eines Kalenders. Sie sind Kalendarien der Ökologie, des Naturhaushaltes und der persönlichen menschlichen Lebensuhr. Sie beschreiben Beziehungen, die zwischen Charakterqualitäten, Jahreszeiten und Elementarkräften wirksam sein können.

Ihr größter Vorzug scheint mir indes die Tatsache zu sein, daß sie fast völlig ohne technische Instrumente gehandhabt werden können. Alles, was es braucht, ist Wissen, NATUR und einen Blick auf die Sonne, um die Ausrichtung der Windrose bestimmen zu können.

Das Lebensrad ist ein Hilfsmittel, um den Gesetzmäßigkeiten des Wandels auf die Spur zu kommen. Wandel bestimmt das Leben. Mehr noch: Wandel scheint das Gesetz des Lebens selbst zu sein. Bewegung, Veränderung der Gestalt, Wachstum, Ausdehnung, Schrumpfung, das Entstehen neuer Verknüpfungen und Beziehungen, all diese Erscheinungen sind Phänomene des Wandels. „Alles fließt“, so beschreibt uns Heraklit seine Sicht der Welt. Aus dieser Perspektive erscheint die Welt wie ein Tanz sich wandelnder Gestalten. Das Leben ergießt sich durch einen unendlichen Reichtum, ein unfaßbares, göttliches Kaleidoskop von Formen und Erscheinungen, die alle dem Gesetz des Wandels unterworfen sind. Nichts bleibt wie es ist.

Das Symbol des Rades findet sich in vielen Kulturen als zentrale Chiffre des Weltverständnisses. Früheste Zeugnisse menschlicher Gestaltungsaktivität in urzeitlicher Kunst, Architektur und Religion weisen bereits Kreise, Räder und Spiralen als beredte Zeichen der Anwesenheit eines kreativen, lebhaften Geistes im Menschen auf.

## Mitte: Der magische Ort

In der Suche nach einem Halt, nach der Mitte des schwankenden, im freien Raum tanzenden, überaus verwirrenden Spiels der Kräfte scheint das Zentrum der geometrischen Form des Kreises einen magischen Ort zu bestimmen. Der Vergleich der Symbole von Mythen und Märchen, der essentiellen Kernaussagen in den Religionen der Welt, führt vielfach auf die Spur der zentralen Bedeutung der Symbole Kreis und Kreuz. Beide sind in alten Zeiten noch innig miteinander verwoben. Auch im Verständnis, das uns die Geometrie anbietet, hält das eine das andere in Balance, keines dominiert!

Während der Kreis ein Symbol für die Erde selbst, und ein Ausdruck für die Erkenntnis des Zyklischen aller Vorgänge auf ihr und um sie herum sein mag, deutet das Kreuz auf den Platz des Menschen an der Schnittstelle zwischen Himmel und Erde hin. Dies ist die Beschreibung der Gleichzeitigkeit zweier gegensätzlicher Polaritäten.

Der Mensch, der sich aufrichtet, bildet die Vertikale vor dem Horizont. Damit wird der Ort, auf dem seine Füße stehen, zum Schnittpunkt, zum Standpunkt. Es ist immer dieser Ort unter den Füßen, von dem aus die Welt wahrgenommen wird. Die Mitte einer jeglichen Perspektive, zentraler Ansatzpunkt aller unserer Aussagen über das, was die Welt ist. Wie leicht identifizieren wir uns mit unserem Standpunkt, vergessen, daß auch das Zentrum des Kreises mit dem Fluß des Lebens fortgetragen wird ...

Die Linien, die sich von der Mitte weg bewegen, deuten hinaus. Dorthin, wo die Peripherie des Weltkreises groß, größer, unerreichbar und schließlich unendlich wird. Sie scheinen dem Flug der forschenden Gedanken zu folgen. So wie das Auge in

der wolkenlosen Sternennacht die Tiefe des Alls zu ergründen sucht, verlieren sich die Linien des Kreuzes in der Unendlichkeit jenseits der bekannten Atmosphäre. So erscheinen diese Linien gleichzeitig wie Koordinaten, an denen sich die suchenden Bewegungen des menschlichen Geistes orientieren können und letztlich ihrer eigenen Begrenztheit begegnen.

Die Mitte liegt im Schnittpunkt der vertikalen und horizontalen Linie, die den Kreis in gleicher Weise unterteils. Hier liegen Ruhe, Sicherheit, Dauer, Beständigkeit und große Stärke. Die Kräfte des Wandels dagegen tummeln sich dan der Peripherie des Kreises. In der Mitte also das Sein, in der Peripherie das Werden. Die Beziehungen zwischen innen und außen, zentrumsnah und zentrumsfern sind vital, vielfältig, abenteuerlich.

Im wärmenden Schein des Feuers sitzen zu dürfen, seine schützende Sphäre für sich nutzen zu können, bedeutete für jedes Mitglied der Sippe Sicherheit und Akzeptanz. Wer im Lichtkreis zu sehen war, gehörte dazu, war ein Mitglied, hatte einen Platz im Rund. Die Nacht war eine unsichere Zeit, eine Zeit, in der der Mensch besonders angreifbar war. Den meisten Beutegreifern in Schärfe der Augen und Ohren, in der Feinheit des Geruchssinns weit unterlegen brauchte der nackte Affe die Macht „der kleinen Sonne“. Den Lichtschein eines Feuers zu beherrschen, war jetzt ein unerhöhter Machtzuwachs, eine ungeheuere Steigerung der Sicherheit, rückte den Homo erstmalig in die Nähe des Göttlichen.

Und eine Gruppe, die untertags in verschiedensten Aktivitäten über ein größeres Areal verteilt war, fand sich am Abend um das gemeinsame Feuer wieder. So wurde das Feuer zum Dreh- und Angelpunkt für die Gemeinschaft. Hier wurde das gemeinsam Erarbeitete begutachtet, geteilt und für das gemeinsame Wohl verwertet. Im Lichtschein des Feuers konnte jedes Sippenmitglied erkennen, welchen Erfolg die Mühen des Tages gebracht hatten. Hier war zu erkennen, wie jeder individuelle Beitrag das Leben der Gemeinschaft verbesserte und trug. Auch sozialer Rang, Würdigung und Bewertung der Handlungen jeder einzelnen Person ließen sich innerhalb der Gruppe um das gemeinsame Feuer am besten ablesen.

Wenn wir als moderne Menschen um ein nächtliches Lagerfeuer sitzen, spüren wir immer noch die uralte Faszination. Wir erkennen unseren Platz, sowohl in der Gemeinschaft, als auch unter den Sternen. Es ist nicht nötig zu sprechen, denn das Licht des Feuers spricht zu uns: über den Lauf der Sonne, über Verbundenheit, über Wärme, über Nahrung und Verzehren, über Zyklen und Höhepunkte, über Erinnerung, Ende und Verlöschen. Das Licht eines Lagerfeuers definiert einen Punkt, sowohl auf der Zeitachse als auch im Raum. Es zentriert die Aufmerksamkeit einer ganzen Gruppe, indem es einen Mittelpunkt für die natürlich vorhanden Zentrifugalkräfte anbietet. Der Kreis der Umsitzenden wird durch Licht und Wärme miteinander verbunden. Das Feuer, das die Mitte bildet, hat für alle die gleiche, lebenswichtige Bedeutung. Es bringt alle wieder zusammen, läßt Sicherheit und Ruhe einkehren. Alle können das Erarbeitete gemeinsam genießen und ihre Kräfte für den neuen Tag regenerieren.

Auch heute noch sind die meisten Behausungen der Naturvölker rund. Sie bilden quasi eine materialisierte Wiedergabe der Licht- und Wärmesphäre, die sich um das zentrale Feuer der Gemeinschaft bildet. Solch eine Architektur ist optimal für einen direkten, offenen und klaren Kommunikationsprozeß: Jeder der am Gespräch teilnimmt, kann von den anderen gut gesehen werden, denn man sitzt im Kreis um eine gemeinsame Mitte, ein gemeinsames Feuer bildet das Symbol für ein gemeinsames Anliegen.

Schild der Beziehungen
„Lebensrad"

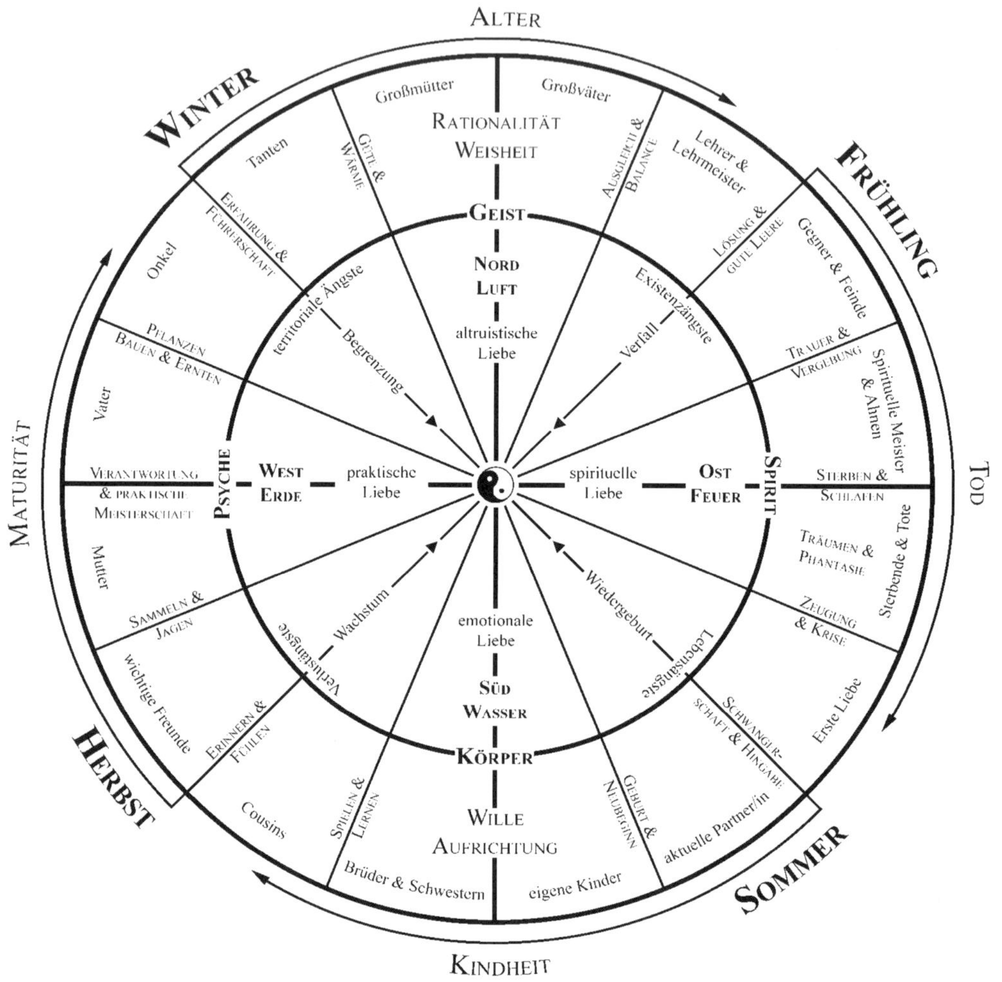


Die Achse vom Süden zum Norden heißt Fluchtachse.
Die Achse vom Norden zum Süden heißt Suchtachse.
Die Horizontale heißt Initiationsachse.
Die Mitte repräsentiert das Dunkle (unten), das Helle (oben) und das Zentrum.

# Das Medizinrad: Matrix einer globalen Heilung

*Rad und Kreuz*

*Alle Kräfte der Welt wirken in Kreisen.*
*Der Himmel ist rund, und wie ich höre,*
*Ist die Erde so rund wie eine Kugel, und ebenso alle Sterne.*
*Wenn der Wind am heftigsten weht, bildet er runde Wirbel.*
*Die Vögel bauen ihre Nester kreisrund,*
*Denn sie haben die gleiche Religion wie wir.*
*Die Sonne geht in einem Kreis auf und wieder unter.*
*Der Mond macht es ebenso, und beide sind rund.*
*Sogar der Wechsel der Jahreszeiten bildet einen großen Kreis*
*Und kehrt immer wieder dahin zurück, wo er begann.*
*Das Leben der Menschen ist wie ein Kreis*
*– von Kindheit zu Kindheit –*
*Und so ist es mit allem, worin sich die Kraft der Welt regt.*

Black Elk, Medizinmann der Lakota 1930/31

## Das Medizinrad als Lebensuhr

Ein altes schamanisches Arbeitsmittel ist das Medizinrad. Es findet eine Fülle von Anwendungen, denn es ist vielschichtig, variationsreich und kraftvoll in seiner Wirkung als ordnende, harmonisierende Struktur für Wandlungs- und Heilungsprozesse.

Im Zusammenhang mit der VisionsSuche verwenden wir das Medizinrad als Matrix für die Neubeschreibung des eigenen Lebensweges, für die Klärung von Familienbeziehungen und Verhaltensmustern sowie für die Verdeutlichung und abschließende Würdigung von Wachstums- und Entwicklungsschritten.

Es gibt im Medizinrad eine Vernetzung von Lebensthemen, Jahreszeiten, Charaktermerkmalen, Elementenebenen und den „Königreichen" der Natur. Insofern wird erkennbar, wie die eigene Entwicklung auf der Lebensuhr im Zusammenhang mit Phänomenen in der Familie, in der Kultur, in der lebenden Natur und im Reich der Elemente steht.

## Der Süd–Schild

### Jahreszeit: Sommer

In der Natur bedeutet der Sommer die Hoch-Zeit. Alles wächst und blüht, fruchtet, treibt Ableger, erobert die Räume. Die allgegenwärtige Wärme schafft zusammen mit der Feuchte ein wuchsfreudiges Klima. Wasser und Wärme: Das Leben dehnt sich aus, explodiert und wuchert, als gäbe es keine Grenzen ...

### Element: Wasser

Dieser Element steht für das freie Fließen, das Schweben in Bewegung, wobei die Elemente in dynamischer Berührung zueinander bleiben, Kontinuum und Fluß; das Wasser in all seinen Formen: Wolken, Dunst, Nebel, Regen, Quellen, Bäche, Flüsse, Seen, das Meer als Sammelbecken des Wassers, Schnee und Eis in allen Formen. Die zarten Schleierwolken hoch am Himmel, den Saft in den Blättern, Stengeln und Wurzeln der Pflanzen, die Lebenssäfte der Tiere und Menschen, alles was feste Strukturen von innen befeuchtet, das Fließen als Phänomen, spielerische leichte Bewegung, die Verdunstung, den feuchten Glanz des Lebenden, die lebensspendende Gottheit der Niederungen, die Feen und Elfen der Wasserfälle und kleinen Rinnsale, Yemaya, Venus und Pan, das Umhüllende, Umschmeichelnde, den Durst.

### Farben: Rot, (Blau)

Die Farben Rot und Blau sind im klassischen Farbkreis Johann Wolfgang von Goethes als Zwillinge dargestellt: Sie stehen sich gegenüber, ohne vollständig konträr zu sein; es ist viel mehr so, daß diese beiden Farben auf einer Skala „kalt und warm" als gegensätzliche Pole empfunden werden. Das kühle Blau der Tiefe des Wassers steht dem Rot des Blutes gegenüber. Die beiden Farben stehen in einem innigen Verhältnis zueinander, was auch im Farbenspiel des Himmels im Laufe eines Tages erkennbar ist. Ihre Mischung ergibt Violett.

### Sphäre: Körper

Unmittelbare Erfahrung. Selbsterfahrung durch körperlich-sinnliche Erlebnisse, ungefilterte Emotionen, die in aller Unschuld einfach „primär" erlebt, dabei weder reflektiert, noch bewertet werden.

Das Geheimnis der Kraft des Südens lautet: Es ist immer Sommer, wir stehen immer in unserer Unschuld.

### Sinn

Freie ungebundene Lebensfreude, unmittelbares Tasten und Fühlen, Kinästhetische Wahrnehmung, ganzheitliche, auch erotische Berührung, Wahrnehmungen des Körpers als etwas Integrales, Ganzes – der ganze Leib als „globales" Sinnesorgan.

### Kraft-Tiere (Auswahl)

Delphin, Ringelnatter, Zaun-Eidechse, Reh, Gemse, Amsel, Wasserfrosch, Hase, Schwalbe, Salamander, Siebenschläfer, Wildkatze, Fischotter.

Diese Tiere spiegeln die Qualitäten, die weiter oben beschrieben sind, das heißt, sie sind verspielt, leben in inniger Beziehung zum Wasser, oder verkörpern die Eigenschaften des Wassers, sind an die Wärme des Sommers gebunden oder sie sind zu besonders geschmeidigen, schnellen Bewegungen fähig. Kinder scheinen eine besondere Beziehung zu ihnen zu haben.

### Lebensphase: Kindheit, Unschuld, Anfang und Wachstum

Hierzu gehören alle Entwicklungsphasen von der Zeugung, über die vorgeburtliche Zeit, bis über die Geburt hinaus, in die ersten Lebensjahre, streng genommen bis zum Einsetzen der Pubertät.

Während die ersten Entwicklungsschritte des Fötus, als materiell inkarniertes Wesen verstanden, noch sehr stark dem Osten zugeordnet werden müssen, gehen die späteren Phasen, etwa ab der 4. Woche auf das Feld des Südens über. Die erste Phase des physischen Daseins im Schutzraum der Gebärmutter ist gekennzeichnet von Verbundenheit in Abhängigkeit, vom Lernen der fundamentalsten, sinnlichen Kommunikation. Symbiose ist die erste Beziehungserfahrung. Der Weg in die Eigenständigkeit ist geprägt durch das stufenweise Erobern neuer Spähren. Schrittweises Entfalten sich die primären Fähigkeiten der Bewegung, der Kontaktaufnahme und der Einflußnahme. Versuch und Irrtum, Lernen aus Fehlern passieren; die Grundbedürfnisse Motivation, Neugier, Freude, wollen befriedigt werden.

### Aktivitätenspiegel

Spielen, mit allem kindlichen Ernst, mit aller kindlichen Hingabe und vollständig in der wachen, emotionalen unschuldigen Präsenz, zu der Kinder fähig sind. Alles ist im Fluß, alles ist verbunden, alles ist einfach und lebendig. Das Tun folgt der Spontaneität des Augenblickes. Ein Handeln ohne Planung oder vorausschauendes Ziel, das über die nächsten Minuten hinausgeht. Das Kind erlebt sich als ganz und ist immer nackt; tanzend in der warmen Sonne und dem erfrischenden Regen.

Offene Sinnlichkeit trägt die Einstellung in dieser Lebensphase und geht Hand in Hand, mit spontaner, emotionaler Aktivität. Es gibt noch kaum soziale Filter, das Leben erscheint unverfälscht, es erreicht die Seele auf direktem Weg. Lernen heißt hier: Etwas unmittelbar erfahren und aus naiver Unschuld heraus reagieren (erste Naivität). Lernen durch Nachahmung.

Zum effektiven Lernen braucht es noch keineswegs die Kraft der Reflexion. Das Kind verarbeitet das Erlebte überwiegend nach einem Reiz-Reaktionsmuster, das auf psychologisch motiviertes Hinterfragen gut verzichten kann. Auf Schmerz folgen Abwehrreaktionen wie schreien, flüchten, Angriff oder Rückzug. Die Unmittelbarkeit dieser Reaktionen erfolgt in aller Unschuld. Häufig ist sie bereits nach Minuten vergessen, wenn eine andere emotionale Grundlage möglich wird.

Beispiel: *Kinder spielen im Sandkasten, ein Kind nimmt das Eimerchen des anderen, ohne gefragt zu haben. Der Eigentümer des Eimerchens, holt mit der Schaufel aus und schlägt das erste Kind auf den Kopf. Weinen, großes Geschrei, kleiner Krieg im Sandkasten ... Zehn Minuten später spielen die beiden wieder in schönster Eintracht, als wäre nie etwas geschehen.*

### Mythos

Zu ihm gehören der kindliche Parzival, der unschuldig und harmlos im Walde spielt, das schlafende Schneewittchen, bevor es vergiftet wird, die schöne Königstochter im Märchen vom „Froschkönig", bevor ihr die goldene Kugel in den Brunnen fällt. Der Minotaurus als Symbol für das nichtintegrierte Dunkle, das körperliche Ungeheuer im Labyrinth.

„Alle Ungeheuer und geheimen Helfer unserer Kindheit, deren ganze Magie, sind darin zu Hause und außerdem, was noch wichtiger ist, alle die Lebenskräfte, die wir nie zur Verwirklichung im Erwachsenenleben haben bringen können, jene anderen Teile unseres Selbst; denn diese goldene Saat stirbt nicht ab."[1]

1 Der Heros in 1000 Gestalten, Joseph Campbell.

## Der West–Schild

### Jahreszeit: Herbst

Das Rad des Lebens dreht sich unaufhaltsam weiter. In den gemäßigten Zonen werden die Tage wieder kürzer. Das bedeutet, daß das helle Licht des Sommers nach Süden hin verschwindet. An der Schwelle vom Sommer zum Herbst entflammt die Natur noch einmal in den strahlenden Farben Rot und Gelb, Gold und Orange. Die letzte Erinnerung an den Sommer! Dann, in einer kalten Nacht, mit der rauschenden Assistenz des Windes, geht diese ganze Pracht zu Boden. Die Farbe Braun dominiert ab jetzt. Das Licht der schwächer werdenden Sonne dringt wieder durch die Zweige der kahlgewordenen Bäume bis hinab auf den Erdboden. Die Geheimnisse des Sommers werden offenbar: Was hat im Schatten des bergenden Laubes geblüht, ist reif geworden, hat Frucht getragen?

Die Erde bereitet sich auf eine Ruhephase vor. Die Energien des lebendigen und heißen Sommers, die sich in den Früchten der Pflanzen verdichtet haben, versprechen dem Leben Rettung für die kalte und dunkle Zeit. Einsammeln und würdigen, was im Sommer gewachsen ist: Die Erntezeit, in der die Kräfte gebündelt werden um den Winter zu überstehen.

*„Nachdem ich eines Morgens aufgewacht war, beschloß ich, aus dem Fenster zu sehen, wo wir flogen. Wir befanden uns über Amerika; und plötzlich erblickte ich Schnee. Leicht und wie Pulver verschwamm er mit den Konturen der Erde und dem Geäder der Flüsse. Ich dachte: Herbst und Schnee, die Menschen rüsten sich schon für den Winter. Einige Zeit später flogen wir über den Atlantischen Ozean, dann über Rußland. Ich bin noch nie in Amerika gewesen; aber ich glaube, daß der Eintritt von Herbst und Winter dort genau so ist wie anderswo, und daß auch die Vorbereitungen die gleichen sind. Mir wurde bewußt, daß wir alle Kinder unserer Erde sind. Es spielt keine Rolle, welches Land man sieht. Wir alle sind Kinder der Erde; und sie ist für uns die Mutter.“*[2]

Die Gaben des Herbstes sind vielfältig. Aus Licht, Wärme und Feuchtigkeit des Sommers sind Same, Nuß, Knolle und Frucht in einem unermesslichen Reichtum an Farben, Formen und Konsistenzen gewordenen. Alles hat sich nach innen gewendet, ist reif geworden.

Viele Tiere bereiten sich auf den Winterschlaf vor, sie zehren von den Kräften des Sommers, die sie in ihren Körpern zuvor gespeichert haben. Sie rollen sich ein, und werden selbst zu Knolle, Frucht, Nuß oder Samen und träumen vom Frühling. Sie gestalten sich in ihrer Innenwelt neu.

2 Aleksandr Aleksandrow, UdSSR, aus: Der Heimatplanet.

Element: Erde

Dazu gehören Gestein, Fels, das Fell – sowohl das der Tiere als auch das der Erde, alle mehrjährigen Pflanzen, also Stauden und Bäume, Wurzeln, Holz und jede feste Struktur wie Knochen, Sehnen und Knorpel, also das gesamte Skelett(system) der Erde und Lebewesen. Schalen, Schoten und Samenkapseln in mannigfaltigen Formen und Farben. Höhlen und Klüfte, Mulden und Einschnitte, das Bergende am Weiblichen, der Schoß, die Gebärmutter, Mater, Materia, Maria, (als die Erd–Mutter–Göttin), Die Große Mutter, das Verschlingende, Kali, Gaia und der Hunger.

Farben: Schwarz, Braun

Diese Farben stehen für die Dunkelheit, das Innere, die unsichtbare Unterseite der Dinge. Für Kot, Dung und das geheime Leben der Pilze, für abgestorbene Rinde, die alte abgestreifte Haut. Auch für den Tod der Unschuld, das Ende der Kindheit und die unreflektierten Handlungsweise.

Kraft-Tiere (Auswahl)

Braunbär, Hirsch, Wisent, Auerhuhn, Aeskulapnatter, Buchfink, Dachs, Maulwurf, Schwarzspecht, Mistkäfer (Skarabäus), Biber.

Sphäre: Psyche

Hier ist dein Zugang zur Selbsterkenntnis durch Erinnerung und Verinnerlichung. Deine Prüfung setzt da an, wo du den unwiederbringlichen Verlust einer Unschuld erkennst. Zweifel und Trauer sind Begleiter im Tal der düsteren Depressionen. Aus vormaligen Gewißheiten erwachsen dir tausend Fragen...

Ist es richtig, was ich tue? Was ist in dieser Situation gut, was ist falsch? Woran soll ich mich orientieren? Habe ich ein Recht, hier zu sein? Was sind meine Schwächen, meine dunklen Seiten? Wie kann ich handeln, wenn ich alle Konsequenzen dieses Handelns in Betracht ziehen muß?

Die Veränderung zum Dunklen hin macht dir Angst: Der Tod erhebt sein bedrohliches Haupt aus dem Schatten der herankriechenden Dämmerung und weist das überschäumende Leben deines Sommers in die Schranken. Erntezeit! Der Weizen wird von der Spreu getrennt. Es gilt, sich auf einen langen Winter vorzubereiten! Es mag sein, daß sich deshalb junge Menschen gerne schwarz anziehen, die Haare abscheren, Totenköpfe auf die Kleider malen, grelle Farben anlegen, weil sie die Begegnung mit der Endlichkeit, mit dem Sterben, mit dem Tod in ihrem Inneren stimmungsmäßig auch nach außen dokumentieren müssen. Sie wollen uns vielleicht sagen, was wir anzusehen haben, wenn wir das Leben in seiner ganzen Tiefe wahrnehmen wollen, wenn wir einen Weg allein durch die Dunkelheit gehen und darin der angstbeladenen Wolke unsere eigenen Ausdünstung begegnen. Die namenlose Angst, der du auf diesem Wege begegnen wirst, findet ihr Symbol im Drachen, der Feuer speiend einen Schatz bewacht: Nur wenn du ihn besiegst, wirst du den Schatz besitzen! Wo die Angst ist, ist der Weg. Wenn du die Angst annimmst, sie als Führer akzeptierst, wird die Dunkelheit zu einem Ort der Heilung. Die Ernte, die in deinem Innersten auf dich wartet, ist eine Erneuerung und Verwandlung deiner Selbstwertschätzung. Wenn du es schaffst, die Dämonen in deinem eigenen Schattenreich zu besiegen, wirst du lernen, dich selbst zu lieben und so zu akzeptieren, wie du bist.

*„Das Geheimnis der Kraft des Westens lautet: Es ist immer Herbst, und wir stehen immer in unserer Reife."*[3]

### Lebensphase: Reife, Erwachsenwerden, Verantwortung übernehmen, Initiation

Tod der Unschuld, Ende der Kindheit und der unreflektierten Handlungsweise: Das suchende Zögern entpuppt sich als erste Häutungsphase der klugen Vorausschau, reifenden Vorsicht, wachsenden Selbstverantwortung ...

Es gilt nun, eine Stufe der Reife zu erklimmen, die dich bereit macht, selbst Vater oder Mutter zu werden. Das Leben gibt dir eine Einladung, über die Schwelle der Initiation voran zu schreiten.

Die Zeit der Initiation zu erkennen, in ihrem tieferen Wert zu würdigen und erfolgreich zu durchmessen, heißt, alles zu tun, was den nachkommenden Generationen ein gutes Leben ermöglicht, ihnen Schutz gibt, und Raum zum lustbetonten, unschuldig neugierigen Lernen und ungehinderten Erfahren bietet.

Eben noch selbst ein Kind, hast du eine lebendig leuchtende Erinnerung daran, wie es war, worauf es ankam, was du brauchtest, wie du es am besten nehmen konntest. Du weißt noch sehr genau, wie der Geschmack der Enttäuschung, die Schärfe des Verlustes sich anfühlen, wie ungezügelte Wut, der unbeherrschte kindliche Zorn aus dir herausbricht. Noch sind sie frisch und virulent, die Linien und Verwerfungen in deiner Seele, gegraben von der ersten unschuldigen Verliebtheit und ihrem dunklen Zwilling, der Angst vor Zurückweisung.

Die ungefilterten Erfahrungen der Kindheit – die erste Naivität –, die ohne in den Sauertopf des Denkens und der wollenden Strategie zu fallen, aus spontaner Kraft agierten, sind nun das Rohmaterial, aus dem deine Erinnerungen auferstehen. Rückschau und Emotionen aus erster Hand: Du reflektierst deine eigene Kinderzeit, dein Werden und Gedeihen, deinen vorübergegangenen Sommer. Jetzt ziehst du dir die Kleider an, die deine kindlich-unschuldige Nacktheit unwiederbringlich beenden...

Deine Seele stülpt sich nach innen und erschafft einen Raum, indem sie ihre eigene Geschichte zusammenträgt, aufarbeitet und schließlich in eine eigene Ordnung bringt.

---

3 Foster, Little: VisionsSuche, Sinnsuche und Selbstheilung in der Wildnis, Arun 2002.

Wenn sie einsammelt, was herumliegt, abgefallen von den sommerlich duftenden Bäumen der Kinderzeit, hast du die Chance, deine eigene Einmaligkeit und die Wucht des Originellen in deinem Leben zu erkennen und wertzuschätzen. Du erkennst, daß dich all deine Erlebnisse, Begegnungen und Emotionen unverwechselbar zu dem gemacht haben, was du jetzt bist. Und sie haben dich an die Schwelle dessen gebracht, was wir das „ERWACHSENSEIN" nennen.

Hier wirst du fähig, Kinder nicht nur zu zeugen und zu gebären, sondern ihnen auch den Raum zu bieten, in dem sie gedeihen und sich frei entfalten können. Das bringt mannigfaltige Herausforderungen mit sich: Nicht nur für das physische Überleben braucht es Kraft, Neugier, Offenheit, Studium, Wissen, Übung, Sorgfalt, Selbstliebe, Selbstreflexion, Kommunikationsfähigkeit und nicht zuletzt das ehrliche und entschlossene Erstreben von Lebens-Meisterschaft. All diese Fähigkeiten müssen zu Fertigkeiten gedeihen, auch für ein Gelingen des Miteinanders, und die feinere und schwerer zu garantierende Entfaltung der Persönlichkeit und der seelischen Qualitäten deiner Nachkommen.

Was du säst, wirst du ernten, also erhältst du die Früchte deiner Fragen. Die Antworten – dunkle Gegenworte des Lebens – müssen auch in ihrer Konsequenz getragen werden und ins Leben hinein fruchtbar umgesetzt werden.

Das Leben widerspricht oft nur mit sanfter Stimme, läßt sich nur scheinbar davon überzeugen, daß es von dir gezähmt wurde, wenn es schnurrend auf deinem Schoß sitzt. Doch hegt es mit geschlossenen Augen Raubtiergedanken und das leise Zucken in seinen geschmeidigen Tatzen spricht von einer geheimen Wahrheit ...

## Aktivitätenspiegel

Sammeln, bauen, wohnen und Grenzen erkennen, akzeptieren und definieren, säen, pflanzen und ernten, sich etwas vertraut machen und pflegen, jagen und verteidigen, ein Territorium beanspruchen, einen Zaun bauen, ...

Der vorangegangene Sommer war heiß, feucht und lang. Er hat alles in Hülle und Fülle sprießen lassen. Aber er neigt sich dem Ende zu und geht vorüber. Die Tage werden wieder kürzer, der Herbst kriecht durch das feuchte Geäst. Jetzt brauchst du wieder einen sicheren und warmen Unterschlupf. Einsamkeit, Unwohlsein, Unsicherheit, Angst und das Erkennen der eigenen Verletzlichkeit vertreiben die sommerliche Unschuld.

Die Zeit der Nacktheit ist vorüber.

Ein gutes Haus planen und bauen, bedeutet nicht nur, einfach ein paar Steine aufeinander zu türmen und eine Plane darüber zu werfen. Es verlangt auch heute noch etwas mehr, als sich aus seiner reichhaltigen Kollektion von attraktiven Entwürfen ein schickes Modell auszusuchen (schnuckelige Fünfzimmer-Villa im Neckermann-Stil, Katalogseite 325 ...).

Viele Menschen organisieren sich heute ihr Eigenheim als Käfig, als Sarg für ihre Lebendigkeit, der sie vollständig von der Außenwelt und der Matrix des Wilden abschottet. Westen ist jedoch Wildnis: Sie fordert von dir ein Leben, bei dem du dir die Hände schmutzig machst. Sie werden rissig von der rohen Erde, die Fingernägel sind bald schwarz von der Farbe der Initiation.

Was du baust, wirst du bewohnen. Dein Territorium abstecken, Grenzen markieren und verteitigen. Definieren, was du bist und was nicht. Was ist dein Eigen und was gehört zu allen anderen, aber eben nicht zu dir?

Damit ist gemeint, daß sich eine reelle und überschaubare Vorstellung von einem Leben in lebendiger Gemeinschaft in dem „guten Haus" verwirklichen läßt. Das heißt nicht weniger als: Einen Garten anlegen, pflanzen, all das Gesäte und Gepflanzte seiner Eigenart gemäß pflegen und groß ziehen. Einsammeln und würdigen, was im Sommer gewachsen ist: Ernte und Vorbereitung auf den Winter. Die Kräfte müssen gebündelt werden, damit der lange, kalte Winter überlebt werden kann, ohne daß es Not und besondere, vielleicht tödliche Schwierigkeiten gibt. Wenn wir uns in die Zeit zurück versetzen, als die Menschen auf der nördlichen Halbkugel in innigem Kontakt mit der Natur und den Jahreszeiten gelebt haben, sehen wir die Zusammenhänge des Medizinrades deutlicher. Wie stellen uns vor, daß wir einer Sippe von Menschen bei ihren Herbstaktivitäten zusehen können. Dabei kann uns klar werden, wie sehr es darauf ankommt, gut zusammenzuarbeiten! Jeder ist ein Teil des überschaubaren Ganzen. Jeder hat seine Aufgabe, die mit den Aufgaben der anderen innig verwoben ist. Lücken und Ausfälle sind schwer zu verkraften. Das bedeutet, eingebunden zu sein in das Netz der Verantwortung.

Dieses Netz ist das Netz des Lebens und verbindet die Familie mit der gesamten Verwandtschaft. Alle Wesen gehören dazu, Tiere, Pflanzen, der ganze Erdkreis ...

## Der Nord–Schild

### Jahreszeit: der Winter

Der Winter bringt Kälte, Eis und Schnee. Auch der Schnee verbindet, ähnlich wie die Luft, alle unterscheidbaren Dinge miteinander. Ein anderes Prinzip legt sich über die Vielfalt der kleinen Unterschiede: Alle Dinge müssen sich dem Tod hingeben. Veränderung wartet auf alles, was da ist! Die dichte Schneedecke des Winters ist eine Ankündigung der Endlichkeit. Der im Herbst begonnene Prozeß der Reinigung erreicht eine höhere Ebene: Die Strukturen des Lebens treten in aller Klarheit hervor, nur das Wesentliche bleibt augenfällig. Betrachte in Muße eine Winterlandschaft und du siehst, was ich meine!

### Element: Luft

Die Luft ist unsichtbar. Sie umhüllt die gesamte Erde, wird von allem Leben geatmet. Es ist eine Binsenweisheiten, daß jedes Sauerstoffatom in der Luft schon einige tausend Mal von irgendeinem Lebewesen ein- und ausgeatmet wurde. Die Luft verbindet alles Lebendige. Luft ist ein Kommunikationsraum, der von unzähligen Informationen durchflossen wird: Die bio-chemischen Botschaften, durch die Pflanzen und Tiere miteinander in Kontakt stehen, die visuellen Botschaften, die auf die Klarheit der Luft angewiesen sind, die akustischen Signale und alle anderen unsichtbaren Verbindungsmöglichkeiten leben von den Qualitäten der Luft.

Man könnte sagen, daß die Luft sich allem als Medium der Verbindung zur Verfügung stellt. Sie tut dies ohne Unterschied und Abgrenzung, ohne Vorbehalte und Grenzen.

### Farbe: Weiß

Farbliche Nuancen der schneebedeckten Erde beziehen sich überwiegend auf die zarten Schattierungen von Weiß und Schwarz, Blau erstrahlt als schattige Antwort auf das Licht des Himmels!

### Kraft-Tiere (Auswahl)

Blauwal, Steinadler, Steinbock, Zaunkönig, Luchs, Kuckuck, Schneehase, Eichhörnchen, Ringeltaube, Mufflon, Kohlmeise, Kleiber, Kröte....

Der Blauwal ist der rationale Haushälter und treue Verwalter der globalen Atemluft, deshalb steht er hier an erster Stelle. Er verfügt über das größte Lungenvolumen, das je von einem lebenden Wesen genutzt wurde, und so kann man getrost davon ausgehen, daß jedes bewegliche Sauerstoffatom der Atmosphäre schon einmal in einer Blauwal-Lunge Dienst getan hat. In vielen Mythen der Welt ist der Blauwal das erste Lebewesen, das auf der Erde lebte. Aus seinem gewaltigen Bauch spie er die anderen Wesen in den Ozean, damit alles beginnen konnte. Er ist das größte Wesen, das jemals auf der Erde lebte, mit dem größten je erreichten Bio-Umsatz. Und er lebt schon seit Millionen von Jahren in den Meeren von Gaia. Niemand weiß, wie alt ein Blauwal werden kann. Ohne diese großen Wale würde sich die Erdatmosphäre rasch zum Nachteil des Lebens zersetzen.[4]

### Sphäre: Geist

Geist des Verstehens und der Kommunikation von gleich zu gleich. Die innige Verbindung von Verstehen und Erfahrung stellt Klarheit und Abgeklärtheit in einen inneren Zusammenhang. Rationalität wird weder überbewertet noch verteufelt, sondern in das Gewebe umfassenden Verständnisses integriert. Der Geist wirkt hier ausgleichend, da er die Verbundenheit allen Lebens, allen Seins in ihrer ganzen Tiefe zu erkennen beginnt. Er ist in der Lage Grenzen zu überschreiten und in die tieferen Gefilde der Erkenntnis vorzudringen.

---

4 Die meisten von uns wachsen mit der Überzeugung auf, daß der Mensch das wichtigste und intelligenteste Lebewesen auf der Erde ist, und daß wir einen besonderen Draht zum Schöpfer haben. Wir glauben, daß wir anderen Tieren überlegen sind und das Recht, sogar die Pflicht haben, sie uns untertan zu machen und zu unserem Vorteil zu nutzen. Als Art sind wir keiner anderen Art auf dieser „unserer" Erde Rechenschaft schuldig. Da ist es für viele meiner Studenten geradezu ein Schock, wenn sie erfahren, daß kaum ein Tier auf uns angewiesen ist, daß wir dagegen viele Tiere für unser Fortbestehen nötig haben!

Jeder Mensch hat ein biologisches Grundbedürfnis, das ständig erfüllt werden muß – er braucht Sauerstoff. Und (mindestens, Anm. d. Verfassers) 70 % des Sauerstoffs, der jährlich an die Atmosphäre abgegeben wird, stammt vom Plankton in den Meeren. Ernste ökologische Schäden der Weltmeere könnten deshalb die gesamte Erdatmosphäre gefährden. In den vergangenen zwanzig Jahren hat der Mensch so viele große Wale getötet, daß vier Arten kommerziell und nahezu auch biologisch als ausgestorben gelten müssen. Das sind Blauwale, Finnwale, Buckelwale und Seiwale (zusätzlich zu den real ausgerotteten Arten, Nordkapper, Grönlandwal, etc. Anm. d. Verfassers). Ihre Zahl ist von ursprünglich mehreren Millionen auf wenige Tausend zurückgegangen. Jeder einzelne dieser verschwundenen Wale pflegte jährlich mehrere hundert Tonnen einer großen Art von Zooplankton zu verspeisen. Weil die Raubtiere fehlen, macht dieses Plankton jetzt eine klassische Bevölkerungsexplosion durch. Welche Auswirkungen wird das auf das sauerstoffproduzierende, kleinere Plankton der Meere haben? Welche Auswirkungen auch auf Farbe und Reflexivität der Ozeane? Welche Auswirkungen auf die durchschnittliche Wassertemperatur der Meere und ihrer Teile, auf den Gehalt an gelöstem Sauerstoff und folglich auf die Erdatmosphäre? Niemand vermag es zu sagen. Aber Klimaforscher wissen, daß jede signifikante Veränderung der Meerestemperatur unser Klima massiv beeinflussen kann. Indem er die Wale tötet, spielt der Mensch russisches Roulette mit einem unserer wichtigsten Elemente. Ja, wir haben die Wale verzweifelt nötig, um unsere Atemluft zu schützen!

Aus: Heathcote Williams, Kontinent der Wale; Geore L. Small, College of Staten Island, Projekt Interspeak.

Lebensphase: Reife und Alter

Altruistische Liebe, die sich selbst nicht mehr im Mittelpunkt sieht und über die Grenze der eigenen Familie oder Sippe weit hinaus reicht, ist nur ein Beispiel von vielen. Reife und Alter bedeuten, daß du bereit geworden bist, für eine unbegrenzt große Gruppe von Menschen Verantwortung zu übernehmen. Deine Familie ist gewachsen, du bist Großvater oder Großmutter geworden. Dies ist die Lebensphase, in der Vernunft, Rationalität und Weisheit zu einer starken Einheit zusammengeschmolzen werden und zum Wohle aller eingesetzt werden können.

Für die Menschen in dieser Lebensphase spielt es keine große Rolle mehr, ob jemand unmittelbar mit ihnen verwandt ist oder nicht. Stell dir vor: im Kreise deiner Lieben tauchen jetzt Menschen auf, die aus ganz anderen Familien, Sippen oder gar Kulturkreisen kommen. Das heißt jetzt, daß sich Grenzen, die früher wichtig waren, nun mehr und mehr auflösen, gar bedeutungslos werden.

Du schenkst deine Aufmerksamkeit und Liebe auch denen, die von außerhalb kommen. Du erkennst die Chance, dich mit vielen zu verbinden, von vielen zu lernen, für viele da zu sein.

Gleichzeitig verändert sich dein Blickwinkel. Es ist, als würdest du auf Adlerschwingen hoch über einen Berggipfel aufsteigen und von oben herabblicken. Du siehst die Wege und Verbindungen zwischen den Dingen weiter drunten am Berg und ganz weit weg, unten im Tal. Du erkennst Zusammenhänge, die dir vorher, bei deinem Aufstieg, noch nicht einsehbar waren. Und möglicherweise kannst du auf der anderen Seite des Berges ebenfalls Neues entdecken. Du siehst, daß auch andere an deinem Berg leben, sich von ihm nähren und ihn dringend brauchen, um das Wasser des Lebens aus seinen Bächen zu trinken.

Es ist, als würde der Gipfel des Berges in die Wolken ragen, näher zu Großvater Sonne hinauf reichen. Erste Verbindungen zu dem, was außerhalb der sichtbaren Welt ist, können von hier aus hergestellt werden.

Das wäre die Aufgabe des Alters, der Kombination von Weisheit und Rationalität. Dies ist der Ort, wo die Spiritualität der erdigen Praxis eine Berührungsfläche mit dem Jenseits hat und dennoch fest mit der Erde verwurzelt bleibt.

Aber warum stehen im Norden Weisheit und Rationalität beisammen? Und entsteht vielleicht Weisheit aus reifender Vernunft?

Um das zu verstehen, führen wir uns wieder eine Sippe aus menschlicher Frühzeit vor Augen: Unter einem bestimmten Blickwinkel sind alle Ereignisse in der Natur zyklisch. Nicht nur der Lauf der Jahreszeiten – bedingt durch die Erd-Rotation und den Lauf unseres Planeten um die Sonne – folgt diesem Prinzip. Es bestimmt auch die die Wachstumszyklen aller Pflanzen und Tiere.

Alle Zyklen sind rhythmischer Natur. Das bedeutet nichts anderes, als daß bestimmte Erscheinungen in verschiedener Art stets aufs Neue auftauchen. Dieses

Wiederkommen ist an eine subtile, nicht sofort erkennbare Regel gebunden. Die so entstehende Regelmäßigkeit weist uns auf die zugrundeliegenden Naturgesetze hin.

Die Erfahrensten und Ältesten in einer Sippe hatten die besondere Aufgabe, die Dinge des täglichen Lebens im Hinblick auf das unvermeidliche Eintreten des Winters zu regeln und Lebensmittel zu rationieren. Dazu mußten sie aus ihrer längeren Erfahrung in der Beobachtung eben dieser Rhythmen schöpfen. Aufgrund ihrer lebendigen Erfahrung konnten sie die Zeichen der Natur treffsicher und vorausschauend deuten. Darin waren sie ihren Kindern und Kindeskindern weit überlegen. Wer 30, 40 oder 50 Jahre lang die Rhythmen des Jahreslaufes bewußt erlebt, existenziell erfahren und studiert hat, kann improvisieren; kann Varianten und Veränderungen wahrnehmen und in einen sinnvollen Kontext zu stellen. So mag sich ein besonders harter, langer und kalter Winter durch bestimmte Vorkommnisse im Herbst bereits deutlich ankündigen. Dies macht dann besondere Vorkehrungen erforderlich. Diese Art von Vorausschau dürfte ohne weiteres von den Stammesmitgliedern als besondere Weisheit erfahren worden sein. Dennoch ist es nur pure, gute Vernunft, die Zeichen der Natur zu lesen und aus Erfahrung sicher zu deuten!

### Aktivitätenspiegel

Denken, verstehen, zuordnen, im Gespräch vermitteln, atmen, sich Übersicht verschaffen, philosophieren, Ausgleich schaffen, Verantwortung für das Ganze übernehmen... Schauen, lauschen und sich inspirieren lassen.

Die Aktivitäten des Nordens sind einerseits von Rationalität, andererseits von Weisheit und Weitsicht geprägt. Da das Element die Luft ist, folgt das Atmen als erste Pflicht. Gemeint ist das tiefe, ausschöpfende und das ganze Volumen der Lungen austauschende Atmen. Nur das Atmen ist wichtig! Und: Eine gewisse, angenehme Kühle ist eingekehrt. Den Norden kann nichts mehr aufregen.

Schauen ist eine Art des völlig offenen, alles einbeziehenden Wahrnehmens. Anders als beim „Sehen“, wo wir mit unseren Sinnen in die Dinge einzudringen versuchen, erwartet das „Schauen“ im Zentrum seiner Wahrnehmung das Herbeiströmen der Dinge. „Schauen“ ist also die integrative Art der rechten Gehirnhälfte, die Welt wahrzunehmen, während „sehen“ die eher analytische Betrachtungsweise der linken Gehirnhälfte meint.

## Der Ost–Schild

### Element: Feuer

Im Feuer brennen das Innerste der Erde, die Lava, die ihren Weg quer durch das Lebendige sucht. Die Fähigkeit des Feuers ist etwas zu verzehren, zu verschlingen und vollständig in die Schwärze der Asche zu stürzen. Das Feuer ist dem Menschen verwandt: Es braucht Luft zum Atmen, kann vom Wasser erstickt werden, braucht Raum, um sich auszudehnen, braucht eNahrung, wächst, wenn es genug erhält und man ihm keine Grenzen setzt. Insofern kommt Gutes vom Feuer, wenn es in einem guten Rahmen ausreichend ernährt, gehütet und im Mittelpunkt stehend gewürdigt wird. Es ist gefährlich, wenn es maßlos in seiner Gier nach mehr wird. Es verändert alles, was es auf seinem Weg, denn es sich nicht gern vorgeben läßt, liegt.

### Farbe: Gelb, Orange

Die Farben des Feuers und der Sonne in allen Schattierungen.

### Jahreszeit: Frühling

Im Frühling beginnt die Wärme der Sonne Schnee und Eis zu schmelzen, beginnt die Wärme einiger Tage das Wasser umzuwandeln. Der Frühling verbindet alle Pole des Medizinrades miteinander. Er löst das Wasser aus seiner Erstarrung und gibt ihm den Fluß des Südens zurück. Er feuert das ruhende Leben in den Samen an und lockt die Blätter aus den Knospen, in denen sie den Winter überdauert haben. Der Frühling initiiert die erwachsenen weiblichen Tiere in die Mutterschaft. Das Laub des Herbstes beginnt sich vollständig aufzulösen und wird wieder zu Erde: Der Kreislauf startet von vorn. Alles, was tot unter der Decke des Eises oder verborgen unter dem Schnee lag, kommt zu Tage, erschreckt die Lebenden und nährt sie zugleich. Alles wird vom Heißhunger getrieben, lechzt nach Leben und Neubeginn.

### Kraft-Tiere (Auswahl)

Orca, Wolf, Fuchs[5], Rabe, Habicht, Sperber, Smaragdeidechse, Zornnatter, Skorpion, Wiedehopf, Kreuzotter, Puppenräuber, Libelle, Marder, Bartgeier, Wildschwein.

---

5 Fuchs = Vetter von Koyote, indianisches Krafttier alsTodesbote und heiliger Narr. Er verkörpert das Heilige, das sich selbst nicht zu ernst nimmt.

Die Tiere dieses Schildes beseitigen die Opfer des Winters. Sie kümmern sich darum, daß alles gefressen wird, was von den Gestorbenen übriggeblieben ist. Sie repräsentieren das Feuer der Verwandlung durch die Stärke ihrer Verdauungssäfte. Sie blicken ihrem Opfer direkt ins Auge und sprechen vom Tod. Aber sie sind Schöpfer einer besonderen Kraft, sie halten das Rad der Bewußtheit in Bewegung. Stets aufs Neue treten sie mit dem Leben in einen Dialog, fordern es heraus, zwingen es, sich immer besser auszurüsten. Sie sind die Boten des Großen Geistes, denn sie gewähren einen Blick über die Grenzen des Rades: Sowohl zur Mitte hin, dort wo sich oben und unten, innen und außen im großen Tao verbinden, als auch hinaus aus dem Rad in die Welt des Sinns, den Raum des reinen *Geistes (Spirit)*. Dort ist die Heimat der Visionen, bevor sie den Raum des Wahrnehmbaren betreten. Da alle Tiere dieses Schildes Jäger oder Sammler sind, brauchen sie eine besondere Schärfe ihrer Sinne, quasi die Fähigkeit, über den Rahmen der Zeit hinauszuschauen, durch die Begrenzungen des Raumes eine Ahnung davon zu bekommen, wo sie auf ihrer Suche nach Nahrung fündig werden. Sie stehen für die schamanischen Qualitäten, für die Kraft von *Spirit,* mit allem Verbindung aufzunehmen. All diese Tiere haben eine Meisterschaft darin und vom Großen Geist den Auftrag zu töten. Sie sind Abgesandte des Herrn über Leben und Tod, stehen an der Pforte und ihrem prüfenden Blick entgeht keine Schwäche.

### Sphäre: Seele, Geist

Der Osten ist das Reich der Ahnen, der Wiedergeburt und der Entscheidung, ins Leben zu gehen. Von dort treten die Seelen an das Lebensrad heran und tun den ersten Schritt über die Schwelle hinein in das Rad. Sie bringen das Feuer des Lebens mit, das ihnen aus ihrer Ahnenreihe mitgegeben wurde. Dort, im Osten, wohnt die Verbundenheit zwischen allen und allem, was Geist ist und Geist hat. Das Wesen des Ostens ist pure Lebensfreude, ein heißes Lebensfeuer und ein klarer Auftrag für das beginnende neue Leben.

### Lebensphase: Alter, Tod, Wiedergeburt

Die letzten Schritte vor der Pforte des Todes sind von Loslassen, dem Ausatmen, dem Willkommen in der Leere und der großen Stille geprägt. Die Dinge der menschlichen Welt sind geklärt, die Beziehungen bereinigt, der Becher des Lebens bis zur Neige ausgetrunken. Körper und Geist werden zu welken Blättern des vergangenen Herbstes, welches der Wind des Nordens auf dem schmelzenden Schnee zurückgelassen hat. Fuchs, Wolf und all ihre Kumpane werden sich in angemessener Form darum kümmern, damit das Feuer des Geistes aus dem Gefängnis des Körpers befreit wird. Tief in der Seele wird die Freude darüber geboren, daß sich die Tür öffnet, die jenseits des Grabes einen Weg freigibt, der ein Leben lang verborgen und verschlossen schien. Die Kraft des tiefsten Gebetes, dem sich die Seele überantworten kann, findet hier eine Zielrichtung.

Der Tod und die Zeugung sind wesensverwandt. Sie sind Zwillinge, aus einem Ei geschlüpft. Und so wie wir fast alle in unseren frühesten Stadien der embryonalen Entwicklung im Mutterleib einen Zwilling an unserer Seite hatten der uns auf dem Weg bereits wieder verlassen hat.[6] Bald werden wir ihm im Feuer des Ost-Schildes wieder begegnen: Er ist jetzt unser Geist-Führer, unsere bessere Hälfte, unser Seelengefährte, unsere Göttliche Schwester. So liegt in der Transformation des Ostens eine Vervollständigung, die es erfordert, alles gehen und fließen zu lassen, was gehen und fließen will. Was im Leben geübt werden konnte, an Hingabe, an Demut, an der Bereitschaft, für die tiefste erkannte Wahrheit durchs Feuer zu gehen, wird jetzt offenkundig werden. Orka und Wolf stehen an der Pforte und prüfen mit klarem Blick...

## Aktivitätenspiegel

Beten, loslassen, Abschied nehmen, sehen können, segnen, etwas verbrennen, aus Scheiße Gold machen, vergeben, hoffen, den Sonnenaufgang beobachten, meditieren, sich selbst vergessen, Verbundenheit fühlen ...

Es sind die Taten und Handlungen, die wir im Allgemeinen als spirituell, religiös, konzentriert, meditativ zu bezeichnen pflegen, welche hier am leichtesten Störungen erfahren. Die Trennung in *profan* und *heilig*, die wir in unserem Bewußtsein gegenüber den Dingen der Welt, den Erscheinungen und den Inspirationen des Geistes, vornehmen, wird erschüttert vom polternden Lachen des Großen Geistes, wenn er unsere Hausaufgaben durchsieht, und Blatt um Blatt aus unserem Lebensbuch reißt, um damit zu spielen. Vor unseren Augen! Sie fliegen davon und vielleicht siehst du Tiere nach ihnen haschen.

6 siehe Evelyn Steinemann, ‚Der verlorene Zwilling, Kösel und Gerald Hüther & Inge Kraus, Das Geheimnis der ersten neun Monate, Walther

*Das Magische Rad*

*Alles bereit, um miteinander zu sprechen ...*

# Trennungsphase

## Erkennen, würdigen und verabschieden, was bisher getragen hat

*Trommeln, eine gemeinsame Sprache sprechen*

*Sich vertrauensvoll den Farben überlassen ...*

*Sich im Biogarten ganz mit der Erde verbinden*

# Trennungsphase: Den Wandel wollen

Alle, die sich entscheiden, eine VisionsSuche zu machen, bekommen eine sorgfältig erarbeitete Vorbereitungsmappe. Darin finden sie Vorschläge und Instruktionen, wie sie sich gut auf die Zeit am Berg vorbereiten können. Dazu gehört auch – als wesentlicher Impuls – das Anlegen eines Tagebuches. Ist jemand gut motiviert, wird er mit seiner Lebensbilanz frühzeitig beginnen und sich ein wertvolles „Dossier" über sich selbst anlegen. Für viele „Quester" (VisionsSucher) in unserem System hat diese „Angewohnheit" dazu geführt, daß sie für sich selbst ein Füllhorn wichtiger und unersetzlicher Erkenntnisse und Einsichten aufbereitet haben. Später, nach den turbulenten und erhellenden Tagen auf dem „Berg der Wahrheit", ist es für die jungen Menschen oft von unschätzbarem Wert, die eigenen Aufzeichnungen noch einmal durchzulesen und nachzuspüren, was sich seither bewegt hat.

Die Vorbereitungszeit dient vor allem der Ablösung vom Gewohnten. Die alte, knapp sitzende, vertrocknete Haut der Kinderzeit spannt schon unangenehm, nicht nur vorne und hinten. Die jungen Heißsporne und erblühenden Fräulein wollen aus der Haut fahren. Klar, es ist die Zeit der Hautunreinheiten, der argwöhnisch beäugten Schwellungen am Körper, der radikalen Veränderung aller Spannungsverhältnisse ... Jeder stellt Vergleiche an: Bin ich schon soweit wie die anderen? Kann ich mich „so" noch blicken lassen, werde ich „so" noch akzeptiert? Bin ich zu dick, zu dünn, zu lang, zu breit, zu klein, zu eckig, zu blaß, zu braun, zu reich, zu fett, zu *uncool* ... Klar, daß mich alle hänseln ...

Was ist die Wahrheit über dich? Gibt es überhaupt irgend einen Menschen, der dich so sieht, wie du wirklich bist? Redest du mit jemandem unverblümt „Wahrheit"? Hast du einen echten Freund, eine echte Freundin?

Hast du den Mut, vor dem Spiegel wirklich die Augen aufzumachen? Dich so zu nehmen, wie du einfach bist?

Wenn du auf den Berg gehst, den du doch gar nicht kennst, wirst du deine Augen geputzt haben und klar sehen, das versprechen wir dir. Was das heißt? Ein junger Teilnehmer sagt uns, wie er das erlebt hat:

*Die VisionQuest, ein Einweihungs- oder Übergangsritual, durch das ein Jugendlicher freiwillig und aus tiefster Überzeugung eine große Veränderung passieren läßt. Es ist – eine neue Erfahrung, die womöglich eine positive Veränderung in Verhaltens- und Denkweisen ermöglicht, erleichtert.*

*Drei Tage alleine in den Bergen ohne Nahrung, ohne Luxus, ohne Krach, ohne Dach über dem Kopf. Nur mit dem Notwendigsten ausgestattet, werde ich in den drei Tagen ...*

*Komisch! Was werde ich in dieser Zeit machen? Ich denke, daß viel in meinem Kopf passiert bzw. passieren wird. Man lernt (vielleicht) zwischen wirklich wichtigen Dingen und Dingen, die nichts bedeuten, zu unterscheiden. Es werden einem neue Zusammenhänge bewußt, die Natur (wir sind auch Natur) inspiriert uns und gibt Motivation, das eigene Leben neu zu gestalten.*

*Hoffentlich bekomme ich keine Angst!! Allein, ohne Zelt, bei eisiger Kälte, im Dunkeln, man hört Angst einflößende Geräusche – ganz schön gruselig. Aber egal, positiv denken, ich werde das schon überleben und die Fülle an Erfahrungen, die ich sammeln werde (wenn auch vielleicht unbewußt) werden mich geistig klüger, erfahrener oder „erwachsen" machen.*

*Die Veränderung könnte so stark sein, daß ich mein Leben komplett umstelle, d.h. nicht mehr rauche, nicht mehr kiffe, mehr Sport treibe, auf die Gesundheit achte, aktiv bin, unbeschwert und selbstbewußt auftrete, andere mit guter Laune anstecke...*

*Ich bin gespannt und werde alles passieren lassen!!*

„Playful Star Cloud", 19 Jahre, 2000

Unsere Vorbereitung für die jungen Menschen besteht in einem 8-tägigen *Wildnis-Work Camp*. Dies ist eine Zeit, um sich gegenseitig kennenzulernen, den Ort und das Team der Leiter und Assistenten genau unter die Lupe zu nehmen. Die meisten unserer jungen Teilnehmer kommen aus den Städten in Deutschland, Österreich und der Schweiz und brauchen ganz dringend Zeit, um die Bedingungen in diesem wilden Land ein bißchen besser einschätzen zu lernen. Wir nennen es *Wildnis-Work Camp*, weil wir uns in der Natur Arbeiten und Aufgaben suchen, die mit der ökologischen Situation und Aufgabenstellung des natürlichen Ortes zu tun haben.

Der Sinn des *Wildnis-Work Camps* besteht darin, eine Verbundenheit zur Erde und dem Leben der Menschen vor Ort herzustellen. Also tun wir alles, was Ort und Zeit gebieten. Es gibt einen großen Bio-Garten, in dem alles wächst, was ein europäischer Gemüsegarten zu bieten hat. Er muß gepflegt, und das Gemüse für den Verzehr in der Wildnis-Küche geerntet werden. Es gibt viel Arbeit im Wald, der in achtsamer Weise ausgelichtet wird, um der Artenvielfalt eine Chance zu geben. Und natürlich verbringen wir viel Zeit mit Spielen, Spaß, Wanderungen und Erkundung in der näheren und ferneren Umgebung. Doch am wichtigsten sind uns die Gespräche und Begegnungsrunden im großen Rundzelt, dem Tipi.

*Jetzt bin ich da. Ich liege in meinem Zelt. Es ist Sonntag!*

*Das Workcamp ist wirklich sehr faszinierend und intensiv, besonders die Abendrunden sind sehr interessant. Jeder erzählt seine Geschichte zu einem Thema (Sex, Drogen ...). Alle hören zu, keiner unterbricht einen. Man spürt die Kraft, die in der Runde herrscht.*

*Über private, intime Dinge zu sprechen ist in der Gruppe zwar nicht einfach, aber erzählt man seine Geschichte, so fühlt man eine Art Erleichterung. Die anderen akzeptieren und bewundern einen. Als ich gestern meine Geschichte zum Thema Sex bzw. Beziehung erzählt habe, bekam ich sofort Feedback. Bodso sagte zu mir, dass er es nicht glauben kann, in welcher Art und Weise ich meine Story erzählt habe – er war erstaunt und hat mich bewundert. Jetzt fragt man sich: Was löst diese Gefühle aus, die so intensiv und neu sind?*

*Die Antwort: Ehrlichkeit, Wahrheit, denn die Wahrheit hat oft solch eine Kraft, daß andere fasziniert sind. Sie merken, daß sie nicht allein sind, sie können einige Sachen nachvollziehen. Sie erkennen vielleicht, daß auch andere Menschen das gleiche Problem haben und daß sie nicht alleine sind.*

*Als ich hier angekommen bin, habe ich zuerst ganz symbolisch meine Uhr abgelegt. Zeit ist hier oben unwichtig bzw. nicht relevant. Es macht Spaß in der Gruppe zusammen zu sein. Ich habe gemerkt, daß fast alle ein Problem mit der Sucht haben. Jeder möchte in den drei Wochen sein Leben verändern, irgendwie. Maik, Bodso und Flee sind auch Kiffer und sehen die drei Wochen als Zeit, in der man mit einem klaren Kopf, ganz ohne Drogen über die Zukunft nachdenkt, einfach mal abschalten von dem ganzen „Scheiß" der in der Heimat abläuft. Es wird viel darüber geredet und ich habe noch nie solch intensive Gespräche erlebt wie hier. Ich freue mich hier zu sein. Die Zeit hier ist ein „Sprungbrett" in ein neues, besseres Leben.*

*PS: Gestern haben wir geholfen, eine Mauer aus wirklichen Natursteinen zu bauen. Es war zwar anstrengend, hat aber sehr viel Spaß gemacht. Ich sag nur: hi, ha, ho (Achtung, Stein kommt!)*

„Playful Star Cloud"

Es ist unwesentlich, ob jemand „ein spezielles Problem“ hat, sobald er merkt, daß die Probleme der anderen ebenso „speziell“ sind. Die Versteckspielerei vor sich selbst wird viel zu anstrengend, wenn wir bemerken, daß niemand hinter der Maske scheinbaren Erfolges wirklich glücklich ist. Das Leben ist mehr als nur leidliches oder sogar gutes Funktionieren und Erfolg in Schule und Beruf. Wenn wir miteinander beginnen, in der vorsichtig und behutsam entstehenden Gemeinschaft des *Work Camp* Schritt für Schritt ehrlicher und wahrhaftiger zu werden und unsere Leiden und Schmerzen zuzugeben, dann beginnt eine gehörige Last auf unseren Schultern zu schmelzen. Wir werden buchstäblich naß von den hochkommenden Gefühlen und mancher weint seit vielen Jahren das erste Mal wieder – überrascht und bewegt, von soviel echtem Gefühl in der eigenen, gerade noch kritisch beäugten Brust:

*Heute ist Freitag, es regnet.*

*Wir hatten unseren letzten offiziellen Arbeitstag, nun kann der VisionQuest beginnen. Die Woche des Work-Camp ging sehr schnell vorbei. Die Arbeit war nicht schlimm, sie war anstrengend und Kräfte raubend, aber es hat Spaß gemacht in der Gruppe zu „schaffen“.*

*Ach Scheiße!! Am Sonntag bin ich nach dem Schreiben zum Baden gegangen. Ich bin allein zum Wasserfall gegangen. Maik und Bodso waren schon da. Ich habe meinen „inneren Schweinhund“ überwunden und bin nackt in die eiskalte steinere Wanne gestiegen. Es war sehr schön, akzeptiert zu werden von den anderen – keine blöden Sprüche, sondern Respekt zu fühlen.*

*Dienstag hat Flee mir Mut gemacht, er sagte, ich sei auf keinen Fall „dick". Wir redeten über die sogenannten Schönheits-OP's. D.h., ich erzählte von meiner großen Brust und zeigte sie auch und er zeigte mir seine Einwölbung im Brustkorb. Uns wurde (vom Arzt) angeboten diese Fehler korrigieren zu lassen, aber NEIN, danke!!!*

„Playful Star Cloud"

*Welches Symbol paßt zu mir?*

# Lebensprinzipien der Natur

## Flow[1] und Kontinuum[2]

*Hip Hop und damit der Rap leben vom Flow. Die Geschmeidigkeit und Eleganz, mit der die Botschaft im vorwärtsdrängenden Beat verpackt wird, das ist es, was ins Blut geht!*

D. J. Dave

Ein wesentlicher Begriff zum Verständnis der Natur jeglicher Veränderung ist das „Kontinuum". Weil er in verschiedenen Naturwissenschaften auf verschiedene Weise benutzt wird, wollen wir uns hier auf seine psychologische und pädagogische Bedeutung eingrenzen.

Doch zunächst einige allgemeine Betrachtungen.

Ich habe das Bild eines Flusses vor Augen, der sich durch eine Landschaft schlängelt. Das Wasser, das in seinem Bett dahin fließt, steht von der Quelle bis zum Meer in Verbindung. Es folgt dem Impuls der Schwerkraft, fließt von höherer Stelle hin zum niedrigeren Niveau. Solange es fließt, gibt es ein ununterbrochenes Kontinuum. Dies gilt streng genommen sogar für den Zustand, in dem es nicht mehr fließt: wenn es im Winter zugefroren ist. Denn auch Eis fließt, wie wir von Gletschern wissen.

Es besteht also ein tiefer Zusammenhang zwischen Fluß (Flow) und Kontinuum. Es gibt in der Natur nichts, das kein Kontinuum wäre, das kein Fließen in sich hat. Das gilt für die sichtbaren wie für die unsichtbaren Dinge. Wenn zwischen zwei Polen ein Unterschied besteht in Hinblick auf Druck, Fülle, Potential, dann entsteht eine Beziehung zwischen ihnen: Spannung. Es gibt einen Trend zum Ausgleich.

Betrachten wir den Himmel. Wolken gruppieren sich, ballen sich zusammen, ziehen bedächtig über uns hinweg. Wenn wir genau hinsehen, sehen wir, daß die große Bewegung aus vielen kleinen, wirbelnden und spiraligen Bewegungen entsteht und zusammengesetzt ist. Je länger wir das beobachten, desto feiner und wundersamer erscheint uns dieser Tanz. Wir erleben die Kreativität des Flow!

Mit der Zeitraffer- bzw. Verlangsamungstechnik moderner Kameras ist es heute für jeden möglich, diesen Tanz der Elemente in eine Geschwindigkeit zu übertragen, die das Prinzip großräumiger Fließbewegungen erkennen läßt.

---

1 *Flow*: engl. Das Fließen, das Fließende; in der Psychologie hat der Begriff durch Csikszentmihalyi eine neue Bedeutung erlangt. Er meint damit einen Zustand kraftvoller, freudiger Kreativität im Raum genau zwischen Überforderung und Langeweile. Nicht zu schwer und nicht zu leicht darf es sein, damit der Organismus in mittlerem Tonus durch den Prozess des Lernens findet.

2 *Kontinuum*: lückenlos Zusammenhängendes.

Wer den bewegenden und aufwühlenden Film *Kojannisquatsi* gesehen hat, der schon vor 20 Jahren diese Technik verwendete, erinnert sich bestimmt an die starke innere Resonanz, die diese Bilder in einem offenen Betrachter erzeugt haben. Der Film stellt die Fließbewegungen der Natur, also Meereswellen, Flüsse, Sanddünen im Wind, Wolken, die über Bergkämme geweht werden, den eher mechanischen Fließbewegungen gegenüber, die in der Menschenwelt erzeugt werden: das ruckartige Pulsieren im durch Ampeln geregelten Straßenverkehr einer Metropole, die Vorgänge an einem Fließband, das Strömen der Menschen über die Rolltreppe in einer U-Bahnstation.

Man erkennt: Die Bewegung des „Fließens" ist eine universelle! Sie kommt überall in der Natur vor und zeigt immer einander ähnliche Formen und Gestalten.

Das fließende Kontinuum ist das wichtigste Werkzeug der Natur, um sich zu wandeln. Mit seiner Hilfe gestaltet sie sich selbst, zeichnet ihr Antlitz. Die bizarren Formen der Gebirge, Schluchten und Felsformationen sind ebenso von den ewigen Flüssen der elementaren Kräfte geformt wie die weiten Ebenen der großen Kontinente. Alle Erscheinungen und Formen der Natur sind Zeugnisse dieser Kreativität: Fluß und Kontinuum, sich selbst umschlingend, in ewigen Spiralen und Wirbeln.

*Die Muße des Beobachtens war das Schönste für mich. Die Zeit zerfloß mit den Wolken. Erst nach mehreren Stunden des Schauens entdeckte ich, wie die Wolken um den Monte Rosa schwappten. Hinauf, den Gipfel einhüllen und wieder hinabfließen ins Gletschertal, das war ihr ganzes Spiel. Auflösen und irgendwo anders überraschend wieder auftauchen. Ein Versteckspiel durchsichtiger Tänzerinnen, ein fließendes Ballett der Wassergeister für die Berggöttin im Eis. Einfach nur schön!*

„Silent River Wren", 20 Jahre, Monte Rosa 1999

In der Biologie finden wir diese Kreativität ebenso. Das Wachsen alles Lebendigen könnte durch keine anderen Begriffe besser umschrieben werden als durch „Fluß und Kontinuum"! Denn Wachstum geschieht immer in einem Kontinuum, bei dem die Geschwindigkeit der Veränderung variieren mag, das jedoch niemals einen wirklichen Stillstand oder Bruch verträgt. Das würde Tod bedeuten und das Ende des Flusses. Auch wenn man davon sprechen kann, daß in der Biologie Wachstumsschübe oder -sprünge auftreten können, meint man damit nur eine proportionale Beschleunigung für eine vorübergehende Zeitdauer; keinen Bruch des Kontinuums, sondern lediglich einen andere Geschwindigkeit!

Nun haben wir elegant und fast unbemerkt einen dritten Begriff eingeführt, nämlich die „Kreativität". Er dient uns hervorragend dafür, die Begriffe „Kontinuum" und „Fluß" in die menschliche Sphäre einzuführen, denn er verbindet die beiden Worte und ergänzt sie in geeigneter Weise.

## Natürliche Spannung: Kreativität im menschlichen Leben

In der Welt des Menschen ist der Begriff Kreativität innig mit der Entdeckung und Gestaltung von etwas Neuem, noch nicht Dagewesenem verbunden. Ein wenig scheint es heute so zu sein, daß Kreativität eine Domäne von Künstlern und Wissenschaftlern geworden ist und nur gelegentlich in den anderen Bereichen des Lebens gebraucht würde. Dies ist eine abwegige Vorstellung, wenn wir an die grundsätzliche Bedeutung des Begriffes denken.

Ich möchte hier „Kreativität" als eine lebenswichtige und zutiefst menschliche Qualität definieren, nach der jeder strebt, zu dem auch jeder und jede Zugang hat, die

*Blind die Welt erfühlen, sich führen lassen*

jedermann und jedefrau aus sich heraus entwickeln kann. Sie ist sogar eine grundsätzliche Gabe, die jedes menschliche Wesen am Anfang seines Lebensweges als prall gepacktes Bündel in die Wiege gelegt bekommt.

Kreativität ist durch die spezielle Entwicklungsgeschichte und Konstruktion des menschlichen Gehirns gegeben. Sie ist im Besonderen ein Ergebnis des „Dialoges“ zwischen Hirnstamm und Neokortex. Während der Hirnstamm eine eher als „konservativ“ zu bezeichnende Strategie hat, ist der Neokortex frei in seinen Möglichkeiten, auf die Umwelt und ihre Reize zu reagieren. Das ist zum Beispiel der Grund dafür, daß ein Menschenkind Jahre braucht, um so „einfache“ Bewegungsmuster zu lernen wie das Laufen. Einem jungen Pferd, Hund oder einer Katze gelingt das Gleiche innerhalb weniger Stunden oder Tage. Diese Säugetiere haben einen im Verhältniszum Menschen ein viel kleineren Neokortex, und können sich auf ein im Stammhirn angelegtes Bewegungsmuster beziehen, das ihnen sofort nach der Geburt zur Verfügung steht. Das mag ganz am Anfang des Lebens ein Vorteil sein, schränkt aber die kreativen Möglichkeiten der Weiterentwicklung sehr ein. Soll ein Pferd etwa Bewegungsabläufe lernen, die nicht in seinem ursprünglichen Repertoire angelegt sind, braucht es dafür ein ausdauerndes und hartnäckiges Training, Dressur genannt.

Die enormen Kulturleistungen, zu denen der Mensch fähig ist, und die auf dem frei gestalteten, kreativen Gebrauch seiner sämtlichen Bewegungsmöglichkeiten beruhen, sind nur durch die spezifischen Leistungen des Neokortex denkbar.

## Neugier, Lust und Staunen

Diese besonderen Fähigkeiten des Menschen sind eine potentielle Gabe, die jedes Neugeborene mit sich bringt. Da diese Gehirnleistungen in ihrer Qualität grundsätzlich „offen“[3] sind, werden sie sehr von den eindringenden Wirkungen des Umfeldes beeinflußt. Wenn wir als Beispiel das Laufenlernen wählen, dann sehen wir, daß der Erwerb dieses komplexen Bewegungsablaufes eine durchaus mühevolle und langwierige Geschichte ist, die eine enorme Motivation und ein großes Durchhaltevermögen im Kinde voraussetzt. Denn es gibt in diesem speziell menschlichen Lernvorgang eine unglaublich komplexe Vernetzung von neuro-muskulären Lernschritten zu durchlaufen und dem Stammhirn zur „Verwaltung“ zu übergeben, damit sie dem automatischen Grundrepertoire hinzugefügt werden können. Das braucht Zeit und folgt einer ganz eigenen Dynamik. Wir müssen uns fragen, wie dieser hohe Anspruch an das Wollen lange genug, immer wieder und wieder, auf ein so hohes Niveau gebracht wird, daß das Menschenkind die vielen Versuche und unvermeidlichen Fehlversuche wegsteckt und nicht zu früh aufgibt!

3 D.h. nicht determiniert, also nicht in einem System von Reiz-Reaktions-Mustern gefangen.

Die Natur hat das durch einen Kreislauf von Befriedigung geregelt. Wir nennen diesen Kreislauf *„Satisfaction-Circle“ (SC)*. Dieser Kreislauf ist vollständig auf das vernetzte Zusammenspiel aller Gehirnregionen angelegt. Einfach gesagt, muß ein, durch Neugier, natürlichen Bewegungsdrang oder Hunger (etc.), also durch ein infantiles Grundbedürfnis ausgelöster Aktionsschub, in einen Zustand münden, der im weiteren Sinne vom Kind als „Lust“ erlebt werden kann. Dazu zählen alle positiven Emotionen, wie Staunen, Bewundern, Fasziniert sein und Neugierigwerden. Und natürlich gehören in diese Sparte auch alle Empfindungen, die ausgelöst durch positive Rückmeldungen der Eltern, wie freundlichen Zuspruch, Streicheln, Kosen, Anlächeln, Auf-den-Arm-nehmen und so weiter.

Wenn dieser Kreislauf also in Fluß gehalten wird, bleibt die Motivation, im natürlichen Kontinuum zu bleiben, weiter zu lernen und durch Versuch und Irrtum das optimale Bewegungsmuster herauszuspielen, erhalten. Aktion mit Freude!

Eine spezielle Qualität des Neokortex haben wir als „Lust am Neuen“ beschrieben. Eine Art natürlicher Neugier, die das Baby dazu antreibt, sich selbst und die Welt zu erforschen, seine Sinne zu gebrauchen und den „reizenden“ Impulsen aus seiner Umgebung zu folgen. Hierin liegt sein Entwicklungs-Kontinuum, wenn wir uns daran erinnern, daß es bereits im Mutterleib begonnen hatte, sich selbst und die Welt durch sinnliche Wahrnehmung über das Innere und die Haut, also Bewegung, Rhythmus und Vibration zu erfahren. Ein weiteres essentielles Kriterium dieser Kontinuität ist das „gute Betriebsklima“ zwischen Neokortex und den alten Stammhirnbereichen: der sogenannte „Urprozeß“.

*Primäre Lebensfreude*

## Der Urprozeß

Die Verbundenheit zwischen den verschiedenen Gehirnregionen ist die gesunde Erbschaft des kleinen Kindes. Die Ausstattung und potentielle Anlage sind von Natur aus optimal, um den vielfältigen Reizen und Herausforderungen der natürlichen Welt angemessene Antworten und Reaktionen gegenüberzustellen. Joseph Chilton Pearce hat hierfür den Begriff des Ur-Prozesses ins Feld geführt, aber erst Edith Cobb hat für diesen Entwicklungsprozeß im neuronalen Setting des Kindes die einfache Definition, die mir am besten gefällt, angeboten: *Die formschaffende Harmonie seines wahrnehmenden Körpers und die formschaffende Harmonie der Natur sind ein- und derselbe Prozeß.*[4]

Dolores La Chapelle führt uns in ihren Erwägungen über die Entwicklung des menschlichen Geistes im Zusammenhang mit der Weisheit der Erde zielsicher zum Verständnis dieses Urprozesses, indem sie eine Beschreibung einer kindlichen Erfahrung von Kazantzakis zitiert:

*Eines anderen Tages nahm ein Mann mit stacheligem Bart mich auf den Arm und brachte mich zum Hafen hinunter. Ein Ungeheuer hörte ich brüllen und stöhnen, als drohe es, oder als sei es verwundet. Ich fürchtete mich, bebte vor Angst im Arm des Mannes, wollte weglaufen und schrie wie ein Vogel. Plötzlich strömte mir ein scharfer Geruch von Johannisbrot, Pech und faulen Zitronen entgegen. Mein Körper schien sich zu öffnen, um all das aufzunehmen. Ich zappelte in den behaarten Armen, die mich trugen, und an einer Straßenbiegung.... erschien das ungeheuere Meer, dunkelblau, brodelnd, voller Stimmen und Düfte und stürzte sich schäumend in mein Inneres und füllte es zugleich mit Salzgeschmack und Furcht.*[5]

Kazantzakis hatte gleichermaßen eindrücklich erste Berührungen mit der Erde, dem Mann, dem Meer und dem Himmel. Im Alter schrieb er: *Und jetzt noch in den tiefsten Augenblicken meines Lebens, erlebe ich diese vier fürchterlichen Elemente mit demselben unveränderten Empfinden, als sei ich immer noch der Säugling .... Ich preise Gott, daß in mir vielfarbig, vieltönend, frisch, diese kindliche Vision noch lebt. Das allein läßt meinen Geist nicht welken, nicht versiegen.*[6]

„Nein, das sollst du nicht!“ ist der Anfang vom Ende dieses tragenden Entwicklungsimpulses, auch wenn die Motivation der Eltern den Schutz des kleinen Rackers vor den Gefahren des Lebens im Auge hat. Wenn dieses „Nein“ sich wie ein drohender Schatten über die verlockende Welt legt, die das kleine wache Wesen unbedingt ertasten, schmecken, riechen und erlauschen muß, wird der Urprozeß empfindlich gestört.

---

4 Cobb, Edith. The Ecology of Imagination in Childhood. New York, 1977.

5 in: *Weisheit der Erde*, Dolores LaChapelle 1978.

6 *Weisheit der Erde*, Dolores LaChapelle 19785 in: Verführung zur Ekstase; siehe Literaturliste.

Das Erleben der Welt durch alle Sinne ist die biologisch geforderte, „wilde“ Art des Kindes, sich mit der Welt vertraut zu machen. Das beginnt beim eigenen Körper und hört erst auf, wenn die äußersten Grenzen der Realität erreicht sind; und das ist im Angesicht des Todes, am Ende seines Lebens. Das Kontinuum unserer Entwicklung fordert von uns, daß wir offen bleiben für die sinnlichen Erfahrungen und Entdeckungen der Natur.

*...eigentlich wollte ich nur Wasser und ein paar Steine holen am Fluß. Aber die Sonne schien so schön warm, daß ich dachte, ein Fußbad wäre jetzt echt geil. Also, die Schuhe runter und rein mit den schwitzigen Flossen in das kalte Wasser. Als sich meine Füße an die Kälte etwas gewöhnt hatten, entdeckte ich jede Menge Krabbelzeugs. Wie lebendige Stöckchen kletterte etwas auf meinem Knöchel ′rum. Es zwickt ein bißl aber nicht so schlimm. Es war ein kleiner lustiger Wurm mit einer Art selbstgemachtem Schneckenhaus aus Steinchen zusammengeklebt.Sah aus, wie der Fußboden, den mein Großvater in seinem Gärtchen aus Kieselsteinen gebaut hat. Ich entdeckte noch eine Menge anderer abenteuerlicher Kumpels da drin im Bach und am Ende hatte ich nur noch meine Unterhosen an, weil ich zwischen den Steinen und Farnbüschen herumkroch, selber schon wie ein Wurm. Es roch an jeder Ecke ein bißchen anders und ich steckte meine Nase in das feuchte Moos, schnüffelte herum wie ein Hund.*

„Standing in Tears“, 17 Jahre, 2003

*Schmetterling, Shanti E. Petschel 1988*

# Natürliche Wandlungen

*Schmetterlinge, warum ausgerechnet Schmetterlinge? Ich finde die gaukelnden zerbrechlichen kleinen Wesen ja ganz nett, freue mich über ihren Anblick im Garten, aber sonst sagen sie mir nicht viel. Was also soll das Bild der beiden weißen Schmetterlinge? Wochen später sitze ich bei einer „Nachlese" mit zwei lieben Menschen zusammen, als sie mich fragen, ob ich wüßte, was „Schmetterling" auf Griechisch heißt?*

*Die Antwort: „Psychos" – das gleiche Wort wie für Seele!*

„Dance of Lightness", R. K., 2003

## Raupen, Puppen und Schmetterlinge

So gesehen wäre es ja nicht einmal verkehrt, bei der *Psychologie* von der Lehre der Schmetterlinge zu sprechen Ja, und vielleicht sind die zarten Bewegungen, die das Erscheinen eines solchen Seelenvogels in unserem Inneren hervorruft, gerade der authentischste Ausdruck unserer seelischen Fähigkeiten: Zu fliegen und die Welt von oben zu erleben – aber immer noch der Erde so nah, daß uns der Duft der Lebensblüten erreicht und leitet. Einer Art von Leichtigkeit und gesteigerter Übersicht zugänglich werden, das mag es sein!

Die Geschichte der Entfaltung der Seele ist die menschliche Metapher vom Wandel der Raupe in das geflügelte, leichte Wesen des Schmetterlings. In kaum einer der vielfältigen und einzigartigen Wandlungsgeschichten, die ich bei unserern JugendVisionsSuchen seit über zehn Jahren nun schon miterleben darf, war das deutlicher, als in der bewegenden Geschichte eines jungen Mädchens, Ella, die gerade erst 14 geworden war. Bereits beim ersten Kontakt hinterließ sie einen starken Eindruck, denn sie war entschieden und sicher, sich auf die Reise durch das lange Ritual begeben zu wollen. Sie hatte sich selbständig informiert, was eine VisionsSuche bedeutet, hatte sich die greifbare Literatur organisiert und nachgelesen. Und sie war hoch motiviert.

Diese junge Frau wußte, was sie wollte. Sie beschwor uns förmlich, sie mitzunehmen. Sie sprach davon, daß sie gerade in einer extremen Situation sei, die sie als lebensbedrohlich empfand. Wir veranlaßten Ella – wie in solchen Situationen üblich – ein Motivationsschreiben zu verfassen, in dem sie ihre Gründe darlegen sollte. Dieses Schreiben machte klar, daß wir sie mitnehmen würden: Sie hatte erst vor kurzem von ihrer Mutter erfahren, das diese an einer ernsten Krankheit litt. Das hatte einen gehörigen Schock bei ihr ausgelöst, einerseits wegen der drohenden Gefahr des Verlustes der Mutter, gerade in einer Lebensphase, in der sie als junges Mädchen auf ihre Begleitung in besonderem Maße angewiesen war. Andererseits empfand sie dieses späte Eingeständnis der Wahrheit als einen tiefen Einschnitt in das Vertrauen, das sie immer zueinander hatten. Sie schrieb davon, daß sie im vergangenen Jahr öfter über Selbstmord nachgedacht hatte. Wir setzten sie auf unsere Liste. Und dann begannen wir, sie über ihre Möglichkeiten, sich gut vorzubereiten, zu unterrichten.

Als wir Ella das erste Mal sahen, zeigte sich uns eine kleine, zierliche und eher introvertiert wirkende Person. Sie versteckte sich hinter ihren Haaren, wenn sie sprach. Im Gesprächskreis war sie zurückhaltend. Sie setzte sich immer geringfügig zurück, so daß dort im Kreis, wo sie saß, eine kleine „Beule" entstand. Wir luden sie ein, näher zu kommen, sich in ihrer eigenen Zeit mit allen vertraut zu machen. Und das tat sie auf eine ruhige, achtsame und respektvolle Weise. Es ging langsam, aber es ging voran. In Einzelgesprächen ging es ihr deutlich besser, Ella schien zu uns Vertrauen zu fassen.

Während des *Wildnis-Work Camps* entschied sie sich stets für die körperlich leichteren Projekte, bei denen es ihr möglich erschien, auch einmal ein tiefergehendes Gespräch zu führen. Sie war motiviert und hatte eine stille Freude an der entstehenden Gemeinschaft.

Bei der Aufgabe, dem „Bauchgefühl" folgend in die Natur hinauszugehen, einen Platz zu suchen, und sich dabei „ziehen zu lassen", hatte sie beträchtliche Schwierigkeiten: Sie blieb fast während der gesamten Zeit von zweieinhalb Stunden auf Suche. Nur die letzten zwanzig Minuten gönnte sie sich eine Ruhepause an einem geborgenen Platz. Von diesem Ort sollte sie ein Symbol für sich selbst und ein Symbol für den Tod mitbringen:

> *„Ich habe kein Symbol für mich selbst! Ich fand zuerst zwar eines, dann vergaß ich es! Mein Symbol des Todes: ein Blatt mit einer leeren Schmetterlingspuppe, die unten daran hängt ... Es ist eine leere Hülle – abgeworfen, der Körper ist vom Geist verlassen."*

„Wovor hast du am meisten Angst?"

> *„Ich fürchte mich vor dem Tod; jeder Tag könnte mein letzter sein. Ich habe Angst, zu verlieren, aber was? Ich glaube, daß alles seinen Sinn hat – auch schwere Zeiten. Es wäre jetzt sehr schade für mich zu sterben, weil ich noch so viel erleben möchte...es gibt so viele Dinge, die ich noch erleben möchte, das Leben ist schon auch interessant. Und dann habe ich auch Angst davor, wieder in Selbstmordgedanken und Sinnlosigkeit zurückzufallen; nichts ist so schrecklich, daß man sein Leben wegwerfen sollte!"*

„Was könnte auf dem Berg unangenehm für dich sein: Nässe, Kälte, Hitze?"

> *„Unangenehmes kann ich aushalten; ich glaube schon, daß ich für mich sorgen kann.. Ich habe die Medizinwanderung abgebrochen, da ich keine ausreichende Regenkleidung dabei hatte und starker Regen – das war mir*

*dann doch zu heftig, auch weil ich krank war. Ich würde zurückkommen, wenn es mir echt schlecht gehen* würde.*"*

„Was hält dich und hindert dich daran, in Depressionen zu verfallen?"

*„Sätze wie: Es wird alles gut weitergehen. Es hat alles seinen Sinn, auch wenn ich ihn jetzt noch nicht sehen kann. Ich würde Gedichte schreiben, da bin ich Klasse, ich hab schon ein ganzes Buch vollgeschrieben."*

„Wie würdest du dein Durchhaltevermögen stärken?"

*„Ich würde ein bißchen singen. – Erinnerungen an schlechte Zeiten sind nicht so wichtig, sind nicht so mächtig. Es gibt Aktuelleres: Ich bin seit zwei Monaten von meinem Freund – er war meine erste große Liebe –*

*getrennt ... Er half mir von meinen Selbstmordgedanken loszulassen ... Ich baute Distanz zu ihm auf (erst Funkstille, dann tat ich so, als wäre nichts gewesen).“*

„Mein Vorschlag für dich wäre: Du schreibst einen Abschiedsbrief an deine erste große Liebe und achtest dabei darauf, welche Gedanken und Erinnerungen dir währenddessen an deine Mutter kommen!“

„Welches Gefühl ist am stärksten, wenn du an deine Mutter denkst?“

*„Ich habe keine Worte für dieses Gefühl. Ich mag sie sehr gerne, habe große Angst sie zu verlieren. Aber ich habe das Gefühl, ich kann ihr nicht mehr richtig vertrauen!“*

Sie erzählt über ihre „beiden Väter“:

Der leibliche Vater wollte kein Kind. Es gab wenig Kontakt bis vor kurzem:

*„Mein Verhältnis zu ihm ist seit einem halben Jahr sehr gut. Ich kann ihn besuchen. Ich verstehe mich auch sehr gut mit seiner Frau. Mit ihr hat er noch eine kleine Tochter, sie ist meine neue kleine Schwester, ich liebe sie sehr. Wir machen tolle Sachen zusammen.“*

Der Adoptivvater sollte ihr Ersatzvater werden. Das ging ihm „zu schnell“, er konnte sich nicht darauf vorbereiten. Die Mutter mußte Ella vor ihm schützen.

Das Verhältnis zu ihm:

*„Ich mag ihn. Wir sind aber sehr verschieden. Es gibt keine Nähe zwischen uns. Mein Adoptivvater kann sich kaum beherrschen; er wird aggressiv und hat mich geschlagen. Mutter hat ihm alles erzählt, und ich konnte ihr nicht mehr vertrauen. Das war Verrat! Ich habe aufgehört, ihnen von mir zu erzählen.“*

„Willst du von deiner Mutter gesehen werden, als das, was du jetzt bist?“

*„Ja, und ich brauche Zeit. Aber es gibt eine Höhere Macht, und ich kann mich an sie wenden!“*

Dieses Gespräch fand statt, während wir uns alle miteinander im Basislager auf die VisionsSuche vorbereiteten, etwa zwei Tage, bevor der Weg über die Schwelle hinaus ins wilde Land führt. Einige der Fragen, die wir gestellt haben, mögen durchaus den Eindruck erwecken, als würden wir damit zu sehr in den Intimbereich einer Person eindringen. Es geht aber darum, die inneren Bedingungen bewußt zu machen, unter denen das Wesen hinausgeht, um sich zu verpuppen. *Die Raupe* und ihre Kräfte brauchen eine Verankerung in ihrer eigenen Geschichte. Wir als die Leiter dieser Zeremonie müssen uns ein Bild davon machen können, in welchem Maß die junge Frau mit ihren inneren Spannungen und Belastungen bereits Erfahrung gesammelt hat. Wie gut sie ihr inneres Gleichgewicht zu halten imstande ist, wenn ihre Dämonen zu tanzen beginnen. Wird es ihr möglich sein in ihrem Zentrum zu bleiben, oder wird sie haltlos hinausgeschleudert, wenn die dunkle Nacht der Seele über sie herein bricht?

Wenn sie erst einmal hinausgegangen ist und die harte Schale der Verpuppung um sich gezogen hat, sind unsere Möglichkeiten ihr zu helfen auf ein Minimum beschränkt. Natürlich kann sie jederzeit Hilfe suchen. Sie kann ihren Platz verlassen und ins Basislager kommen, wenn sie ein Gespräch braucht. Wenn eine Umarmung ein offenes Ohr, ein kleiner weiser oder auch dummer Rat das gestrandete Schiffchen wieder flott macht. Aber wir möchten gerne, daß sie Erfolg hat, daß sie ihren Wandel vollständig umsetzen kann, so wie es in der Tiefe ihrer Seele bestimmt ist. Und dazu braucht sie all ihre Kräfte, das Bewußtsein, daß sie stark ist. Sie muß wissen, welche Mittel, welche Helfer, welche Ressourcen sie in ihrem Inneren finden kann. Es ist nicht immer gesagt, daß die Verbindung zu Vater und Mutter in dieser Situation eine Stärke bedeutet. Aber eines ist sicher: Alles was sie jetzt ist, ist sie auf der Basis dessen, was ihr ihre Eltern mitgegeben haben. Und deswegen ist es so wichtig während der Vorbereitung, im sogenannten *„Screening"*[1] diese inneren Kräfteverhältnisse mit Achtsamkeit, Ehrlichkeit und Mut anzuschauen. In der Metapher der Entwicklung des Schmetterlings haben wir das Bild von Architekten und Bauleuten verwendet, das in der so genannten sozialen Grundmatrix einen Bauplan für den inneren und äußeren Umbau anbietet. Das genau ist es, was wir in dieser Art von Rekapitulation erreichen wollen: Daß die junge Frau, wenn sie hinausgeht, ihre Wurzeln spürt. Damit sie weiß, daß sie auf der richtigen Fährte ist, auf der sich der Wandel bis zu einem guten Ende vollenden kann.

Zwei Tage, nachdem wir dieses Gespräch mit ihr geführt haben, geht sie über die Schwelle in das „Heilige Land", das ihr so unbekannt ist, wie ihre eigene Zukunft. Sie wird sich orientieren müssen und im Großen, genauso wie im Kleinen alles erforschen. Wo ist der beste Platz für mich? Wo kann ich sicher andocken und mich verpuppen? Sie wird alle ihre Präsenz, Kraft und Wachheit in ihrem jungen gesunden Körper und ihrem beweglichen Geist aktivieren. Und dann wird sie mitten hinein in die lebendige Erfahrung gelangen.

---

1 Screening ist eine Art Interview, bei dem wir uns als Leiter über die inneren Kräfte der Initianden ein Bild machen, etwas „Durchblick" erlangen ...

# Maturität, die natürliche Reife

## Reifeprüfung

*Bin gegangen,*
*Mich prüfen zu lassen...*
*Was habe ich gelernt?*
*Ich werde weinen!*
*Ich setze ein Lachen auf,*
*Um mich selbst*
*Zu erheitern! Geh!*
*Maske der Selbsttäuschung*
*Ich bin kein Opfer, aber*
*Ich hatte nie viel zu lachen.*
*Deshalb war ich bereit zu töten!*

„Triple Serenity Falcon", 21 J.,
nach seiner Initiation am Monte Rosa, 2001

*... nachdem ich mit meiner Matura fertig war, fiel ich in ein richtig tiefes Loch. Ich wußte nicht, wie es weitergehen soll. Mein Vater meinte immer, daß ich doch ebenfalls Zahnheilkunde studieren sollte, so wie er. Dann könnte ich später in seine Praxis einsteigen. Und Zahnärztin zu werden, würde eine sichere Zukunft bedeuten. Gerade heutzutage ... meine Mutter hat sich da ganz herausgehalten.*

*Also fing ich an, Zahnheilkunde zu studieren, ich wußte einfach auch nichts Besseres.*

*Jetzt bin ich kurz vor dem Abschluß und fühle so eine Lähmung. Ich habe ganz starke Widerstände, eine fette Allergie an den Händen und eine hochgradige, haarsträubende Unruhe in mir. Ich fühle mich ständig beobachtet, bedroht und unter Druck. Ich bin verwirrt! So wie ich bin, ist es nie genug!*

*Ich sehe die perversen Strukturen des „Gesundheitssystems", das auf Krankheit, anstatt auf Gesundheit baut. Ich will auf der VisionsSuche herausfinden, ob ich damit weitergehen soll und wie, oder ob vielleicht etwas ganz anderes ansteht. Irgendwie fehlt mir gänzlich die Reife, um so etwas wirklich Wichtiges entscheiden zu können.*

„Shadow Cloud Squirrel", 23 J., VisionsSuche 1999

Was ist Reife? Wer ist erwachsen? Woran erkennen wir, ob jemand Verantwortung wirklich tragen kann? Welche Reifungsschritte versetzen uns wirklich in die Lage, vertrauensvoll und doch autonom Lebensentscheidungen zu treffen?

Für die jungen Leute in unserer Kultur gibt es wenig befriedigende, ernst zu nehmende Ansätze, um sich mit diesen Fragen erfolgreich auseinanderzusetzen. Was in Deutschland als Reifeprüfung, in Österreich und Schweiz als Matura bezeichnet wird, ist eine auf das kulturell ausgewählte Wissen bezogene Abfrage der Funktionstüchtigkeit des Kurzzeitgedächtnisses und insbesondere der linken Hirnregionen. So kann es geschehen, daß ein großer Teil der Menschen, die in diesem System *beste Leistungen* erbringen, die privilegierten Berufe wie Arzt, Zahnarzt oder Rechtsanwalt besetzen. Sie haben sich aber keineswegs durch den Nachweis einer besonderen menschlichen Reife für diese verantwortungsvollen gesellschaftlichen Aufgaben qualifiziert. Oft genug entwickeln sie später in ihrem Beruf Standesdünkel, elitäre Subkulturen, Privilegienhascherei und sichern diese durch interne Initiationsbünde und verdeckte politische Einflußnahme gegen die Gesellschaft, der sie zu dienen haben, ab.

Wer sich mit der höheren Politik des modernen medizinisch- technischen Apparates befaßt, wird eine fast ausschließlich von Männern dominierte (Dominus: der Herr), dem Rausch der Reparaturmedizin verfallene Struktur vorfinden, die sich jegliche Konkurrenz von Hebammen, Heiler/innen, Heilpraktiker/innen oder gar Schamaninnen und Schamanen mit allen Mitteln vom Halse halten will. Daß sich heute so viele Ärztinnen in den Reihen der Ärzteschaft befinden, wurde von eben diesen Frauen erkämpft und ist noch lange kein Beweis dafür, daß sich die medizinische Herrschaftsclique auf ein Teilen ihrer Macht mit der weiblichen „Alternative“ eingerichtet hätte. Wer das bezweifelt, möge sich einfach einmal die Liste der Chefärzte und Klinikleiter in Deutschland, Österreich oder der Schweiz ansehen. Auf dieser Ebene des medizinischen Betriebes finden sich verschwindend wenig Frauen.

Wir erleben jedoch derzeit das Heraufziehen der größten globalen Entwicklungskrise, die die Menschheit je erlebt hat. Und diese ist auch eine Heilungskrise. Sie hängt, wie wir gesehen haben, mit dem Scheitern des männlichen, unverbundenen (delinquenten) Dominanzprinzips und dem Zusammenbruch aller darauf beruhenden Systeme zusammen. Und sie beruht auf der Tatsache, daß wir die „bessere“ Hälfte unseres Wissens, unsere Intuition, unsere Weisheit, unsere Verspieltheit und unsere wahre, tiefe Naturverbundenheit ausgegrenzt haben.

Was wir jetzt brauchen, ist die Reifestufe der Maturität. Das weibliche Prinzip muß in den gesamten Organismus der menschlichen Welt integriert werden. Die unheilvolle Geschichte der antispirituellen Inquisitionen, der unendlich dummen und extrem leidvollen Hexenverbrennungen, der Unterdrückung von Wissen, Kreativität und Kompetenz ganzer Völker, von Vertreibungen, der Bruderkriege und des Rassismus ist endgültig zu beenden.

Maturität könnten wir assoziativ mit den Begriffen Mater (Mutter, Materie, Matrix, Quelle) und Natur (Geborenes, Erschaffenes) verbinden, eine Meta-Beschreibung der Bedeutung von Reife, die uns nahe legt, die Qualität der Mütterlichkeit der Natur anzustreben.

Maturität ist also die Fähigkeit, innere Fruchtbarkeit aus dem Erleben der eigenen natürlichen Kreativität erschaffen zu lassen. Sie erschließt die Bereitschaft, sich als wesensverwandten Bestandteil der Natur zu identifizieren. Der Ort des maturen Menschen ist genau an der Schnittstelle zwischen der Vertikalen und dem Horizont. Maturität gründet sich auf vollständige, verbundene, alles integrierende Verantwortung und auf wohlwollende, nährende Sorge für das aus dem eigenen Geborene. Die Bereitschaft für etwas zu sorgen, das Wachstum und das Wohl aller Wesen im Auge zu behalten, werden in der Maturität substantiell. Lange für unverrückbar gehaltene Grenzen, für unverzichtbar gehaltene Mauern im Geiste und in der Realität werden überwunden, weil sie nicht mehr gebraucht werden.

## Zielrichtung der Initiation

Initiation ist die Einladung ins Leben. Sie hat immer eine Richtung: Wo kommst du her, wer bist du jetzt gerade, wo willst du hin. Die Bereitschaft, alte Prinzipien, archaisches Wissen, gesunde, lebendige Intuition und den Wert gewachsener Weisheit anzuerkennen, ist wesentliche Voraussetzung für ein Gelingen dieses Vorhabens. Da nun Maturität eine starke Zielrichtung auf die Harmonie und den Einklang mit dem Natürlichen beinhaltet, ist es folgerichtig, für diese Initiation in die freie, wilde Natur zu gehen. Hier können weder politische noch soziale oder spirituelle Konzepte eine wirkliche Hilfe sein. Es geht darum, die ursprüngliche Erlebensfähigkeit wiederherzustellen, um das Kontinuum der Lernwilligkeit und der zentral ausgewogenen Wahrnehmung wieder einzusetzen. Freude am Leben ist mehr als ein Sahnehäubchen. Sie ist die grundsätzliche Voraussetzung für jede gesunde Entwicklung und das Lebensrecht jeder Kreatur.

Wenn wir die jungen Menschen in dieser Weise auf das Erleben der ungefilterten Natur vorbereiten, müssen wir auch die Eltern für diesen großen Wandel bereit machen. Die Initiation der jungen Leute verändert das gesamte System, zu dem sie gehören. Es ist wesentlich, die Eltern nicht im Unklaren darüber zu lassen, welch gewaltigen Stellenwert diese mutige Handlung ihrer Kinder hat. Es werden sich in jedem Falle große Veränderungen abzeichnen. Die Frage wird nur sein, ob die Eltern dies in vollem Bewußtsein oder eher wie einen unbewußten Traum erleben.

Aus diesem Grunde treten wir mit den Eltern in jedem Fall in Kontakt. Wir informieren sie über unsere Absichten und beziehen sie in das Geschehen ein, indem wir sie einladen, in der letzten Phase des Initiationsprozesses anwesend zu sein, um ihre

Kinder zu würdigen, und Zeugen der beginnenden Wandlung zu werden. Der Brief, den wir den Eltern schreiben, hat folgenden Wortlaut:

## Liebe Eltern!

Die Tatsache, daß sich Ihre Tochter für ein *VisionsSuche-Seminar* angemeldet hat, ist ein Beweis dafür, daß sie es nun definitiv ernst meint mit Ihrer Zukunft und sich darauf vorbereitet, sich von dem Heim zu lösen, das Sie Ihr während so vieler Jahre geboten haben.

In einem ganz realen Sinne ist Ihre Entscheidung, an der *VisionQuest* (englisch für VisionsSuche) teilzunehmen, eine Bestätigung für Ihre Fähigkeit als Eltern, Ihr Kind gut auf das Erwachsensein vorbereitet zu haben (Wir sprechen in diesem Zusammenhang gerne von *Maturität*, als einem Zustand naturgemäßer Reife).

Ohne Ihre Führung und Unterstützung, ohne das Vorhandensein Ihrer nährenden Eigenschaften, würde Ihre Tochter wohl nicht über solch eine Herausforderung, wie drei Tage und Nächte alleine ohne Essen in der Wildnis sie bedeuten, nachgedacht haben.

Vielleicht ist es an der Zeit, sich einmal anerkennend voreinander zu verneigen?

Es ist uns durchaus verständlich, wenn Sie vielleicht Ängste bezüglich dieses *Abenteuers* in sich verspüren. Besonders verständlich sogar, wenn diese Entscheidung „aus heiterem Himmel" verkündet wurde, und Sie vorher keine Ahnung von dem Unternehmen hatten. Und jetzt erwartet Ihre Tochter auch noch von Ihnen, daß Sie Ihr Einverständnis dazu geben. Es ist Ihr offensichtlich ernst damit!

Jetzt werden Sie sicher eine Menge Fragen haben?

Es ist wichtig, daß Sie angemessene und klare Antworten auf Ihre Fragen bekommen, um Ihre völlig verständlichen Ängste zu beruhigen. Denn tatsächlich ist ein bestimmtes Maß an Risiko in dieser Sache vorhanden. Aber die Tragweite und Wirkung dieses Risikos muß man sehr klar sehen.

Die beste Art und Weise, mit diesem Risiko umzugehen, ist ein ausführliches Gespräch mit den VisionQuest-Leitern. Suchen Sie, falls Sie die oben genannten Gefühle bei sich verspüren, das Gespräch und scheuen Sie sich bitte nicht, uns anzurufen.

Während der Vorbereitungsphase informieren wir Ihre Tochter sorgfältig über die realen Gefahren der Gebirgslandschaft, über die Wirkungen des Fastens und Alleinseins und über die Vorkehrungen zu Ihrer und unserer aller Sicherheit. Wir, als Leiter, haben selbst die Erfahrung der VisionsSuche gemacht und auch unsere eigenen Kinder durch dieses Ritual begleitet.

Wir hätten unsere Kinder niemals unkalkulierbaren Gefahren ausgesetzt, wären wir nicht sicher gewesen, daß sie bereit sind, sich den Gefahren des VisionQuest (wovon die meisten ohnehin nur in der Vorstellung existieren!), zu stellen. Natürlich hatten wir unsere eigenen, „privaten“ Befürchtungen über Ihre Fähigkeiten, dort draußen allein zu sein und für sich selbst zu sorgen. Schlußendlich blieb uns nichts anderes als sie der Lehrerin zu überlassen, die wir am meisten respektieren und schätzen: Mutter Erde.

Wie weit Sie als Eltern in diese Aktivitäten eingebunden werden, hängt von einer Reihe von Faktoren ab, einschließlich Ihrer zeitlichen Möglichkeiten.

Unsere Erfahrungen haben gezeigt: *Je mehr die Eltern sich für diese Erfahrung Ihrer Kinder interessieren, desto größer sind die positiven Effekte für die gesamte Familie.*

Wir geben Ihrer Tochter die Ermutigung, es auf ihre eigene Weise zu schaffen. Der Anspruch, den Sie an sich selbst stellen, entscheidet darüber, wie Sie mit den Fertigkeiten Ihrer Tochter umgehen, erwarten, daß sie es selbst kann oder nicht kann. Es ist durchaus sinnvoll, davon auszugehen, daß Ihr Kind an der Schwelle zum Erwachsensein Unterstützung von Ihnen brauchen kann, allerdings sollte diese hauptsächlich in der Bejahung und emotionalen Unterstützung dieses außergewöhnlichen Schrittes liegen, weniger in der Übernahme praktischer Vorbereitungshandlungen.

Wir raten Ihnen also, sich so gut wie möglich herauszuhalten.

Ohne Zweifel, Sie dürfen Ihrer Tochter gerne einen Gefallen tun. Aber am Ende sollten Sie sich darüber freuen können, daß sie selbst die Vorbereitung in größtmöglicher Eigenverantwortlichkeit bewerkstelligt hat.

Wenn die Jugendlichen aus ihrer Einsamkeit zurückkommen, gibt es ein großes Fest, mit gutem Essen, in froher Runde. Der Anlaß ist ein guter Grund zu feiern, denn die jungen Leute haben eine respektable Leistung vollbracht. Sie haben das uralte Ritual durchlaufen, haben sich ihren Ängsten und dem vollständigen Alleinsein gestellt. Sie haben für drei Tage und drei Nächte auf alle Annehmlichkeiten der Zivilisation verzichtet, haben gefastet und den „inneren Schweinehund“ besiegt. Das nötigt uns allen höchsten Respekt ab, beweist es doch den Mut und die Entschlossenheit, sich dem Erwachsensein zu stellen.

Am Tag nach dem Fest versammelt sich der *„Rat der Älteren“,* und während dieser Zeit werden die Geschichten der Schwellenperiode, der einsamen Zeit des Fastens draußen im wilden Land erzählt.

Wir haben uns für die Möglichkeit entschieden, Sie, liebe Eltern, Geschwister, gar die Großeltern (wenn diese sich noch so unternehmungslustig fühlen, eine Gebirgswanderung zu unternehmen) zu diesem Ereignis einzuladen.

Wir möchten Sie als Eltern ermutigen, zu der Geschichte ihrer Söhne und Töchter etwas von sich selbst mitzuteilen.

Der Grund dieser „Ratsversammlung“ ist, daß wir die Geschichte Ihrer Tochter wertschätzen und mit der Energie der Gemeinschaft stärken wollen. Auf diese Weise werden Geschichten in vitaler Weise brauchbar für den Weg des jungen Menschen in die heutige „Wildnis“ der modernen Zivilisation.

Es gibt nichts Bewegenderes als die Geschichten derer zu hören, die von der Schwellenerfahrung draußen im wilden Land zurückgekommen sind. Diese Geschichten werden große Weisheit, Wahrheit und wohl auch etwas Pathos enthalten. Nun, wir freuen uns sehr darüber, wenn Sie sich für Ihr Kommen entscheiden, denn durch Ihre Anwesenheit werden Sie Ihre Tochter in großartiger Weise unterstützen. Sie werden helfen, eine gesunde Zielrichtung in der Wandlung Ihres Kindes zu festigen. Sie werden dazu beitragen, daß die Zeit auf dem Berg für Ihr Kind eine echte Reifeprüfung mit gutem Ausgang wird. Und es ist vielleicht an der Zeit, daß Sie sich klarmachen, daß nun der Moment herangekommen ist, in dem Sie die Verantwortung für das Leben Ihres Kindes diesem in die eigenen Hände legen.

Ihre eigene Zeit, im Rat der Älteren zu sprechen, wird kommen. Sie werden Ihre Tochter direkt ansprechen und Ihre eigenen Worte der Weisheit und des Segens beitragen. Sie brauchen sich nicht im Vorfeld Gedanken über das zu machen, was Sie sagen werden. Erinnern Sie sich an Ihre eigene Jugend, und die Art und Weise wie Sie selbst nach einer Initiation ins Erwachsensein gesucht haben. Sie werden, wenn der Moment da ist, genau wissen, was in Ihrem Herzen ist. Über die Art und Weise, in diesem Kreise zu sprechen, entscheiden allein Sie selbst. Und dennoch wird es so sein, daß es um ein Freisprechen, um Vergebung, Loslassen und das Erleben einer tiefen Verbundenheit und Heilung für die ganze Familie geht.

Der *„Rat der Älteren“* wird Ihnen Gelegenheit geben, Ihrem Kind neue Privilegien und Verantwortungen zu übertragen – denn nun ist sie mehr als ein Kind! Die Kraft ihrer Ahnen kommt zu Ihrer Tochter durch Ihr Herz, Ihre Hände und Ihre segnenden Worte!

Einige Tips für die Zeit danach:

Sicherlich ist es verständlich, wenn Sie im Vergleich zu der Zeit vor der Visions-Suche mehr erwachsene Haltung und Benehmen von ihr erwarten, wir sollten jedoch verstehen: Solange die jungen Leute in der gleichen Umgebung verweilen – zu Hause – mag es oft sehr schwierig sein, dramatische Veränderungen im Verhalten an den Tag zu legen. So manches alte Muster, manche alte Falle, die Sie in ihrem gemeinsamen Leben entwickelt haben, wird zuschnappen. Auch Sie werden es nicht leicht haben, denn alte, liebgewordene Gewohnheiten zu verlassen, ist niemals leicht! Aber vielleicht steht ja für Ihre Tochter auch eine Veränderung in der Wohnsituation an?

Erwarten Sie keine vollständige, sofortige Transformation ihres Charakters. Stürme, die vor der VisionsSuche existiert haben, können auch jetzt noch einmal losbrechen. Diese Stürme verschwinden möglicherweise erst, wenn sie von zu Hause weggegangen ist und ihr Leben in ihrer eigenen, selbst gewählten Umgebung führt.

Die Person, die nach dem VisionQuest zu Ihnen zurückkehrt, ist sehr offen und verletzlich. Und – sich wohl bewußt, welch überaus wichtige Rolle Sie in ihrem Wachstum gespielt haben.

Sie dürfen durchaus einen Ausdruck von Liebe und Respekt erwarten. Möglicherweise sehen Sie auch eine bestimmte Art von Widerstand in ihr, das Eltern-Kind-Spiel in der alten Weise weiter zu spielen. Aber eines ist klar: Das, was die „Kandidatin für das Erwachsenwerden" draußen im wilden Land erfahren hat, kann ihr niemand mehr wegnehmen.

Da war echte, tiefe Einsicht, vielleicht schmerzvolle Selbsterkenntnis und die Entdeckung ganz persönlicher, vorher unbekannter Kräfte. Allein dafür verdient Ihre Tochter, von nun an eine Frau genannt zu werden; und sie sollte nach Kräften ermutigt werden, demgemäß zu leben.

Dies ist eine gute Zeit für Sie, sich selbst zu fragen, wo VisionsSuche in Ihrem eigenen Leben zu finden ist. In all den Jahren, in denen wir vor uns hin schuften, neigen wir alle manchmal dazu, den Sinn für unsere eigene Lebensaufgabe aus den Augen zu verlieren, unsere Antworten auf die Frage, warum wir auf diese Erde gekommen sind zu vergessen. Da gab es eine Zeit, als Sie noch nicht „Eltern" waren. Hatte Ihr Verständnis von dem, was das Leben für Sie bereit hielt, auch noch andere Faktoren als Elternschaft in sich? Was ist die Bedeutung und die Richtung Ihres eigenen Lebens als *mature* Erwachsene, unabhängig von Ihrer Rolle als Eltern?[1]

Mit munteren Grüßen
Shanti E. Petschel, Helen Schulz und das STEP-Team

1 Elternbrief unter Verwendung von Passagen, Inspirationen und Gedanken aus dem entsprechenden Dokument der School of lost Borders. Übersetzung von Shanti E. Petschel

## Architekten und Bauleute: Die soziale Grundmatrix

Wer sich näher mit den entwicklungspsychologischen Bedingungen der Pubertät befaßt hat, weiß, daß es sehr darauf ankommt, wie das unmittelbare Umfeld der Heranwachsenden auf ihre Verwandlung und die damit einhergehenden Turbulenzen reagiert. Die Vorbildfunktion der Erwachsenen stellt sich als eine Matrix dar. Diese dient als Reibefläche, Anhaltspunkt und Orientierungshilfe für ein gesundes Reifen des weichen, organisch-seelischen Kerns in der harten Schale der Pubertät. Das geistige Klima, die essentiellen Leitgedanken einer Kultur, die Qualitäten des individuellen und sozialen Bewußtseins strahlen als Bildekräfte auf die bereits beschriebenen „Knospen" des sich transformierenden Wesens ein. Man könnte also durchaus sagen, daß es so etwas wie einen Bauplan gibt.

Wenn wir dieser Metapher weiter folgen wollen, stoßen wir auf die Frage nach den Architekten und Bauleuten.

Was, wenn nun das Bewußtsein des sozialen Organismus, in das die Pubertierenden eingebettet sind, keine Idee davon hat, wie es diese ungestümen Personifizierungen der archaischen Lebenskräfte empfangen, begrüßen und in seinen eigenen Tanz der Kraft eingliedern kann? Wie soll das Wesen, in dessen Innerem ein Sturm losgebrochen ist, seinen Platz in der heute eher verwirrt reagierenden, abweisenden, ängstlichen Gemeinschaft finden, die noch obendrein so standhaft an der Weigerung festhält, selbst erwachsen zu werden?

Es entsteht der Eindruck, daß die moderne Gesellschaft durch ihre Grundhaltung die Chance verspielt hat, die nachrückenden Generationen überhaupt zum engagierten Einsteigen, zur herzvollen Beteiligung an der Gestaltung gesellschaftlicher Prozesse und des gemeinsamen Lebens auf der Erde zu motivieren. Die Jugend weltweit hat überhaupt keine Lust, in diese Konsumgesellschaft initiiert zu werden.

Wir stehen vor den Wirkungen einer gesellschaftlichen Sinnkrise, die suchtartiges Konsumverhalten, wachsende Gewaltbereitschaft und weitere Infantilisierung der Kultur mit sich bringt. So betrachtet kann die Gesellschaft ihre Funktion als korporativer Mentor für ihre eigenen Jugendlichen gar nicht mehr wahrnehmen. Folgerichtig bleibt das pubertierende Individuum dabei ohne tragfähige Modelle im sozialen Kontext und – ohne Verbundenheit zur Ursprünglichkeit der wilden Natur, auch der eigenen – in einem Zustand der Wachstumslähmung gebannt. Der Weg des notwendigen Exzesses hat aus dem Rahmen des Familiären hinaus geführt. Der Wandel hat begonnen, wurde aber nicht zu Ende geführt. Der Architekt hat sich einer anderen Aufgabe zugewandt, die Bauleute sind weitergezogen. Es wurde versäumt, den Wandel gemäß des größeren Planes zu seinem Ziel zu begleiten. Die Antwort in Form einer Initiation wurde nicht gegeben, also bleibt das Individuum in der Zwischenwelt. Es ist für die Gesellschaft nicht sichtbar, wird nicht erkannt und angenommen. Es ist ein „verrückter" Zustand, der als normal dargestellt wird.

*Du bist zu geil, zu geil für diese Welt*

Die Fantastischen Vier (HipHop-Band)

Ist es da nicht vollkommen verständlich, daß unser junger Mensch in den Strudeln der Veränderung, die in ihm toben, in die Tiefe gerissen wird? Dorthin, wo Subkultur sich als Sammelbecken für alle solcherart Ausgestoßenen formiert? Dorthin, wo es erlaubt ist, permanent im Exzeß zu leben, wo es egal ist, ob man wach ist oder schläft, ob man kindlich oder erwachsen, bei Sinnen oder völlig weggetreten ist.

So gesehen, sind alle übriggebliebenen subkulturellen Freiräume Relikte unvollendeter Initiationsversuche. Sie sind Reservate unzeitiger Kindlichkeit. 60jährige Hells Angels, Opa-Rocker, gealterte Punks und Rentner in schwärmerischer Schlager- und Heimatschnulzen-Nostalgie sind auf gleiche Weise lächerlich, verloren und gefährlich, wie die weltweit immer noch anschwellende HipHop-Bewegung, wenn sie nicht aufgenommen und in einem initiatischen Prozeß in das Kulturgut der Gemeinschaft integriert werden. All diese Strömungen waren einmal authentisch und ehrlich, eine bildgetreue Wiedergabe der Seelenzustände ihrer Jünger. Aber immer dann, wenn ihre Botschaft nicht verstanden wurde, und sie zu rein kommerziellen Zwecken von der Gesellschaft, insbesondere der Wirtschaft, ausgenutzt und vereinnahmt wurden, ging etwas schief.

Der begonnene Umbau zum Erwachsensein wurde nicht dem zu Grunde liegenden Plan entsprechend zu Ende geführt, sondern brach liegengelassen. Wenn es uns heute nicht gelingt, das unglaubliche Potential der Jugend, das sich z.B. in der Hip- Hop-Bewegung offenbart, anzuerkennen, zu würdigen und zu wertschätzen, wird es uns schlecht ergehen. Und es wird den jungen Menschen, die sich in dieser Bewegung zusammenfinden, um dazuzugehören, um Anschluß zu finden, um gesehen zu werden und Gehör zu finden, niemals gelingen, wirklich erwachsen zu werden, wenn sie nicht liebevoll und mit offenen Armen willkommen geheißen werden.

Wir, die Generation der Eltern und Großeltern, sind die Architekten und Bauleute! Der Bauplan kommt von unseren Ahnen, von denen, Die Vor Uns Gegangen Sind!

Nur wenn wir erkennen, daß wir uns in einem größeren Zusammenhang stellen müssen, haben wir eine Chance, uns mit unserer Zukunft, unseren Kindern, zu verbinden.

## Masken und Gestalten

Erwachsen werden bedeutet auch, sich selbst zu lieben. So wie du eben bist. Hinter der Maske des „gemachten Mannes“, der „bildschönen Frau“ lebt ein Mensch. Du, ich, wir ... brauchen uns selbst so wie wir sind, nicht so, wie uns irgend jemand aus zweifelhaften Gründen haben will.

Solange wir uns nicht selbst akzeptieren, nein lieben, wie wir sind, legen wir die tägliche Kollektion an schönen Schleiern und Masken bereit, um bereits vor dem Spiegel mit dem Versteckspiel des ganz normalen, alltäglichen Wahnsinns anzufangen. Wir verhüllen unsere Wunden, unsere Blöße, aber auch unsere wahren Stärken und machen uns klein oder groß, breit oder stark, schwach oder mutig, je nachdem, was in der nächsten Situation gefragt ist. Das Leben ist dann ein Maskenball der Täuschungen. Das wäre an und für sich nicht schlimm, wenn, ja wenn wir nicht selbst irgendwann anfangen würden, uns mit unseren Masken und den dazu passenden Spielchen zu identifizieren. Wir verlieben uns in das „als ob“ und vergessen darüber unseren echten Kern, unser wahres Wesen. Das Spiel der Täuschung geht uns allmählich in Fleisch und Blut über.

*Als wir gestern das Tipi aufbauten, lernte ich eine Menge über Rituale. Denn weil wir ja für unsere Sprechstabrunden ein passendes Haus brauchten, mußten wir als erstes das große, runde Indianerzelt aufstellen. Das ging nach einem zeremoniellen Ablauf, den wir mit Shanti und Tara vorher genau besprachen, damit wir auch wissen sollten, warum wir alles so machen und nicht anders.*

*Zuerst mußten drei Stangen zusammen gebunden werden, die die feste Mitte des Stangenkranzes bilden und erst einmal dafür sorgen, daß nicht alles gleich beim ersten Windstoß umgeblasen wird. Dann kommen die einzelnen Stangen nach einer festgelegten Reihenfolge oben drauf und reihum.*

*Das war der Moment, wo es ganz spannend wurde, weil da entstand ein ziemlich wildes Spiel oder ein Ritual. Denn wir hatten ein großes Bündel von farbigen Bändern, die oben am Ende der Stangen befestigt werden sollten. Vorher hatten wir beschlossen, jeder einzelnen Stange einen Segenswunsch für unsere Versammlungen mitzugeben. Aber jetzt ging es auf einmal in eine ganz andere Richtung: Shanti machte aus den Bändern mit ein paar Handgriffen eine Art Maske und setzte sie dem jüngsten und wildesten Kerl aus unserer Gruppe auf. Wie auf ein geheimes Kommando fing der an, die Leute anzuspringen, sie zu zwicken, zu stupsen und so zu tun, als wollte er sie beißen! Er flippte richtig aus und alle stiegen in das Spiel ein. Wir waren wie ausgewechselt, crazy und durchgeknallt! Es war lustig, aber auch ein bißchen unheimlich, denn das war ja nicht geplant. Es entstand ein allgemeines wildes Gerangel, mit viel Gelächter und Herumkugeln auf dem Boden. Am Ende waren die Bänder aus der Maske geraubt worden und jeder hatte eine Art Trophäe, wollte eines davon haben. Gut, daß es am Ende genauso viele Bänder waren, wie wir Gruppenmitglieder waren. Wer weiß, was sonst noch passiert wäre ...*

„Stone Root Women“, 15 Jahre

## Karneval(e): Fleisch, fahr dahin ...

Die Kultur ist eine starke, willfährige Macht, die sich der Mensch erschaffen hat, um das Wilde in Schach zu halten. Aber da wir alle wissen, daß damit im Grunde ein Raub an Lebensfreude, Vitalität und eine stille Vereinbarung, im goldenen Käfig zu leben, einhergeht, sabotieren wir unbewußt dieses System. Zumindest ein Teil von uns, der aus dem Dunkel, hinter der Maske die Fäden zieht. Die alten, hungrigen Bedürfnisse aus dem Unterbewußten, unsere „Wölfe im Keller“, die niemals satt geworden sind und so auch nie gezähmt und vertraut gemacht werden können.

Der „Kultur“ soll es recht sein, sie versteht es, Ventile in die ansonsten hermetisch gemauerte Umgrenzung einzubauen. Der Karneval ist so etwas, da er den Menschen erlaubt, einmal andere Masken aufzusetzen und in ganz andere Rollen zu schlüpfen. Rollen, in denen sie sich im Alltag niemals zeigen würden.

Die Pubertät ist eine ganz ähnliche Zeit, denn sie ist die Zeit der Identitäts-Findung. Das Kind im Strudel der Wandlung spürt, daß es eine neue Form, eine neue Gestalt braucht, um in der wilden Welt als Erwachsener leben zu können. Es ist buchstäblich zum „Aus-der-Haut-fahren“.

*Im Grunde war ich zufrieden mit meinem Leben, aber ich wollte näher an meinen Daseins-Sinn kommen. Für mich war klar, daß das für mich heißen würde, immer mehr auf mein Herz zu hören. Im Alltag mußte ich doch auch oft Rollen und Masken annehmen, alle haben Erwartungen an einen. Das ist manchmal ganz schön schwer, zu entscheiden, was ich selber will und brauche und was ich für die anderen darstelle.*

*So dachte ich, daß eine VisionsSuche sicher einen großen Schritt für mich nach vorne bedeuten könnte. Ich fühle eine Offenheit in mir für das, was kommen wird, und bin voll freudiger Erwartung.*

Kaya, 17 Jahre

Wenn sich ein Raum auftut, der von Vertrauen und Mut getragen ist, wird es den jungen Menschen möglich, sich zu zeigen und zu offenbaren. Sie sehen sich selbst im Spiegel und können erkennen, daß die Zeit ihres Wandels nun gekommen ist. Sie können auch erkennen, daß sie nicht allein sind und viele mit ihnen auf dem Weg sind, ihr Schicksal zu teilen. Jeder hat seine eigenen Päckchen zu tragen, jeder findet etwas an sich selbst mangelhaft, unfertig, abstoßend, möchte sich selbst anders haben.

Ich finde, es ist ein Kennzeichen einsetzender Reife, wenn diese kritische Selbstbetrachtung zu einer tieferen, ehrlichen Mitteilung an eine Schwester oder einen Bruder auf dem Pfad des Wandels wird. Die verspannte Haltung zwanghaften Vermeidens kann sich lösen: Wine große Energie wird frei, wenn sich die Seele in ihrer Wandlungsphase nicht mehr um das Aufrechterhalten eines Trugbildes zu kümmern braucht. Dadurch werden die Kräfte frei für Wesentliches.

Wenn nun der junge Mensch auf seinem Weg der Selbstakzeptanz ein Stück vorankommt, wird der Blick frei für die anderen, die um ihn herum sind. Die Situation entspannt sich, eine gewisse Gelassenheit macht sich breit. Gerade unter Jugendlichen sind oft die Gesetze des Gruppenzwanges besonders stringent[2]. Gleichzeitig ist die Frustrationstoleranz oft gering und es wird von den Leitern einer Gruppe erwartet, den Exzeß der anderen sofort zu unterbinden.

## Litima, der Feuervogel

Junge Männer und Frauen brauchen Hilfe, um sich dem Erwachsenwerden öffnen zu können. In ihrem Inneren brodelt es. Enorme Kräfte werden in der Pubertät freigesetzt, feurige, wilde, unbekannte Emotionen und dunkle Passionen. Mächtiger innerer Druck bewegt den heranwachsenden Menschen, nötigt ihn, bedrängt ihn, seine Unabhängigkeit, seine höchsten Ideale, seinen Freiheitsdrang und seine autonome Individuation auszuleben.

Hier erinnere ich mich gerne an die Geschichte von Daniel, der mitten aus dem Herzen der deutschen Hauptstadt zu uns auf die Alpe gekommen war, um einmal, wie er sagte: „was ganz anderes zu erleben".

Er war ein ganz bemerkenswerter junger Mann, der bereits mit seinen 15 Jahren einen ungemein kräftigen, durchtrainierten Körper hatte, der einem 20jährigen Hochleistungsportler gut angestanden hätte. Die Wahrheit im Hintergrund war, daß ihn seine alleinerziehende Mutter zu uns geschickt hatte. Der Vater war verschwunden, nicht greifbar, es gab allenfalls mal eine punktuelle, halbjährliche Berührung.

Die Energie, die aus Daniel hervorbrach, versetzte jeden im Camp in höchstes Erstaunen. Er wachte morgens als erster auf, machte 30 Liegestütze, und ebenso viele Klimmzüge, um sich, wie er sagte, „ein bißchen wach zu kitzeln", dann machte er Dehnungsübungen und übte seine Kata, die er im Karateunterricht gelernt hatte. So weit, so gut! Dann fing er an, alle anderen aufzuwecken, ob die nun wollten oder nicht. Beim Decken des Frühstückstisches zu helfen, war ihm zu läppisch, das sollten die Mädchen in der Gruppe übernehmen. Dummerweise gab es aber in dieser Gruppe nur ein einziges Mädchen, und so zeigte er eben grinsend auf die beiden Frauen aus unserem Leitungsteam. Klasse, so einfach ist die Welt mit 15!

Er war für keine eingeteilte Arbeit zu gebrauchen, denn er hatte sich selbst bereits eingeteilt und entschieden, was er in den zehn Tagen des *Work Camps* zu tun gedachte: Holzhacken.

2 stringent: auf Grund der Folgerichtigkeit sehr einleuchtend, überzeugend; logisch zwingend.

Nun, hier braucht es eine besondere Erklärung! Eingefleischte Fachleute, die mit dieser höchst anspruchsvollen Tätigkeit vertraut sind, wissen, daß man Holz mit zweierlei deutlich voneinander zu unterscheidenden Techniken zerkleinern kann: Sägen, wenn es quer zur Holzfaser gehen soll, und hacken, wenn es längs der Faser gehen soll. Für D. spielte das keine Rolle. Er drosch mit der Axt solange auf das wehrlose Stück Holz ein, bis es irgendwie aufgab, und in Stücke zerfiel. Das ist in gewissem Sinne durchaus gefährlich, denn die kinetische Energie eines unkontrollierten Schlages läßt die Holzstücke wie Geschosse durch die Gegend fliegen; in den freien Raum, oder eben gegen den Körper dessen, der die Axt führt – wenn nicht sogar gegen die Körper seiner Zeit- und Raumgenossen. Das war Daniel ziemlich egal, er ließ sich lediglich dazu bewegen, Arbeitshandschuhe anzuziehen und eine Schutzbrille aufzusetzen. Es war beinahe unmöglich, ihm anfangs über die Kunst des Holzhackens irgend etwas nahezubringen. Er war einfach wild und ungezügelt. Mir war als Leiter der Gruppe klar, daß seine *Litima* in voller Blüte stand und einfach nur einen Raum brauchte, in dem sich die Flammen der natürlichen, wilden Hitze im System des jungen Mannes ungehindert ausbreiten konnten. Es war wichtig, ihm einen Rahmen zu geben, der ihm ermöglichte, seine erweiterten Grenzen als werdender junger Mann zu spüren.

Er schrie förmlich danach, weitere Grenzen gesetzt zu bekommen, was seiner Mutter offensichtlich nicht mehr gelungen war. Das ist nicht außergewöhnlich, denn ihre Möglichkeiten in der engen Stadtwohnung waren mehr als unzureichend dafür. Ich entschloß mich, diese Thematik ganz offen in der Gruppe zu besprechen. Wir hatten einen Raum geschaffen, der stark genug und ausreichend von Vertrauen getragen war, sowie mit einigen jungen Menschen besetzt, die ebenso wie er, diese Wildnis des Wandels gerade in ihrem Leben zu durchwandern hatten.

Es wurde ein Gespräch, das von tiefem Mitgefühl, von großer Ehrlichkeit und klarer Entschiedenheit getragen war, und vor allem dem jungen Daniel ein deutliches Gefühl dafür vermittelte, daß er für seine Kraft, sein loderndes Feuer durchaus Respekt und Anerkennung von allen bekam. Er wurde nicht zurückgepfiffen, ausgegrenzt oder irgendwie beschuldigt, wie er befürchtet hatte, sondern hingewiesen auf seine Möglichkeiten, einen wertvollen Beitrag für die ganze Gruppe zu leisten, so wie er eben war! Und ein wenig sicherer mit dem Ausbruch seiner Energie zu verfahren ...

Das Gespräch half Daniel an einer entscheidenden Stelle seines Wandels weiter. Er konnte seine Grenzen fühlen, da wir ihm erlaubten, sich an uns zu reiben, einen Konflikt zu erzeugen, aber auf der Suche nach einer für alle befriedigenden Lösung auch miteinander zu wachsen.

Ich gebe diese Gesprächsrunde aus der Perspektive eines anderen Gruppenteilnehmers wieder:

*Am Mittwoch-Abend besprachen wir in der Abendrunde die Probleme, die Daniel mit in die Gruppe bringt oder brachte. Daniel erhielt von uns eine Art Schock-Therapie. Jeder von uns sagte seine Meinung zu Daniels Verhalten. Für ihn muß dies ziemlich heftig gewesen sein, eineinhalb Stunden nur Gespräche über ihn. Am nächsten Tag war er wie verändert. Jeder von uns merkte plötzlich, daß er da ist, er fing an, von sich zu erzählen und so ... man lernte ihn kennen. Und – er war ein ganz liebenswürdiger Mensch, wie die anderen auch! Ich glaube er fing aber erst in dieser Zeit an, zu begreifen, was der VisionQuest eigentlich ist, und er entschloß sich, nun doch nicht daran teilzunehmen, sondern auch noch zu warten, wie Andreas.*

Eintrag Gruppen-Tagebuch (1999)

Ich finde es interessant und bemerkenswert, daß sich Daniel ausgerechnet für das Holzhacken entschieden hat. Vielleicht folgt er damit einem alten Muster, wer weiß? Bei den Wikingern, die ja zu unser aller Vorfahren gehören, wurden die jungen Männer in ihrer Phase der *Litima* für unzurechnungsfähig gehalten: Sie hatten das Recht, ein *Time-Out* zu nehmen. Sie durften sich wie tolle Hunde zwischen alle Stühle setzen! Sie mußten in dieser Zeit in einem Zwischenraum zwischen Feuerstelle und Bett am Boden schlafen. Als untauglich zu irgendeiner vernünftigen Arbeit eingeschätzt, wurden sie zwar mit allem Notwendigen versorgt, mußten aber für nichts Verantwortung übernehmen, außer: für Feuerholz zu sorgen.

Während der Versammlungen konnten sie die Früchte ihrer „Energieausbrüche" einbringen, indem sie das Feuer in der Mitte mit ihrem Holz fütterten.

Für Daniel war sehr wichtig, daß wir „sein" Holz nicht auf die Beige legten, sondern daß es täglich im Zentrum der Aufmerksamkeit aller lichterloh brannte.

Denn er brauchte ein Abbild für das lodernde Feuer in seinem Inneren, dort brannten die Federn des Feuervogels lichterloh: Phönix verbrannte, um aus der Asche erneut geboren zu werden.

Am Ende dieser gemeinsamen Zeit mit Daniel hatte jeder ein vollkommenverändertes Bild von diesem jungen Mann und von sich selbst. Wir hatten miteinander die Gestalt gewechselt, indem wir die Masken abgelegt hatten.

# Geburt, Wachstum und Tod

*Keine Chance zu entweichen, Du bleibst bei Deines gleichen!*
*Achte auf die Zeichen, wenn es Zeit ist zu verreisen,*
*Die Rechnung zu begleichen, wahre Weisheit zu erreichen!*
*Lass das Leben nicht verstreichen,*
*Sonst wird Dich der Tod erschleichen!*
*Drum genieß' den Augenblick, stürz Dich voll und ganz ins Glück!*
*Stehst Du auf der Brücke, gibt es kein zurück!*
*Wie der Pickel nach dem Stich der Mücke, wächst Du Stück für Stück!*
*Fängst Du an zu verstehen, das Universum in Dir selbst zu sehen,*
*Wirst Du aufhör'n Dich im Kreis zu drehen, beginnen grad zu stehen*
*Und Deinen eignen Weg zu gehen!*

Dave Petschel

## Geburten und Tode: die Ausdehnung des Bewußtseins

Nach der Auffassung der traditionellen wie der modernen Sterbebegleitung, gibt es eine deutliche Parallelität der Wandlungsstufen des Todes mit den Rhythmen und Stadien des Gebärens. Es ist klar, daß darüber nur Menschen eine treffsichere Aussage machen können, die sowohl ins Geburtsgeschehen als auch in den Sterbeprozeß Einblick haben, Erfahrungen in der Begleitung beider Urerfahrungen gemacht haben. In früheren Zeiten waren das bei uns die Priesterinnen, und Schamanen, Heiler und Hebammen, heute sind es überwiegend Krankenschwestern, Hebammen, professionelle und private Sterbebegleiter und natürlich Ärzte.

Darüber hinaus geben uns aber auch schon alte spirituelle Schriften und Darstellungen aus Tibet, Indien, Ägypten, Peru und Persien ebenso Auskunft wie mündliche schamanische Überlieferungen, etwa aus Hawaii, Australien, Nordamerika und Sibirien.

In diesen Zusammenhängen wird das Geschehen beim Sterben, ebenso wie das Geschehen bei der Geburt, in einem tiefen inneren Zusammenhang gesehen. Es ist Teil eines Zyklus, der in pulsierenden Wellen abläuft, die von einer größeren Macht gewollt, gesteuert werden. Auch war die elementare und zentrale Bedeutung von Geburt und Tod im Leben der Gemeinschaft und ihr großer Einfluß auf die Gesundheit des gesamten sozialen Organismus bekannt. Deshalb oblag in den meisten alten Kulturen die Begleitung und Hilfestellung bei diesen wichtigsten Ereignissen denselben kundigen, weisen und gereiften Menschen.

So wie das Kind die innige Verbindung mit der Mutter während des Geburtskampfes immer spüren muß, um in seiner optimalen Verfassung zu bleiben[1], rufen fast alle Menschen in einer Phase des Sterbens, in der die unbedingte Unumkehrbarkeit, die überwältigende Dominanz des Prozesses deutlich wird, nach der Mutter. Sie brauchen diese als innere Begleiterin und erfahren darin die ursprüngliche Verbundenheit zu ihrer Mater-Matrix, um sich dem Tod hingeben zu können. So funktioniert wohl das menschliche Gehirn: Es erinnert sich an eine vergleichbar intensive emotionale und existentielle Situation, um ein brauchbares Modell für die neue Situation zu haben. Anschließend werden die am tiefsten eingravierten Gewohnheiten, Muster und Reflexe aktiviert und bestimmen die Reaktionen bis an die Grenze des Aktionsradius.

Ich unterstütze darüber hinaus die These, daß bereits im Geburtsprozeß die Grundlinien des eigenen Sterbens angelegt werden. Es gibt die Beschreibung eines solchen Grundmusters in der menschlichen Psyche, „Perinatale[2] Grundmatrix“[3] genannt, jedoch konstatiere ich hier eine zusätzliche Prägung bis in die Ebenen des Körperlichen hinein. Das heißt, daß auch unsere Gestalt, die individuelle Form, die wir auf unser genetisch bestimmtes Grundprofil aufmodulieren, stark von unserer Geburtserfahrung geprägt wird. Das ist die individuelle Erbschaft, mit der wir ins Leben starten. Also läßt sich in verkürzter Form sagen: Wir prägen grundlegend unsere Aktionsmuster, unseren persönlichen Stil im Umgang mit dem Phänomen *Übergang/Wandel/Veränderung* bereits im Mutterleib und bei der Geburt.

Wenn nun diese Eindrücke durch die perinatalen Erfahrungen so stark prägend wirken, können wir dann später überhaupt noch etwas verändern?

Die Antwort lautet grundsätzlich „ja“, erfordert aber wirkliche Arbeit, wirkliche Veränderungsanstrengungen (was nicht unbedingt gleichbedeutend ist mit *Streß*).

Wir sind während unseres gesamten Lebens ständig aufgefordert, an unserer eigenen Geburtsgeschichte zu arbeiten, sie zu würdigen, zu betrachten, sie aus- und umzudeuten, damit wir für unseren Tod eines Tages gut gerüstet sind, um in Frieden, lebenssatt und ohne unnötig Kampf zu sterben. Die letzte, große Passage wird ein Spiegel aller anderen Übergänge des Lebens sein.

---

1 Siehe auch die Kapitel „Imprint und Bonding“, sowie „Fluß und Kontinuum“.

2 im Zusammenhang mit, im Umfeld der Geburt.

3 von Stan Grof. Der Begriff gibt eine gute Beschreibung für das Gemeinte ab, ist aber eventuell zu sehr nur auf das psychologisch-somatische Geschehen im System bezogen. Siehe auch: Geburt, Tod und Transzendenz.

## Ein Exkurs über das Lauschen

Die „schwingende Membran an der Oberfläche der Seele" ist in den frühen Stadien unserer fötalen Entwicklung die Haut. Wir hörten also damals mit dem ganzen Körper und – wir hörten zunächst alles: sowohl die Geräusche im Mutterleib als auch das, was Mama umgab. Das war für Millionen von Jahren die wilde Natur, jedenfalls so lange, bis sich der Mensch mehr und mehr in kulturelle Hüllen – Hütten, Häuser und schließlich Städte –, aus der unmittelbaren Berührung des Wilden zurückzog. Also sind auch in unserer Zellinformation die Geräusche der Natur als das heimelige, Vertrauen erweckende Klangbild unseres zu Hauses verankert.

*„Wir hatten verschiedene Tonbandaufnahmen dabei: Konzerte und leichte Musik. Aber gegen Ende des Fluges pflegten wir immer mehr russische Volkslieder zu hören. Wir verfügten auch über Aufzeichnungen von Geräuschen in der Natur: Donnergrollen, Regen oder Vogelgesang. Die haben wir am häufigsten eingeschaltet und wurden ihrer nie überdrüssig. Sie brachten uns irgendwie wieder zur Erde zurück."* (Kosmonaut Anatolij Beresowoj, UdSSR)[4]

Die psycho-akustischen Forschungen von Alfred Tomatis über vorgeburtliche Prägungen des menschlichen Embryos haben uns buchstäblich hellhörig gemacht und uns auf das Hin- und Weghören achten lassen. Das organische Geschehen im Mutterleib ist für den exzellent hörenden Minimenschen bereits in der ersten Hälfte der Schwangerschaft so laut wie für uns Geborene vielleicht ein belebter Verkehrsknotenpunkt! Der physikalische Grund dafür ist die Geschlossenheit des Mutterleibes, die akustische Leitfähigkeit der Körperflüssigkeiten, Membranen und Knochenstrukturen, insbesondere der Wirbelsäule.

*„Sobald man sich auch nur ansatzweise mit den Ursprüngen menschlichen Verhaltens beschäftigt, stellt man erstaunt fest, wie weit die archaischen Strukturen, die sich der Seele im Innersten eingeprägt haben, auf die Erlebnisse in der „Urhöhle" zurückgehen. Viele der archetypischen Symbole leiten sich von dieser ersten Heimstatt, dieser Hülle ab, die einmal jeden Menschen umfangen hat.*

*Es bildet sich eine essentielle Verbindung zur Außenwelt – in diesem Fall der Gebärmutter – und zu allem was die Außenwelt an Klangübertragung mit sich bringt. Jede nachfolgende Entwicklung ist eine immer feiner werdende Wiederholung dieser ursprünglichen Strukturen. Wir erleben hier ein regelrechtes „Ausfahren" verschiedener Phasen, die sich anscheinend überlagern und tatsächlich so programmiert sind.*

*Was hört der Embryo/Fötus?*

*Im Laufe meiner Forschungen konnte ich feststellen, daß der Embryo unmittelbar nach der Empfängnis Informationen sammelt, die er später in sein Hörsystem*

4 aus: Der Heimatplanet.

*einbauen wird. Solche Aussagen haben in den sechziger Jahren unweigerlich heftige Polemiken ausgelöst, aber heute sind sich alle darin einig, daß der Fötus hören kann (....) Das Leben in der Gebärmutter wäre unerträglich, gäbe es keinen Schutz vor den Geräuschen, die durch die Bewegungen des Fötus und der Mutter verursacht werden und die von der neurovegetativen Tätigkeit von Herz, Lungen und Verdauungsorganen ausgehen, ganz zu schweigen vom Krach der Außenwelt.* "[5]

Der Embryo hört es pochen, gurgeln, zischen, glucksen, dröhnen und stöhnen, mahlen und gluckern ohne Unterlaß – kaum eine Geräuschart hat das Orchester des Körpergetriebetrubels ausgelassen. Dazu kommt dann noch der Lärm der Außenwelt. Gleichzeitig ist das kleine Wesen aber aufs Äußerste erpicht, über dies alles hinweg die mütterliche Stimme zu hören, um ihren Willkommensgruß stets und ewig wiederholt zu empfangen. Das „hohe Singen" in der Stimme einer glücklichen, entspannten, ihr Baby freudig erwartenden Mama ist der ersehnte, Glück verheißende, Wonneschauer spendende Hit in der ersten Kuschelhöhle des Neuankömmlings![6]

Dieses buchstäblich ganzheitliche Hören mit Körper, Geist und Seele hilft dem Embryo seinen Ort genau zu erfühlen, zu erleben und sicher zu sein, daß es einen Platz hat, der ihm mit einem existentiell erfahrenen Willkommensgruß angeboten und bereitet wird. Es ist im „Berg" des Mutterleibs buchstäblich *geborgen*, fühlt sich im wahrsten Sinne des Wortes *zugehörig*.

Diese Geborgenheit wird als eine Verbindung verstanden, die in den tiefsten psychologischen, seelischen und energetischen Realitäten, zwischen Mutter und Kind als erste Basis-Qualität, in der Folge zwischen Kind und näherer Familie entstehen muß. Was selbst bei kleinen Gänseküken vergleichbar wirkt, wie Konrad Lorenz so eindrucksvoll gezeigt hat, – da wird es eher biomechanisch verstanden und heißt *Prägung* – wird in der Humanpsychologie *Bonding*[7] genannt. Bonding findet ebenfalls während der gesamten Schwangerschaft statt. Während und sogleich nach der Geburt wird es dramatisch intensiviert und legt Kind und Mutter an eine unsichtbare, weil emotional-energetische „Leine", die beiden den sicheren Zusammenhalt garantiert. Das Baby wird von Stimme, Aussehen, Berührungsqualität, Bewegungsrhythmus und Geruch der Mutter *positiv geprägt*, d.h. es erlebt die Mutter als das Leckerste, was es gibt. Und die Mutter verliebt sich im Prozeß des erfolgreichen Bonding ebenfalls in das Baby, denn gelungenes Bonding beruht auf Gegenseitigkeit. Die Mutter ist ja weiterhin buchstäblich der Boden, auf dem das Kind gedeiht. Sie ist die Quelle[8] aller

---

5 Alfred Tomatis: Der Klang des Universums, 1997.

6 Es lernt – gemäß Tomatis – folgerichtig als eine seiner ersten sinnlichen Selektionsleistungen das gezielte Lauschen und das ausblendende Weghören.

„Ein offenes Ohr" für etwas zu haben, ist unabdingbare Voraussetzung dafür, daß dasselbe betört werden kann, daß es sich der Klangquelle noch mehr zuneigt und zur schwingenden Membran an der Oberfläche der Seele wird.

7 Bonding = Bindung, das Herstellen von Verbundenheit

8 Matrix heißt: Quelle, Ursprung, Basis, etc.

Nahrung, aller Lust und aller Befriedigung in den ersten Tagen und Wochen nach der Geburt.

Ist diese verbundene, bergende Prägung nicht möglich, wird das Kind vor der Zeit quasi aus dem emotionalen Schutzraum gesogen, gestoßen oder hinausgeschleudert, verliert es seine innere Orientierung, denn die Zielrichtung seiner Bestrebungen wird gestört, umgedreht und richtet sich wieder auf das Erlangen des warmen, geborgenen Gefühles im Uterus.

Die Hinbewegung zur Welt wird unterbrochen und der Orientierungsimpuls richtet sich auf das Bild der Erinnerung an das „Paradies vor der Geburt"[9] Diese Unterbrechung des Kontinuums verletzt ein zentrales und vitales Grundbedürfnis ganz unten in der Bedürfnispyramide und verändert bereits in der Startphase in ein autonomes Leben die Verhältnisse im gesamten System. Ein grundlegender Hunger nach Verbundenheit, nach liebevoller, direkter Berührung, nach stillem, klingendem Gehaltenwerden, nach wohltönender Einladung stört den Frieden in der Tiefe der Seele. Das Stammhirn erhält den Auftrag, für Befriedigung zu sorgen und die Suche beginnt zu einem grundsätzlichen Programm zu werden (Sucht).

Jeder spätere Übergang in die nächstgrößere Sphäre aktiviert diese frühen Muster. Der im Untergeschoß der Psyche herrschende, latente Hunger kommt an die Oberfläche, um – zusammen mit all den anderen Emotionen, die sich in das Konzertgetöse mengen – seine alten Ansprüche anzumelden. Jeder Übergang ist so betrachtet aber auch eine besondere Chance, ehrlich und wach eine klare Bilanz zu ziehen, die an der Oberfläche erreichbaren Prozesse aufzugreifen und im Hinübergleiten in die nächste Matrix zu erfüllen, was Erfüllung braucht.

9 Dies gilt sowohl für das Kind, als auch besonders für die Mutter, wie wir weiter unten noch zeigen werden. Die bewußt erlebte Geburt ihrer Kinder ist eine große Chance zur kraftvollen Initiation für jede junge Frau!

*Noch einmal Geburt.*
*Die Geburt eines Tages.*
*Weiches Licht*
*Und ein großer Frieden*
*Liegen über diesem Morgen*
*Blätter und Gräser sind noch schwer*
*Vom Tau und von der Liebe.*
*Die Vögel singen*
*Und feiern den Neubeginn.*
*Denn jeden Morgen*
*Wird das Leben neu geboren.*

Frederik Leboyer

Das einsame Fasten und Alleinsein in der Wildnis stellt einen Übergang dar, der aus der Matrix des Familienkontextes hinüberführt in das Verbundensein mit der größeren Mutter, der Natur. Dieser Übergang durchtrennt die Bande zur Mutter, zum Vater und zu den Geschwistern gleichermaßen. Und er kündigt sich an. Die Geräusche, Klänge und Stimmen der Natur erwecken das „eingeborene Selbst" im Einklang mit der neuen Stimmung in der Gruppe. Da sind vollkommen neue Stimmen, neue Weisen und Lieder der Verbundenheit, die aufscheinen und völlig anders als in der verflossenen Kindheit tönen.

*Jetzt sind es die Stimmen der Natur, die an das Herz anklopfen. Das samtene Pochen der Regentropfen auf dem Waldboden in der Nacht, das unendliche Rauschen des Wasserfalls dort, weit über mir, der schwirrende Flügelschlag der Felsenschwalbe, das knorzende Rufen der träumenden Raben, die mich müde und schwer, aber glücklich in den weichen Armen meiner großen Mutter eindösen lassen...*

„Smoke Runner Woman", 24 Jahre

## Perinatale Lebensmuster

Auch das mißlungene oder umgeleitete Bonding führt zu einer Festlegung: Es werden Lebens- und Verhaltensmuster daraus. Insofern kann der Wunsch nach einer Renaturierung der Lebensweisen nicht bei der Untersuchung des Initiationsphänomens stehen bleiben, ohne die Forderung nach einer Befreiung der Geburt aus den Zwängen einer technisierten und auf das „medizinische Gelingen" fixierten Geburtspraxis. Die „natürliche Geburt" selbst ist demnach ein in seinen Wirkungen für die kraftvolle Entwicklung einer reifen Persönlichkeit weitgehend unterschätzter Initiations-vorgang. Bereits im Geburtsgeschehen werden Wege geebnet oder verbaut, und das Kind beginnt seine Strategien im Geburtsprozeß durch Wiederholungen im weiteren Leben zu Gewohnheiten und Mustern zu verfestigen.

Die introvertierte Suche nach der ewigen, „guten" Mutter (und auch dem ewig behütenden, „guten" Vater!) wird an die Stelle des sinnenoffenen Forschens und mutigen Hinausgehens gestellt. Das ist das „Hänschen Klein", das seine gerade begonnene Reise hinaus in die wilde, interessante Welt eingeschüchtert unterbricht und wieder nach Hause eilt, denn es wähnt die verstummende Mutter traurig.

In Wahrheit hat es den Schritt über die initiatische *Schwelle des Selbst* hinaus in die Weite der Welt nicht wirklich vollziehen können und kehrt in die lähmende Umarmung der Vergangenheit und in den Dunstkreis seiner eigenen Wunsch-Projektionen zurück.

Der psychisch-seelischen Entwicklungsdynamik der Hinwendung zur Welt wird solcherart eine Kehrtwendung aufgezwungen und die daraus resultierende Stagnation und Kontraktion des forschenden Geistes verhindert jegliche weitere Reifung und Ausdehnung des Individuums in eine größere Sphäre hinein.

Jetzt ist unschwer zu erkennen, wie ein Individuum unter dem Eindruck einer solchen, tief in der eigenen Biographie verwurzelten, resignativen[10] Stagnation[11], reagieren muß: In der Suche nach einer Grenze, die es wieder umfriedet und birgt, entwickelt es von sich selbst Bilder, die bei Weitem nicht seinem eigentlichen Potential entsprechen, sondern vielmehr dem Wunsch, wieder im Uterus der Vergangenheit zu verschwinden, und dazu muß es sich klein und kleiner machen.

Die Gesamtheit der Bilder, die ein Individuum von sich selbst erfindet, bezeichnen wir als „Mythos von sich selbst". Darin können eine Fülle von Widersprüchen und Ungereimtheiten am Wirken sein, dennoch wird im Mythos die grundlegende Bereitschaft, sich auf die Reise ins Leben hinaus zu begeben, und dadurch ein Pionier und Erforscher des Eigenen und des Fremden zu werden, angelegt.

---

10 *Resignation*: Verzicht, das Sichfügen in das unabänderliche Scheinende.

11 *Stagnation*: Stillstand, Stockung bei einer Entwicklung.

## Verbundenheit und Urvertrauen

*Man muß weggehen können*
*Und doch sein wie ein Baum*
*Als bliebe die Wurzel im Boden*
*Als zöge die Landschaft*
*Und wir stünden fest*

*Man muß den Atem anhalten,*
*Bis der Wind nachläßt*
*Und die fremde Luft*
*Um uns zu kreisen beginnt.*

*Bis das Spiel von Licht und Schatten*
*Von Grün und Blau*
*Die alten Muster zeigt*
*Und wir zuhause sind*
*Wo es auch sei!*

Hilde Domin

## Die Kraft des positiven Mythos von sich selbst

Im erfolgreichen Initiationsritual wird eine tiefgehende kraftvolle Wandlung des „Mythos von sich selbst“ aktiviert. Das Ziel ist es, einen aktiven, autonomen und sich selbst wertschätzenden Anteil des Selbstbildes zu unterstützen und ihm im inneren Dialog die Führungsposition zu übergeben.

Dazu ist es vonnöten, seinen Platz in der Welt zu sehen, zu begreifen. Das heißt, daß die Beziehung zu den Verwandten und Geschwistern, zur eigenen Reihe der Vorfahren und Ahnen, aber auch zu den Wesen der belebten und unbelebten Welt ins Licht des Bewußtseins gehoben und genau betrachtet werden muß. Fehlt diese Seite eines Initiationsvorganges, so bleibt das Gestalten des „Mythos von sich selbst“ unvollständig und in seinen aktivierenden, führenden und stärkenden Wirkungen halbherzig.

Dies auch deshalb, weil sonst ein grundlegender Teil der eigenen Herkunft nicht als Standortbestimmung und als *Genius Loci* wirken kann.

Es scheint so zu sein, daß wir Menschen uns nur im sozialen und ökologischen Kontext vollständig verstehen. Wir orientieren uns daran, wo wir einen Ort klarer *Zugehörigkeit* für uns selbst finden. Dort machen wir unser Boot fest und entfalten von dieser Basis ausgehend unsere Lebensaktivitäten.

Die VisionsSuche von Petra ist hierfür ein sprechendes Zeugnis:

Petra ist eine sehr mädchenhafte, 17 Jahre junge Frau. Sie hat lustige Rasta-Zöpfchen mit vielen bunten Perlen. Sie ist von fröhlicher, leichter Lebensart und lacht gerne und viel. Fast ständig läuft sie barfuß. Ihre Familie ist ihrer Beschreibung nach „intakt“, unterstützt sie in ihrer VisionsSuche. Die Eltern kommen gerne über 1300 km angereist, um bei der Feier ihrer Initiation dabei zu sein. Ihre kleine Schwester legte großen Wert darauf, ebenfalls mitzukommen!

Im Camp ist Petra an allem sehr interessiert, sie ist hilfsbereit und aufmerksam.

Sie kam zusammen mit ihrem Freund Jurek angereist, den sie ebenfalls für die Teilnahme an der VisionsSuche begeistert hat. Die beiden sind ständig am Turteln und sehr lieb miteinander. Gelegentlich liegen dabei die Beziehungen zu den anderen Mitgliedern der Gruppe etwas brach; allerdings finden die anderen jungen Leute diese sichtbare Liebe sehr positiv und freuen sich mit den beiden daran, daß es ihnen miteinander so gut geht.

Zur Einstimmung und inneren Vorbereitung auf die Tage des „Solo“, allein in der wilden Natur, geben wir den jungen Leuten Natur-Aufgaben, die sie mit den Realitäten der Landschaft und ihren inneren Vorgängen konfrontieren. Diese Aufgaben stellen eine Verbindung zwischen dem Außen und dem Innen her, durch sie werden konkrete Erlebnisse mit der Natur provoziert.

Aufgabe: Gehe in die Natur und lasse dich von einem Platz ansprechen, anziehen und unterrichten! Wähle diesen Platz als deinen Rückzugsort für die Zeit vor und nach der Quest!

Petras persönlicher Platz liegt südwestlich, gesehen vom Ausgangspunkt Camp.

Sie möchte Farn für die Auskleidung des Tipis schneiden (das ist ein freiwilliger Beitrag für die Gemeinschaft), findet auf ihrer „Suche" alte, zerfallene Häuser, große Felsen und einen toten Baum davor. O-Ton:

*„Ich bin am richtigen Platz! Es ist sehr einfach. Ich konzentriere mich aufs Wesentliche; ich sehe, es ist alles da, was nötig ist.*

*Ich habe weite Sicht auf Baumkronen und das Gefühl, frei wie ein Vogel zu sein. Lange schau ich dem Spiel von Sonne und Schatten zu. Ich schreibe einiges in mein Tagebuch, lege Tarot. Ich fühle, daß ich mir selbst genug bin. Was für ein gutes Gefühl!"*

Gespräch über die Motivation für den VisionQuest:

*„... ich habe mich schon seit fast zwei Jahren innerlich darauf vorbereitet. Ich bin jetzt ganz bei mir, fühle mich wach und bereit für die Erfahrung, das Vergangene loszulassen. Ich habe innerliche, warme Schutzschilde und eine kleine Höhle zum Verstecken. Ich möchte neue Dinge in mir finden."*

Petras Suche nach dem Platz für den VisionQuest (2 Tage vor Beginn der Schwellenzeit):

*„Ich wundere mich, wie leicht ich den Berg hochkomme. Den Weg quer hinüber zum Rabenfelsen durch den mannshohen Farn zu nehmen, war ein anderes Thema. Die alte Eiche am Rabenplatz ist sehr schön, aber irgendwie zu schwermütig für mich.*

*Also suche ich weiter oben, wo es lichter und heller ist. Der Birkenhain ist ein sehr schöner, warmer Platz. Er ist eine eigene kleine Welt, ganz für sich.*

*Letzte Nacht träumte ich vom Rabenfelsen. Ich möchte mich jetzt noch nicht festlegen!"*

Petra ist in Gedanken schon oben auf dem Berg, will nachfühlen, ob es der richtige Platz ist.

Ihre Ausrüstung ist beim „Materialcheck" (einen Tag vor dem Hinausgehen) nicht ganz komplett und ein bißchen „naiv", die technische Ausrüstung betreffend. Obwohl sehr farbenfroh, naturnah (viel Wolle, Selbstgestricktes und Improvisiertes) und zweckmäßig, braucht sie einige, wenige Ergänzungen aus unserem Fundus. Das spricht dafür, daß Petra die Welt aus einer von Poesie geprägten, positivistischen Perspektive sieht. Sie ist tatsächlich in einem kindlichen Bewußtsein zu uns gekommen, erlebt die Welt so, als wäre es immer Sommer! Dennoch ist sie sich dessen bewußt, daß „der Sommer zu Ende geht“: Es gilt von nun an, auch das Dunklere, Schwerere, kurz: das Herannahen des Winters ins Kalkül zu ziehen.

Petra hat wie alle anderen das von uns an sie geschickte „Lebensrad“ in der Vorbereitungszeit zu Hause ausgefüllt. Sie hat es leicht und spielerisch genommen, ist dabei aber dennoch punktuell ernsthaft auch auf tiefergehende Schichten eingegangen. Was sie persönlich gefunden hat, als Antworten auf die im Rad niedergelegten Fragen, läßt eine gesunde Ausgewogenheit erkennen. Und sie hat sich ihre Leichtigkeit bewahrt, ohne die Bedeutung, Wichtigkeit und Ernsthaftigkeit der Antworten aus dem Auge zu verlieren.

Frage: Was bringt dich zurück ins Basislager?

*„Wenn ich etwas nicht mehr alleine schaffe ...*

*Ich fühle mich sehr in der Natur zu Hause. Sie macht mir keine Angst. Ich habe als Kind keine Selbstmordgedanken gehabt, auch wenn es schon manchmal schwer war. Mich selbst zu töten ist für mich keine Lösung, so kann man nur fliehen.*

*Intention: „Ich bin die Frau, die ganz im Sein lebt, die fühlt, was sie tut und die in der Leere Platz für neue Samen hat.“*

*Alles, was der Satz sagt, ist schon da. In der Natur ist das so – allerdings unter den Menschen ist das schon schwieriger.*

*Ich befinde mich nicht in einer Krise, eher an einem Wendepunkt, sondern ich wollte es einfach und unbedingt machen!“*

Petras innere und äußere Vorbereitung ist klar und kraftvoll. Sie hat sich bestens vertraut gemacht mit der für sie zugänglichen Landschaft, der Struktur des Rituals, der Gruppe und mit dem Leitungsteam.

Die Solophase:

*„Es ist für mich sehr anstrengend, den Berg hochzugehen. Ich möchte einen einfachen Platz. Ich laufe barfuß durch den Birkenwald. Der Boden ist weich und frisch. Der Südplatz, den es dort gibt, ist für meine Kindheit: Dort schaue ich genau im Süden auf eine dicht bewaldete Bergkette mit etlichen Kuppen und Graten, wie eine Familie.“*

NORDEN
*Habe große Stärken, könnte*
*für andere sorgen und mich vergessen.*
*Ich kann aber auch gut für mich selbst sorgen!*

WESTEN
*Ich habe Angst vor dem Ernst,*
*lasse alles los! Fühle meine Kraft.*
*Kann mit Papa streiten.*

OSTEN
*Ich brauche viel Mut,*
*freue mich darauf.*
*Ich kann beten.*

SÜDEN
*Ich habe stark gelebt, war immer draußen.*
*Meine Kindheit ist ein reicher Schatz:*
*mit einfachem Suchen habe ich mir kleine Welten aufgebaut.*

Ihr Lebensrad in einfachster Form

*Ich erkenne im Birkenhain eine kleine Lichtung mit Öffnung in die Weite, das ist mein Platz zum Schlafen ... hier hänge ich meine Hängematte zwischen zwei kräftige Birken.*

*Die Plane ist jetzt noch nicht nötig. Es ist supergutes Wetter. Ich habe das Gefühl, es ist gut vorgesorgt für mich. Meine Aufgabe ist, gut für mich zu sorgen. Ich baue meinen Steinkreis im Norden – noch bevor ich schwach werde. Ich werde drei Tage lang allein sein. Es ist komisch: Total allein! Ich werde ohne Essen sein, das ist ganz schön hart.*

*Ich habe einen Traum: Ich sehe einen Zaun, an dem überall Schmetterlinge aufgespießt sind ...*

*Mein Traum am 2. Tag: Ich gehe runter wegen Essen. Ich habe viel von Essen geträumt.*

*Zu Hause war das so selbstverständlich. Essen von Mutter und Gespräche mit Vater. Es war alles da, was man braucht. Ich verharre in der Langeweile. Ich sehe: Bäume und Gräser sind einfach da. Es ist ein Geschenk: Ich habe Zeit für Langeweile.*

*Ich warte auf das, was kommt. Ich sehe einen Weberknecht. Er ist wunderschön.*

*Eine Eidechse liegt silbrig im Grünen bewegt sich lange Zeit nicht. Ich sehe, wie sie atmet und mit wachen Augen umherblickt. Ich möchte einfach sein.*

*In der zweiten Nacht träume ich von Papa: Wir haben uns total gestritten und es war gut so. Ich fühle meine Kraft! Mein Körper hat mich immer unterstützt.*

*Etwas später: ich gehe auf meine Knie, mir wird „schwarz" vor Augen und ich fühle mich gelähmt, in dem was ich tue. Mir wird klar: Wir sind im Alltag einfach immer in unserer Kraft, doch wir merken es sonst nicht. Ich schreibe alles, was ich verbrennen will, auf Birkenscheiben*[13]*, die ich mir mit der Säge zubereitet hab. Ich fühle meine Kreativität.*

*Das Feuer habe ich gut genutzt. Es ist kein Problem für mich, mein Leben zu verbrennen. Ich fühle mich leicht und frei, weil ich alles weggegeben habe, doch die Liebe ist geblieben. Ich habe mich gut und vollständig gespürt. Das Feuer geht aus. Die Sterne leuchten zwischen den zarten Spitzendeckchen der Birkenzweige am Himmel und ich schlafe seelenruhig in der Hängematte ein. Aber ich bin irgendwie ganz da und merke, daß ich träume: Ich bin ganz präsent. Ich möchte meine Freude mit allen teilen: Ich tanze im Lebensrad und komme ganz ins Zentrum! Ich bin dankbar für mein Leben, für meinen Körper und meine Schwäche. Ich bin zielstrebig und habe meinen Platz gefunden.*

*Als ich wieder „erwache" ist es schon strahlend hell: Eine goldene Sonne schiebt sich über die Berge im Osten und begrüßt den Tag meiner neuen Geburt. Ich fühle mich als Schmetterling. Ich lasse meine Flügel trocknen und bin bereit zum Losfliegen.*

*Der Satz, der mich bei meinem Schritt über die Schwelle begleitet: „Ich bin die Frau, die voller Mut in den Westen geht!"*

*Ich freue mich auf Herbst und Winter genauso, wie ich mich über einen schönen Sommer freue. Ich habe die Möglichkeit ganz bei mir zu sein. Ich bin dankbar, daß ich genau diese Familie habe und keine andere. Die Erde und meine Familie sind ein großes Geschenk für mich. Ich höre Raben, die über die Bäume fliegen. In der Nacht kommt ein Waldkauz, tagsüber manchmal ein Specht.*

*Ich finde es so wunderschön, die anderen, die für mich da sind und mich halten, zu hören und zu sehen. Ich habe es noch nie so zu schätzen gewußt, eine heile Familie zu haben. Der Steinkreis hilft mir jetzt, frühere Erfahrungen loszulassen: Kindergarten, Familie, Schule, Omas Tod, der eine sehr tiefe Erfahrung für mich gewesen ist. Ich bin dankbar. Es kann ganz leicht sein, zu sterben. Ich brauche auch die Menschen, nicht nur die Natur. Es ist eine gute Erkenntnis. Blumen erblühen. Ich werde mir meines Körpers bewußt.*

---

13 Wir verwenden Birkenholz, um möglichst wenig Rauch zu erzeugen und gleichzeitig die Zeltwand fortwährend zu imprägnieren.

Petras VisionQuest-Name, den sie verliehen bekommt, lautet: „Moving Heart Tears“.

Ihre ganze Familie kommt zum Abschlußritual: Vater, Mutter und die aufgeweckte kleine Schwester. Im festlich geschmückten Tipi sind alle im Kreis versammelt. Die Eltern sitzen im Osten, vor der Pforte, ihrem Kind genau gegenüber. Das Ratsfeuer brennt hell in der Mitte des Raumes und stellt die senkrechte Achse der Welt dar.

Petras Vater:

*„Meine Tochter, durch die ich Vater geworden bin. Ich bin unendlich dankbar zu begreifen, wie Leben geht, indem ich es weitergebe. Ich kann Wichtiges von Unwichtigem unterscheiden. Es ist gut, dich als mein Kind ins Leben zu schicken, als Geschenk für die Menschen und die Welt!“*

Petras Mutter:

*„Petra, du hast eine große Begabung zum Glücklichsein!*

*Am Anfang war Muttersein ganz schwer für mich und ich hatte viele Schuldgefühle. Ja, es war für mich anfangs schwer, weil ich noch nicht bereit war, ein Kind zu bekommen; ich wollte doch so gerne studieren. Aber es dauerte nicht lange, da merkte ich: du warst ein so großes Geschenk für mich und deinen Vater. Das habe ich ganz schnell gespürt.*

*In den letzten Jahren habe ich mich immer mehr geöffnet und mich von der Natur nähren lassen. Ich habe mich immer mehr für die Menschen geöffnet. Und es geschieht immer mehr Öffnung durch dich, auch in meinem Leben, weil du den Menschen so viel zu geben hast. Ich möchte, daß ganz viel Liebe zu dir kommt ...“*

Die Geschichte von Petra zeigt anschaulich und lebendig, wie ein junger Mensch die Erfahrungen auf dem Berg erleben kann. Sie kommt bereits mit einem positiven Mythos von sich selbst in unseren Kreis. Die grundsätzlich positive Haltung ihrer Eltern bei allen Schwierigkeiten, die es am Anfang gegeben haben mag, gibt Petra einen festen Bezugsrahmen. Sie fühlt sich zugehörig, angenommen, geliebt und kann von da ausgehend ihrer Neugier auf die Welt folgen. Sie erlebt sich selbst als eine Sphäre, die in sich geschlossen und vollständig ist, dennoch offen für Neues und der Welt zugänglich. Sie spricht davon, daß in ihrem Inneren Raum für neue Samen ist. Das ist ein Anerkennen ihrer eigenen Weiblichkeit mit großer Selbstverständlichkeit und in natürlicher Weise.

Auch ihre männliche Seite hat sie gesehen, aktiviert und auf ihre ganz eigene Weise positiv genutzt. Sie hat es verstanden zu planen, ihre Wünsche und Vorstellungen mit den Realitäten abzugleichen und dann auf der Basis ihrer Entscheidungsfähigkeit zielgerichtet und entschlossen gehandelt. Sie ist zurückgekommen mit einem strahlenden Lächeln, ohne daß ihre Erschöpfung, Schwäche und ihr Hunger überdeckt worden wären. Sie hatte den Mut, sich ganz selbstverständlich in ihrer Schwäche zu zeigen!

Wir sehen eine junge Frau, die, während sie das alte Ritual durchlaufen hat, ihren Stärken und Schwächen mit einem natürlich erscheinenden Mut begegnet ist und gelernt hat, beides anzunehmen. Ohne die weiter oben erwähnte psychologische Ausstattung hätte es leicht sein können, daß sie angesichts der Schwäche in ihrem Körper mit Angst, Unsicherheit oder gar Panik reagiert hätte. Aber sie hat immer gewußt, daß sie selbst für sich sorgen kann und die Kraft besitzt, die Dinge so zu arrangieren, daß sie sicher und geborgen ist. Sie hat immer gewußt, daß sie die Grenze erkennen würde, die es nötig machen könnte, das Ritual zu beenden und ins Tal hinabzugehen. So hat sie in sich das Wahrnehmungs-Kontinuum entdeckt und darin eine große Sicherheit gefunden.

Von besonderem Interesse scheint mir auch zu sein, das Petra im Laufe der drei Tage auf dem Berg ihre zentrale Aussage über sich selbst geändert und erweitert hat.

## Tod und Delinquenz

Wir beginnen immer mit einem Ende. Nicht allein in philosophischer Betrachtung sind Tod und Geburt miteinander verwoben. Alle Phasen der menschlichen Entwicklung, von der gerade eben befruchteten Keimzelle, bis zum Verlöschen des Lebensfunkens am Rande des Grabes, bringen den Tod bestimmter Charakteristika und daraus erstehend die Geburt neuer Qualitäten mit sich. Das Studium der Muster bei der Zellentwicklung und während des Zelltodes gibt uns wichtige Hinweise auf das innere Geschehen in Wandlungsphasen und ein größeres Verständnis für effektive therapeutische Begleitung bei tiefen Wandlungsprozessen im späteren Leben. Und schließlich ist es bekanntermaßen so, daß jeder Mensch im Laufe von rund sieben Jahren sein gesamtes biologisches Zellmaterial – quasi den Anzug – austauscht. Alles wird ständig erneuert und verjüngt. Das, was wir in Wirklichkeit sind, ist ein reines Energiefeld, das sich ständig an sich selbst erinnert. Das ist unsere eigene Matrix, unsere Quelle, unser Licht. Es ist unsichtbar und wird von der biologischen Materie nur „durchflossen“.

Der Bruch des Kontinuums bereits in früher Kindheit, führt aus der Verbundenheit heraus und schafft sich im Tod ein Schreckbild, das zu einer permanenten Bedrohung wird. Diese Bedrohung wirkt im Untergrund als latente, lähmende Angst. Dies wäre vergleichbar mit dem Bild einer leckgeschlagenen Gasleitung im Keller eines Gebäudes: Der Geruch dringt durch das ganze Haus, verpestet nach und nach alle Räume, lähmt die Beweglichkeit und Aktivität der Bewohner und schafft zudem die letztlich ganz reale Bedrohung einer dramatischen Explosion. Wir erachten es als selbstverständlich in so einer Situation, auf die Suche nach dem Leck zu gehen, soweit es das Gas betrifft. In Bezug auf den Bruch des Kontinuums verhalten wir uns indes ganz anders: Wir versuchen unser Leben abzusichern, indem wir alle Fenster und Zugänge nach außen verrammeln und unsere Lebensaktivitäten immer mehr einschränken. Wir nehmen es in Kauf, die letzten Fäden unserer Verbundenheit vollständig zu kappen, zimmern uns stattdessen eine vollständig von der Realität abgekoppelte Lebensphilosophie. Wir glauben, daß wir in unserer von Menschen gemachten Welt überleben können, wenn um uns her die Natur stirbt. Je mehr wir davon wahrnehmen, was draußen in der wilden Welt und um uns herum vorgeht, desto stärker werden unsere Verdrängungsmechanismen aktiviert. Wir verfangen uns völlig in unserem eigenen Hirngespinst, landen in vollständiger Abgetrenntheit. An dieser Stelle entsteht „Die Große Lüge“[14], daß der Mensch etwas anderes sei als die Natur. Diese (Selbst-) Lüge hat den Zweck, uns vorzugaukeln, daß wir beruhigt so weitermachen können wie bisher: Konsum als Motor der Wirtschaft, Wachstum als Zeichen der Gesundheit, Mobilität um jeden Preis, Individualität vor Gemeinsinn. Das Ergebnis dieser Ideologie liegt bereits deutlich vor uns: Wir begehen ein Verbrechen an unserer eigenen Natur.

---

14 Steven Foster, life.

Wir sind delinquent, das heißt, aus der Verbundenheit gefallen. Genau wie Schwerverbrecher, die vor Gericht keinerlei Gemütserregung empfinden, während über ihre Greueltaten verhandelt wird. Dies ist unsere Delinquenz gegenüber der Natur.

## Invitation, erster Schritt einer Heilung

Delinquenz als Auswirkung und gleichzeitig Motor eines fortschreitenden Zerfalls der Familien und der sozialen Zentripetalkräfte ist heute in vielen Ausprägungen zum gravierenden gesellschaftlichen Problem geworden. Besonders bei jungen Menschen, in ihren Jahren der sensiblen, offenen Rezeptivität, in ihrer Zeit des suchenden Lauschens auf das, was aus der Welt der Erwachsenen zu ihnen kommt, vermag sie weitere schwere Störungen in der Entwicklung zu bewirken und braucht dringend einen pädagogisch und ökologisch sinnvollen Ausgleich. Alle Betroffenen, besonders auch die Eltern, brauchen Unterstützung und Handreichung. Insofern sind tiefenökologische Bestrebungen auf das Heilen des alten, im Stammhirn angelegten Vertrauenskontinuums, das Herstellen von ehrlicher und echter Kommunikation und das Erleben von ökologischer Vernetzung und sozialer Verbundenheit konzentriert.

Für die jungen Menschen muß deutlich werden, daß sie eine Einladung erhalten. Sie müssen eingeladen werden[15], mitzutun, mit uns zu sein. Im englischen gibt es für diese Art maturen Handelns und Seins ein wunderbares Wort: *Stewardship*[16] ich möchte es hier ergänzen: *Mature Stewardship* der Mitwelt.

Die lebendige Qualität, die damit gemeint ist, besteht in einer aufmerksamen und wachen und liebevollen Betreuung und Beaufsichtigung der Schätze und Ressourcen der Menschheit. Hier ist eine echte soziale und politische Bewußtseinsbildung gemeint, die auf der Einladung zur Verbundenheit und auf kommunikativen, die Vernetzung wahrnehmenden Bewußtseinbereichen beruht.

Die hier gemeinte Einladung, die „Invitation" hat viel mit existenzieller Zugehörigkeit zu tun. Wie wir schon weiter vorn gesehen haben, hat die perinatale Grundmatrix bereits eine Skizze geliefert, in der wir das persönliche, spezifische Verhalten während existenzieller Übergänge im Leben vorgezeichnet finden. Aus diesem Grund ist es unabdingbar, sich bei der Frage, welche Art von Einladungs- bzw. Initiationsritualen für die heutige Situation angemessen sind, auf das Bild der „guten", weil natürlichen Geburt zu beziehen. William Emerson[17], einer der führenden Forscher und Praktiker im Bereich der Behandlung von Geburtstraumata bei Säuglingen und Kindern, spricht von einer morphogenetischen Theorie des Geburtstraumas. Er geht – in Übereinstimmung mit der großen Mehrheit der Geburtstrauma-Forscher – davon aus, daß jedes Kind im Verlauf seiner Geburt ein Trauma erlebt, das jedoch nicht notwendigerweise in Abgetrenntheit (Delinquenz) enden muß. Zusammenfassend kann hier gesagt werden, daß die Präsenz der Mutter während des Geburtsprozesses und ihr seelischer Kontakt zum Baby während des Geburtsgeschehens ausschlaggebend sind. Wenn sie durch Fremdeinwirkung, bspw. etwa starke Schmerzmittel oder massive Aktivität des helfenden Personals, in Zweifel und Ängste gestürzt wird, macht sich Unsicherheit breit. Dann ist es sehr wahrscheinlich, daß das Kind sein Geburtstrauma in vollständig anderer Weise abspeichert, als wenn die gesamte Geburt durch Verbundenheit getragen wird.

---

15 Das lateinische Wort *Invitation* (Subst.: mit Leben füllen, ins Leben führen, Einladung) ist dem Wort *Initiation* (Einführung, Beginn; vgl. inire = hineingehen, anfangen) sinnverwandt.

16 stewardship = (sorgfältige) Verwaltung.

17 Emersons Homepage: www.emersonbirthyx.com.

# Vaterhunger – Mutterdurst

## Kollaps des Väterlichen: Leben ohne Vater[1]

*Wenn mein Vater mit mir geht,*
*Dann hat alles einen Namen.*
*Vogel, Falter, Baum und Blume.*
*Wenn mein Vater mit mir geht,*
*Ist die Erde nicht mehr stumm.*
*Kommt die Nacht und kommt das Dunkel,*
*Zeigt mein Vater mir die Sterne.*
*Er weiß, wie die Menschen leben,*
*Weiß, was recht und unrecht ist,*
*Sagt mir, wie ich werden soll.*

Josef Guggemoos

Ja, wenn der Vater wirklich greifbar ist, aus Fleisch und Blut, dann können die Kinder etwas von ihm haben. Aber das brave Gedicht von Josef Guggemoos klingt nicht ohne Grund schon leicht nostalgisch. Denn leider sieht die Realität heute überall in den Ländern der „ersten" Welt ganz anders aus:

*„Wenn es uns nicht gelingt den Niedergang der Ehe aufzuhalten, und somit einen tragfähigen Rahmen für die Familie zu erhalten, werden keine anderen Errungenschaften einer noch so wohlmeinenden Familienpolitik kraftvoll genug sein, die Zerstörung einer förderlichen und gesunden Sphäre für unsere Kinder zu vermeiden.*

*Der Zerfall der Familien in den Gesellschaften der Industrienationen und in vielen anderen aufstrebenden Ländern aller Erdteile stellt direkte Herausforderungen an die Übergangsrituale in unserer Zeit. Vor einem familiären Hintergrund, der geprägt ist durch ein Klima des Streites, durch mangelnde Kommunikation, durch Trennung und Scheidung, können auch die besten Erkenntnisse und wertvollsten Neuorientierungen der jungen Initianden häufig sehr viel schwerer tragfähig und weniger dauerhaft werden. Besonders deshalb, weil viele der Veränderungen, die auf einer VisionsSuche initiiert worden sind, intensiv mit der Beziehung zum Vater und zur Mutter gleichermaßen zu tun haben. Meistens hat sich auch während der Erfahrungen im Vorfeld der Initiation und während des Schwellenrituals eine Verdeutlichung der realen Beziehungen zwischen den Eltern eingestellt. Die jungen Leute, die aus zerstörten oder gestörten Elternhäusern kommen, sind häufig enttäuscht, demotiviert, blockiert in jeglicher Motivation und wenig kontaktfreudig. Sie sind noch immer auf der Suche*

1 aus: Crossroads, The Quest For Temporary Rites Of Passage (Life without Father), von Louise Carus Mahdi, Übersetzung Shanti Petschel, 2004.

*nach den „guten Eltern“. Ihr Blick ist rückwärts gerichtet. Sie scheinen noch nicht bereit, sich von der „Beelterung“ zu verabschieden und sie können es auch nicht! Sie haben von ihren Eltern noch nicht bekommen, was ihnen zusteht! Diese Jugendlichen neigen dazu, sich Ersatzeltern zu suchen, Mentorinnen und Mentoren, die als Vorbild für ein gelungenes Zusammenleben dienen können. Die Statistiken weisen aus, daß es überwiegend die Väter sind, die abwesend und nicht greifbar sind. Das gilt für die USA ebenso wie für Europa und die aufstrebenden Nationen Asiens und Australien, und weicht nur unwesentlich im „Timing“ und in den Prozentzahlen voneinander ab. Die Wirkung ist freilich überall die gleiche: Kinder wachsen zunehmend ohne Väter auf!*

*Wir müssen uns bewußt machen, daß Jugendliche ohne Väter (oder Mütter) ganz besondere Bedürfnisse haben. Es wird immer wichtiger, sowohl die erwähnten Mentorinnen und Mentoren, aber ganz besonders auch die Väter darin zu unterstützen, daß sie die Verbindung zu ihren Kindern wieder beleben! Solche Bemühungen sind enorm wichtig!*

*Wie wichtig, das zeigen aktuelle Erhebungen in den USA und Europa, die besagen, das zirka 40 Prozent aller Kinder ohne ihre Väter leben! In den allermeisten Fällen bedeutet das, daß der abwesende Vater für sein Kind nicht verantwortlich ist, letztendlich tritt er als Vater nicht in Erscheinung.*

*Daraus geht auch hervor, daß funktionierende Beziehungen zwischen den Eltern essentiell sind, wenn wir eine funktionierende Gesellschaft wollen. Mehr als die Hälfte aller rechtskräftig inhaftierten Verbrecher wuchsen bei nur einem Elternteil auf. Das Fehlen des Vaters ist Teil der persönlichen Geschichte der meisten Kriminellen; dieses Faktum ist signifikanter als alle anderen Gründe, wie zum Beispiel Herkunft aus einer Zone der Armut oder die Zugehörigkeit zu einer ethnischen Minderheit usw.!*

*Minderjährige Mütter kommen gar doppelt so häufig aus zerbrochenen Familien und sind folgerichtig auch meist selbst nicht in der Lage, mit dem Vater ihres Kindes zusammenzuleben. Und was beinahe am schwersten wiegt, ist, daß abwesende Väter stärkere psychologische Verwerfungen in den Seelen ihrer Kinder hinterlassen, als verstorbene!*

*All diese Faktoren führen fast zwangsläufig zu negativen Übergangsritualen der Kinder, wenn diese die Zeiten der großen Übergänge in ihrem Leben erreichen*

*„Scheidung ist nicht nur einfach eine Episode im Leben eines Kindes,“ erfahren wir von Judith Wallerstein, die in ihrer Praxis viele Kinder während etlicher Jahre beobachten konnte. Während noch vor zwei Generationen das umfassende Netzwerk der Großfamilie den einzelnen Mitgliedern eine Menge helfen konnte, ist heute die Kleinfamilie typisch. Die Narben einer Scheidung sind bei den Kindern am längsten wirksam und bleiben jahrzehntelang spürbar. Elternschaft ist eben kein Job!*

*Blankenhorn betont: „Es geht eben nicht um die Anwendung von Techniken. Es geht um menschliche Identität.“*[2] *Es ist aber das Ziel von Übergangsritualen, Hilfen zur Identitätsfindung anzubieten.*

*Das Problem besteht eben darin, daß immer mehr Kinder ohne Rollenvorbilder aufwachsen müssen, aber so behandelt werden, als hätten sie diese „Rollenmodelle“ gehabt. Noch vor zwei Generationen gab es in unseren Gesellschaften ungleich viel mehr Vorbilder als heute. Die Nachbarschaften sind in der Regel selbst mit Problemen gleicher Art beschäftigt, es gibt keinen Hintergrund mehr, auf den sich die Kinder beziehen könnten. Kurz gesagt, haben sich Gemeinwesen (im Sinne von verbindlichen und vertrauten Nachbarschaften) in den meisten Städten weitgehend aufgelöst; das führt zu einer verstärkten Belastung der kleinen Restfamilien und isoliert diese zusätzlich.*

*Das Schlüsselproblem, das durch ein zerbrochenes Heim hervorgerufen wird, ist, daß jene jungen Menschen sehr häufig Übergänge als destruktiv und gefährlich erleben, wenn einer ihrer beiden Eltern abwesend ist.*

*Die gute Nachricht, und sie wird überwiegend ignoriert, ist, daß eheliche Vaterschaft die häufigste und tragfähigste Grundlage für das Lebensglück des heutigen Mannes ist, zumindest was die Väter betrifft! Liebender Mann und hingebungsvoller Vater zu sein ist immer noch der beste Teil männlichen Daseins. Die schlechte Nachricht... ist, daß hohe Scheidungsraten und außereheliche Elternschaft, die beiden hauptsächlichen Quellen von „Vaterschaft, ohne wirklich Vater zu sein“, unvereinbar sind mit männlichem Lebensglück und gesellschaftlichem Erfolg; ... eheliche Partnerschaft bietet ein unersetzliches Lebensfundament für ein gesundes Vater-Sein... Ein wirklicher Mann zu sein bedeutet auch, ein guter Vater zu sein!“*[3] (Louise Carus Mahdi)[4]

In unseren Jugend-VisionsSuche-Gruppen der letzten zehn Jahre haben wir stets aufs Neue dieses Muster erkennen können. Abwesende Väter sind eine schwere Hypothek auf den Schultern ihrer Kinder. Der aufrechte Gang dieser Kinder wird ungemein erschwert, denn ihnen fehlt die Rückenstärkung. Die Mädchen verlieren das Vertrauen in das Männliche und verbünden sich mit den Müttern. Nicht lange, dann bricht jedoch zwischen Mutter und Tochter ein ungleich größerer Graben auf, denn auch für Mädchen muß eine Ablösung von der Mutter stattfinden. Mama muß vom Sockel gestoßen werden. Dumm ist nur, daß sie durch das Verblassen des Vaters auch noch die Rolle der Männlichkeit zu übernehmen hatte und „Modell XXL“ spie-

2 David Blankenhorn, Fatherless America, New York, BASIC BOOKS, 1995.

3 ebda. S. 223.

4 Louise Carus Mahdi ist Jung´sche Psychoanalytikerin mit über 20-jähriger praktischer Erfahrung in der Arbeit mit VisionQuest und anderen Übergangsritualen. Sie lebt und arbeitet im Süden Kanadas. Dort ist sie Co-Leiterin des „Temagami Camp“, eines Institutes, das therapeutische Wildniserfahrung, VisionsSuchen in der Wildnis des großen Seengebietes und psychotherapeutische Camps ausrichtet. Sie ist Co-Autorin mehrerer Bücher über zeitgenössische Übergangsrituale. Siehe Homepage-Adressen im Anhang.

len mußte. Das kann nur schief gehen, wenn der kritische Blick des pubertierenden Töchterleins erwacht!

Ganz besonders gravierend wirkt indes der entschwundene Vater im Falle der Söhne, die ein geschlechts-identisches Rollenvorbild dringendst brauchen.

Wir sitzen im Tipi in großer Runde und erforschen die Lebenssituation der jungen Leute, die mit unserer Begleitung auf ihre VisionsSuche gehen wollen. Der frisch ausgelegte Farn duftet und zeichnet ein feines, filigranes Muster auf den Boden: Wir sitzen auf einem Teppich aus reiner Natur, beste elektrostatische Verhältnisse für die Zeit des achtsamen, ehrlichen Erinnerns. Von den „VisionsSuche-Hebammen" werden Fragen gestellt. Bist du bereit für den Schritt ins Erwachsensein? Erinnere dich an deinen Vater.

Martin antwortet: *„Mein Vater ist zwar noch in der Familie, nach meinem Gefühl jedoch seit vielen Jahren mit seiner Arbeit verheiratet, nicht mit unserer Familie. Meist auch am Wochenende war er am Schaffen, seine Baufirma rief ihn. War sein Beruf und sein Hobby! Er hat da was aufgebaut!*

*Ich habe eine wunderschöne Erinnerung an ein Erlebnis mit meinem Vater. Aber wenn ich meine Beziehung zu ihm heute anschaue, so fühle ich eine Glaswand zwischen mir und ihm. Da sind viele Glaswände, alles scheint für mich nicht so richtig real, erreichbar. Woher kommen sie?*

*Ich leide unter den Vorstellungen der anderen über mich, was sie an mich an Erwartungen stellen. Das setzt mich unter Druck.*

*Ich habe große Sehnsucht nach bedingungsloser Liebe und Respekt."*

Eine aufmerksam gespannte, aber sehr respektvolle Atmosphäre entwickelt sich aus der direkt, aber mitfühlend vorgebrachten Frage: „Hattest du viel Körperkontakt zu deinem Vater?"

*„Nicht sehr viel – aber wir haben trotzdem viel unternommen. Ich war meinem Vater sehr zugeneigt. Der Bruch kam, als ich 10 Jahre alt war. Da ist ein tiefer Vertrauensbruch geschehen, er hat seine Versprechen gebrochen. Daraufhin habe ich dichtgemacht und selbst auch eine Front gezogen."*

Martins inneres Kind fühlt sich einsam, es kann seinen Vater nicht mehr erreichen. Es wendet sich ab und verharrt in latent abwartender Haltung, Abwehr ist zu spüren.

Einige der jungen Zuhörer nesteln an den in lebhaften, bewegten Mustern liegenden Stengeln, blicken vor sich auf das zarte Grün. Aufmunternde, gedämpfte Blicke auf Martin, auf mich ...

„Liebst du deinen Vater?"

*„Ja!"*

„Hast du deinen Vater um seinen Segen für dich gebeten?“ Martin weiß nicht, was das bedeutet. Er glaubt, daß sein Vater von so was nichts hält, er werde auch auf keinen Fall Zeit haben, hierher zu kommen! Man weiß es aber nicht wirklich, wie er sagt. Er beugt sich etwas nach vorne, nimmt ein kräftiges Stück Birkenholz, wirft es etwas derb auf das Feuer:

*„Ist das Liebe oder mehr materiell?“*

Ich lege kurz dar, was wir unter diesem Segen verstehen: Eine Übertragung von Verantwortung für sich selbst und sein ganzes weiteres Leben und die allerbesten Wünsche durch eine Berührung, wie etwa eine Umarmung oder einen liebevollen, bewußten Blick etc., jedenfalls eine klar erkennbare Geste, die man deutlich spüren und als wichtig markieren kann.

Martin stellt fest, er könne seinen Vater um dessen Segen bitten, beschließt, daß er das tun wird, sobald es einmal paßt.

„Was ist Segen für einen Mann?”

*„Schuld abgeben, Druck loslassen dürfen. Freigebung und Segnung des eigenen Weges, Frage nach Verantwortung für die Kinder, die man haben wird.“*

Interessant, er hat also doch eine sehr klare Vorstellung davon!

„Warum sollte das ausgerechnet der Vater tun?“

*„Das wäre natürlich. Er ist doch mein Vorläufer im Staffellauf der Männlichkeit!“*

Diese Antwort kommt wie aus der Pistole geschossen! Einige im Zelt lachen erleichtert. Im Feuer gibt es einen mächtigen Knall, ein Funken stiebt quer durch den Raum, muß ausgetreten werden. Es riecht brandig. Das Lachen bleibt in der Luft...

'*... im Staffellauf der Männlichkeit*‘, wie schön er das sagen konnte! Als könnte er die Fackel des Lebens sehen, wie sie von seinen Vätern weiter gereicht wurde, durch die unendlich lange Reihe seiner männlichen Ahnen. Nur leider hat sein Vater in Martins Leben an seiner systemischen Position wohl eine etwas blasse Vorstellung geboten. Ein kraftvolles Bild war da jedenfalls nicht zu finden.

In der Mitte brennt das Feuer mit hellen Flammen, jemand hat kräftig nachgelegt.

„... wie erinnerst du dich denn an deine Mutter?“

*„Ich hatte und habe ein supergutes Verhältnis zu meiner Mutter, wir stehen auf dem gleichen Level; es gab und gibt gute Gespräche, sie ist meine Akku-Ladestation.“*

Er wird etwas stiller und sinkt etwas in sich zusammen, atmet schwer, kommt an tiefere Schichten:

*„Ich fühle jetzt Schmerz in Bauch- und Herzbereich, eine mörderische Wut und brennenden Haß in Bezug auf das Leben, mein eigenes Leben und in Verbindung zur Freude; ja, Wut und Haß: Meine Mutter hatte oft keine Zeit für mich, weil sie auch zur*

*Arbeit ging. Ich fühlte mich allein, einsam; ich hatte Sehnsucht nach meiner Mutter, ich fühlte mich verraten, verlassen von meiner Mutter – der ersten großen Liebe die ich hatte, der ersten Geliebten!"*[5]

## Mama Herzeloide

Der mittelalterliche „Hit" unter den europäischen Geschichten und Mythen, die Geschichte von Parzival, dem ewigen Sucher, ist ein bewegender, faszinierender Beweis dafür, daß Väter schon immer zur Unzeit verduftet sind, irgendwo draußen in der fernen Welt *richtiger* Männer etwas viel *Besseres* zu tun hatten und ihre Söhne in einem schrecklichen Schlamassel zurückgelassen haben. Die Mütter, heillos überfordert und unfähig, den Sohnemann mit den Qualitäten der Männlichkeit auszustatten, bringen ihn noch mehr in Schwierigkeiten, indem sie ihn mit „Weiberkram" vollstopfen und seine aufkeimende Wildheit, seine Wut und Enttäuschung über das Leben unter „Frauenkleidern" zu kaschieren versuchen. Jetzt kommt der Auftritt von 'Herzeloyde', der Mama von „Hänschenklein". Heranwachsender, junger Wilder, der doch hinaus will ins Leben! Sie versucht, ihm (natürlich unbewußt) die Vorzüge der wilden Männlichkeit zu vermiesen, nennt ihn ihr Herzchen und Schmerzchen.

*„Sollt' er von Rittern wissen,*
*so würd'er mir entrissen.*
*Drum haltet klug die Zung' in Haft,*
*und schweiget ihm von Ritterschaft!"*[6]

Lieber Sohn, guter Sohn, schöner Sohn, sei lieb, sei gut, sei schön ... *„und ist er nicht selber,"* wie Christiane Olivier anmerkt, *„das einzige männliche Wesen, das sie je bei sich gehabt hat?"*

*„Hat die Mutter ihn nicht zumindest in einer Intensität bei sich, die den meisten erwachsenen Männern Angst und Schrecken einjagen würde? Wo wird sie je wieder einen so offenen, hingebungsvollen und zärtlichen Mann treffen, wie sie ihn in ihrem Sohn gefunden hat? Kann er sie nicht für das entschädigen, was eine patriarchale Gesellschaft ihr an Belastungen auferlegt? Ist er nicht im Geheimen ein besserer Mann als der, mit dem sie zusammenlebt? Und ist es nicht faszinierend, die eigene Person um einen kleinen, eng verbundenen Menschen erweitert zu sehen, der anders ist, weil er ein anderes Geschlecht hat? Kann eine Mutter nicht in einen kleinen, noch formbaren Jungen genau jenen Mann hinein träumen, den sie sich schon immer gewünscht hat?"*[7]

---

5 aus der Vorbereitungsphase von Martin „Wandering Mountain Lion", 18 Jahre.

6 Parzival und Herzeloyde, seine Mutter. Dieses Thema ist wunderbar ausgeführt in: Die Kraft der Männlichen Sexualität, Schröter/Meyer, Pendo, 2002.

7 Christiane Oliver, Die Söhne des Orest, DTV, 1997.

Der nur halb gezähmte Muttersohn ist ein innerlich zerrissener, willfähriger, harmloser und gläubiger Aspirant auf den Höfen der Bequemlichkeiten. Die Natur des Mannes, der in diesem warmen Nieselregen weiblicher Segnungen erwachsen werden will, kann nur an den Gitterstäben der Zivilisation hin und her paradieren, seine Muskeln im Schutzraum des kulturellen Käfigs spielen lassen, die Pfade der eigenen Wildnis bleiben ihm verborgen. Warum auch sollte Mama Herzeloide ihn freiwillig gehen lassen?

Die VisionsSuche könnte hier ein Erfahrungsraum für das Erleben von Grenzen, Gehalten- und Erkanntsein, für echte Freiheit und Verbundenheit, für einen würdevollen und kräftigen Wandel sein, der eine praktische Ablösung von allen Verstrickungen mit den unerlösten Themen der Eltern ermöglicht.

Das Kontinuum ist zerstört, gebrochen! Die Verbundenheit mit dem sozialen Uterus Familie beginnt sich in dieser Geschichte vor unseren Augen deutlich aufzulösen. Der kleine Tod der Delinquenz kündigt sich an: wenn die während der Pubertät erwachende *Litima* in den jungen Männern ihr Feuer entzündet, wird das Raubtier aus dem Käfig ausbrechen. Und es wird dies heimlich tun, nachts, in den unbewachten Augenblikken, wenn Mama und Papa wieder einmal mit sich selbst beschäftigt sind. Die Suche nach Halt führt die haltlos gewordenen hinaus, in die Zonen, wo sich vielleicht noch Grenzen erfahren lassen.

Und auch für die Mutter ist es gut, wichtig und bitter nötig, von der Illusion und Verstrickung mit ihrem Knaben frei zu werden. Sie wird ihre ganz eigenen Chancen erkennen und hinausgehen ins Freie. Dort warten die Aufgaben und Freuden der freien Frau auf sie ...

*Mutter & Sohn, bereit, loszulassen*

# Was geht? Gibt jemand Antwort?

*Wo Sehnsucht*
*Und Verzweiflung sich paaren,*
*Da ist Mystik.*

Friedrich Nietzsche

## Der Mutterdurst

Mutterdurst offenbart sich in dem Bedürfnis, die elementaren Kräfte der Welt zur „Freundin" zu haben. Der Übergang von der diadischen Sphäre der Symbiose[1] mit der Mutter auf dem Weg der Dreiecksbildung mit dem Vater als Repräsentanten der größeren sozialen Sphäre muß vollzogen werden, damit sich die Verbindung mit der „Größeren Mutter", der Sphäre der wilden Natur, gemäß ihrem inneren Kontinuum, entwickeln kann.

Dieser Übergang wird etwa im siebten Jahr des Lebens vor sich gehen und baut auf dem in der frühen Kindheit angelegten Ur-Prozeß auf.

***Vier Elemente***

*Vielleicht atme ich die Luft, die seit Jahren um die Erde weht,*
*trinke ich das Wasser, das Eis wird und durch Steine geht,*
*wärm mich an dem Feuer, das zerstört und Leben bietet,*
*denn ich such auf dieser Erde*
*nach dem Friedensplatz der Liebe.*

*Wasser*

*Ich hab Wasser gesehen, berauschend, mächtig, erhaben,*
*Vor allem am Abend in flammenden Farben.*
*Ich sah reißende Flüsse und tosende Bäche*
*Gewaltige Güsse, mit nackten Füßen und Pfützen,*
*Stand unter schützenden Dächern, vor Blitz und Donnerschlag*
*Ich denk fast jeden Tag daran, wer letzten Sommer starb*
*Sah Regentropfen und Eisblumen, Hagelkörner Wasserfälle*
*Mein Floß auf allen Strömen, Wellen und Möwen,*
*Bergseen mit Höhlen, sah Flut die Ebbe erlösen.*
*Weiße Gischt an Felsküsten, Salzkrusten in Wüsten*
*Sah von Steilklippen auf Halbinseln das Timing der Gezeiten*
*Und ich tauchte in lautlosem Blau um dieses zu begreifen.*

---

1 *Symbiose*: Das Zusammenleben von Lebewesen verschiedener Art zu gegenseitigem Nutzen.

*Erde*
*Ich bin barfuß gegangen auf Feldern, Städten, Plantagen,*
*Manchmal die Frage im Nacken, wer wird als nächstes begraben?*
*Sah Vulkane und Lava, ich sah endlose Welten*
*Den Horizont der Savannen, kleine Kiesel und Steine*
*Ich stand auf fruchtbarem Boden im Wald die Zwerge und Gnome*
*Hohe Tannen und Kiefern, Sümpfe, feuchte Gebiete*
*Voller Fliegen und Viecher, Flieder, auf weiten Wiesen sprießen*
*Kräuter und Gräser, perfekte Wesen, Pflanzen verwesen,*
*Ernähren Berge und Täler, an Hängen stehen Zedern*
*Ich red von roter Erde,*
*Sah schneebedeckte Gipfel in den Wolken verschwinden*
*Und kann mich gut an meine Burgen aus dem Sandkasten erinnern*

*Feuer*
*Ich sah Sonnenuntergänge in voller Länge und jeden Tag,*
*Entsetzt vom schnellen Ende bedecken die Tränen den Sarg*
*Feen waren da und tanzten ums flackernde Feuer*
*Sah Rauchschwaden aufragen, wie mich die Funken betäuben*
*Glut und flimmernde Hitze, Holz und Rinde am Knistern*
*Entstehung und Zerstörung in einem vereint*
*Wer betet und wer hört uns? Schon ein brennender Scheit*
*Zeigt Hoffnungsschimmer in der Ferne, ich ernähr mich von der Wärme*
*Wie viele Sterne werd ich auf den Scheiterhaufen werfen?*
*Glühende Kohlen, auf denen ich ohne Sohlen renne*
*Wohnlose Zone, ich halt Rosen in den Händen*
*Doch ihr Donnern laß ich im Flammenmeer des Tosens verenden.*

*Luft*
*Ich hab geatmet wie ich's nie tat, erfahren daß das ein Trieb war*
*Gefahren für das Klima, ich umarm die, die ich lieb hab*
*Ich sah rasende Blätter, und knochige Bäume beim Tanzen*
*Herbststürme im Chaos, ich sah fliegende Pflanzen*
*Ich sah die Spur des Orkans, wann wird dort wieder was wachsen?*
*Ich umgab mich mit kristallklarer, nahrhafter Luft und war so wach*
*Ich sah Nebelschwaden, roch den milden Duft des Abends*
*Schallwellen tragen meinen Namen bis hoch zum Himmel*
*Und der Adler, der oben kreist, bewacht ihn dort für immer*
*Zwischen den Wolken, mit glänzenden Federn, Flügelschläge*
*Die Beschützer der Seele, zu viele gehen ohne zurück zu kehren*
*Wie soll man sich beim Glück beschweren?*
*Das Leben ist ein Stück zu schwer*
*Und keiner füllt die leeren Lücken.*

*Luft, Wasser, Feuer und Erde*
*Unter Millionen von Sternen und nichts*
*und niemand kann sich aus diesen Kreisen entfernen.*
*In jedem Stein, den ich werf und jedem Tropfen Wasser*
*In jedem Funken der Glut seh ich die Seele des Ganzen*
*Und dann breite ich meine Arme aus und laß mir Flügel wachsen*
*Denn alles ist in Allem, ich brauche lang um zu begreifen:*
*Ein großes Werk ist nichts ohne den Beitrag seiner Teile.*

HipHop Text von Pyranja, CD „Wurzeln und Flügel"

Als ich diesen Rap von Pyranja das erste Mal hörte, bewegte sich mein Herz und ich war sehr zugleich traurig und glücklich. Unerwartete Tränen. Es war für mich ein bekanntes Gefühl von ekstatischem Lebensschmerz, der aus dieser kraftvollen, jungen Frauenstimme zu mir sprach. Hunger nach Liebe, Angekommensein, nach Geborgenheit. Und zugleich die Beschreibung der machtvollen Vision dieser neuen Generation. Seh ich mir ihr Bild auf der CD-Hülle an, staune ich über den Eindruck einer Göre, die versucht, den Anschein einer erwachsenen Frau zu erwecken und doch: Ihre klare Botschaft sowie die Tatsache, daß sie sich im Hip-Hop, einer Szene von konkurrierenden Jungs, durchsetzen konnte, spricht eine andere, eine reifere Sprache.

Dieser Text – und ein paar andere – auf ihrer CD sprechen den alten, zutiefst menschlichen Hunger nach Initiation an, nach der Einladung von Materie und Geist, Mutter und Vater in der nächsten Sphäre, nach dem Ende der Kindheit. Es ist eine Ode aus dem kreativen Feuer der Jugendlichkeit. Rap macht das Wort zu einer Waffe der Selbstbehauptung. Rote Poesie rotiert in Säulen aus züngelnden Flammen. Litima, die Kraft der jungen Wilden auch hier, aus dem tobenden Herzen und tanzenden Körper, aus dem Atem und Schweiß einer jungen, wilden Frau, die ihre eigene Kultur, auf breiten Sohlen stehend, kräftig mitgestaltet. Elementare, gesunde Aggressivität und ein unbändiger Hunger nach Schönheit, Echtheit und Vision. Die Hip-Hop-Gemeinde hängt an ihren Lippen. Und beileibe nicht nur die Jungs! Sie wird anerkannt in ihren Kreisen und findet einen Teil der Befriedigung, die sie so wild entschlossen sucht. Aber der Weg ist noch lange nicht zu Ende, denn der Hunger nach Verbundenheit wird erst gestillt sein, wenn auch aus der Welt der Elders die erlösende Anerkennung, Wertschätzung und Einladung, ihren großartigen, unverwechselbaren Beitrag zum Gelingen des Experiments Mensch beizutragen, zu ihr kommt und ihr ungestümes, junges Herz erreicht.

Denn sie weiß es eigentlich schon, nicht wahr?

*... alles ist in allem, ich brauche lang, um zu begreifen:*
*Ein großes Werk ist nichts ohne den Beitrag seiner Teile.*

## Der Vaterhunger

Der Vater steht an der Pforte des Überganges von der geistigen Welt in die Materie, denn es ist sein „männliches Feuer“, sein Same, der die Energie aufnimmt und zum Ei tief im Schoß der Mutter transferiert. Das ist der Grund, warum ich ihn mit der geistigen Form der Energie im Entwicklungsprozeß zum Zeitpunkt der Zeugung gleichsetze. Zu diesem Zeitpunkt prägt die seelisch-geistige Verfassung des Vaters wie ein Wellenmuster die Wasseroberfläche das reine, energetische Geschehens der Zeugung. Damit wird gesagt, daß es da einen deutlichen Unterschied geben kann zwischen dem Potential seiner Anlagen und der daraus resultierenden psychisch-seelischen Kraft einerseits und den real auf diesen Informationen „reitenden Verunreinigungen“, die temporärer Natur sind, andererseits. Dieser Unterschied ist aber auch ein fruchtbares Spannungsfeld für den Lebensstart des Kindes, denn er gebiert die Motivation, auf das Väterliche zuzugehen, es herauszufordern.

Der Vater steht aber auch an der Grenzlinie der frühkindlichen Sphäre einer innigen Symbiose mit der Mutter (Diade), dort, wo der Pfad hinausführt in die Sphäre der Dreiecksbeziehung: Ich, Mama und Welt (Triade). Wenn das Kind beginnt, über die Sphäre seiner intimen, gut verbundenen Symbiose mit der Mutter hinauszuschauen, nimmt es den Vater wahr als das DRITTE, das die umgebende Welt repräsentiert. Und alles wird gefärbt in der Aura der geweckten Neugier, des Willens zur sinnlichen Erkundung und der Motivation, sich aus dem engen Kreis von Mutters Umarmung hinauszubewegen.

*Ich saß auf dem Hügel, auf dem ich morgen dann auch das Ritualfeuer machen würde, sah auf die Berge mir gegenüber, auf denen der letzte Sonnenschein wanderte und sang zuerst total entspannt ein paar Lieder. Es war echt schön und ich genoß die Abendsonne, das Rauschen des Flusses, das Zwitschern der letzten Vögel und meinen ruhigen Gesang unglaublich. Doch plötzlich sah ich das Bild von Papa vor mir. Mit diesem kamen die Tränen, die immer mehr und mehr wurden. Ich schluchzte und jammerte, weinte und klagte. Und dann spürte ich auf einmal ganz deutlich, daß Papa hinter mir saß und mich umarmte. Auf einmal waren sie da, die Tränen, die ich so lange Zeit hindurch immer unterdrückt habe, die mich aber von innen aufzufressen schienen. Ich legte mich zurück und fühlte, wie Papa mich beruhigend hin und her wiegte, also gab ich der Bewegung nach. Ich nahm seine Hand, wo ich fühlte, daß sie war, und streichelte sie. Und plötzlich gelang es mir, ihn um Verzeihung zu bitten und vor allem auch ihm zu verzeihen. Ich konnte ihm sagen, daß ich ihn liebe, daß ich ihn enorm vermisse. So ging es lange Zeit. Es war gleichermaßen furchtbar wie wunderschön. Irgendwann fühlte ich dann, wie er langsam aufstand und rückwärts wegging. Und während meine Tränen langsam wieder versiegten, begann ich erneut zu singen. Und es war echt schön. Auf einmal ging es mir viel besser, der Druck in meinem Inneren, die schwere Last die ich so lange Zeit durch tragen mußte, war verschwunden.*

*Und zum ersten Mal in meinem Leben gelang es mir zu beten. Ich betete zu meiner Göttin, zu jener hohen Macht, die all die Eigenschaften aufbewahrt, die ich noch nicht habe, die ich mir aber irgendwann erkämpfen werde. Ich betete um Glück, um Liebe und um Zufriedenheit im nächsten Jahr, in meinem 21. Lebensjahr.*

„Northern Wolf Goddess“ an ihrem 21. Geburtstag

An dieser Stelle der Entwicklung ist die Basisqualität des sozialen Uterus, die an Bedeutung gewinnt, Wertschätzung und vollstes Zutrauen. Der Vater, der das Kind auf seine behaarten Arme nimmt, riecht anders, hört sich anders an, bewegt sich anders als die Mutter. Er erkundet mit dem Kind die größeren Radien um die sichere Mutter, die zunächst der Beziehungsmittelpunkt nah am Feuer bleibt. Seine Zuwendung bedeutet Angenommensein, denn schließlich findet diese Begegnung mehr als neun Monate nach dem ersten Feuerungsimpuls der Zeugung statt. Und in den Zeiten des Matriarchats ist es durchaus auch „Stil des Hauses“ gewesen, nicht monogam zu sein. Also war das Bekenntnis des Mannes zu seiner Vaterschaft und Väterlichkeit eine gelegentlich unsichere Sache und mußte umso mehr vom Kind selbst aufgesucht und aktiviert werden. Mit dieser Anerkennung ging eine Art Segnung einher, denn erst wenn das kleine Kind sich auch in der Sphäre außerhalb des Schutzraumes des Mütterlichen mit sicheren Gefühlen bewegen konnte und durfte, begann es damit die Grenzen der „äußeren Welt“ zu erforschen und sich dorthin zu bewegen, wo das Reich der wilden Geister begann, die über die Welt herrschten.

*Vom Vater willkommen geheißen*

# Im Clinch: Kultur und Subkultur

## Blasen im Schaum: Subkulturen

Die meisten Jugendlichen finden während der Pubertät Zuflucht in der Gruppe der Gleichaltrigen. Dort sind alle im Feuer der gleichen Lebensphase getauft. Ein Hunger nach Verbundenheit, Konfliktbereitschaft, ungebändigtem Lebenshunger und Solidarität zählen dabei zu den zentralen Motiven. Diese „Hordenbildung" läßt in ihren Entstehungs- und Beziehungsmustern Gesetzmäßigkeiten erkennen: Die Ähnlichkeit mit den Strukturen und Beziehungsmustern archaischer Stammesgruppen. Verbirgt sich dahinter der Hunger nach Zugehörigkeit zu einem vertrauten, akzeptierten Sozialorganismus mit überschaubaren Ausmaßen, der durch den Mangel an funktionierenden Familien- und Clanstrukturen hervorgerufen ist?

In der Terminologie der Sozialwissenschaften wird der spezifische sprachliche Ausdruck einer Gruppe oder Subkultur „Code" genannt. Die „Szene-Sprache" der jungen Generation ist heute der Code der Straße.[2] Weit entfernt davon, als Mittel der Kommunikation mit der großen Gesellschaft brauchbar zu sein, dient er eher der internen Selbstbestätigung und der Schaffung eines „Insiderbewußtseins". Es ist der Code einer intern definierten Exklusivität, Kristallisationspunkt eines elitären „Wir-Gefühls".

---

2 siehe auch *familiärer Code*! Die Gangs und Cliquen, in die sich die Jugendlichen flüchten, dienen als Familienersatz, wenn die Kraft der Familien geschwächt ist und sie ihre tragende und integrierende Funktion als Lebensmittelpunkt („sozialer Uterus") nicht mehr erfüllen können oder wollen.

Vertrautheit durch einen gemeinsamen *„Style"* verdrängt das Empfinden der Fremdartigkeit und suggeriert die Sicherheit eines funktionierenden sozialen Uterus, einer tragenden Sphäre für den anstehenden Wandel. Jetzt wird in diesem Rahmen die Einladung gesucht, das unbedingte Gefühl, dazuzugehören. Wenn wir den Code der Gruppe richtig deuten, so erkennen wir alle Kriterien der Initiation wieder, wie sie sich gemäß dem Monomythos *Zugehörigkeitsritual* beschreiben lassen: Schwellenprüfungen, Mutproben, extreme Loyalitätsbeweise, Mythen und Geheimnisse, eine Fülle interner Gruppenrituale.

Offensichtlich ist dabei das Gefühl einer deutlichen Abgrenzung gegenüber anderen Gruppierungen notwendig, eine regelrechte Abkapselung. Die Unterhaltungen der jungen Leute, die sich einer subkulturellen Gruppe zugehörig fühlen, hören sich deshalb gelegentlich an wie eine schwer zu entschlüsselnde Geheimsprache. Das kann indes verständlich werden, wenn wir an das Modellbild der perinatalen Grundmatrix[3] denken, in dem es um die Prägung der Zugehörigkeit durch Zu- und Hinhören geht: Für den jungen Menschen wird die „selbst gewählte" Gruppe zur Matrix des Wandels. Die Gruppe initiiert also ihre Mitglieder selbst. Das ist jedoch ein Widerspruch, denn es ist hier nicht die größere Sphäre der Sippe, des Clans oder der Gemeinde, die eine Einladung ausspricht, die Übergangszeremonie veranstaltet und das neue Mitglied aufnimmt. Sondern es ist eine Notgemeinschaft Verlassener, Verlorener, Zielloser als Gruppierung von Gleichen. Sie bilden „Blasen im Schaum", die ihre initiierenden, bindenden Kräfte nicht lange aufrecht erhalten können. Die Zentrifugalkräfte der konkurrierenden Straße, des globalen Marktes und der Kommerzialisierung ihrer kulturellen Leistungen stellen eine gewaltige Zerreißprobe für diese Gruppen in ihren eigenen Ehrencodices, mit eigenen Gesetzen dar. Sie können folgerichtig ihren Zusammenhalt als lose, nicht wirklich in die größere Gemeinschaft lebendig integrierte Blasen, nur durch interne, rigid dominante Strukturen und Terror[4] aufrecht erhalten. Und es braucht eine unermüdlich wiederholte Initiation, in der der innere Zusammenhalt ständig aufs Neue durch Loyalitätsbeweise und Vorführen der *Coolness*, Härte und letztendlich der Beherrschung des internen Codes bestätigt werden muß.

*„Initiation? Wer heute von Initiationsriten hört, denkt in der Regel an haarsträubende Mutproben, blutige Verstümmelungen, rituelle Gewalt. Da werden Pubertierende absichtlich verwundet, nachts von wüst bemalten Stammesmitgliedern zum symbolischen Sterben entführt und zu Tode erschreckt oder allein in die Wildnis geschickt. Jedem aufgeklärten Pädagogen, der davon hört, stehen die Haare zu Berge!"*[5]

---

3 Siehe: Die Matrix, Mutter ist immer dabei, ff.

4 Terror = Schrecken, von lat. *Terra,* ist auch als eine Aktivität zu verstehen, die Grenzen zum Schutze eines Territoriums definieren soll.

5 von Lüpke, Wenn die Kindheit stirbt.

Und dies ist vollkommen verständlich, denn „rituelle Gewalt, blutige Verstümmelungen und haarsträubende Mutproben“ können eben nur in eine von solchen Qualitäten geprägte Gemeinschaft initiieren. Deshalb sind solcherlei rauhe Methoden auch die bevorzugten Mittel der Selbst-Initiation in Gruppen, die sich im Wirkungsfeld sozialer Brennpunkte befinden. Die Unwirtlichkeit in den Metropolen gebiert solche Gebilde, erzwingt sie schier und kann der dort heranwachsenden Jugend doch nur zu genau solchen Bildern verhelfen. Jedes Initiationsritual muß eben genau die Qualitäten in seiner Struktur, Substanz und in der Art und Weise seiner Durchführung zeigen, in deren gemeinschafts- und lebenszuträglichen Rahmen hinein es zu initiieren vorgibt.

*„Denn in allen Kulturen der Welt gab und gibt es immer noch entsprechende Traditionen, bei denen Grenzerfahrungen bewußt inszeniert werden, um auf dem Lebensweg vorwärtszukommen, in neue soziale Rollen hineinzuwachsen oder Krisen zu überwinden. Rituale, mit deren Hilfe junge Menschen befähigt werden sollen, die grundlegenden körperlichen, psychischen und sozialen Veränderungen ihres Reifungsprozesses zu bewältigen. Im Rahmen dieser Initiationsrituale wird ihnen vermittelt, welche Rolle und Verantwortung sie als Frau oder Mann, in Familie, sozialer Gruppe, in ihrer Kultur und ihrem Glaubenssystem einzunehmen haben.“*[6]

## Das Verbindungsglied: die Initiation

Wenn wir die Metapher von der Geburt für das Initiationsgeschehen noch einmal bemühen wollen, wird klar, daß es für ein heiles Geschehen eine Mutter braucht, die im Kontakt mit dem – sehr wohl auch aktiven – Kind bleibt, aber auch eine außenstehende Begleiterin, die dem Geburtsgeschehen die Sicherheit, einen gewissen moralischen Halt und eine Richtung gibt. Sie ist die Repräsentantin der größeren Gemeinschaft, die der kleineren Familie den Rahmen und Zusammenhang mit der Gesellschaft sichert: die „Hebamme“.

Wir möchten uns indes mit denjenigen Riten des Durchgangs beschäftigen, die unserer heutigen Situation angemessen sind. Und wir brauchen eine Form für diese Rituale, die der beschriebenen Aufsplitterung der Generationen in voneinander abgetrennte Blasen entgegenwirkt. Wir brauchen Rituale, die integrativ wirken, die Generationen zueinanderführen. Aus diesem Grunde haben wir die Struktur von Schwellenritualen auf ihre Elemente hin untersucht und dabei zeigen können, daß drei Elemente wesentlich zu ihrer Vollständigkeit beitragen: Leben, Tod und Wandel – und wieder Leben. Ohne Tod kann es kein Leben geben; ohne Sterben keine Fruchtbarkeit. Eines der ältesten Symbole für das Leben und die Schöpfung ist der Ouruboros[7], die Schlange, die sich selbst in den Schwanz beißt. Leben und Tod sind nicht voneinander zu trennen und dennoch gibt es einen Übergang zwischen ihnen, die Initiation.

6 ebda.

Das nennen wir ein Initiationsmuster.

*„Wenn wir verstehen wollen, weshalb dieses Initiationsmuster, das eine Art Leiden, Tod und Wiederauferstehung beinhaltet, unter solch verschiedenen Bedingungen wie den Mysterien des klassischen Griechenlands und Roms, bei Riten, die den Zutritt zu Geheimgesellschaften erlauben, und selbst im persönlichen Leben von Mystikern auftreten, so ist es erforderlich, auf die zugrundeliegende Bedeutung zu schauen. Eliade schreibt in seinem Aufsatz über das Mysterium und die geistige Erneuerung in außereuropäischen Religionen: 'Vor allem erkennen wir dieses: Der primitive Mensch strebte nach Überwindung des Todes, indem er ihm solche Bedeutung zumaß, daß er letztlich aufhörte, ein Ende zu sein und zum Ritus eines Durchgangs wurde.'"*[8]

Diese Bedeutung des Todes im Zusammenhang mit der Initiation taucht auf vielfältige Weise auch im Geschehen der selbst organisierten Initiationen jugendlicher Subkulturen auf. Wenn wir unseren Blick auf diese Altersgruppe wenden, können wir das leicht erkennen. Nicht nur in der Vorliebe für die Farben Schwarz und Rot, die in der Zwiespältigkeit des Feuervogels Phoenix ihren verborgenen Ursprung haben mag, taucht das Thema auf. Auch der exzessive Gebrauch psychoaktiver Substanzen wie Alkohol, Haschisch, Marihuana usw., wird als Initiationsvorgang verstanden und führt in den subkulturellen Innenraum, nicht ohne berauschende Wirkung, nicht ohne Selbstentgrenzung, nicht ohne Schwellenprüfung!

An dieser Stelle wird die Größe der Gefahr deutlich, in die sich die jungen Leute mit ihren Versuchen der Selbstinitiation bringen. Dem archaischen Initiationsmuster unbewußt folgend, fordern sie den realen Tod heraus. Überfordern sich selbst mit dem Versuch, ihre Geburt ohne „Hebamme" über die Bühne zu bringen. Und nicht einmal die Mutter ist wirklich ganz da, da sie selbst nicht initiiert ist. Es ist fast so, als würden Babies wiederum Babies zur Welt bringen. Das kann nicht gut gehen. Die Generation der Älteren ist imperativ aufgefordert, ihre Verantwortung zu übernehmen, und den Hunger ihrer Kinder und Kindeskinder nach wirklicher Initiation in die Gemeinschaft zu stillen.

Auf einer rein wirtschaftlichen Ebene werden die Leistungen der Subkulturen durchaus in den großen Magen der globalen Gesellschaft eingefüttert. Die unglaubliche Kreativität der Jugend, die sich in ihre subkulturellen Blasen ergießt, wurde schon in den Jahren des Rock´n Roll, der Beatles-Ära und in allen anderen, folgenden Phasen jugendlicher Lebensäußerungen von der Wirtschaft rasch als gewinnträchtig erkannt, aus den „Festungen der Kultur" heraus gnadenlos angezapft, vermarktet und ausgebeutet. Das sitzt uns allen noch in den Knochen, denn wir haben es erlebt und erleben es ständig aufs neue.

---

7 Ouruboros: eine mythische Ur-Schlange, die sich selbst in den Schwanz beißt und somit Anfang und Ende verbindet. Sie ist in den meisten Primärkulturen hoch verehrt worden (z.B. Midgardschlange bei den Germanen) und symbolisiert den ewigen Kreislauf und steht am Anfang jeder Schöpfung.

8 von Lüpke, Wenn die Kindheit stirbt.

*„In den traditionellen Gesellschaften war es die Aufgabe der Übergangsrituale, Richtlinien für den Übergang aus dem Leben in der Familie zum Leben in einer größeren Gesellschaft zu geben. Das Fehlen solcher Riten in der modernen Gesellschaft sei durchaus bekannt. Wie Robert Bly bemerkte, existiert nicht einmal mehr die Verbindung zwischen Vater und Sohn, die sich daraus ergab, daß der Sohn beim Vater in die Lehre ging, wie dies in der Zeit vor der industriellen Revolution der Fall war. Die einzigen Übergangsrituale vom Jugendlichen zum Mann, die wir noch erleben, und an denen so genannte „Älteste", so weit man sie als solche sehen kann, teilnehmen, ist das Leisten des Eides oder andere Aufnahmefeiern beim Militär."*[9]

Darüber hinaus gibt es nur noch eher blutige Versuche von Aufnahmen in *Peer-Groups*, sei es in der pathetischen Form der Studentenverbindungen oder der eher gewalttätigen Form bei Straßengangs, bei denen Zwölfjährige Handfeuerwaffen mit in die Schule nehmen, um vermeintliche Beleidigungen durch die gegnerischen Gruppe zu vergelten.[10]

Wir sind also aufgefordert, eine Brücke über diesen Graben zu bauen. Echte Friedensarbeit in unserer Gesellschaft, in den Familien und in den Beziehungen zu leisten. Und vor allem, was am meisten zählt, dies in die Herzen und die Beziehungen der Menschen zu sich selbst zu tragen! Wir sind gefragt, zugleich angemessene und herausfordernde, sanfte und kraftvolle, sakrale und profane, primitive und moderne, erschreckende und besänftigende Übergangsrituale für unsere Zeit wiederzuentdekken und anzubieten. Es braucht eine Komposition kulturell kreativer und archaisch naturverbundener, elementarer Kräfte.

9 zitiert nach La Chapelle, Dolores: Weisheit der Erde, Neue Erde, 1978.

10 Zur Bedeutung von fry, frei, freien – hier: „Gefreiter" (Beförderung des Rekruten zum „vollwertigen" Soldaten), vgl. auch die „Freisprechung" der Handwerksgesellen nach ihrer Abschlußprüfung!

## Der neue Code: „Street" oder „Decent"

Die USA sind uns erfahrungsgemäß in den Entwicklungen gesellschaftlicher Tendenzen immer um ein paar Schritte voraus und geben uns quasi eine „Vorschau" des auch bei uns Kommenden. Dort sterben auf den Straßen der Großstädte – aber beileibe nicht mehr nur dort – pro Jahr mehr Jugendliche (zwischen 12 und 19 Jahren) durch Drogen oder die Hand anderer Jugendlicher aus ihrer Nachbarschaft als durch alle anderen Todesursachen zusammen. Man spricht von etwa einer Million Opfern von Gewaltverbrechen pro Jahr in dieser Altergruppe. Der Anteil mit Todesfolge beträgt ca. 3,5-5%, die absolute Zahl liegt bei mindestens 35.000 Toten pro Jahr![11] Das ist nun schon seit fast 30 Jahren so (mit steigender Tendenz), und es wurde und wird in der amerikanischen Gesellschaft dennoch seltsamerweise kaum registriert.

Liegt das auch daran, daß es sich bei den Opfern – und Tätern – hauptsächlich um „Kids" aus den sozial benachteiligten Bevölkerungsgruppen handelt? Diese wurden im Selbstbild der global orientierten Konsum- und GATS-Gesellschaft[12] bislang nur als lästige Randnotiz wahrgenommen.

Dabei ist es so, daß wir gerade der „farbigen" und schwarzen Bevölkerung in den USA und in Südafrika mächtige Impulse verdanken, was die Befreiung des Bewußtseins aus vorgefertigten Schablonen, unterdrückenden Mustern und Gesetzen und die Suche nach den Wurzeln der eigenen Kultur betrifft. Das geschah überall dort, wo im Herzen der herrschenden Kultur und zum Schutze der unterdrückten Ausgeladenen eine Subkultur entstand, also dort, wo diese Menschen durch die Dominanz der weißen Rasse bewußt von ihren kulturellen Wurzeln abgetrennt worden waren, um sie in bedrückender Abhängigkeit zu halten.

Die unglaubliche Vitalität dieser Völker, ihre Nähe zu den Wurzeln ihrer Ahnen und die Tatsache, daß ihre Unterdrückung erst seit wenigen Generationen andauert, stellen sich heute als glücklicher Umstand heraus. Wieder ist es so, daß eine weltumspannende Bewegung von den Schwarzen Amerikas ausgeht, wie während meiner Jugend der Jazz, der Blues, der Rock'n Roll und später Soul, Funk und Groove. Heute ist es der Hip-Hop, der einen Siegeszug um die Welt antritt und eine tiefe Verbindung zwischen den Jugendlichen aller Kontinente spürbar macht. Bis in die kleinen Städte Afrikas, Asiens und Südamerikas ist er vorgedrungen und bietet ein Ausdrucksmittel, mit dessen Hilfe sich die jungen Menschen in diesen Ländern bestens in ihrer eigenen Sprache bedienen können.

Hip-Hop ist die Sprache der Straße (Street). Das schnelle Sprechen, Rap genannt, ist ein Code, der für Insider bestimmt ist. Gehört man nicht dazu, weil man in einem

---

11 Kapitel 12 „Saving Youth from Violence" von Fred M. Hechinger in Crossroads, Contemporary Rites of Passage, 1998, Open Court Publishing.

12 GATS = General Agreement on Trade in Services oder kritisch formuliert: Wirtschaftsinteressen bestimmen die globale Gesetzgebung

bürgerlichen Haus sozialisiert wurde, also „decent" ist, muß man sich schon Mühe geben, wenn man ihn knacken will, denn die Geschwindigkeit und Dichte der wohlgesetzten Worte verlangt allerhöchste Aufmerksamkeit, damit man ihnen folgen kann. Dieser Code entspricht dem Lebensgefühl der jungen Afro-Amerikaner in den Randbereichen der urbanen Kultur, dort, wo das Gesetz der wilden, gefährlichen Straße zum ungeschriebenen, gerappten Gesetz der Sprache wird.

Die Gesetze im Blut werden aktiviert: Es geht ums bare Überleben, ohne schönfärberische Kompromisse. Insofern liegen in dieser subkulturellen Sphäre die uralten Gesetze des Stammhirns bloß! Die jungen Menschen, die in den Ghettos Amerikas und der Welt aufwachsen, sind, wie in allen anderen Lebensräumen, besonders und einzigartig: Omega-Generation! Ihre täglichen Erfahrungen mit Gewalt, Drogen, Verlust und Hunger nach Anerkennung, Wertschätzung und Geborgenheit haben sie geprägt und formulieren den Code der Straße. Sie leben in Wüsten, umgeben von Wüsten, denn der amerikanische Traum der weißen *Herrenrasse*, ist nicht ihr Traum. Ihre Wurzeln liegen für sie vollständig im *Dunkeln*, denn die Sklavenjäger und ihre Zwischenhändler legten meist großen Wert darauf, die Herkunft ihre „Ware" sorgfältig zu verwischen. Die religiöse Vorstellung des weißen Christentums, von lichten Höhen und Erlösung auf dem Schoß eines weißen Gottes, durch das Blut eines weißen Messias, geboren von einer weißen Mutter, konnte niemals die dunklen Wurzeln in der afrikanischen Erde erreichen.

Vielmehr haben sie die dunklen Götter mitgebracht, die in ihrem Blut geschlafen haben. Im Kampf um das Erwachsenwerden ihrer Gesellschaft, angesichts der strengen und unbarmherzigen Ziehmutter der weißen Kultur und ihrer stetigen Entmündigung, haben diese dunklen Gottheiten alle Anfechtungen überlebt. Wenn man die jungen, wilden, aufbrausenden, feurigen Hip-Hop-Künstler voller Anmut, Geschmeidigkeit und Kraft sieht, erkennt man die Macht ihrer Götter, denn sie rufen die Jugend der ganzen Welt – und sieh genau hin: Sie werden gehört!

Uncle Tom hat in den Gefilden des Hip-Hop keine Chance! Die Texte der Künstler rechnen gnadenlos ab mit den Verstümmelungen Lebens, die sie in ihrer Kindheit im täglichen Kampf um das schiere Überleben zu ertragen hatten. Dabei geht es bei weitem nicht so oft um das weiße Amerika, wie dieses gerne glauben möchte. Es ist eine Abrechnung (im Code der Straße vermittelt) mit den Werten der „schlechten Eltern", seien dies nun die eigenen Eltern oder die große Sphäre der amerikanischen Gesellschaft. Und der Rassismus wird aufgebrochen, der „dunkle Fluß" schwillt mächtig an und nimmt alle Kids mit sich fort: schwarze, gelbe, braune, rote und weiße. Sie lassen alle die Hosen herunter und erwerben die Insignien ihres Stammes, die sie mit Stolz tragen: WU TANG CLAN, BOO-JAA TRIBE, ARRESTED DEVELOPMENT oder TRIBE CALLED QUEST prangt auf drei Millionen XXL-Sweatshirts und unter den Kapuzen sind die Köpfe kahl. Sie sind die schwankenden, schlurfenden und grimmigen Blickes fäusteballenden Novizen im weltweiten Kloster, bereit für die Initiation zur Hip-Hop-Subkultur.

In den Rap-Texten der schwarzen „Community" findet sich eine Reihe von Schlüsselwörtern, die ein Doppelgesicht haben. Sie haben eine quasi schillernde Oberfläche, sind ein Vexierbild, können nur verstanden werden, wenn sie das Herz treffen. Sie haben eine harte Schale, um das Trauma der Apartheid, die extrem schmerzhafte Verletzung des Selbstwertgefühls, das sich in ihrem Inneren verbirgt, zu schützen. Ich bin überzeugt davon, daß das Gefäß „Hip-Hop" eine Möglichkeit für die jungen Menschen aller Kontinente darstellt, sich auf der großen Bühne zu zeigen, ihre traumatischen Erfahrungen und Geschichten in einer Welle globalisierten Verständnisses zu kommunizieren, zu verarbeiten und zu transformieren. Poesie und Kampf, das sind am Ende die beiden stärksten Waffen in der Hand des Gottes der Pubertät: *Litima*, rotes Feuer der verbrennenden Kindheit und schwarze Asche der Initiation.

Viele dieser Schlüsselbegriffe sind auf dem Siegeszug des Hip-Hop weltweit übernommenen und bei den „Kids" auf den Kontinenten verstanden worden, deshalb möchte ich einige hier näher untersuchen.[13]

- **respect**

Es geht zu allererst um Anerkennung in einem fast extrem zu nennenden Maße. *„Gebe mir den Respekt, Mann! Jetzt! Hier! Und du mußt es zeigen, daß du Respekt vor mir hast, und deshalb zeige ich mich dir aggressiv, wach, und vor allem kampfbereit. Meine Verse sind wie Messer, und ich schwinge sie vor deinen trüben Augen und dumpfen Ohren, damit du aufwachst und siehst, daß ich stark bin!"*

- **recognize!**

*„Bemerke, daß ich Rang und Namen habe unter meinen Leuten! Es geht hier nichts, ohne daß du mich fragst, Mann! Verstehst du; du mußt mich fragen! Sonst bewegst du deinen ... besser flott vom Platz! Ich jedenfalls kann hier gut für mich sorgen!"*

- **dissen**

(= disrespect) Schlecht über jemanden reden oder sich in zweifelhafte, respektlose Äußerungen verirren. Wird leicht als eine Bedrohung oder Ankündigung eines Angriffs aufgefaßt.

- **nigga**

Das alte verächtliche Wort aus der heißesten Zeit der Bürgerrechtsbewegung. Obwohl seine Wurzeln viel weiter zurückreichen bis in die Ära der Bürgerkriege und sogar davor, hat es in der Hip-Hop-Bewegung das erste Mal eine Metamorphose durchlaufen, die es im internen Gebrauch zu einem Statussymbol gemacht hat. *„Yo,*

---

13 Meine „Methode" der Interpretation ist auf die Grundannahme gegründet, daß es „aus dem Wald so herausschallt, wie man hineinruft". Es ist ein psychologisch kluger „Trick" der Opfer einer institutionalisierten Unterdrückung, sich die Schimpfworte eines Unterdrückers selbst im Umgang miteinander anzueignen, sie durch ständig wiederholenden Gebrauch zu entschärfen und unterschwellig umzuformen. Man beschreibt so das „negative Nachbild" der Gestalt, wenn man die Augen schließt...

*man, my nigga" ...wenn du wirklich dazugehörst, kannst du es sagen, wenn nicht... „yo' dissin me?"*

**• bitch**

Bezeichnung für die schwarzen und braunen, gelben und roten Engel, die in der Szene die Weiblichkeit verkörpern, sehr offensiv, sexy lasziv - erotisch, immer tanzend und verführerisch in den Bewegungen der Sinnlichkeit. Auch ein übles, schlüpfriges Schimpfwort, das sich schwarze Frauen in den Bussen der Südstaaten, in Restaurants und Clubs auch der Metropolen immer gefallen lassen mußten, solange der Kordon des Rassismus noch fest um die Ghettos gezogen war. *„all 'dem niggas an bitches"* sind jetzt die besten, die du in einer bestimmten Gegend nach Mitternacht noch an der Tanke triffst...

**• motha fucka**

Ich sehe in diesem nur oberflächlich respektlosen Begriff und seinen Abwandlungen, die alle Verwendung finden, eine Beschreibung der tiefsten Verletzung der kollektiven Seele durch das Verblassen des Respekts vor der Mutter. Die kollektive Seele der schwarzen Menschen wurde vergewaltigt und unterworfen, indem ihre Mütter von der herrschenden „Kultur" genau so mißbraucht wurden, wie die Matrix des Wilden, ihre alten Ahninnen, ihre weiblichen Gottheiten und die Materie ihrer starken, stolzen Körper. Insofern lese ich in diesem Kürzel eine symbolhafte, tiefe Erinnerung an die Heiligkeit allen Lebens, das aus dem Schoß einer Mutter geboren ist.

---

Weitere Begriffe aus der Hip-Hop-Szene findet man auf: http://de.wikipedia.org/wiki/HipHop-Jargon.

Neugeboren nach der Ritualnacht

# Das junge Potential

## Die Omega - Generation[1]

*Ich werde der Held meiner Welt sein, im großen Kampf um Eure Seelen seid Ihr nicht mehr allein, es fallen endlich alle Regeln und Barrieren ab, und ich seh' was ich noch zu regeln und zu klären hab, ich bete ein „ich verzeih Dir" und ein „es tut mir leid" zur Klärung der Vergangenheit.*

*Segnet, was Euch begegnet, und Ihr werdet gesegnet sein, doch wenn Ihr etwas verurteilt, verurteilt Ihr Euch selbst. Jedes NEIN in Eurem Kopf legt Euch in Ketten, jede Angst verhindert Freiheit. Versichert Euch, daß die Motivation Eurer Gedanken und Eures Handelns die Liebe ist. Uneingeschränkte Liebe ist das einzige Prinzip. Direkt gefolgt von der Kontrolle darüber, daß was Ihr sagt, denkt und tut aus Liebe geschieht. Handelt so, und wir retten diese Welt noch heute.*

Thomas D., CD „Lektionen in Demut"

## Ehrliches Interesse

Wer mit Jugendlichen heute ins Gespräch über VisionsSuche und andere Initiationsrituale kommt, trifft fast immer auf reges Interesse: Schulklassen erarbeiten das Thema im Ethikunterricht, befragen die Weltliteratur nach Geschichten und Poesie zum Thema. Sie sind geneigt, Sinn und Zweck einer solchen Praxis genau und kritisch zu hinterfragen, erkennen aber meist die Wichtigkeit derselben sehr schnell.

Erfahrungen in vielen Ländern – Amerika, Südafrika, Australien, England, Skandinavien, der Schweiz und Deutschland – belegen, daß noch immer die Kraft kompetent geleiteter, einsamer Fastenrituale wahre Wunder wirken kann! Ausgeflippte übernehmen wieder Verantwortung für ihr Leben, auf die schiefe Bahn Geratene wenden sich von einer kriminellen Karriere ab, verlorene Söhne und Töchter kehren als selbstbewußte Männer und Frauen in das Leben zurück, um eine sinnvolle Aufgabe in ihrer sozialen Gemeinschaft zu übernehmen.

D., 24 Jahre, Wortkünstler, berichtet von seiner VisionsSuche in den wilden Bergen am Monte Rosa Massiv:

---

1 Omega-Generation: Damit meine ich, daß diese Generation die letzte sein dürfte, die in diesen dynamisch-drastischen Verhältnissen, wie sie unsere Zeit charakterisieren, leben müssen (oder dürfen?). Es wird für die übernächste Generation alles <u>sehr</u> anders sein ...

*Wie oft habe ich mir gewünscht, einmal alles Alltägliche abzustreifen, einfach alles Alte und Verbrauchte hinter mir zu lassen? Hinaus ins Freie, das WEITE suchen! Von der Unendlichkeit des Himmels berührt und umfangen werden, mein Glück suchen in unschuldiger, kindlicher Berührung von Bäumen und Wasser, Felsen und Licht ... noch einmal, wie in Kindertagen ...*

*Jetzt endlich finde ich meinen Weg, hinaus in eine wilde, unberührte Berglandschaft. An einem mit allerlei krausem Moos bewachsenen Felsen lächelt mich ein lauschiges Plätzchen an, das mich einlädt, zu verweilen. Ich weiß: Dieser Platz ist mein Ort der Kraft, ein Akupunkturpunkt von Mutter Erde, in den meine Energiefäden sich leicht und ohne Schmerz einsenken, bis ich angeschlossen bin an das Strömen in ihrer heißen Tiefe.*

*Die Zeit blättert ab von mir wie alte Schlangenhaut. Darunter kommt eine saftige, farbkräftig schimmernde Schicht eines ganz anderen Lebens zum Vorschein: Meine zeitlose Essenz erwacht und beginnt sich in mir zu räkeln und zu dehnen, wie eine muskulöse Katze nach erholsamem Schlummer...*

*Now! Here! I remember my nature ...*

*Jetzt beginne ich zu spüren: Ich bin verwandt mit den prachtvollen Berglärchen, ihrem unbändigen Lebenswillen ... Ich bin versöhnt mit der glitzernden Ferne und Stille der Sternennacht ... verschwistert mit den zarten Faltern, die über den leuchtenden Bergblumen tanzen ... werde in meinem nagenden Hunger ernährt vom Trommeln der fetten Regentropfen, die aus den gewitterprallen Wolken stürzen ... bin verbunden mit der tosenden Stille, die aus den dampfend und atmend ruhenden Felsbrocken quillt ...*

*Dem plötzlichen glitschigen Grausen, das mich durchzuckt, als meine tastenden Finger unter dem Schlafsackrand nach der Lampe suchen, auf den sich aufbäumenden Buckel einer prallen Nacktschnecke stoßen, folgt amüsiertes Kichern über meine eigene Schreckhaftigkeit. Kein fletschender Wolf, keine zischende Kreuzotter, auch kein grimmer Bär oder wildgewordener Jäger bedroht mich! Nur ein winziger Kleckser vom Schleim eines schutzsuchenden Schnecks, die gemütliche Majestät der Langsamkeit ... Dennoch schlug mein Herz für ein paar Augenblicke bis in meine Kehle ...*

*Ich beruhige mich schnell und fühle, daß ich ein Mitglied der wilden Naturfamilie bin, rauscht doch das Blut in meinen Adern genauso, wie die Bäche kristallklaren Wassers aus den flimmernden Höhen sich hinabstürzen in die schattig-felsigen Schluchten weiter drunten, unter meinem Kraftplatz. Meine Lungen weiten sich und schaffen Raum für das Anbranden der erfrischenden Wellen aus den eisigen Höhen weit über mir: Ich kann die Gletscher riechen! Ein süß-metallischer Duft von kristalliner Klarheit.*

*Um mich her gehen die Tiere ihrem Tag- und Nachtwerk nach, ohne sich von mir irgendwie besonders stören zu lassen. Unter meinen Füßen lebt es, knispelt es unablässig: Das Millionenheer eines nahen Ameisenhaufens geht in ruhiger Selbstverständlichkeit an seine Arbeit, untersucht und vermißt mich in stoischer Gelassenheit der Länge und der Breite nach. Wahrscheinlich haben sie bereits eine sorgfältige Analyse der von mir abgeschilferten Hautschuppen erstellt und wissen bestens über meinen aufwellenden Hunger, meine ekstatischen Schwächegefühle und meinen nach innen gekehrten Blick Bescheid ...*

*Ein Falke stiebt an meinem Schopf vorbei, im jähen Aufschwung genauso überrascht von der plötzlichen Begegnung, wie mein eigenes schreckhaftes EGO; ich habe in dieser Sekunde keine Mühe, mir den Blick aus dem Cockpit seiner Falkenaugen vorzustellen, wie er rasenden Fluges in kraftvoll gezogenen Bögen den Hang zwischen den Lärchen hinabschießt ...*

*An die Würde der Sphinx erinnert mich der wissende Blick einer schmucken Gemse; mit aufschwingendem, grazilem Hals wendet sie mir ihre prüfende Aufmerksamkeit zu. Sie vertraut der Ruhe, die von mir ausgeht und zieht ohne Eile weiter; sie beobachtet mich vielleicht heimlich schon seit Stunden.*

*Ich bin hier oben in 1800 Meter über dem Meer, im Wohnzimmer der freiesten und wildesten Tiere, und nur wenn ich ganz bei mir bin, ganz still und im ruhigen Fluidum meiner Meditation, verschmelze ich ganz mit dem großen Bild.*

„Melting the Chains", 24 Jahre,
Rapper, Wortkünstler, Master of Ceremony (MC)

*Endlich freie Sicht!*

## Indigo-Kinder als junge Erwachsene

*Wenn ich den Zeitplan richtig im Kopf habe, dann sitzen seit gestern wieder ein paar Jugendliche draußen. Mögen sie da draußen finden, was sie suchen! Möge die Wildnis das Ihre tun, damit die alten Hüllen abblättern können! Möge Gott die Helden beschützen, sie sind von unserem Holz ...*

„Standing Straight", 21 Jahre[1]

Vor etwa dreißig Jahren begann etwas Besonderes. Eine neue Generation, eine neue Qualität des Menschseins klopfte an die Pforten. Es wurden Kinder überall auf der Welt geboren, die mit besonderen Gaben ausgerüstet waren. Sie hatten sich für ihre Reise auf die Erde interessante Zeiten ausgewählt. Sie kamen als Kinder zu einer Generation von Eltern, die selbst schon begonnen hatte, den Wandel einzuleiten und sich oft den Kopf an den Ecken und Kanten der Vergangenheit blutig geschlagen hatte. Es ist augenfällig, daß ihre Namen vor einem vollständig anderen Hintergrund, aus vollständig anderen Motivationen ausgewählt worden waren. Zum Beispiel verschwanden in Deutschland und Österreich viele der bis dato gebräuchlichen Namen fast vollständig und machten neuen Namen Platz. Hießen die Eltern noch überwiegend Gerhard, Ilse, Monika, Heinz, Herbert, Gerda, Norbert, Alfred, Hilde und Elfriede, so purzelten nun ganze Wellen und Serien ins Leben mit den bislang eher seltenen Namen Felix, Manuela, David, Raffaela, Jakob, Florian, Simon, Daniel, Jonas, Benjamin, Jana, Simone usw.

Dies scheinen mir alles Namen zu sein, die auf eine große Begabung, einen besonderen Auftrag, einen Hinweis, dem Leben eine wichtige Bedeutung zu geben, verweisen. Und richtig: Es erwies sich bereits sehr früh, daß da eine andere Generation zur Welt gekommen war, mit einer besonderen Ausrüstung zum Glücklichsein, mit einer besonderen Begabung, die Welt in ihrer holonischen Vielfalt zu sehen. Die Bezeichnung Indigo-Kinder ist ein Kristallisationspunkt für eine ganze Reihe von differenzierten Beobachtungen und Erkenntnissen. Diese gipfeln in der Feststellung, daß diese Generation eine vollständig andere und wahrscheinlich neue Art und Weise hat, die Welt zu sehen.

Was ist nun diese andere Art und Weise?

Mit Sicherheit gehört zur Perspektive dieser Kinder eine wache und kritische, aber dennoch mitfühlende Weise, die eigenen Eltern zu sehen. Auch wenn diese Kinder in besonderer Art mit ihren Eltern in die Auseinandersetzung gingen, haben sie tief in ihren Herzen eine innige Verbindung zu ihnen. Sie sehen die Komplexität und Verzweigtheit der Probleme, die unsere heutige Welt bedrücken und unser aller Leben gefährden. Sie leben im Bewußtsein ihrer Einzigartigkeit.

---

1 Internet-Forum der CreaVista Academy 2001.

Ein Text von Pyranja über ihre Eltern:

*Diese geruchvertrauten Räume, diese Stimme in meinen Träumen, diese Gesichter, Charaktere, diese Lichter, diese Wärme, dieser Himmel auf Erden, wo ich mich selber kennen lerne. Diese Hand auf meinem Kopf, ich spiel im Sand, klettere auf Bäume, liege am Strand und bin nur dankbar, daß mir das alles so viel bedeutet. Diese Leute, diese Geschichten, mußte mich nie zu etwas verpflichten, was ich nicht wollte, sollte nur da sein, trag mein Tarnkleid auf Arbeit, damit ich hart bleib, wenn ihr mich anschreit.*

*Doch daheim gibt's keine Mauern, wir sehen uns straight in die Augen. Diese Wurzeln, die ich brauche, dieser Halt, wenn ich mal strauchle, mein Zuhause, dieser Glaube, dem ich auch taub und blind vertraue.*

*Nährboden, Schutzzone, Ruhepool und Erdbeben.*

*Würde mein Leben niemals tauschen, würde meine Seele niemals hergeben. Ich halte mich fest, wenn es nicht mehr geht, ihr baut mich auf, damit ich steh, hört mir zu, wenn ich erzähl, macht mir Mut, damit ich sehe, daß selbst dann noch jemand da ist, wenn alle anderen Ohren schon fehlen.*

*Ihr gabt mir Mut loszulassen, so hatte ich Kraft, was zu erschaffen, ihr nahmt die Angst, daß ich versage, wart immer da für alle Fragen. Ich fand Flügel, Wind für Schwingen, für die andere Sicht der Dinge. Ich will nicht irgendwann erblinden, ich will Frieden am Horizont finden. Will mich ständig überwinden und jeden Tag von vorn beginnen. Es ist nicht immer leicht, doch ganz egal was auch passiert, ich kann am Ende der Welt sein und weiß, daß ich euch nicht verlier. Ich will Spuren hinterlassen, muß deshalb eigene Wege suchen, Schritt für Schritt bau ich mir Stufen mit Blick zum Regenbogen, nur mein Wille hält ihn oben, auch ohne Nebel und Sonne, denn ich wurde so erzogen, auch weiter zu geben, was ich bekomme, dafür zu leben, was ich erhoffe, ich hab mein Ego mehrmals getroffen. Stolz kann alles stoppen, was ist stärker: Stein oder Tropfen? Ich breite meine Arme aus und laß mir Flügel wachsen, ich weiß man kann was schaffen, wenn man glaubt ...*

*Ich fand zwei Dinge auf meinem Weg: Wurzeln und Flügel, den Mut, an mich zu glauben und die Kraft, mich nicht zu fügen!*

Pyrania, CD „Wurzeln und Flügel"

Was für eine wunderbare Liebeserklärung an die Eltern. Was für eine Würdigung ihrer Kinderzeit in der Familie! Wurzeln und Flügel, welch plastische Metapher für den Glauben an sich selbst und die Kraft, zu sich selbst zu stehen. Hier zeigt sich eine junge Frau, deren Hunger nach Vater und Mutter gestillt werden konnte. Das gab ihr die Bewegungsfreiheit für Kreativität, Mut und Durchhaltevermögen, ihr Ding zu machen, ihren Platz in der Welt einzunehmen und sich zu zeigen mit dem, was sie ist.

## Kinder, Kinder!

*Ich will kotzen. Schlagen. Zerstören. Mich.*

*Mir geht's scheiße, richtig scheiße. Kann gar nicht so genau sagen wie oder erst recht nicht warum. Kann höchstens versuchen zu schreiben was ich erlebe.*

*Freunde. Ich fühl mich meinen Freunden fremd, den Menschen, die ich um mich habe. Wenn ich mit Leuten unterwegs bin komm ich mir fehl am Platz vor, die Gespräche der anderen kotzen mich oft an. Ich fühl mich genervt. Und allein gelassen. Verlassen. Einsam. Keine wirklichen Freunde da. Gibt es sie für mich überhaupt? Wertlosigkeit. Keiner, der mich braucht. Keiner, der sich bei mir ausheulen will. Frauen – gibt's keine. Bin eifersüchtig. Die Frau, von der ich gehofft hatte, daß wir wenigstens „Kontakt" hätten, ist mehr mit anderen Männern beschäftigt, seit ihr „Partner" (undefinierbare Beziehung) weg ist. Auch hier fühl ich mich verraten. Hat ein langes Vorspiel. Freizeit: Nur kiffen. Viel zu viel! Nichts anderes mehr. Dabei will ich es nicht. Weiß, daß es mir schadet, daß es einen guten Teil zu meiner momentanen Situation beiträgt. Ich bin lustlos, völlig. Heute morgen bin ich bis fast 16 Uhr im Bett geblieben, hatte einfach keinen Grund aufzustehen. Für was auch? Für einen weiteren Tag voller Langeweile, Unglücklich-Sein, Depressivität, Pessimismus und grenzenlosem Selbstmitleid und Selbstbeweihräucherung? Motivationslos. Ich hätte die Möglichkeit, Aktionen zu starten. Mit „den Mädels" (Bezeichnung für befreundete Mädchen aus meinem ehemaligen Jahrgang) in die Cocktailbar gehen. Ich hätte mal andere Leute gehabt, und die Gelegenheit, nicht zu kiffen. Stattdessen, was mach ich? Bleibe zu Hause, um mich zu bekiffen. Wie sieht dann so ein Abend aus? Kiffen, mit 1-3 Leuten treffen, wenig reden, viel fernsehen. (Nur um kein falsches Bild zu zeichnen, auch im Moment sehen nicht alle meine Abende so aus). Reines Konsumieren ohne jegliche geistige Aktivität, Kreativität oder sonst irgendwas. Einfach alles scheiße. Mich kotzt es an, wenn Leute auf einer eher auf Provokationen basierenden Sprache miteinander kommunizieren, sich ständig blöd anmachen (auch wenn's nur Spaß ist) und dieses latente, nicht wirklich ernst gemeinte, aber ätzende gegenseitige Fertigmachen. Aber ich bin selber nicht besser. Jähzornig. Ungerecht. Ich scheiß die Leute am laufenden Band an. Kotz sie manchmal an. Kein Wunder, daß ich allein bin. Aber so bin ich nicht. Jedenfalls ist das nicht mein Wesenskern.*

„Standing Straight", 21 Jahre

Unsere Kinder und Kindeskinder sind die Verkörperung der menschlichen Zukunft. Sie sind darauf angewiesen, daß wir ihre stärksten Verbündeten werden. Sie haben noch nicht aufgegeben und kämpfen mit den inneren Drachen der Bequemlichkeit, der Sucht und der Gleichgültigkeit, die unser aller Zukunft zu ersticken drohen! Sie kämpfen und fühlen sich allein, verlassen, denn es sind nur ihresgleichen, die in derselben „Blase" hängen, die sie hören und verstehen! Lieben wir sie genug, daß wir ihnen unser kollektives Raupenleben opfernd darbringen, es würdig beenden und ihnen zu Füßen legen? Lieben wir sie genug, um sie achtsam und würdig zu initiieren? Lieben wir sie genug, um ALLES zu tun, was es braucht, um diese fragile Biosphäre – und damit uns SELBST – zu retten?

Wenn es für das Leben auf der Erde derzeit um Alles oder Nichts geht, so könnte uns klar werden, daß wir zuallererst in unseren Herzen und Seelen die Entschlossenheit herstellen müssen, die lebendige Welt zu bewahren. Dazu brauchen wir eine lebendige, vor brennender Liebe vibrierende Vision! Und dazu müssen wir selbst ganz erwachsen werden und aus unserem alten Kindertraum aufwachen.

Es kommt darauf an, daß wir unsere Aufgabe akzeptieren, die Initiative ergreifen und Verantwortung übernehmen. Die junge Generation erwartet (durchaus berechtigt!) von ihren Eltern, daß diese mit ihr echten, ehrlichen Kontakt aufnimmt, die Voraussetzungen für wirkliches Verstehen schafft, ja, und am Ende selbst die Führung übernimmt. Aber das muß in großer Ehrlichkeit, Authentizität und aus wirklich reinen Motiven geschehen. Dazu muß die Generation der Eltern sich entscheiden, erst einmal selbst erwachsen <u>zu sein</u> und es nicht immer nur von den Kindern verlangen!

Aber wenn die Erbschaft, die wir unseren Kindern hinterlassen, nur noch die ausgebrannte, leere Hülle eines ehemals blühenden menschlichen Lebens in der ohnmächtigen, kalten Schwerkraft eines toten, entleerten *„Raumschiff Erde"* wäre, wie wollen wir dann von ihnen auch nur ein Quentchen Respekt erwarten für das, „was wir für sie getan" haben?

Und könnten wir uns dann selbst noch ertragen?

## Thesen der Befreiung

Seit über dreißig Jahren arbeite ich mit jungen und alten Menschen in schwierigen Lebenssituationen. Meine eigenen Söhne sind inzwischen reife Erwachsene und haben mich bereits zum Großvater gemacht. Durch soziale und milieubedingte Störungen an einer freien Entwicklung ihres Potentials gehindert die einen, durch prä- und perinatale Traumata deformiert die anderen, offensichtlich „normal und gesund", begabt und bestens ausgerüstet fürs Leben die Dritten – alle haben mich beeindruckt und berührt durch eine unbändige Lebenswut, einen grundlegenden Mut zum Unbekannten und ihre fundamentale Menschlichkeit im Umgang mit ihresgleichen.

Ich habe während dieser Jahre unzählige Gespräche mit diesen jungentlichen, frischen Geistern geführt. Die gemeinsam erlebten Abenteuer sind ein verbindender Schatz und vor allem unsere gemeinsame Geschichte geworden. Mein Eindruck davon, was es heute bedeutet, in dieser verrückten Welt jung zu sein, ist von jenen Gesprächen entscheidend geprägt.

Im Folgenden möchte ich einmal eine Zusammenstellung der wichtigsten Thesen wagen, die bei mir aus diesen Begegnungen resultieren.

***Thesen:***

- *Die Erde gehört uns nicht, denn wir gehören zur Erde.*
- *Der Reichtum der Erde gehört allen.*
- *Ohne Gerechtigkeit kann es keinen Frieden geben.*
- *Wir haben die Erde von unseren Kindern nur geliehen.*
- *Es gibt eine Bedrohung des irdischen Lebens, sie ist total:*
  - *Diese Bedrohung meint alle, ohne Ausnahme.*
  - *Der Grund für diese Bedrohung liegt in uns selbst.*
- *Die Gesellschaften der „Ersten Welt" stecken in der Krise der Pubertät.*
- *Es gibt keinen Ausweg, außer Veränderung und qualitativem Wachstum.*
- *Die grundlegende Veränderung ist im sogenannten Paradigmenwechsel vorgezeichnet.*
- *Die Menschheit braucht Einigkeit und Einheit, um das Problem zu lösen.*
- *Verdrängung, Isolation, Apartheid sind keine Lösungen, sondern Teil des Problems.*
- *Die Völker und Generationen müssen miteinander kommunizieren und kooperieren.*
- *Respekt, Würdigung und Vertrauen bilden die Grundlage für diese Kooperation.*
- *Sowohl die Gesellschaft als Ganzes als auch „die Jugend" braucht Initiation.*

- *Initiation bedeutet Würdigung und Einladung zur verantwortlichen Mitwirkung.*
- *Initiation heißt Einladung, ein Erdenmensch zu sein.*
- *Die ältere Generation schuldet der jüngeren diese Initiation.*
- *Das Prinzip der Initiation ist pankulturell und zeitlos.*
- *Ohne Richtung bleibt Initiation unvollständig und orientierungslos.*
- *Manche alten Rituale bieten einen brauchbaren Bezugsrahmen.*
- *Initiation ist ein Weg zu Verantwortlichkeit, Bewußtheit und Maturität.*
- *Es gibt viele Möglichkeiten, Initiation zu gestalten*
- *Initiation zur Maturitätist notwendig als gesellschaftlicher Prozeß.*

## Sein und Haben

Hier möchte ich einen Auszug aus dem Internet-Forum einer Jugendvi-sionssuche-gruppe einbringen, der aus dem laufenden Dialog über mehrere Jahre ausgewählt ist. Mich bewegt sehr die Tiefe, Feinheit und Ehrlichkeit der Gedanken, die darin zum Ausdruck kommen. Die jungen Männer und Frauen, die sich in diesem Forum über lange Zeit gegenseitig gestützt und genährt haben, die darin sichtbar gemacht haben, was ihr Herz bewegte, haben im Jahr 1999 ihre VisionsSuche am Monte Rosa erlebt. Der Beitrag von P., der hier abgedruckt ist, spricht von den Visionen, Sehnsüchten, Nöten, Erkenntnissen, die ein junger Mensch mit Anfang 20 in unserer Welt zu verarbeiten und zu verdauen hat. Und er spricht davon, wie man sich fühlt, wenn man immer wieder in das Gefühl zurücksinkt, daß man Dinge erlebt, die schwer mitzuteilen sind, die ohnehin niemand versteht, weil die meisten zu sehr damit beschäftigt sind, ihr Schäflein ins Trockene zu bringen.

*Liebe Freunde,*

*mehr und mehr offenbart sich mir, welche Strukturen wir uns hier erschaffen haben und tagtäglich nähren.*

*Immer dringlicher wird mein Wunsch etwas zu tun: „Ich muß was tun! Ich muß was tun!“*

*Und dann sehe ich wieder die gewaltigen Dimensionen, das Ausmaß der Zerstörung und der Bereitschaft, noch mehr zu zerstören, mehr zu trennen, vereinzeln, isolieren, verblenden, kontrollieren, überwachen, manipulieren, noch mehr am Leben zu saugen und zu lutschen, es zu zerschlagen. Ich sehe tote Hüllen auf nackter Erde, spüre einen kalten Wind, der mir Asche und Rauch entgegenbläst, in der Ferne zucken Blitze – ich bin allein. Graue und schwarze Wolken, ein Schauder. Mein Bauch krümmt sich voller Schmerz, Übelkeit übermannt mich, ein stummer Schrei, ich sinke nieder.*

*Auf nackter Erde lieg ich nun und spüre sie.*
*Ich komme zur Ruhe.*
*Ich versinke in ihr und weine.*
*Wir weinen zusammen.*
*Es regnet.*
*Ich lebe! Ich liebe! Ich bin! Wir sind!*

*Nichts Wirkliches kann zerstört werden,*
*nichts Unwirkliches existiert.*
*Hierin liegt der Friede Gottes.*
*(A Course in Miracles)*

*Laß uns jetzt zusammenrücken.*
*Laß uns gemeinsam den Schmerz spüren.*
*Laß uns weinen, bis wir wieder sehen können.*
*Laß uns lernen zu lauschen, auf die leisen Stimmen.*
*Die Stimmen der Alten.*
*Die Stimmen der Kinder.*
*Die leisen Stimmen.*
*Die Stimmen der Erde.*
*Stimmen des Waldes und der Wüste.*
*Stimmen des Lebens und des Todes.*
*Stimme des Herzens.*
*Stimme des Herzens.*
*Dann laß uns wieder aufstehen, klar und mutig.*
*Laß uns gemeinsam handeln, für den Frieden, für das Leben, das ganze Leben.*

*Wer wird die neue Welt bau'n,*
*Wenn nicht Du und ich?*
*(Ton Steine Scherben)*

*Es sind nicht die Menschen, die uns verletzen, es ist unsere Liebe, unsere Sehnsucht danach, nicht von ihnen getrennt zu sein. Es sind Deine und meine Gedanken und Vorstellungen, die uns voneinander trennen. Doch – es ist nicht wahr. Es gibt keine Trennung – oder doch?*
*‚Hab Vertrauen', flüstert die leise Stimme.*
*‚Komm erst mal zur Ruhe, atme'.*
*Und wieder: ‚Atme'.*
*‚Du lebst! Kannst Du es fühlen?'*
*‚Ja, aber...'*
*‚Pschscht.'*
*Es ist die Große Mutter und der Große Vater.*
*Ich ruhe mich aus.*
*Ich finde mich.*
*Langsam wage ich dann einen kleinen Schritt.*
*Die Erde trägt mich, ich bleibe stehen und lege meine Hände auf mein Herz.*
*Ein kühler Wind bläst mir ins Gesicht.*
*In der Ferne tanzen Blitze.*
*Noch ein kleiner Schritt.*
*‚Hab keine Angst – Du bist unendlich.'*
*Ja, das kann ich fühlen.*
*Ich bin.*
*Euer H., Falling Arms.*
*Möge unendlicher Friede in uns sein.*

## Junge Vision

Leere Räume ermöglichen Ausblicke. Neue Türen können aufgehen, alte Horizonte überwunden werden. Die einsame Zeit auf dem Berg ist für viele junge Leute eine Chance, ihren inneren Raum in vollständig friedlicher Absicht neu zu erfahren. Sie erkennen und nutzen die Gelegenheit, neue Techniken der Wahrnehmung und des einfachen Seins für sich zugänglich zu machen. In der Zeit der Vorbereitung sind in unserem Programm verschiedene Elemente und Ansatzpunkte gegeben, um sich Werkzeuge zu erarbeiten, mit deren Hilfe man die „Langeweile" zu einer Zeit größter Kreativität und Wachheit umgestalten kann. Es muß nicht unbedingt das Wort „Meditation" sein, das für einen Zustand innerer Leere und Freiheit steht. Man kann auch sagen: denken oder fühlen oder wahrzunehmen mit dem ganzen Körper, mit allen Sinnen. Hören, riechen, fühlen, sehen, schmecken und tasten, den eigenen Körper in Bewegung, in Stille, in Langsamkeit oder hoher Geschwindigkeit – all das sind Möglichkeiten, in die Gefilde jenseits des Denkens zu gelangen! Und immer sind da die Natur, die Weite des Himmels und die unregelmäßige Struktur des Bodens, die Gestalt der Berge, Pflanzen und Tiere, unsere sinnliche Nahrung für das Bewußtsein in seiner Wandlung.

*Es fällt mir immer noch schwer, mich auf ein Ding zu konzentrieren, zu meditieren. Wenn ich versuche, mich auf eine Sache zu konzentrieren, wandern meine Gedanken zur nächsten. Das stört mich. Vielleicht klappt es ja morgen mal, und im schlimmsten Fall erst morgen Nacht!*

*Es gibt Momente, in denen ich gar nichts denke, z.B. beim Schnitzen. Mein Kopf ist völlig leer. Das ist aber auch eine Art von anderem Bewußtsein. Ich kann in der „Wiese" liegen und an gar nichts denken!*

*Völlige Leere, Tabula rasa!*

*Ich war die ganze Zeit sehr, sehr schwach. Doch immer, wenn ich meinen Indianer aus Stein am anderen Berg sehe, bekomme ich Kraft. Die Luft und der Blick in die Unendlichkeit der Berge geben mir Power, um das durchzustehen. Der Morgen war umwerfend. Morgens, wenn die Sonne scheint, kann ich mich immer am besten selbst finden. Heute habe ich das Gefühl gehabt, als hätte ich für einen Moment tatsächlich meine „innere Mitte" gefunden. Ich habe den Sonnengruß gemacht und ein bißchen meditiert. Danach bin ich in die Hocke gegangen und habe meine Arme auf meine Knie gestützt. Ich bin völlig in Trance gekommen. Ich habe meinen Körper kaum noch gespürt, mein Gleichgewicht, um auf den Füßen zu bleiben kam wie von selbst. Ich war ganz leicht – ein himmlisches Gefühl! Außer dieser Erfahrung – mal wieder morgens – habe ich leider keine Meditationserlebnisse mehr gehabt. Es ist ein bißchen schade. Aber ich kann es akzeptieren, es sollte wohl so sein. Ich war allerdings trotzdem die ganze Zeit in einer Art Trance.*

*Das Essen, die Schlappheit durch den Hunger und das Alleinsein haben mich doch in eine andere Art von Körpergefühl gebracht. Ein bißchen benebelt, aber vollkommen klar. Schön!*

„Golden Wisdom Fly", 15 Jahre, 1998

Auch in solch schlichten, erdnahen Erlebnissen sehe ich die Qualität des Visionären. Hier beschreibt eine junge Frau, wie sie sich selbst besser und besser kennen lernt. Wie sie mit sich selbst und ihrer inneren Balance experimentiert. Wie sie sich an außergewöhnliche Wahrnehmungszustände herantastet und dabei immer mit den Füßen am Boden bleibt. Leicht zu werden und den Körper weniger zu spüren, kann vorübergehend eine sehr wichtige Erfahrung sein, wenn der Prozeß unter die bewußte Regie des Willens gestellt wird! So kann man tatsächlich seine innere Mitte finden. Dann kommen mehr Leichtigkeit, mehr Umsicht, Freude am Dasein und erste behutsame Erfahrungen mit Meditation zusammen. Die Lebensqualität steigt und unsere junge Frau geht gestärkt zurück in ihren Alltag.

Sie hat übrigens im Laufe der Jahre seither gelernt, sich in der Welt zurechtzufinden. Sie hat ihre Schule mit sehr guten Leistungen abgeschlossen, es geschafft, das lästige Kiffen der Pubertät sein zu lassen und hat – ihrer Vision folgend – den Beruf der „Hebamme" erlernt. Denn sie weiß jetzt, wo das Leben wirklich beginnt.

# Schwellenphase

## Das Alte stirbt, das Neue wächst daraus hervor

# Die Zeit allein in der Wildnis

## Chaos und stille Wandlung

*Lieber Benni,*
*ich weiß, du machst eine schwierige Zeit durch. Und ich weiß auch, daß du nun in vielen Dingen auf dich alleine gestellt sein willst. Aber denk bitte daran, es ist das beste für dich, und bleib tapfer!*

Papa[1]

Nur wer das Chaos geritten hat, ihm in seinem wilden Tanz nicht vom Rücken gleitet, kann das wilde verrückte Leben meistern! Aber das scheinen nur Väter zu wissen und manchmal auch Mütter, die am meisten in der bedauernswerten Lage sind, das schlecht gerittene Chaos in ihrer Wohnung aushalten zu müssen.

Wenn die Kindheit stirbt, und das Bewußtsein erneut durch den tiefen, dunklen Geburtskanal kriechen muß, begegnet es dem Dunkel, dem Schoß des Chaos. Es gibt keine Wandlung ohne einen Übergang mitten durch das Chaos!

Wie uns die Metapher vom Schmetterling gezeigt hat, der sich während seiner Verpuppung ebenfalls im Chaos, wenn auch umgeben von einer festen Hülle, wiederfindet, ist dies ein vollständig natürlicher Prozeß. Wir dürfen nach allem, was wir bereits betrachtet haben, annehmen, daß die große Angst, der enorme Widerstand gegen diese natürlichen Wandlungen im menschlichen Leben kulturbedingt sind. Das läßt uns hoffen, daß wir eine echte Chance haben, in der Arbeit mit Naturritualen jenseits dieser Angst anzukommen. Sie bildet quasi die Schale, die den Kern beschützt, der den wilden Gesetzen entsprechend umgestaltet wird. Also sollte es möglich sein, eine Verbindung zwischen der Wildnis draußen, und der Wildnis drinnen herzustellen.

Während also im Inneren der Puppe die große Verwandlung, das Chaos, herrscht, zeichnen sich auf ihrer Oberfläche diese Veränderungen ebenfalls ab. Wir werden inwendig naß von starken Gefühlen und das Äußere kann da kaum trocken bleiben ...

*Am Morgen hat sich das Bild total verändert. Dichte, schwarze Wolken schleichen aus dem Tal herauf. Der Himmel ist bedeckt. Richtig düster wird es! Plötzlich fängt es an zu regnen. Blitzschnell aus meinem Schlafsack und noch ein paar kleine Veränderungen an der Plane vornehmen. Danach bin ich natürlich pitschnaß. Nachdem ich mich in meiner engen Behausung umgezogen habe, stelle ich fest, daß mein Schlafsack von außen ganz feucht ist. Aus Angst vor der Kälte lag meine Alumatte über dem Schlafsack. Durch das Kondenswasser ist dieser nun richtig*

1 aus: Benjamin Lebert. Crazy, Kiepenheuer & Witsch, 1999.

*naß geworden. Mein Stimmungsbarometer fällt auf den Nullpunkt. Ich denke daran, die kommende Nacht frierend verbringen zu müssen. So gut es geht breite ich den Schlafsack unter der Plane aus. Hoffe, daß er trotz Luftfeuchtigkeit trocken wird. Ich spüre, daß ich die Nässe nicht mag, ja, ich habe Angst vor ihr. Denn Nässe bringt Kälte, und Kälte heißt frieren. Ich merke jetzt, daß ich vor beidem eine große, schwarze Angst habe. Da fallen mir die Worte von K. ein: „fühle es!" Und ich spüre die Kälte: Ich fange an vor Kälte zu zittern. Worte von Shanti fallen mir ein: „... wenn der Körper zittert, löst sich etwas". Aber das will ich ja. So sitze ich und zittere und nehme dieses Gefühl an. Mit der Zeit merke ich, daß das Zittern nachläßt. Es ist zwar kalt, aber nicht so, wie ich es mir einbildete. Ich sitze und schaue und nehme wahr. Die äußere Umwelt wird zum Abbild meiner inneren Welt. Ich erkenne Dinge, die sich mir im Alltag oft verschließen*

*Der Vogel ruft wieder. Er war schon gestern immer wieder in der Nähe und hat sich mit mir „unterhalten" Mir ist, als sagte er: „Steh doch endlich auf!" Also öffne ich die Augen und setze mich auf. Am gegenüberliegenden Bergrücken hat die aufgehende Sonne ein wunderschönes rotes Band ausgebreitet. Eine tiefe Freude steigt auf. Danke, lieber Vogel, diesen Anblick hast Du mir geschenkt.*

„Tree Top Dancer", 22 Jahre

Die Pubertät ist eine Bestie, die durch die Straßen schleicht und sich die Kinder aussucht, die als nächstes dran sind. Sie packt zu, schleppt sie weg in ihr Versteck, frißt sie auf und verdaut sie! Und, glaubt mir, sie kaut sehr gründlich. Wenn sie die Beute am nächsten Tag zurückbringt, und dort auswürgt, wo sie sie geraubt hat, findest du kein Kind mehr. Da sitzt jemand, mit Pickeln auf der Haut, mit schlaksigen Gliedern, die er nicht beherrscht, mit Kleidern, die nicht mehr passen und mit einer aggressiven Einstellung sich selbst, den Eltern und der Welt gegenüber, die einen schreiend davonlaufen lassen könnte. Das Erbarmen faßt einem ans Herz, denn jede Selbstsicherheit ist verloren gegangenen. Es ist kein Kind mehr da, aber ein Erwachsener ist es auch nicht! Dieses Wesen im Chaos möchte auf keinen Fall wie ein Kind behandelt werden, ist aber auch noch kein Erwachsener, denn es ist noch nicht fähig, dieses Maß an Verantwortung zu tragen. Was tun?

*Warum muß ich denn überhaupt jemals erwachsen werden? Oder – anders gefragt – welcher Vollidiot hat diesen Begriff erfunden? Warum bleiben wir nicht alle einfach kleine Jungen? Die ihren Spaß haben wollen? Vögeln, Lachen, Glücklichsein.*[2]

Da der anstehende Wandel so gewaltig, tiefgreifend und fundamental ist, braucht es für die Begleitung in dieser Phase die größte zugängliche Kraft, die stärkste erreichbare Matrix, um einen sicheren Rahmen zur Verfügung zu stellen. Denn das

2 ebd.

Chaos im Inneren verunsichert die Seele und weckt den Hunger nach festem Halt. Der ist in der selbst von Veränderung betroffenen Schale nur sehr unzureichend zu finden. Also muß er von außen kommen. Wenn die Eltern und die Sphäre der sozialen Umwelt positiv auf diesen Veränderungsprozeß einzuwirken versuchen, indem sie „Erziehungsmittel" anwenden, um ihn irgendwie in Schach zu halten, oder in eine gewünschte Richtung zu lenken, laufen sie Gefahr, den natürlichen Prozeß zu behindern und negativ zu beeinflussen. Denn Kultur darf immer erst an zweiter Stelle stehen, wenn es um eine biologische Entwicklung geht, die unsere Grundsubstanz betrifft. Natur ist stärker als Erziehung.

„In einem etwa 250 Jahre alten Lexikon der frühen Aufklärung ist Wildnis als die Wohnstätte des Wildes definiert: *Wohlanständige Sittsamkeit kann dort keine Wohnung aufschlagen*. Wildnis bezeichnet also das Unmoralische, Gefahrvolle, Ungemütliche, die Naturkatastrophe, die es abzuwenden galt. Der bedrohlichen Wildnis stand die gefahrlose, heimische Kulturlandschaft gegenüber. Wenn wir heute von Wildnis sprechen, dann assoziieren wir damit unberührte Natur, Umwelt, Einöde, ein scheinbar regelloses Gebilde und Chaos."[3]

Mir scheint, es gibt im Umgang mit dem *Chaos* nichts Fähigeres als die Wildnis: Denn dort draußen, in der sich selbst überlassenen, sich seit Jahrmillionen selbst regelnden Natur ist es ein wesentliches Element in der Weiterentwicklung des Lebens. Die Natur kann mit Sicherheit Chaos vertragen! Und im Grunde wissen wir das längst! In der Natur gibt es immer besonders raschen, chaotisch erscheinenden Wandel an den Grenzflächen zwischen verschiedenen Medien. Das können große Temperaturunterschiede in der Luft sein, wo es dann heftig wirbelnde, drohende Wolken gibt. Das kann das Aufeinandertreffen von unterschiedlichen Meeresströmungen sein, wo sich trügerische Strudel, gefährliche Walzenbewegungen im Wasser bilden. Das können unterschiedliche Öko-Systeme sein, die in ihrem Zwischenbereich eine besonders reiche und reizvolle Vielfalt an Leben hervorbringen. Und es können Berührungen zwischen verschiedenen Tierarten sein, an denen sich ein Konflikt entzündet.

*Eben fand über mir ein Luftkampf statt – der Falke und ein Kolkrabenpaar. Laut kreischend stürmt der Falke auf die Raben los – was für ein Flug! Ich identifiziere mich sofort mit dem Falken, wie schon so oft, wenn ich ihn sah. Er ist für mich der Inbegriff der Jagdfähigkeit, der Wildheit, des Feuers in der Vogelwelt. Ich selbst fühle mich aber im Augenblick gar nicht so – jedenfalls nicht auf der physischen Ebene ...*

aus dem Jugendtagebuch 2002

---

3 Von Lüpke, Koch-Weser, VisionQuest, VisionsSuche: allein in der Wildnis auf dem Weg zu sich selbst, Ariston.

Immer dann, wenn wir uns vor Augen halten, daß wir in der Natur einen vollständigen Spiegel vor uns haben, können wir einen wichtigen Schritt tun. Alles, was du dort draußen wahrnimmst, ist nur ein Abbild deiner eigenen Seele! Wir sind nicht von der Natur getrennt, wir sind Natur. Wenn wir unsere Scheuklappen ablegen, unser rechtwinkliges Denken, das wir in den Schulen dieser Kultur verpaßt bekommen haben, dann sehen wir, daß es so ist! Es gibt nichts anderes außer Natur! Es gibt keine Unterbrechung des Kontinuums, keine Lücken im Fluß!

*„Heutzutage gibt es die große Lüge. Und es scheint, als würde man in den allermeisten Ländern der Erde nach wie vor an diese Lüge glauben, daß Mensch und Natur etwas Unterschiedliches seien. Entweder glaubt man daran, daß der Mensch wichtiger sei als die Natur und leitet daraus das Recht ab, sie nach Gutdünken auszuplündern, oder man denkt einfach überhaupt nicht über diese Frage nach, weil man völlig in den Anforderungen der 'Zivilisation', ihrer Technologie und ihrer Konsumgüter gefangen ist. Uns muß grundsätzlich klar werden: Ohne die Natur hätten wir auch keine Zivilisation. So einfach ist das! Man kann die höchst entwickelten Produkte nehmen: Wenn man zurückverfolgt, woher sie kommen, landet man früher oder später immer bei der Natur. Genauso beim Menschen: Unzweifelhaft werden wir geboren und sterben, wie jedes andere Lebewesen auf der Erde. Wir sind unauflösbar mit der Natur verbunden und für uns gelten die gleichen Regeln, wie für alle anderen Lebensformen. Es ist vollkommen lächerlich, so zu tun, als wäre das anders. Besonders, weil diese Ignoranz nicht nur zu immensem Leid unter uns Menschen, sondern auch bei allen anderen Gattungen führt.“* (Steven Foster)

Der Falke ist nicht heiliger als der Rabe. Die Eidechse nicht heiliger als die Fliege, die sie auf einem Farnblatt überrascht. Und warum sollten die Wolken heiliger sein als der Regen, der aus ihnen fällt, warum der Blitz heiliger als der Donner, der ihm folgt? Und so ist auch der Mensch nicht der alles beherrschende, überlegene Meister des Lebens, dominant und über alles heilig!

## Wildnis, die Heimat alles Menschlichen

*Einmal besucht mich eine Heuschrecke, demonstriert mir ihre Singkunst mit ihren Hinterbeinen. Sie teilt mir mehr mit als viele schlaue Bücher: Mein Sprechen sollte ein Singen sein, mein Gehen ein Tanzen. Meine Beine tragen mich durch die Welt. Ich fühle große Dankbarkeit, daß ich mich rhythmisch fortbewegen und damit auch mitteilen kann. Singend und tanzend, klatschend und stampfend.*

*Es wird frostig kalt, meine Füße sind nur noch Eisklötze. Ein Feuer entzünde ich nachts. Ein Geschenk. Ich verbrenne zuvor abgeschnittene Haare. Beobachte den Tanz, den Gesang. Alles tönt und bewegt sich. Auch die Berge, auf ihre Art. Die aufgehende Sonne schenkt ganz anderes Licht. Hell und warm wie nie, unendlich erhaben, Lebensquell. So viel Schönheit empfangen. Die Eiseskälte der Nacht vergessen.*

„Two Raven Song", 23 Jahre, 1995

*Was zurückbleibt, könnte eine Liebeserklärung an die Natur sein. Wie kann ich die Achtsamkeit und Zärtlichkeit beschreiben, die ich vom Berg mit hierher nach Hause gebracht habe? Wenn ich die Augen schließe, und mich an den Platz setze, den mir die Naturgeister für drei Tage überlassen haben, spüre ich sofort die Verbundenheit. Ich erinnere mich an das sanfte Wiegen der Gräser. Das freundliche Plätschern des Baches klingt mir tröstlich in den Ohren. Ich fühle mich vom Wind liebkost und rieche den würzigen Geruch der Alpenpflanzen. Meine Beziehung zur Natur hat sich durch diese intensive Begegnung grundlegend transformiert in eine respektvolle Freundschaft, ganz im Bewußtsein, daß jeder Stein, jede Pflanze, der Wind, das Wasser, Sonne, Mond und Erde uns wohlgesinnt begleiten ...*

„Sitzt in Stille", 23 Jahre, 1998

## Innere und äußere Wildnis

Die dichten Wälder der Vogesen, die Karstgebirge Sloweniens, die kargen Wüsten Arizonas und Marokkos, die Pyrenäen und die Zentralgebirge Spaniens, aber auch die Einsamkeit mancher verlassenen Mittelmeerinsel sind genauso, wie die Täler und Höhen einsamer Alpentäler, bestens geeignete Orte, an denen sich Menschen für mehrere Tage in die wilde Natur zurückziehen können. Das „Wilde Wissen" hat seinen Ruf in die Welt erschallen lassen und es gibt Menschen, die ihn gehört haben. Den Teilnehmern solcher Rituale wird meist schnell bewußt, daß sie auf diesem Weg zu sich selbst so manche Wildnis in ihrem Inneren zu durchqueren haben. Dort lauern echte Gefahren: Du kannst in den Untiefen der eigenen Unentschlossenheit versanden, dich im Urwald der eigenen Wünsche verirren, in der Wüste deiner Ängste erstarren...

Wenn die Prothesen der Zivilisation Schritt für Schritt nutzlos werden und im Schließfach des Zielbahnhofs verstaut sind, riecht die Luft nach echtem Abenteuer. Das ganz andere erwartet dich! Seit deiner klaren Entscheidung zum Fasten in die einsame, unrasierte Wildnis hinauszugehen, entstehen in deinem Inneren wilde Bilder. Deine Seele gräbt in ihren tiefsten Kellern nach den wildesten zellulären Erinnerungen. Deine ungezähmte, dunkle Seite kommt vielleicht an die Schalthebel deines inneren Kontrollsystems und spielt auf dem Bildschirm deines Bewußtseins krause Bilder von archaischen Jagdszenen, wilden unbarmherzigen Verfolgungsjagden und brutalen Überfallen. Tödliches Entsetzen und unausweichliches Verderben würgen deinen einstmals unbeschwerten Morgen, denn die Träume der Nacht liegen bleiern in deinen Gliedern bis zum gnädigen Vergessen am frühen Nachmittag. Blut schwimmt auf dem Kaffee, die Semmel erscheint Dir als ein listig eingeschmuggelter Bovist des Satans...

Das paßgenaue Gegenbild zu dem Unbekannten, Bedrohlichen, Verdrängten, das die *Wildnis* für uns Zivilisierte heute meist auch darstellt, entsteht in deinem Unterbewußtsein und führt dich in die Wildnis deiner eigenen inneren Realität. Wir haben die Wildnis dort draußen, in den Wüsten und Tälern, auf den Bergrücken und in den tiefen Schluchten lange schon verlassen, vergessen, ignoriert, haben uns in die oberen Etagen des Komforts zurückgezogen, wo die Füße immer trocken bleiben, die Hände sauber und die Herzen leer. Und genauso ist auch das Wildeste, das wir in uns selbst tragen, in die feuchten, algenbewachsenen Keller und dampfenden U-Bahnschächte ausgewandert. Seine beharrliche Existenz in unserem Inneren registrieren wir nur ab und zu, vielleicht wenn an der Ecke gegenüber ein Unfall passiert und jemand vor unseren Augen weggetragen wird. Später erinnern wir uns dunkel an sein Gesicht und haben ein mulmiges Gefühl. Aber dann, während eines blitzartig aufflammenden Augenblickes der Klarheit: Den kenne ich, und zwar ... sehr gut! Aber woher nur?

*Ich habe geträumt, daß ich in einem Ghetto bin, in dem es keine Häuser gibt, keine Straßen mehr und nur einfache, sehr primitive Handkarren und eine Art Rikschas für die Leute. Die Luft ist voller Rauch und es stinkt so wahnsinnig, daß ich kaum atmen kann, es ist zum Ersticken. Ich ziehe so einen Karren, der sehr schwer ist. Ich bleibe stehen, um auf die Pritsche zu schauen, was da so schwer ist und fühle einen wahnsinnigen Schlag auf die Brust: Es ist mein eigener Körper, der da tot auf der Bahre liegt und ich bin mitten auf einem riesigen Müllplatz. Überall sind plötzlich Wildschweine, die auf mich zukommen und mich angreifen oder fressen wollen. Wildschweine, ziemlich gewaltige Burschen, auch ein bißchen wie Menschen, Männer mit dichter, drahtiger Behaarung, ekelhaft! ... Ich fange an, mit einer Stange, die ich auf einmal in der Hand habe, auf die Schweine einzuschlagen und es entsteht ein tobender Kampf ums nackte Überleben: Ich kann mich tatsächlich wehren.*

*Wenn ich jetzt an den Traum zurückdenke, habe ich sehr gemischte Gefühle, einerseits ekelhaft, aber auch ein bißchen froh und stolz, vielleicht eher zufrieden, daß ich mich so gut gewehrt habe ...*

Aus dem Gruppentagebuch; Holger, „Burning Roots", 18 Jahre, erzählt von einem Traum, den er noch zu Hause, kurz vor der Abfahrt nach Italien, hatte. Das hätte ihn um ein Haar davon abgehalten, zu kommen ...

Wenn du die Entscheidung getroffen hast, deine Kindheit zu Grabe zu tragen, dem Ruf der Ahnen zu folgen und den Weg der Reifung bewußt zu beschreiten, werden die Ungeheuer im Bauch des Berges geweckt; sie ahnen es bereits: Der Held wird sich auf den Weg machen, um den edlen Schatz zu rauben! Die Kunde von deinem schon lange erwarteten Aufbruch verkündet sich wie ein Lauffeuer in der Welt der Symbole, Träume und in der höheren Realität: deiner Phantasie. Deine Seele entflammt, bereitet sich vor, läßt alle Gefangenen frei! Die ältesten Ängste vor der Wahrheit des Augenblicks, die wildesten Sehnsüchte nach Erfüllung, das urtümliche Verlangen nach wildem freiem Leben regt sich in den ZELLEN deiner entlegensten Seelengefängnisse. Dort, wo wir das bleischwere, graue Vergessen über den brennenden Schmerz gezogen haben wie einen schlechten, hektisch verabreichten Verband aus ungeeignetem, störrischem Material.

Und so begegnen wir alle bereits während der Vorbereitungszeit auf das einsame Ritual dem alten Coyoten, der uns direkt und respektlos in die Augen schaut und ohne das erwartete scherzende Zwinkern einen schnellen, schmerzlosen Tod verspricht. Aber er stellt auch eine Bedingung. Er sagt, meist recht gut die Stimme deines Vaters nachäffend: „Darf ich Dir die Geschichte von der Schnapp-Zu-Falle erzählen?

Ich rate Dir in meiner Autorität als Fuchs vom Dienst, sage ja, auch wenn du schon Schlimmes ahnst. Und dann geh Los auf deinem Pfad!"

## Unter freiem Himmel

Ohne Essen, ohne Ablenkung durch die *Synthetik* unserer Zeit, fernab jeden gesellschaftlichen Zwanges, wird das Bewußtsein klar wie ein frisch geputzter Spiegel der Seele. Wildnis, kein Wecker, kein Telefon, kein Stundenplan, keine Mama, die dich weckt! Im Innehalten tauchen existentielle Fragen auf:

Wo will ich eigentlich hin?
Was erwartet mich jetzt auf dem unbekannten Berg?
Wer bin ich, wenn alle Rollen des Alltags von mir abfallen?
Was will ich suchen?
Was soll werden, wenn ich meinen Standpunkt aufgeben muß?
Ich weiß nichts, ich bin nichts, ich habe nichts! Hilfe, wo ist der Spiegel?

Es sind die wichtigen, zeitlosen Fragen, die beantwortet werden wollen. Fragen nach dem Wesensgrund des Menschlichen, nach dem Wert und Sinn deines Lebens. Fragen nach Ziel und Richtung des Wachstums, nach dem Gewicht von Neubeginn, Reifen und Sterben. Was ist die Bedeutung und der Kern der Worte *Ich*, *Liebe* und *Gott?*

*Nachdem ich einen Platz gefunden habe, an dem mir alles irgendwie zu passen scheint, richte ich mich für mein Bleiben ein. Ich lege meinen schweren Rucksack ab und mich mitten hinein in das wuchernde, würzige Kraut. Ein Meer von Felsen um mich her. Die Brocken heben ihre breiten Rücken zwischen den Wacholderbüschen, sehen aus wie ein Trupp praller, fetter Robben, sonnengeil in den Dünen. Stille und Weite! Diese Landschaft beginnt mich zu beruhigen. Chill Out.*

*Ich werde einfach. Und ich staune.*

*Lange verfolge ich mit den Augen ein Rabenpaar. Der erste, den ich entdeckt habe, läßt sich von einer hohen Felsklippe fallen und spannt die Flügel erst auf, als er fast schon an einem Felsvorsprung zerschellt – so ein Angeber, denke ich, ist bestimmt das Männchen!*

*Die Eisgipfel des Monte Rosa spähen durch Wolkenlöcher zu mir herab. Wolken zeichnen Bilder von Tieren, Frauen. Ich weiß solche Zeichen nicht zu deuten. Aber ist das wichtig? Etwas Tieferes in mir weiß!*

*Kleinigkeiten werden wesentlich. Ich nehme wahr. Jenseits von allen Gedanken bin ich einfach da, ohne dafür eine erdachte Erklärung oder Begründung zu brauchen. Ich fühle mich willkommen. Wie einfach kann das Leben sein. Wenn ich Durst habe, gehe ich zum Bach hinüber und trinke aus der hohlen Hand. Sein sanftes Rauschen wiegt mich in Schlummer. Gleich dort, an Ort und Stelle. Mitten auf der kleinen Blumenwiese; dazwischen Disteln, stolz und stark, fesseln meinen letzten Blick. Als ich wenig später aufwache, ist dieser Augenblick schon wieder kostbare Erinnerung ...*

„Two Raven Song", 23 Jahre, 1995

## Profan oder heilig?

*Gibt es eine Religiosität ohne Gotteshäuser und Altäre?*

*Für mich gibt es tatsächlich nur eine Kirche und einen Altar – das ist die Welt. Und die einzige richtige menschliche Haltung in diesem Heiligtum ist eine respektvolle Dankbarkeit, die man gegenüber etwas empfindet, das heilig ist. Und die Welt ist heilig. Wir sind heilig.*

Prof. Dr. Henryk Skolimowsky[1]

Wer viele Stunden Zeit hat, den Fluß der Natur zu beobachten, erkennt: Wildnis ist eine Qualität der Natur, die kraftvoll heilende undwunderbar inspirierende Qualitäten in sich birgt. Wildnis ist etwas, das immer schon da war, und so auch immer schon zugleich Initiatorin und Patin unserer Feuertaufe auf dem Weg der Menschwerdung war. Wildnis ist immer vollständig und reif. Sie spielt die uralte Musik des Lebens, nach der auf dem großen Tanzplatz die Schritte gesetzt werden! Und so unterwirft sie uns der Wandlung, der sich alles Leben stellen muß, wenn es weiterkommen und sich entwickeln will.

Wildnis bedeutet zunächst einmal, daß sämtliche Bestandteile, aus denen sie sich zusammensetzt, nach ihrem eigenen Gesetz funktionieren. Dieses Gesetz ist uralt und vollständig vom Ort, den klimatischen Bedingungen und der speziellen Sozietät der dort lebenden Wesen definiert. Der Mensch hat zunächst keinen Anteil daran, außer er fügt sich als gleichwertiger Teilhaber, den Bedingungen seiner Biologie folgend, darin ein.

Die Bäume wachsen dort, wo sie von ihren reifen Artgenossen ausgesät wurden und folgen im Wachstum immer nur den Einflüssen der umgebenden Elemente und ihrer Mitgeschöpfe. Ist es eine Kathedrale, die sie mit ihren hohen schlanken Ästen dort oben formen?

*„Man hat uns beigebracht, daß es einen Unterschied zwischen dem „Heiligen" und dem „Profanen" gibt. Damit vertiefen wir nicht nur die Spaltung zwischen Mensch und Natur, sondern auch den wahren Ausdruck von uns selbst. Wenn wir beispielsweise unseren Kirchenbesuch als etwas Heiliges ansehen, aber unser Leben zu Hause für profan halten und diese beiden Dinge damit voneinander trennen, dann werden die sozialen Gemeinschaften krank. Wenn wir aber lernen, das wunderschöne Profane an der Natur als etwas Heiliges zu verstehen, beginnen wir die natürliche Welt zu respektieren und in einem gesunden Verhältnis mit ihr zu leben. Wenn wir es aber trennen und die Natur in ihrer Wildheit als profan definieren, folgert daraus fast automatisch das Recht, sie nach dem Motto „Ich bin der Stärkere." auch zu kontrollieren. Und*

1 aus: Politik des Herzens, Geseko von Lüpke, 2003.

*wir sehen ja, was dabei herauskommt: Wir mißbrauchen und verschmutzen nicht nur unser Land, sondern auch unsere spirituelle Gesundheit. Dabei brauchen wir beides, um ganze gesunde Menschen zu sein.“* (Meredith Little)[2]

Wir folgen einer uralten Fährte, wenn wir die Gesundheit und Freiheit von Wildnis-Ökosystemen und ihre spirituellen, weil heilen Werte aufsuchen. Rituale in der wildesten Umgebung, die wir finden können, zu zelebrieren, ist eine erstaunlich wirksame Angelegenheit. Denn die Wirkung des „Wilden“ an sich vertieft und verstärkt die Resonanz des morphischen Feldes, das ein altes Ritual in sich trägt oder um sich hat. Wenn wir annehmen, daß etwa ein VisionQuest schon seit Jahrtausenden nach dem gleichen Prinzip und den gleichen Regeln durchgeführt wurde, dürfen wir nach Rupert Sheldrakes bahnbrechenden Erkenntnissen daraus eine erhöhte Wirksamkeit erwarten. Auch die Tatsache, daß die Menschen damals sich mit tiefem Glauben und großer Hingabe auf die sakrale Kraft eines solchen Rituals eingelassen haben, wird seine heutige Wirksamkeit noch zusätzlich steigern.

Es gibt noch einen weiteren Grund für die Auswahl von Wildnis für ein solches Vorhaben: Wenn wir dorthin gehen, wo die Natur noch ungestört selbst für sich sorgt, verlassen wir den pathologischen Einflußbereich des morphischen Feldes unserer modernen, kollektiven Selbsthypnose. Wir spüren die Ermächtigung der inneren Wildnis in uns, vielleicht indem wir einen lange ausgebrüteten Schrei ausstoßen, uns völlig entfesselt bewegen und wilde Grimassen schneiden. Auf jeden Fall aber gelingt es uns in der Regel hier viel leichter, unsere Sinne zu öffnen, genau hinzusehen und zu lauschen, was dort draußen in dieser unbekannten, ungezähmten, und damit noch autonomen Welt auf uns wartet.

Dieser Pfad hinaus in die natürliche, äußere Wilde führt uns auf eine uralte Spur, dorthin, wo wir unsere Sinne an der großen, alten Lehrmeisterin schärfen und verfeinern können. Tief in unserem Inneren werden sowohl zellulär als auch zerebral Erinnerungen an alles aktiviert, was nötig ist, um sich im wilden, fremden und somit unvorhersagbaren Umfeld sicher zu bewegen. Kein Schritt gleicht hier dem nächsten. Hier ergibt es einen Sinn, ganz bei Sinnen zu sein. Diese Erweckung von Präsenz, Aufmerksamkeit und Sinnlichkeit entfaltet sich durch regelmäßigen und achtsamen Aufenthalt in der wilden Natur, bis wir unserer baren Kreatürlichkeit, unserer nackten Verletzlichkeit und unserem sehr realen Tod ins Auge blicken können. Unser Tod kann auf diese Weise als unser bester Freund erkennbar werden, denn er weckt uns auf. Er sagt uns, daß wir nicht ewig Zeit haben. Er weist uns kompromißlos darauf hin, daß es Zeit ist aufzustehen und zu gehen, denn wir sind genauso sterblich, wie alle anderen lebenden Wesen auf dem Planeten. Das macht uns zu Brüdern und Schwestern und hilft, uns wieder in Verbindung zu bringen. Draußen in der Wildnis ist der Tod überall

2 aus: Politik des Herzens, Arun, 2003.

sichtbar, omnipräsent. Er zeigt sich in intimer Umschlingung mit dem Leben. Es ist die Spur des Todes, die dem Leben seine eigentliche Kraft und Heiligkeit gibt.

*„Ich werde eingeladen, in den sakralen Raum des Tipi zu kommen, das ein Tempel ist für die Feier des Lebendigen, Profanen, Wilden in und um uns her. Als ich im Tipi warte, bis ich an der Reihe bin, komme ich den Tränen sehr nahe – das Gefühl, nach Hause zu kommen, berührt mich sehr tief. Vor der Schwelle erwartet mich der Leiter des Rituals, segnet mich ...*

*Ich grüße dich mit dem Rauch der Kräuter und Wurzeln aus diesem Tal. Möge die Kraft dieser Adlerfeder dich stärken. Ich bitte alle meine und deine Ahnen, Meister und Freunde, dich zu unterstützen. Mögen deine Augen stets die Wahrheit sehen und deine Hände das Werk deines Herzens verrichten. Möge dein Magen erfüllt sein von der Speise, die dich für immer satt macht. Möge dein Sex dir Lust und Freude bereiten, stets wieder aufzustehen und weiterzugehen, und mögen dich deine Beine sicher über Wiese, Wald und Stein tragen. Mögen deine Knie dir wie Vater und Mutter sein, deine Füße Mutter Erde massieren.*

*Ich rufe den Goldadler auf deiner linken Schulter. Er ist das leuchtende, pulsierende Leben, dein bester Freund und Berater!*

*Ich rufe den großen Bartgeier (den Kondor der Alpen) auf deiner rechten Schulter. Er ist dein persönlicher Tod, dein bester Freund und Begleiter!*

*Die beiden stehen immer in intensivem Dialog. Wenn du klug bist, neigst du dein Haupt und lauschst ihren Worten. Dort ist wahre Weisheit und guter Rat. So nutze deine inneren Ohren zu deinem Besten, mein Bruder ...*

*Wenn Du bereit bist, dann trete über diese Schwelle und spreche mit Deinem Herzen und Deinem Mund: Ich tue es für mich und die Welt. How!“*

Kombiniert aus meinen Aufzeichnungen
und aus dem Tagebuch von „Hit by Tree“

Wenn wir dieser Spur folgen, bis wir den lebenserhaltenden Sinn von Übergangsriten wieder in seiner ganzen großartigen Einfachheit erfahren können, bringen wir einen großen Schatz für das menschliche Leben ans Licht. Das Erleben der überraschenden Wendungen, die das Wilde für uns parat hat, weckt auf!

*Die Vorstellung, alleine und ohne Essen drei Tage und Nächte draußen zu verbringen, löst bei mir wie bei den meisten Menschen, Angst und Widerstand aus ... meine Hauptmotivation war, diese Ängste zu überwinden.*

*In den drei Tagen und Nächten, die ich alleine war, habe ich begriffen, daß wir zwischen Bäumen und Pflanzen, Felsen und Flüssen niemals alleine sind.*

*Wir hatten extremes Wetter. Von der Sommerhitze des Tages über Nachtfrost und Regen bis zu einem mächtig tobenden Berggewitter mit Hagel hat uns die Natur ein einmaliges Schauspiel ihrer Kraft geboten. Mitten zwischen diesen Naturgewalten saß ich da, ohne Angst zu verspüren. Bei dem sehr starken Gewitter machte ich sogar eine wunderbare Erfahrung. Der begleitende Sturm lockerte meine Plane soweit, daß sie knapp über mir hing, während ich im Schlafsack lag. Als dann der Hagel fiel, wurde ich von ihm massiert.*

„Sitzt in Stille“, 23 Jahre, 1998

VisionsSuche heißt:

Ein Mensch zieht sich ins Wesentliche zurück, allein mit sich, Mutter Erde und seinem eigenen, geheimen Gott. Fasten unterstützt den gewünschten Prozeß der Klärung und Reinigung. Klares Quellwasser dort zu trinken, wo es ans Licht sprudelt, wird ein Akt heilender Einfachheit. Pflanzen, Felsen, Wolken und Licht tanzen für das begrenzte, sterbende Ego. Es wird völlig umschlungen von der Allgegenwart der irdischen und kosmischen Natur. Die Erde offenbart sich in ihrem Tanz der Elemente als die „Vielzahl der Mächtigen“. Die verschollenen Götter aus den Mysterienkulten unserer Ahnen erstehen vor den Augen des furchtsam staunenden Menschenkindes auf. Wenn Donner, Blitz und Hagel den Ort heimsuchen, sieht das gläubig gewordene Auge den Taktstock des größten aller Meister die Rhythmen zeichnen, nach denen auf dem Tanzboden der Wildnis musiziert wird.

*Bald,*
*Nach fletschendem Gleißen,*
*Brüllende Pranken schlagen nach mir*
*Blitzsturm Orgeln Flammen...*
*Taucht messingfarben Vollmond,*
*Perlmutt wölbt*
*Schimmernd Atmen*
*Wolkendunst schwebt, feiert fahl*
*Gesättigtes Ohr singt:*
*Helle Bahn*
*In samtener Stille*
*Vollendet in Schönheit*

Shanti, „Sacred Stone Pipe“, Preber 1997

## Der Große Geier, dunkler Gott: Lehren des Todes

Das große Maul der Wildnis – die mächtigen Klauen und schimmernden Zähne erscheinen fahl vor dir im Dunkel – öffnet sich, der rasselnde Atem riecht nach Tod und Zersetzung, nach Abschied ohne Gruß. Es ist sinnlos, zu fliehen, sich zu winden, zu sträuben, die Pranken sind schneller, nageln dich fest. Der einzige Weg hinaus ins Freie ist vielleicht, wer weiß, der todesverachtende Sprung in diesen Rachen, dem sicheren Tod entgegen. Das Wunder ist immer unerwartet. Bist du verdaulich für die Säfte des Wandels im Magen der Wildnis? Wenn sie dich ausspeit, nach Stunden oder nach Tagen, bist du zu Dünger geworden, ein Häufchen auf dem nackten Fels der Wirklichkeit. Das ist es, was das Leben braucht, von dir und all deinen Gefährten; daß du Dünger wirst für das Leben der Kommenden ...

*Der Schamane spricht für wilde Tiere, den Geist der Pflanzen, der Berge, der Flußgebiete. Er oder sie singt für sie. Sie singen durch ihn oder sie ... Die ganze Gesellschaft konsultiert die nicht-menschlichen Kräfte und erlaubt einigen einzelnen, völlig aus ihren menschlichen Rollen hinauszutreten. Sie nehmen die Maske, das Kostüm und den Geist des Bisons, des Bären, des Kürbis, des Mais oder der Plejaden an und kehren in dieser Gestalt mit Gesang, Mimik und Tanz in den menschlichen Kreis zurück, einen Gruß aus dem anderen Reich zu überbringen.* (Gary Snyder)[3]

Wenn wir bereit sind, im Ritual durch das Rad des Lebens und der Jahreszeiten zu gehen, begegnen wir allen Aspekten unseres Seins. Wir gehen aus dem „Inneren Feuer" des Willens durch die Phasen der Geburt um ins Leben zu treten, sind noch einmal spielende Kinder, nähern uns der Adoleszenz, gehen durch den Herbst der Initiation und bereiten uns auf den Winter der Reife vor. Das große Ganze beginnt zu unserer Seele zu sprechen und die Grenzen zwischen den Dingen, die Absperrungen zwischen innen und außen werden bedeutungslos. Die Jahreszeiten finden in unserem Inneren statt, die Gefühle im Schlamm unserer Seelen kriechen zwischen unseren Füßen hindurch, und vielleicht geschieht es, daß all unsere Kräfte und Aspekte vor unserem nach innen gerichteten Blick zu tanzen beginnen ...

*Bilder meines einstigen, glücklichen Daseins tanzen vor meinen glasigen Augen und werfen mit bunten Lassos nach dem davonlaufenden Glück. Doch kein Teil meiner Persönlichkeit kann es einfangen. Die Lassos fliegen, verschlingen sich ineinander, verknoten sich. Es ist ein Chaos. Ein Chaos an Gefühlen und Empfindungen.*

*„Stop!" schreit plötzlich eine Stimme und es dauert einige Zeit, bis ich erkenne, daß es meine eigene gewesen ist. „Ich hab genug vom Chaos!" und mit kraftvoller Stimme befehle ich meinem Egoismus, mein Glück jetzt einzufangen. Dieser wirft das Lasso und erwischt das Glück gezielt am Kopf, als hätte er sein ganzes Leben*

---

3 Zitiert nach Joana Macy „Denken wie ein Berg".

*lang nie etwas anderes gemacht. „Zieh es her", sage ich und mein Egoismus gehorcht mir. Ich sehe um mich und sehe ganz weit hinten in einer Ecke meine Schwäche stehen. „Komm her!", rufe ich, „und wachse."*

*Zaghaft kommt sie zu mir und versucht krampfhaft sich aufzublasen. Doch da tritt von ganz vorn meine Stärke hinzu und schlägt auf die Schwäche ein, bis diese nur noch ein kleiner Fleck am Boden ist. „Stärke!", rufe ich, „hör sofort auf damit!"*

*Die Stärke sieht mich an. „Für was willst du Schwäche haben", fragt sie.*

*Ich überlege, doch mir fällt keine Erklärung ein. Noch nicht. Dennoch weiß ich, daß ich sie brauche. „Ich will, daß ihr euch vertragt", sage ich anstatt einer Antwort. Die Stärke murrt, tut jedoch das, was ich ihr befehle und hilft der Schwäche, größer zu werden. Doch kurz bevor sie die Größe der Stärke erreicht hätte, mischt sich mein Egoismus ein und ruft: „Stop, das reicht!" Ich nicke. „Stimmt", sage ich, „sie muß nicht gleich groß sein wie du!" Ich sehe mich wieder um. „Wo ist mein Glaube?" rufe ich in die Runde. „Hier", höre ich eine dünne Stimme. „Wieso bist du so klein und farblos?" frage ich ihn, „Du gibst mir keine Freiheit", antwortet er.*

*Ich denke nach und merke, daß er recht hat. Schnell winke ich meine Angst zu mir. „Mach sie fertig", sage ich zum Glauben und dieser schlägt auf die Angst ein bis sie nur noch ganz klein ist. „Das genügt!" rufe ich. „Ich will sie nicht ganz verlieren." Der Glaube hält in der Bewegung inne und fragt: „Aber an was soll ich glauben?"*

*Ich sehe ihn an. „An das Schöne", antworte ich.*

*Erneut sehe ich mich um und erblicke relativ weit vorne meine Unsensibilität. „Komm her", deute ich und sie setzt sich in Bewegung.*

*„Ich dachte, ich hätte dich bereits besiegt", sage ich zu ihr. „Wie kommt es, daß du wieder so groß bist?" „Frag doch eher, warum die Sensibilität so klein ist", sagt die Unsensibilität trotzig. „Die tut ja den ganzen Tag nichts als Herumsitzen." „Das stimmt nicht", widerspreche ich, „sie ist sehr oft im Einsatz, wenn es darum geht andere Menschen zu verstehen, nur bei meinem eigenen Körper ist sie relativ faul."*

*Ich sehe zur Sensibilität. „Schlag die Unsensibilität zusammen", sage ich zu ihr. „Das kann ich nicht", sagt diese darauf, „sie ist zu mächtig."*

*„Laß mich!", meldet sich meine Vorsicht und schreitet nach vorn. „Das schaffst du doch nie, du bist viel zu klein", ruft der Argwohn und lacht.*

*„Natürlich schafft sie es", sage ich und deute der Vorsicht anzufangen.*

*„Ich will es ja gar nicht alleine schaffen", sagt sie. „Gehen wir auf Nummer Sicher und machen wir es gemeinsam." Sie nehmen sich alle bei den Händen und wenig später ist meine Unsensibilität verschwunden.*

*Ich bin sehr erstaunt über die Klugheit meiner Vorsicht und plötzlich ist sie mir auch sehr sympathisch. Ich beschließe sie wachsen zu lassen.*

*„Danke“, ruft sie und strahlt.*

*Mein Blick fällt auf die Sehnsucht. „Was ist mit dir?“ frage ich sie, „Wieso bist du denn so extrem groß, was paßt dir nicht?“ Ich schüttle den Kopf. „Ich hab keine Lust mehr, mich andauernd nach etwas zu sehnen!“*

*Und kurz entschlossen bedeute ich meiner Zufriedenheit, die Sehnsucht um die Hälfte zu verkleinern.*

*„Und was bitte schön hab ich jetzt noch zu tun?“ meldet sich plötzlich mein Selbsthaß empört. Ich erschrecke, denn er ist noch größer als ich gedacht hatte. Doch mein Mut steht hinter mir und klopft mir auf die Schulter. „Du hast gar nichts mehr zu tun!“ rufe ich und versetze ihm einen so festen Tritt, daß er in Milliarden winziger Teile zersplittert. Ein Stück neben mir höre ich jemanden weinen. Erstaunt drehe ich mich in diese Richtung und sehe mein Selbstmitleid. „Er war mein Freund“, schluchzt es, „jetzt hab ich niemanden mehr!“ Neben mir steht auf einmal meine Wut. „Brauchst du auch nicht!“, sagt sie und schlägt das Selbstmitleid zusammen. „Gut gemacht Wut“, lobe ich sie, „das hast du richtig erkannt!“ Ich sehe mich um und lächle. Als ich wieder in der Hängematte aufwache, schaukelt diese noch leicht hin und her. Das zufriedene Lächeln ist noch immer in meinem Gesicht gefangen wie ein Insekt in einem Spinnennetz. Ich blicke in den blauen Himmel über mir und merke, daß mir plötzlich ganz warm ist.*

*Als ich am Ende dieser Geschichte, oder eigentlich Gedankenaufschreibung, angelangt war, nein eigentlich noch währenddessen, hatte ich plötzlich die Vision einer weißen Wölfin. Sie stand auf einem Hügel ein Stück weiter oben und sah mich an. Es war ein wunderschönes Gefühl und plötzlich habe ich erkannt, daß das meine Göttin ist, daß sie das Wesen ist, das über mein Leben wacht, an das ich mich wenden kann, zu dem ich beten kann. Noch nie war mir so deutlich bewußt, daß auch ich zu jemandem beten kann. Und bisher habe ich sie auch noch nie gesehen. Doch heute hab ich sie gesehen. Und ich sah wirklich jede Einzelheit, sah sie so klar, jeden Muskel ihres Körpers! Es ist ein Gefühl des totalen Seelenfriedens, sie gesehen zu haben, zu wissen: sie ist da, sie bewacht mich. Niemand sonst kann sie sehen, nur ich. Das ist für mich wirklich so ein schönes, berauschendes Gefühl, daß mir die Tränen kommen.*

*Über mir kreist schon seit gestern Vormittag die ganze Zeit ein Bussard. Mit seinen Schreien scheint er mir zuzurufen, ich solle ja nie aufgeben. Doch das werde ich bestimmt nicht. Versprochen! Wahnsinn, und gerade jetzt, gerade in diesem wunderschönen berauschenden Moment ist eine braune Schlange – wahrscheinlich eine Äskulapnatter – direkt an meinem Lager vorbeigekrochen. Es ist echt unglaublich, aber irgendwie fühle ich mich heute wie in Trance oder wie berauscht oder high. Ich fühle so einen leichten Schwindel in meinem Kopf, doch es ist nicht unangenehm, sondern verleitet mich zu philosophieren.*

*Ich bin heute aber auch enorm müde und träge. Den ganzen Tag verbringe ich in der Hängematte in meinem Lager, und jede noch so kleine Tätigkeit strengt mich extrem an. Echt, es ist einfach unglaublich wie müde jedes einzelne meiner Glieder ist, wie schwer mein ganzer Körper plötzlich ist. Ich hab mir auch überlegt, daß meine enorme Müdigkeit vielleicht darauf beruht, daß soviel in mir vorgeht und ich meine ganze Energie für meine Gedanken, Erinnerungen und Empfindungen verwende. Es wird wohl so sein, dennoch denke ich, daß sich das morgen wohl wieder einigermaßen gelegt haben wird, so daß ich schon am Morgen mit den Ritualnacht-Vorbereitungen beginnen kann.*

*Übrigens habe ich noch gar nicht geschrieben, daß ich gestern abend noch etwas sehr Interessantes erlebt hatte. Zum ersten Mal seit langer Zeit konnte ich wieder wirklich weinen. Verstehst du, so richtig lang, viel und laut. Das ist jetzt echt schon ziemlich lange her, daß ich das das letzte Mal konnte. Ein paar Tränen zwischendurch, das schon, aber so richtig weinen ..., nicht daß ich wüßte.*

*Ich saß auf dem Hügel, auf dem ich morgen dann auch das Ritualfeuer machen werde, sah auf die Berge mir gegenüber auf denen der letzte Sonnenschein wanderte und sang zuerst total entspannt ein paar Lieder.*

„Northern Wolf Goddess", 21 Jahre

## Kompetenz in Lebenskunst: Das Fenster der Seele öffnen

Fasten gilt seit Urzeiten als eine sichere Methode, den Geist vom Ballast der Routine zu befreien und die Fenster der Seele weit zu öffnen. Die Wahrnehmung wird geschärft, die Sinne werden von ungewohnter Klarheit durchflutet. Was in manchen Kulturen im Ritual durch den gezielten Einsatz bewußtseinserweiternder Drogen, erreicht werden soll, kann durch Fasten leicht und sicher herbeigeführt werden.

Bekommt der Magen nichts, so beginnen die Sinne in ihrer eigenen Weise nach Nahrung zu suchen: Bilder, Szenen, Geräusche und Ereignisse beginnen das Vakuum zu füllen. Die rezeptive Aufmerksamkeit wendet sich den Qualitäten des Seins zu, der Schönheit, der Wahrheit und der Präsenz des gegenwärtigen Augenblicks. Die Erwekkung dieser Art von Sinnlichkeit öffnet die Türen der Wahrnehmung auf allen Ebenen. Die Natur beginnt, in das Innere des Menschen einzufließen und eine hochwirksame Verbindung aus gesteigerter Wachheit, intensivem Selbstgefühl, Naturverbundenheit, Dankbarkeit für das Leben und geistiger Klarheit zu befruchten.

Weil die gewohnten Rollen des Alltags überflüssig werden und nicht mehr vom Eigentlichen ablenken, werden die Dinge einfach und leicht: Einfaches, unbedingtes Dasein ist möglich, die Stimme der Natur erwacht.

*Bäume, Pflanzen, Steine und Vögel begannen zu sprechen. Ein besonderes Erlebnis für mich war, als ich mich auf der Suche nach meinem Platz von einer Gruppe von Bäumen angezogen fühlte. Zum ersten Mal seit meiner Kindheit kletterte ich wieder bis in die Spitze eines Baumes, genoß das Panorama der umliegenden Berge, beobachtete die Wolken, hörte das Rauschen der Blätter im Wind, das Singen der Vögel. Der Baum trug, wiegte und schaukelte mich, wie die Arme einer Mutter. Das Gefühl von Geborgensein und Freiheit war eins.*

*Als wir dann, nachdem wir zur Gruppe zurückgekehrt waren, unsere Erlebnisse im Kreis sitzend austauschten, spürte ich wieder das Wiegen und Schaukeln des Baumes in mir. Mir war, als bewegte mich der Baum immer noch.*

„Tree Top Dancer“, 26 Jahre, 2000

Der Blick wird frei für das Unmittelbare. Spontanes, emotionales Tun führt zu beglückenden und berührenden Erlebnissen, die dem Herzen und der Seele wohl tun. Die Majestät des weiten Sternenhimmels, die unbändige Lebenskraft einer winzigen Felsenblume, das Glitzern des Sonnenlichtes in einem Schluck Quellwasser und die Berührung des Grases auf der nackten Haut – all das ist wirklich. Wenn Geist und Sinne solcherart beschäftigt sind, wird das Alleinsein auf einmal von Leichtigkeit durchweht, die Einheit allen Seins ist „begreifbar“ geworden.

*Ich bin gerade sehr von Schwermut bedrückt, fühle mich starr, festgefahren und einsam, von jedem wirklichen Berührtwerden durch andere Menschen meilenweit getrennt. Einsam kreise ich meist nur um die Frage, wie ich mich gut präsentieren kann und meine tollen Qualitäten für alle sichtbar sein können.*

*Plötzlich: Ein Rascheln und Fiepen links hinter mir. Verdeckt von ein paar jungen Lärchen bewegt sich etwas Braunes, kleine Steine fallen klickend ... ich bin starr, in Alarm versetzt: Da springen und „tanzen", kaum zehn Meter von mir entfernt, zwei gepunktete Hirschkälbchen durchs Gelände! Sie haben offenbar keinerlei Scheu vor mir, denn sie laufen sich nach, stupsen sich mit ihren schwarzglänzenden Schnäuzchen und scheinen einen wirklich ausgelassenen Nachmittag zu feiern ... keine zwanzig Meter vor mir!*

Mir leuchtet das ein, als ein wunderschönes Bild für die Leichtigkeit des Seins. Mit jemandem so zu tanzen, ist eine wunderschöne Art der Begegnung.

*Noch heute, wenn ich mich erinnere, durchflutet mich das Gefühl einer tiefen Dankbarkeit. Mir ging auf, daß ich mich beim Anblick der tanzenden Hirschkälber selbst völlig vergaß. Ich war für einen zeitlosen Augenblick so hingerissen von dem Zauber dieses Bildes, daß ich mich nicht mehr als getrenntes Wesen wahrnehmen konnte. Eine tiefe Verbundenheit mit der lebendigen Welt blieb danach in mir präsent. Alltägliches und Heiliges schien mir aufs Feinste miteinander verwoben, meine Welt war durch ein echtes Wunder völlig verzaubert.*

„Dancin Cloud Invisible", 21 Jahre, Studentin

## Im Einklang mit Mutter Erde gehen

Die engen Grenzen unserer Wahrnehmung, unserer Konzepte von uns selbst und von der Welt müssen gesprengt und eingeschmolzen werden. Offenheit ohne neuerliche, einengende Konzepte muß hergestellt werden!

Durch die Aktivierung unserer ursprünglichen, authentischen Natur, unseres unschuldigen, kindlichen Seins, öffnen wir uns einer tieferen Realität: Das Fühlen kommt wieder an die Oberfläche der Wahrnehmung. Wenn wir aufhören, unerwünschte Gefühle, wie zum Beispiel die Angst des Verlassenseins, die Furcht vor Schmerz und Verletzung, die Trauer über verpaßte Chancen usw. wegzudrängen, kann es im tiefenökologischen Übungskontext geschehen, daß wir uns im Wahrnehmen von tiefsten transpersonalen und globalen, ja „kosmischen" Geschehnissen wiederfinden.

*Als ein paar Stunden vergangen waren, und ich die nähere Umgebung bei meinem Platz ein bißchen genauer untersucht hatte, entdeckte ich hinter einem großen Gebüsch eine Art Brunnen oder Quelle unter einem hohen Felsenvorsprung. Dort roch es nach Moos und auch ein wenig moderig, denn das Wasser, das von den überhängenden Steinen herabträufelte, durchweichte den ganzen Boden darunter. Dort gab es viele Fußspuren von Tieren, die anscheinend gerne dieses Wasser von den Felsen leckten. Als ich das entdeckte, fing ich an, mit meinem Mund das Wasser direkt von den Steinen zu nuckeln. Das schmeckte ganz seltsam und fremd, aber irgendwie war es für mich richtig beruhigend.*

*Ich saß dann noch eine ganze Zeit bei dem spritzenden und tröpfelnden Stein und hörte nur zu. Ich wurde dabei sehr traurig und mußte irgendwann sehr weinen. So traurig, daß man bei uns nirgends mehr das Wasser so einfach vom Boden trinken kann ... Und mir wurde schlagartig klar, daß das Wasser überall auf der Welt immer mehr verschmutzt wird und konnte mich kaum mehr einkriegen.*

„Smoke Runner Woman", 24 Jahre

Tiefenökologische Erfahrung kann unsere Schutzschalen so weit auflösen, daß wir mit dem Schmerz und den Dramen in der wilden Welt in kommunikative Verbindung kommen und unvermittelt in einen Zustand tiefer Resonanz geraten.

Dies mag zutiefst erschreckend wirken und die für feststehend gehaltenen Grundfesten unserer diversen Weltbilder, ja die Prinzipien unserer Selbst- und Weltwahrnehmung erschüttern. Wenn dies das Ziel der Aktion war, gut! Aber wenn unsere innere Basis erschüttert wird, brauchen wir neue Bezugspunkte, eine andere Anlegestelle für den Nachen unseres Bewußtseins.

Und genau das ist es, was mit dem Wort von der Transformation, vom Übergang und der Wandlung gemeint ist: eine *Initiation*. Diese kann, in einer kundig begleiteten Weise, so sicher, natürlich und zielgenau ablaufen, wie die myriadenfache Metamorphose eines jeden Schmetterlings, der je auf diesem Planeten aus dem Kokon geschlüpft ist.

Was da durch Initiation in der Tiefe des Geistes geschehen ist, kann dazu beitragen, daß wir wieder und wieder die Scheuklappen abgerissen bekommen: vom Leben, von der Kraft der Natur selbst. Diese Erfahrung zwingt uns auf sanfte und doch unerbittliche Weise Mitgefühl mit der großen Schöpfung zu entwickeln, mit allem, was ist.

Und ist nicht die ganze natürliche Welt, die Vielfalt unserer Mitwesen mit uns in Bedrängnis geraten?

Wie fühlt sich der Urwaldriese, wenn sich die jaulende Kettensäge in seine zerfurchte Flanke frißt und ihm die Verbindung zur Erde raubt?

Wie geht es den Millionen von Wesen, die mitsamt Wohnung in seiner Krone gnadenlos in die Tiefe gerissen werden?

Und was ist die Erfahrung derer, die tief in der Erde zwischen seinen absterbenden Wurzeln von der Hitze des gewollt angelegten Buschfeuers ausgedörrt werden?

Ist es für einen Menschen möglich, eine Erfahrung von Verbundenheit mit dem Ganzen auch noch in späteren Jahren zu machen, wenn ihm diese Verbundenheit durch ein frühes Trauma (wie es unsere „ganz normale“ Kleinkindererziehung häufig ist) in der Kindheit geraubt wurde?

Eine solche Erfahrung erlaubt uns, sollten wir die Gnade erfahren, ihrer teilhaftig zu werden, daß wir uns unserer ursprünglichsten Hingabe an das Leben erinnern. Sie erlaubt uns nach dem anfänglichen Schrecken, dem aufwühlenden Entsetzen über die Obszönität des unverbundenen Lebens, mit dem lange verloren geglaubten Urvertrauen wieder in den großen Strom des Lebens zurückzusinken.

*Am dritten Tag geschah etwas Wunderbares. Auch wenn es ganz schlicht war. Gar nicht spektakulär.*

*Ich war mit meiner Flasche in der Hand auf dem Weg zum Bach. Es ging ein Stück steil hoch, über Felsen und Alpenrosenbüsche, die in voller Blüte standen. An einer Stelle, an der ich noch nie zuvor war, ging es nicht weiter, der Steinbrocken vor mir war einfach etwas zu hoch. Mit den Fingern und Augen suchte ich einen griffigen Halt, um einfach hochzuklettern. Da sah ich, daß der Felsen über und über mit Leben bedeckt war. Der ganze graue, dicke Kerl hatte ein richtiges fuzzeliges Fell auf der Wetterseite. Da es in der Nacht geregnet hatte, war jetzt noch alles feucht. Aber die kleinen Pflanzen hatten wohl allen Grund zu feiern. Sie waren alle prall und frisch, strotzten vor Lebenslust. Ein winziger Wald voller witziger Gestalten. Ich guckte und kroch auf allen Vieren durch das Gelände, war völlig verzaubert. Ich glaube in den drei oder vier Stunden dort war ich so glücklich, wie noch nie in meinem Leben. Die Zeit spielte irgendwie keine Rolle mehr ...*

*Ich blieb bei dem Felsen noch bis zum Mittag, als es mir in der Sonne ein bißchen zu heiß wurde. Ich fühlte mich dort so wohl und sicher, daß ich wohl ewig dort hätte bleiben können. Einfach nur da sein und den Lebewesen beim Nichtstun zuschauen, das hat mich in eine große Ruhe gebracht, die ich jetzt noch, nach Monaten manchmal spüren kann, wenn ich mich einfach mal hinsetze und alles sein lasse ...*

„Dancing Rose Bud“, 16 Jahre,
Monte Rosa, 1997

Mit dem Erleben der stillen, völlig sich selbst genügenden Naturphänomene, die dort draußen von uns meist völlig unbemerkt jeden Tag stattfinden, tritt der menschliche Geist in einen Raum von „Gewahrsein“. Das ist eine Art präsenter, von der linearen Zeit unabhängiger, fast meditativer Wahrnehmung, die das Gefühl vermittelt, am richtigen Ort, zur richtigen Zeit zu sein und die mit einem Empfinden von fließendem stillen Glück verbunden ist. Die griechische Sprache hat für dieses Zeitempfinden einen Begriff: *Kairos*[4]. Das ist im Gegensatz zur meßbaren, linearen Zeit *Kronos*[5] ein subjektives Erleben von Zeitlosigkeit, *Flow* und *Kontinuum*. Eine Art selbstvergessener Zustand, der dennoch in höchstem Maße vollständig präsent und wach sein läßt. Dies ist auch der typische kindliche Erlebnisrahmen, wenn man es unterläßt, das ans pure Erleben hingegebene Kind zu stören und in die steifen, knochigen Arme von *Kronos* zurückzuholen.

*Ich saß stundenlang am Fluß. Ich war ganz und gar bei mir angekommen. Einfach nur da sein! Und ich war so unbeschreiblich froh, daß ich noch lebte. Das Leben war gut zu mir gewesen ...*

„Two Rivers“, 15 Jahre, (der um ein Haar mit 9 Jahren an einem
unerkannten Blinddarmdurchbruch gestorben wäre); 1996

---

4 Kairos: griech., der für etwas entscheidende, günstige Zeitpunkt.

5 Kronos: ist der Vater von Zeus und der Gott der Zeit.

## Über Unsinn, Sinn und Sinnlichkeit

*Ich habe schon viele Erwartungen und Hoffnungen, was die Wirkung dieser drei Tage und drei Nächte betrifft. Ich möchte so gerne, daß ich anders sein werde. Also ich möchte nicht jemand anderes sein, ich möchte Sachen anders machen, mich anders durch das Leben bewegen, anders an die Sachen herangehen. Ja, so kann man das vielleicht ausdrücken.*

*Ich spüre so einen großen heftigen Schmerz ganz tief in mir drinnen. Es ist Schmerz, aua! Tut ganz doll weh. Ich weiß nicht, warum und woher das kommt. Aber dies scheißeklige Gefühl ist eigentlich immer da, das muß weg!*

E., Studentin, 23, im Motivationsschreiben

Ein tiefer Widerspruch lebt in unserem Inneren. Ein alter Schmerz, den wir mit uns herumtragen seit den frühesten Kindertagen. Wo kommt er her? Vielleicht ist der tiefere Grund dafür der Verlust unserer kindlichen Unschuld, unserer Spontaneität und der direkten, überschäumenden Sinnlichkeit, die doch eigentlich das Vorrecht der kleinen Kinder sind?

Der Besitz unserer Sinne, ihre Verfügbarkeit, sagt noch nichts aus über den Gebrauch, den wir von ihnen machen. Als zivilisierte Menschen, die in einer von Menschen erdachten und gestalteten Umgebung leben, nutzen wir nur einen Bruchteil des Potentials unserer Sinne und bleiben darin in einem frühen Entwicklungsstadium hängen. Wozu ein Mensch im Vollbesitz seiner Sinne fähig ist, zeigen uns auch heute noch Menschen, die in intensiver Beziehung zur Natur leben. Marlo Morgans Roman „Traumfänger" und die gesamte ethnologische Literatur sind voller beeindruckender Beispiele hierzu.

Indes, verwunderlich ist es nicht, daß unsere Sinne in einer Kultur, die der starren kubischen Systematik des Maschinellen und deren digitaler „An/Aus-Rationalität" huldigt, nicht mehr geschärft und nicht mehr bis an die Grenze unserer „tierisch guten" Fähigkeiten gestaltet werden.

Wenn wir bedenken, daß wir durch den Gebrauch unserer Sinne, das verfeinernde Üben und die damit verbundenen Rückkoppelungsschleifen letztendlich das Gehirn in seinen feinsten potentiellen Leistungen erst ausdifferenzieren, wird klar, daß ein „zivilisiert" organisiertes Gehirn nur einen Bruchteil seines Potentiales zur Geltung bringen kann. Einsteins Feststellung über die Nutzung von bestenfalls 20 Prozent unserer Gehirnkapazität erscheint hier noch einmal in einem anderen Licht. Es geht um die Vielfalt der möglichen Verknüpfungen, die nur in einem natürlichen Ambiente, mit seiner unendlichen Anzahl von Varianten, Ansatzpunkten und Impulsen entstehen können. Wir haben unsere Welt so gestaltet, daß die Lernprozesse unter der Überschrift „Erziehung" streng selektiv kultur- und zielorientiert ablaufen.

*„Die Jugend ist ein schöner Traum, über dessen Pracht Bücher eine Wolke blinden Staubes streuen.*

*Wird jemals der Tag anbrechen, an dem die Weisen die Freude des Wissens mit dem Träumen der Jugend in Verbindung bringen?*

*Wird jemals der Tag kommen, an dem die Natur zum Lehrer des Menschen wird, die Menschlichkeit zu einem Buch und das Leben zu seiner Schule?"* (Khalil Gibran)

Es scheint, daß der Verlust von Wildnis als Spiel-Raum für die kindliche Erfahrung vor allem ein Entwicklungsdefizit der „wilden" Eigenschaften und sinnlich-biologischen Fähigkeiten mit sich bringt. Das bedeutet buchstäblich eine Amputation ursprünglich schier grenzenloser Möglichkeiten. Somit erfahren wir bereits als kleine Kinder eine Fülle von wesensfremden Beschränkungen, die unser Potential als „wilde Wesen" geradezu vergewaltigen. Das Bild vom Tier im Käfig drängt sich auf als Metapher für den ursprünglich freien, sich öffnenwollenden, „beflügelten" Geist, der seiner Möglichkeit, die Schwingen aufzuspannen und wirklich zu fliegen, brutal beraubt wird.

Die moderne Gehirnforschung rechtfertigt die Grundannahme, daß der Entfaltungsprozeß unseres Gehirnpotentials vor allem durch einen regen Austausch zwischen innen und außen sowie zwischen rechter und linker Gehirnhälfte vorangetrieben wird.

Es geht nicht nur um die Harmonisierung und den Austausch an Information zwischen rechter und linker Gehirnhemisphäre, sondern um die Kommunikation zwischen ihnen über die Art und Weise, wie diese grundverschieden funktionierenden Gehirnregionen zusammenarbeiten.

Während die linke Gehirnhälfte für detail-analytische Fähigkeiten zuständig ist, bewerkstelligt die rechte den ganzheitlichen, kreativen Erfassungsprozeß. Man könnte auch sagen, die rechte Gehirnhälfte erfaßt die Gesamtsituation, sieht inklusiv, während die linke Gehirnhälfte das Wahrgenommene auf seine Bestandteile hin untersucht und zerlegt, also das Prinzip der Exklusivität verfolgt.

Joseph Chilton Pearce hat gezeigt, daß nur derjenige die Kindheit frei von Trauma meistern kann (und die Freude an neuen Erfahrungen dabei auskosten kann), der das gesamte Gehirn und dessen vollständige, ausbalancierte Kapazität einsetzt. Dies ist jedoch eine Kunst, die neu erlernt werden muß, wenn sie nicht bereits im natürlichen Kontinuum gefordert und gefördert wurde. Sie ist zwar von vorne herein in jedem Kind angelegt, aber die Erfahrungen, die es dann mit seiner Welt macht, definieren die Ausbildung dieser Anlagen. Auch der Mensch ist ein offenes System und zu enormen Anpassungsleistungen fähig. Darin liegt unsere große Chance und zugleich eine große Last.

*Und mit dem Ausdrücken habe ich immer so meine Probleme. Es fällt mir furchtbar schwer, meine Gefühle und Wünsche auszudrücken. Einmal weiß ich nicht, wie ich's sagen soll, also passende Worte oder überhaupt Worte zu finden. Das andere Problem ist, daß ich mich nicht traue. Ich weiß, daß das blöd ist und ich mir somit selber im Weg stehe. Meine Hemmungen und das Nichttrauen bedeuten, daß meine Wünsche und Bedürfnisse, wenn sie andere betreffen, nicht erfüllt werden können. Ist auch logisch, wenn ich mein Maul nicht aufbekomme. Außerdem bedeutet das, daß ich dann noch sauer auf mich selber werde. Also doppelt Mist, sozusagen. Was aber noch schlimmer ist, so ganz fürchterlich, ist, daß ich schlechten Zugang zu meinen Gefühlen habe. Ich weiß manchmal überhaupt nicht, was ich fühle, ob ich überhaupt fühle. Und das tu ich oft: Nichts fühlen.*

*Ehrlich! Ich komme mir vor, als wäre ich eine gefühllose Maschine, ein Stein, eben so unmenschlich.*

„Crawling with a Smile", 23 Jahre

Der beschriebene Anpassungsprozeß wird im Wesentlichen von der Qualität der Umgebung geprägt. Das heißt nichts anderes, als daß wir genau das lernen, was uns umgibt. Auf allen Ebenen der Anpassung prägt sich die Welt in uns ein, so wie sie ist. Wenn nun *Erziehung* als tiefgreifender Steuerungsprozeß hinzukommt, der ja stets im Rahmen einer bestimmten Kultur angesiedelt ist, wird sie zwar einen spürbaren Einfluß nehmen, jedoch die prägenden Wirkungen der einfach vorhandenen natürlichen Welt nur unwesentlich beeinflussen, denn Natur ist stärker als Erziehung! Dennoch ist abzusehen, daß es zu Widersprüchen kommt, daß schwere Konflikte programmiert werden. Denn wenn Kultur sich zu weit von der Natur entfernt, wird sie auch der menschlichen Natur fremd und verlagert ihre Entwurzelung und den damit verbundenen Entfremdungskonflikt in die Seele und damit das „Betriebssystem" des Individuums.

So, wie wir in unserer Kindheit das *Lernen* als Prozeß der Wandlung unserer Gehirnvernetzungen und unserer Sicht der Welt gelernt haben, werden wir auch an der Schwelle zum Erwachsenwerden die anstehende seelische Veränderung begreifen.

Wir haben dann buchstäblich eine „Brille" auf.

Jedoch ruht das in den Untergrund verdrängte, originäre Bedürfnisleben nicht einfach still in irgendeiner Ecke. Wieder und wieder tauchen die Träume und Wünsche nach der einfachen, sinnlichen, unmittelbaren Erlebniswelt der Kinderzeit auf. Die Suche beginnt und geht weiter, der Hunger treibt uns aus dem Nest. Es wäre im wahrsten Sinn des Wortes „Unsinn", im Nest hocken zu bleiben, wenn das Leben darin zu eng wird.

*In den letzten Jahren beginnt sich immer mehr zu verändern, und ein Thema, das immer wieder auftaucht, ist, daß ich auf der Suche bin. Ich bin zu Hause ausgezogen und in die große weite Welt hinaus. Hier stehe ich jetzt und muß schauen, wie ich zurechtkomme, was ich will und wohin mein Weg führen wird. Ich bin auch etwas „geflohen" von zu Hause, vor einer Stimmung, die nicht sehr angenehm war, manchmal unerträglich. Mit meinem Vater war es immer sehr schwer, und ich spüre oft noch alte Wunden und Gefühle von damals. Sie lähmen mich und machen mich traurig. Ich habe dann auch begonnen zu kiffen, um Vieles zu verdrängen und um eine Schutzmauer aufzubauen. Ich spüre so viele Ängste von damals, auch wenn ich mein eigenes Leben habe und nicht mehr so viel mit meiner Familie zu tun habe. Ich spüre, wie mich Vieles aus der Vergangenheit hindert, weiterzukommen. Ich lande immer wieder bei denselben Gefühlen und „Mustern". Oft fühle ich mich wie ein Vogel, der aus dem Nest gefallen ist und noch nicht fliegen kann. Ich möchte diese Fäden zerschneiden, damit ich meine Energie für das Leben, das mich in der Zukunft erwartet, verwenden kann und nicht, um alte Geister zu bekämpfen. Ich suche mehr Klarheit für meine Zukunft. Nachdem ich mein Studium abgebrochen habe, war ich lange nicht schlüssig, was ich beruflich will, kann, soll und muß. Nun weiß ich, was ich will. Ich kann aber erst in einem Jahr beginnen. Ich freue mich sehr auf meine Gärtnerlehre, habe aber auch wieder Angst, daß ich in diesem Jahr wieder in ein Loch fallen könnte und habe auch das Gefühl, ich muß mir das Vertrauen in mich, das ich von meinem Vater vermisse, selber geben. Ich möchte mir die Geborgenheit und Sicherheit selber geben können, mir mein eigenes „Heim" schaffen, materiell und auch spirituell. Ich möchte wieder Freude in mir, am Leben, der Natur und den Menschen finden, wie ich sie als kleines Kind hatte.*

„Crawling with a Smile", 23 Jahre, Motivationsschreiben, 2002

Um für das Individuum das vollständige menschliche Potential verfügbar zu machen, geht es, wie wir schon wissen, auch um eine Aktivierung und gleichzeitig einen Ausgleich zwischen den Funktionen von Stammhirn und Neokortex, zwischen alten und neuen Gehirnregionen. Während im Stammhirn die „alten" Lebensreflexe, archaischen Muster und funktionalen Erinnerungen gespeichert sind, hält der Neokortex es mehr mit dem Erforschen neuer Möglichkeiten, einer kreativeren Reaktionsfreiheit, um unbekannten Situationen mit nicht automatisierten Lösungungen begegnen zu können.

Wenn im vorgeburtlichen und frühkindlichen Lernen bereits beide Gehirnhälften in harmonischer Verbindung miteinander aktiviert worden sind, entwickelt das kleine Kind optimale Voraussetzungen dafür, seine physischen und psychischen Fähigkeiten und – daraus resultierend – die Haltungen für die Kunst des Lebens mit Freude zu lernen. Dies ist die Zeit, in der Freude und geistige Freiheit alles bewegen.

Hurra! Bewegung!

Ja, es ist dann nicht darauf angewiesen, die Wesen der Welt, denen es begegnet, zu zerlegen, um festzustellen, was Leben ist. Es wird spielend und in kreativer, fließender Bewegung in der Lage sein, das Leben ganzheitlich, intuitiv und vollständig zu erfassen, denn es erlebt sich verbunden mit allem, in Bewegung, Phantasie und kindgemäßem Spiel – frei und lebendig.

In den Innenräumen des Bewußtseins wird ein lebendiges Abbild des holographischen Äußeren angelegt und somit eine direkte Verknüpfung aller Ebenen des Gehirns ermöglicht. Spiel und Phantasie bedingen sich gegenseitig. Sie sind das Vorrecht der Kindheit.

## Was ergibt Sinn?

*Außerdem möchte ich einen größeren Willen bekommen und ein Ziel haben oder so, eine klare Linie. Ich möchte mal wissen, wohin das alles führt, was das soll, was ich tun kann und tun will. Das klingt nach der Suche nach dem Sinn des Lebens. Den kenne ich nämlich nicht.*

„Crawling with a Smile“, 23 Jahre

So betrachtet ist die Initiation – also auch die VisionsSuche – eine Einladung in den Kreis der Schöpfung, zurück nach Hause zu kommen, in den Kreis aller geschaffenen Wesen des Erdkreises. Die vorherrschende Qualität dieser Erfahrung ist die vollständige Bewegung. In Bewegung kommen und die Erstarrung des Alten auflösen, das ist es! Den *Flow* wieder sein und geschehen lassen ...

Das ist auch der Grund, warum in diesem Ritual mit einem archaisch anmutenden, aber universal-rituellen Gestaltungselement, dem *Steinkreis* (Medizinrad, Rad des Lebens) gearbeitet wird. Die auf der Erde ruhenden Steine repräsentieren die elementaren und wilden Wesen der Natur, die menschlichen Familienmitglieder und/oder die inneren Wesenseigenschaften der Person, die phasenweise in ihrem Mittelpunkt sitzt. Im intensiven, emotionalen, magischen Dialog werden existentielle und ganz profane Fragen aufgeworfen und durch Bewegung und Ausdruck lebendig. Nicht in einer kopfgesteuerten Art, bei der man wieder einmal auf dem Hosenboden sitzt und sich den Kopf zerbricht, sondern indem die gesamte natürliche Umgebung miteinbezogen wird.

Das konkrete Gelände mit seinen speziellen „Ungereimtheiten“ – denn nichts ist dort draußen „gerade“ – zwingt unterschiedslos jeden dazu, sich auf dem Land angemessen und mit wachen Sinnen zu bewegen. Andernfalls fällst du, rutschst ab, stößt dich, bleibst hängen, gehst fehl, reibst dich auf, verlierst den Halt und den Kontakt zur Erde. Du mußt deine Sinne schärfen und absolut wach werden, dazu verhilft dir der „Heilige Schrecken“! Wach werden, wenn dir der Tod im Morgengrauen auf die Schulter klopft. Dein bester Freund und Berater, weißt du noch?

Weil sie sich einen völlig abschüssigen, aber atemberaubend schönen Ort mit Blick zu den Felsenbergen im Westen für ihr Fasten in der Wildnis gesucht hat, ist eine junge Frau mit einem neuen Namen gesegnet worden: *„Die, die lächelnd kriecht!" (Crawling with a Smile).* Sie hat an die frühen Bewegungen ihrer Kindheit angeknüpft und drei Tage und Nächte an der feuchten, weiblichen Erde geklebt, kriechend wie in den ersten Stunden nach der Geburt, wenn das noch nasse Baby über den Bauch der Mutter tastend und schiebend den Weg zur nährenden Brust sucht. ... und das erste Mal die selbst verdiente Befriedigung erlebt, im sinnlichen, sinnstiftenden Kontakt mit dem symbiotischen „Du" der nährenden Mutter...

Ihr Platz war auf Dauer nur zu halten, indem sie sich selbst mit dem Kälberstrick an einen Baum sicherte: eine Nabelschnur zur Erde, als Erinnerung daran, was für das Leben wirklich Halt geben kann. So machte sie aus dem anscheinenden Unsinn, sich einen Platz am Abhang zu suchen, einen kraftvollen Raum für ihr selbstheilendes Ritual des Neugestaltens ihrer frühesten Lebensmuster (*Repattering*)[1].

Der Ort des Geschehens (Raum des Rituals) offenbart dabei eine Kraft, die wir hier „Sinn" nennen wollen: Im bloßen, sinnlich erfahrbaren Dasein erweist sich die Grandiosität des Augenblicks genauso wie in der Tiefe der Existenz aller Zeiten und Räume. Zur rechten Zeit, am rechten Ort: *Kairos*, heile, persönliche Zeit.

Dies ist eine Wiederverzauberung der Welt, ein neuerliches „Sich-Verlieben-in die-Welt", weil wir noch einmal an den Ursprung unseres Weges zurückfinden.

Der Geist wird in seiner spirituellen Dimension aktiv, berührt das Sichtbare, Hörbare, Tastbare. Die Dinge der Schöpfung erstrahlen wieder neu in ihrem lebendigen göttlichen Glanz. Die Angst und Mutlosigkeit der ersten Stunden des Alleinseins wandelt sich in die Demut, die das Herz ruhig, fest und warm schlagen läßt.

Wenn dieser antwortende Klang aus der Tiefe der menschlichen Seele aufsteigt, wird eine Heilung und Heiligung in Gang gesetzt. Der junge Mensch in seiner existentiell herausfordernden, einsamen Situation erfährt seine Verbundenheit mit der Natur. Er übernimmt die Verantwortung für sich und seine Welt, wenn er erste, vorsichtige, aber vollständig eigene Antworten wagt.

In alten spirituellen Texten heißt es über den Menschen, daß er den Tieren, Pflanzen und Dingen Namen zu geben aufgefordert sei. Sie aus zentraler Betrachtung heraus zu benennen heißt, sie zu ehren und zu würdigen ... und zu initiieren!

Wenn „junge" Menschen aus ihrer zentralen Perspektive, dem Platz in der Mitte des Kreises, nach dunkler, nächtlicher Schau, den Geschichten des Lebens neu gelauscht und die darin verborgenen Fragen gehört haben, sind sie in Kontakt mit ihrer tiefsten Fähigkeit zur Verantwortung gelangt. Sie haben die Dinge neu gesehen, gewürdigt

1 Re-Pattering ist ein in der Perinatalen Schock- und Traumaheilung verwendeter Begriff: Alte überholte und damit nutzlos gewordene Muster werden durch neue kraftvolle überschrieben.

und mit neuen Namen, Bedeutungen bedacht. Ihre lebendig erlebte Welt sieht nun völlig verwandelt aus und trägt den Schimmer des Göttlichen!

Wer die junge Frau sah, als sie zurück ins Basislager stürmte, verstand ihren neuen Namen. Ihre Augen leuchteten. Sie hatte den Busen der Natur berührt. Sie kam sehr spät vom Berg zurück, denn in den Morgenstunden schlief sie nach getaner Arbeit am Herzschlag der Wildnis einfach ein, drei Meter neben der *Lifeline*. Sie lag auf dem Bauch. Sie lächelte. So fanden sie die beiden jungen Freunde, die ihr entgegen gingen ... Und ihr Name wurde *„Crawling with a Smile"*.

## Initiation heilt Exzeß

Exzeß ist, wie wir gesehen haben, eine vollständig natürliche und notwendige Bewegung des erwachsen werdenden Kindes aus der Sphäre der Familie hinaus in die Welt. Alle Hänsels und Gretels dieser Welt müssen hinaus in die Wildnis, denn es ist nicht mehr gut, daheim bei den Eltern zu bleiben. Es ist ebenso natürlich, daß die Eltern „seltsam" werden und sich wieder mehr um sich selbst kümmern möchten, wenn das Kind die Pubertät erreicht. Die Mutter ist buchstäblich gestorben, an ihre Stelle ist die „böse Stiefmutter" getreten, die zu allem Überfluß den Vater gegen die Kinder aufhetzt. Da der Vater die größere Sphäre, die wir Triade genannt haben, über der Beziehung von Mutter und Kind aufgespannt hat, ist er derjenige, der sich bemüht, die Situation zu entschärfen. Ich deute das dahingehend, daß es Aufgabe des „guten" Vaters ist, sich darum zu kümmern, daß seine Kinder eine angemessene Initiation erhalten.

Wenn Exzeß die „Bewegung hinaus" aus einer begrenzten Sphäre ist, so bedeutet Initiation die notwendige psycho-logische Antwort. Einladen und hineinführen in den nächsten, größeren Kreis. Die jungen Menschen, die das erleben dürfen, finden ihre tiefsten Wurzeln und Verbindungen mit der Welt. Sonne, Mond und Sterne, Berge und Hügel, Pflanzen und Tiere sind die Repräsentanten der natürlichen Welt, der lebendigen Erde. Die Kameradinnen und Kameraden, die mit auf der VisionsSuche sind, sowie das Team der Hebammen sind die Repräsentanten der größeren Gemeinschaft der Menschen. So erhält die Bewegung des Exzesses eine natürliche Antwort, wird aufgefangen und in sinnvoller Weise eingebunden.

*Mein letzter Tag*

*Mein Steinkreis wurde mit sehr viel Behutsamkeit errichtet. Jeder große Himmelsrichtungsstein wurde einzeln getragen und ihm wurde eine Person zugeteilt. Und dann noch in die großen Zwischenräume alle Emotionen, die mein Leben durchfahren haben. Ich bin sehr zufrieden mit ihm und ich finde ihn wunderschön. Die Steine haben meine letzten Kräfte erfahren, jedem wurde mindestens eine halbe Minute Atempause gespendet. Jetzt bin ich unendlich müde und werde ein wenig Schlaf nachholen für die Nacht ...*

„Golden Wisdom Fly“

Die junge Frau beschreibt ihre Ritualvorbereitungen in der unpersönlichen Passivform. Sie wählt damit eine Sprache, die das Transpersonale ihres Tuns beleuchtet. Es klingt so, als hätte jemand ganz Anderes die Arbeit getan und in einem gewissen Sinne ist das auch so. Sie folgt in ihrem Tun einer archaischen Spur, den Fußstapfen alter vergessener Göttinnen, die ihren Weg ins Dunkel finden mußten, um die Einweihung zu größerer Kraft und voller Würde zu erlangen.

*Ich sitze im Steinkreis. Alleine, nur mit mir selbst. Ich habe Hunger und male mir leckere Speisen aus, die ich morgen essen will. Ich freue mich sehr auf die anderen, sie wieder in den Arm zu nehmen, mit ihnen zu kommunizieren. Insektenkommunikation ist zwar wirklich interessant, aber Menschen dann doch wichtiger!*

„Golden Wisdom Fly“

Da sie schon drei Tage und Nächte gefastet hat, ist sie schwach. Sie fühlt das Gewicht der Handlung. Die Bedeutung jeden Schrittes. Und doch, die Erinnerung steigt auf an die einfachen Freuden des Lebens. Das, was sonst normal ist, bekommt eine neue Bedeutung. Ganz schlicht: Es ist wunderbar, etwas Feines zu kochen und mit Freunden zu essen. Das Herz erfreut sich und andere an einer guten Umarmung! Das hat sie von einer einfachen goldenen Fliege gelernt!

*Mein Feuer brennt. Ich werde gleich beginnen, meine Vergangenheit darin zu verbrennen. Der Mond geht gleich auf, ENDLICH! Es wird heller. Die wunderschöne Mondin ist die, die mich jetzt zum Lachen bringt! Aloha!*

*Die Sterne sind unglaublich schön, eine kraftvolle Nacht, und ich bin alleine hier. Ich kann manchmal die Feuer der andern sehen, das gibt mir ein Gefühl von Sicherheit. Ich habe keine Angst im Dunkeln. Das ist etwas Besonders!*

„Golden Wisdom Fly"

Wenn die letzte Nacht des einsamen Fastens beginnt, geht auch „Rund-Mond" auf. Ein solch wichtiges Ritual wie eine Jugend-VisionsSuche braucht eine Übereinstimmung mit den Rhythmen der Natur. Die Königin der Nacht in ihrem Symbol der Veränderung; voll, hochschwanger, prall und rund: Luna Magica! Es ist die Mondin, die die jungen Frauen zum Lachen bringt, auch wenn sie mutterseelenallein auf einem zugigen Bergrücken in einem Steinkreis sitzen, ruhig, leer und bereit geworden, das Alte gehen zu lassen. Die Überraschung ist gelungen: Sie hat gar keine Angst mehr, denn sie weiß, daß sie allein, aber nicht einsam ist. In dieser Nacht brennen noch einige andere Feuer. Und einige andere mutige Seelen gehen durch das Rad des Lebens.

*Ich bin eingeschlafen. Eingeschlafen mit dem Gedanken an den Tod. Ich konnte es mir gut vorstellen, weil ich schon einmal davon geträumt habe.*

„Golden Wisdom Fly"

Die klare Vollmondnacht dauert endlos lange und überwältigt die meisten. Denn der Bestimmungskreis ist eng und duldet nur wenig Bewegung. Aber das ist nicht von Bedeutung, wenn das Feuer gebrannt hat. Wenn es alle Stäbchen verzehrt hat, die das ganze Leben der Vergangenheit in sich vereinen, wird es eine Freude sein, vom ersten Morgenlicht berührt zu werden ...

*Aufgewacht bin ich, als es ein ganz bißchen hell wurde: Welch eine Freude! Ich bin aus meinem Schlafsack rausgekrochen, obwohl es saukalt war. Ich war dem rötlichen Schimmer entgegengerichtet. Ich begann zu singen, konnte jedoch kaum einen Ton herausbringen, weil ich voller Herzenslust geweint habe. Vor Glück, Glück, weil ich noch lebe, Glück, weil ich es geschafft habe, Glück, weil ich die Schreie der andern gehört habe. Es war eine unglaubliche Energie in der Luft. Der Blick einmal in der Reihe herum ist unglaublich. Pepe steht oben auf dem Berg. Es sieht sehr ästhetisch aus! Alle zusammen haben wir eine riesige Kraft. Denn wir alle freuen uns gemeinsam über eine Sache. Jetzt ist jeder für sich alleine und doch ist die große Verbundenheit da.*

„Golden Wisdom Fly"

Es ist geschehen! Die junge Frau ist durch die Zeit des Alleinseins gegangen und hat den Gang durch das Rad vollendet. Sie hat sich selbst gewürdigt. Nun ist sie bereit, die Würdigung der Gemeinschaft anzunehmen. Sie wird die Einladung hören, die aus den Herzen der Menschen zu ihrem hin fliegt. Sie wird alle Umarmungen bekommen, von denen sie jemals geträumt hat. Denn sie hat den Mut bewiesen, tief in das „Schwarze" einzutauchen. Sie ist jetzt eine erwachsene Frau, die sich daran erinnert hat, wie es seit Urzeiten war. In den meisten Sprachen, außer der deutschen, ist Mond ein weibliches Wort. Das Licht der „Mondin" führt die weiblichen Zyklen des Wassers, des Blutes und der Körpersäfte. Und in jener Nacht ist sie vom Lichte der Göttin der Nacht gesegnet worden.

*Als ich den Steinkreis betrat, wußte ich, daß ich nun die ganze Nacht darin verbringen werde. Ein seltsames Gefühl, aber o.k. Der Steinkreis hat mich geschützt. Der Schlaf am Mittag hat gut getan. Ich war voller Kraft. Ich habe ganz lange den Sonnenuntergang beobachtet und mich langsam auf die Nacht vorbereitet. Nie zuvor habe ich den Sonnen- und Mondlauf so stark beobachtet. Man geht mit der Sonne ins Bett und steht mit ihr auf. Die Sonne gab mir die Möglichkeit, mich fallen zu lassen. Der Mond gab mir die Kraft und hielt meinen Blick warm.*

*Und nun sitze ich hier und warte auf die Sonnenstrahlen, die mich endlich aufwärmen. Die Sonne dürfte demnächst aufgehen, hinter den Bergen. Dann baue ich ab und mein VisionQuest ist vorbei. Es war eine kaum zu beschreibende Zeit. Voll mit allen Emotionen. Die, die ich auch im Steinkreis hatte. Voll mit vielen Gedankengängen und Wegen. Jetzt fängt ein neuer Lebensabschnitt für mich an. Ich habe das Alte hinter mir gelassen. Die Natur ist voll von vielen Energien. Ich durfte einige erfahren, und meine in ihr hinterlassen.*

„Golden Wisdom Fly"

Die Begegnung mit dem Feuer ist in diesem Ritual wie ein Dialog. Semu Huaute[2] sprach vom Feuer immer als einem lebendigen Wesen, als einer Schwester des Menschen. Feuer braucht Luft zum Atmen wie der Mensch, Feuer braucht Nahrung, um zu wachsen, wie der Mensch, Feuer kann wärmend, aber auch zerstörerisch sein wie der Mensch. Wenn es zu viel Wasser bekommt, erlischt es wie der Mensch, und es kann mit seinem Geist der Hitze aus dem Erz Gold schmelzen und den härtesten Dingen ihre flüssige Form zeigen, wie der Mensch. Feuer kann ganze Landschaften zerstören und doch erhält es, wenn es im Antlitz von Großvater Sonne brennt, das ganze Leben auf der Erde.

*All meine Vergangenheit ist im Feuer hinterlassen. Das Feuer ist meine Seele, es hat meine Vergangenheit aufgenommen. Sie bleibt mir erhalten, aber verarbei-*

---

2 Chumash Medizinmann, mein Lehrer.

*tet. In einer anderen Form, als Asche, bleibt mir mein Holz in guter Erinnerung. Positives und Negatives. Ich fühle mich leichter!*

*Die Erde ist mein Körper. Sie wird sich mit der Asche vermischen und sie in sich einschließen. Meine Vergangenheit geht zurück zur Mutter Erde, sie nimmt sie wieder zurück und schafft Platz in meinem Körper für Neues.*

„Golden Wisdom Fly"

Als die junge Frau zurückkam, waren Hände und Gesicht schwarz. Ihre Augen und Zähne strahlten in einem unbeschreiblichen Lächeln und jeder konnte das Wilde in ihr leuchten sehen! War sie Inanna begegnet, der schwarzen sumerischen Gottheit, der tödlichen Königin über Fruchtbarkeit, sexuelle Liebe, Gesundheit und Krieg? Ihr Thron war der Weltenbaum; von ihr wurde gesagt, daß sie mit Blicken töten könne. Die Göttin hatte diese große Kraft von ihrer Höllenfahrt mitgebracht, in ihren Adern floß das Wasser des Lebens.

*Das Wasser ist mein Blut. Davon habe ich mich drei Tage lang genährt und gelebt. Es hat mir Kraft gegeben, mit jedem Schluck. Ich werde das Rad der Feuerstelle damit wässern, so wird auch mein Blut mit der Vergangenheit hinterlassen. Es bläst und wäscht Asche und Erde zusammen weg. Eins werden. Die Luft ist mein Atem. Ich habe mit jedem Ausatmen Gefühle und Erfahrungen in die Luft abgegeben. Die Alpen nehmen sie auf und reinigen sie. Jedes Einatmen läßt mich neue Kraft schöpfen. Meine Luft kommt mit dem neuen Abschnitt.*

*Ich bin ausgeglichen, irgendwie gereinigt. Ich fühle mich frei!*

*ERDE MEIN KÖRPER*
*WASSER MEIN BLUT*
*LUFT MEIN ATEM*
*UND FEUER MEINE SEELE*

*Ich bin glücklich! Danke, Natur!*

„Golden Wisdom Fly", 15 Jahre, 1998

Die Wildnis ist die Heimat alles Menschlichen. Die Elemente, aus denen die Welt komponiert ist, sind auch in uns. Der Hunger nach Ausgleich, Reinigung und Freiheit, nach Kraft und Vollständigkeit, der die jungen Menschen vom Hocker reißt, wird erst gestillt, wenn die Einladung gehört und angenommen wurde. Erst dann führt der Weg vom Berg herab zu wirklicher Begegnung mit dem Leben, erst dann können die jungen Menschen ihren Platz einnehmen, denn es ist etwas Neues in ihren Seelen entstanden: Die Liebe zu sich selbst, die ausstrahlt und beginnt, die Welt zu verändern, in der sie leben.

# Der Heilige Schrecken

*Es war frühmorgens am dritten Tag. Ich wachte mit klopfendem Herzen auf, mir war eiskalt. Es war gerade am Dämmern. Neblig, grau, naßkalt, schrecklich! ... und ich wußte zuerst nicht, wo ich überhaupt war. Meine Füße lagen draußen im feuchten Gras, ich war etwas von meiner Matte gerutscht. Warum habe ich das nicht früher gemerkt und bin aufgewacht? Vielleicht bin ich einfach zu verwöhnt, alles ist immer abgesichert und hergerichtet und im Bett zu Hause macht es ja schließlich nichts, wenn man sich mal abdeckt. Wenn man pennt, dann merkt man eben nichts und läuft im Traum durch die Mauer ... aber irgendwie saß mir der Schreck noch den ganzen Tag in den Knochen. Ich bewegte mich vorsichtiger als sonst, achtete darauf, daß ich immer genug Wasser trank, blieb respektvoll zwei Meter vor dem Abgrund stehen. Ich glaube, ich muß besser auf mich aufpassen!*

Die dramatischen Entwicklungen, die während der Pubertät innen und außen erkennbar werden, lenken die jungen Menschen zuweilen sehr von ihrer Achtsamkeit dem Leben gegenüber ab. Sie sind oft mit Dingen beschäftigt, von denen man nicht genau sagen kann, ob sie überhaupt existieren oder nicht. „Traumtänzer im Urlaub" pflegte meine Mutter zu mir zu sagen, wenn sie mich mit diesem besonderen Blick herumlaufen sahen. Es ist so Vieles noch unklar! Der Junge weiß noch nicht, was aus ihm werden wird. Er spürt nur, daß nichts mehr so ist, wie es war. Immer häufiger wird seine Aufmerksamkeit im Inneren gefesselt. Verheddert sich in den Spinnfäden der eigenen krausen Gedanken. Es ist nicht nur unklar, wohin die Suche eigentlich geht, sondern auch, wer derjenige ist, der da sucht. Draußen in der wilden Landschaft, ist alles völlig ungewohnt. Wenn man querfeldein durch das Gebüsch, unter wild wachsenden Bäumen jeden Alters hindurch seinen eigenen Weg suchen will, muß die gesammelte Aufmerksamkeit sich auf das Gehen richten. Andernfalls gibt es eine Schramme oder eine Beule. Zeichen der Natur!

*Ich wollte noch etwas Lärchenharz für mein Räucherwerk sammeln. Ich hatte schon eine Menge Alpenrosenblätter, Thymian und Wacholder gesammelt und hielt als nächstes Ausschau nach ein paar Lärchenbäumen. Mein Platz war aber zu hoch, es gab nur noch ein paar kleine, ziemlich mickrige Bäumchen in meiner Nähe. Ging ein Stück den Berg hinunter, fand da einen Baum, auf dem ich hochklettern konnte. In einer Astgabel entdeckte ich eine große Harzperle. Das Taschenmesser heraus, aufklappen und das Ding abpfriemeln. Ich dachte gerade, daß ich's jetzt gleich haben werde und was ich mir dann zu Hause für eine wunder-*

*bare Mischung zusammenstellen kann, da! – rutschte ich mit dem Messer ab und erwischte mit der Spitze meinen eigenen Backenknochen dicht unter dem Auge. Ich erschrak zu Tode, denn das ging knapp am Auge vorbei. Ich ließ alles fallen, und kletterte sehr langsam, zitternd vom Baum. In den Stunden danach, als es dunkel wurde, bekam ich etwas Kopfschmerzen und mußte immerzu daran denken, wie viel Glück ich habe, daß mir nichts Schlimmeres passiert ist.*
*Ich werde lernen, mit meinen Händen und meiner Aufmerksamkeit achtsamer umzugehen.*

„Heart Warrior Hands", 15 Jahre, Monte Rosa, 2001

Die Wunde, die sich der junge Mann bei seiner Suche auf dem Baum zugefügt hat, ist zu seiner Initiationsnarbe geworden. Es ist zwar eine winzige, kaum sichtbare Narbe, ein Fingerbreit unter seinem Auge, aber immer, wenn er in den Spiegel sieht, erinnert sie ihn daran, daß er eigentlich sein Auge gegeben hat, um eine neue Sicht der Dinge zu bekommen. Wir müssen immer etwas opfern, etwas aus den Händen geben, wenn etwas Neues zu uns kommen soll. Anders kann es keine Entwicklung geben. Dazu gehört ein Schmerz, ein Schreck, ein Angestoßensein vom Leben. Das ist nicht gerade das, was wir uns unter Komfort vorstellen.

Wenn wir uns draußen in der Wildnis aufhalten, um einen Übergang in einen neuen Lebensabschnitt zu schaffen, dann sollten wir uns immer darüber klar sein, daß wir etwas von uns weggeben müssen. Wir erschaffen unzählig viele Dinge zu unserer Unterhaltung, nur um uns davon abzulenken, daß wir vielleicht gerade einen sehr schrägen, unangenehmen und schmerzvollen Tag erlebt haben. Dabei läge vielleicht in der direkten Betrachtung der Ereignisse eine große Kraft, eine Chance, etwas zu verändern, was wir schon lange verändern wollen. Unangenehme und schmerzhafte Erfahrungen in der Natur sind immer „erzieherische Maßnahmen" der Wildnis. Denn in Wirklichkeit fordert alles, was uns auf unserem Weg eine Stufe weiter nach oben bringen soll, gleichzeitig einen essentiellen Verlust von uns. Denn was wir dabei aufgeben, ist unser bisheriges Selbstbild.

Die Beschreibung seines „heiligen Schreckens" hat bei dem jungen Mann noch einmal einen zusätzlichen Erinnerungseffekt erzielt: Er hat sich erinnert, daß er sich oft in seinem Leben als Kind selbst Verletzungen zugefügt hat, um dann bei seiner Mutter oder seinem Vater Trost zu suchen. Und es dämmerte ihm, daß er diese Verletzungen und Schmerzen unbewußt auf sich genommen hat, um etwas zu bekommen, was ihm ohnehin zugestanden hätte. Ach, hätte es nur einen geraden Weg dahin gegeben! Wenn der junge Mann wirklich erwachsen geworden ist, wird er für sich selbst Verantwortung übernehmen und lernen, wie er einerseits Verletzungen und andererseits die „erzieherischen Maßnahmen" der Natur akzeptieren kann.

Die Geschichte des jungen Mannes, der den Namen *„Heart Warrior Hands"* erhielt, nahm eine gute Wende. Er erkannte für sich, daß seine Beherztheit ein großes Potential für ein gutes Leben unter den Menschen darstellt. Er suchte für sich selbst eine Formulierung, eine Metapher, mit der er beschreiben konnte, wohin seine Sehnsucht ihn führt. Für seine VisionsSuche hatte er sich einen Platz sehr hoch oben, auf einer Art Balkon mit wunderbarer Rundumsicht und nahe am Wasser gesucht. Er konnte den Himmel weit jenseits der Berge im Süden sehen, die von seinem Platz aus nur noch kleine Hügel zu sein schienen. Er konnte im Westen die mächtige Kette der Gletscherriesen sehen und nachts dem Tosen ihrer mächtigen Eislawinen lauschen. Er saß neben einem riesigen Monolithen, der ihm Schutz und Schatten gab, an dem er seine Plane verankern konnte. Und es gab einen kleinen Aussichtsfelsen, von dem aus er das Treiben im Basislager beobachten konnte, ohne selbst gesehen zu werden. Um ihn herum prangten die blühenden Alpenrosen im letzten Feuer des Mittsommers, betäubten ihn schier mit ihrem würzigen Duft.

Der junge Mann saß für drei Tage in einem Paradies. Er hatte alles, was er brauchte, um glücklich zu sein. Ja, er saß sogar wie ein kleiner König etwa 100 m höher als sein älterer Bruder, der sich – obwohl Alpinist – mit weit bescheideneren Konditionen zufrieden gegeben hatte. Dennoch schaffte er es, sich einen gehörigen Sonnenbrand einzuhandeln und sein Augenlicht in Gefahr zu bringen. Aber er lernte seine Lektion.

Er begriff nämlich, daß er sich das alles selbst antat, und niemand anderes dafür Verantwortung zu tragen hatte, weder Vater, noch Mutter, noch sein Bruder, die Schule, die Politik oder der doofe Baum, das dumme Messer oder gar die blöde Sonne. Das Kind in ihm hätte es gerne so gehabt, aber diese Perspektive hatte keine Kraft mehr.

Der junge Mann, der vom Berg zurückkam, war sehr traurig. Er war auch unendlich müde und sehr, sehr nachdenklich. Er hatte sich selbst einen kräftigen Schlag versetzt und war davon aufgewacht. Die Natur hatte ihm durch den heiligen Schrecken gezeigt: Allein meine eigene Unachtsamkeit war es, die mich verletzt hat; und ich trage die Konsequenzen ganz allein!

Er erinnerte sich auf dem Berg. Er ging hinab in die dunklen Kammern seiner Seele. Er erinnerte sich an alles, wie es die Initiation seit ältesten Zeiten verlangt. Zuerst war es nur langweilig, dann wurde es unerträglich. Irgendetwas bewegte sich in seiner Tiefe. Ihm wurde schlecht, sterbensübel. Er mußte sich übergeben und trank eine Menge frisches Wasser. Als es dunkel wurde, auch draußen um ihn her, begann er zu sehen. Wenn die Türen sich knarrend öffnen, dort, wo wir alles Unerwünschte, Unangenehme, Verdrängte hineingeworfen haben, erfaßt uns eine Schwermut, ein Entsetzen ob des üblen Geruchs, und das läßt uns zutiefst erschrecken. Dort, direkt vor unserem Angesicht, ist unser Tod.

*Ich habe schon morgens vor der Schule gekifft, regelmäßig, so gut wie jeden Tag. Mit Dreizehn habe ich angefangen, es hat nicht lange gedauert, da war es pure Gewohnheit. Ziemlich dumpf. Trott. Tote Hose schon am Vormittag. Die Penne hat mich angeekelt, genauso wie ich mich selbst. Irgendwie alles egal! Im Unterricht hab ich echt nichts mehr gepeilt, völlig abgemeldet. Mit den Mädchen ist auch nichts gelaufen, also habe ich ständig Frust geschoben! Keine Würde und wenig zu lachen! Daß ich gedealt habe auf Teufel komm raus, ist doch auch klar. Da war ich eine Zeit lang sogar eine große Nummer in unserer Schule. Ich glaube, meine Eltern haben nichts davon gemerkt. Die haben sich nur gesorgt, weil ich in der Schule so dermaßen abgekackt bin. Ja, Selbstmordgedanken, so was Ähnliches hatte ich in dieser Zeit auch manchmal. Aber irgendwie war ich viel zu verpeilt, um zu merken, was mit mir los war. Gutes Stückchen in die Bong[1], und der dunkle Fluß zog mich einfach weiter...*

Ja, ja, der dunkle Fluß! Die Suche im Unbewußten, im Fluß des Vergessens. Genau an der Stelle des Lebens, wo es auf das Erinnern so sehr ankommt wie niemals zuvor, verzichtet der junge Mann, überläßt sich, gleitet in den Fluß des Vergessens. Und er treibt vom Ufer ab. Wenn er sich umsieht, bemerkt er, daß er nicht alleine ist. Im Fluß sind noch viele wie er, ohnmächtig, betäubt, getäuscht, ... wie bitter, wie traurig.

## Wachwerden

Aber dieser junge Mann begegnete dem heiligen Schrecken. Er ließ sich wecken und erkannte, daß er jederzeit sterben konnte. Seine Haut war zu dünn für den großen alten Kondor auf seiner jungen Schulter. Er lauschte dem Dialog zwischen den uralten Gefährten, seinem eigenen Leben und dem eigenen Tod. Er hatte die Chance genutzt und war auf den heiligen, gefürchteten Berg der Sinnsuche gestiegen. Er hatte etwas durchlitten, das ihm die Müdigkeit und die alte Sucht aus den Knochen saugen konnte.

Er hatte sich selbst besser kennengelernt, kam zurück mit einer wachsenden Einsicht in die Verbundenheit. Er war entschlossen, sich mit seinen Händen und seinem Herzen dafür einzusetzen, daß sich niemand selbst verletzen muß, ohne erkennen zu können, was dahinter steckt. Er begann seine Hand auszustrecken nach dem Du. Er forschte bei sich selbst nach den Möglichkeiten, wie er für andere wirklich zu einer Hilfe werden konnte.

---

1 „Bong" heißt in der Jugend Szene die Wasserpfeife, „gutes Stück", „Stückchen" oder „Mische" sind Begriffe für Haschisch oder Marihuana das darin geraucht wird.

Wenn die jungen Menschen wieder zu Hause sind, in ihren Herzen eine Wandlung erlebt haben, beginnen sie zu sehen. Die Dinge des Alltags erscheinen in einem neuen Licht. Das Elternhaus, die Beziehung zum Vater und zur Mutter sind gründlich entrümpelt worden. Freie Bahn, sich zu begegnen. Tacheles miteinander zu reden, den heißen Brei zu essen, anstatt darum herum zu reden! Der Liebe eine Chance zu geben, die alten Wunden zu heilen.

*Einsames Fasten, Alleinsein erleben*

## Von der Individualität zur Lebens-Kompetenz

*Bei den Huichol-Indianern in Nordmexiko weiß man, daß Angst davon herrührt, daß man nicht weiß, wohin man gehört. Auch daß man nicht in der Lage ist, wirklich zu sehen, was um uns ist, stört das Erleben von Ganzheit und Balance.*

Brant Secunda

Die jungen Menschen sind aus dem Tal ihrer Alltäglichkeit hier heraufgestiegen, wo die Natur sie erreichen kann. Wo sie naß werden vom Regen, kalt vom Wind, heiß vom Feuer und wo sie sich auf die Erde legen können, wenn sie spüren, daß die Kindheit stirbt. Sie kommen mit all ihrer Individualität. Sie sind einmalige, einzigartige Individuen. Aber eines haben sie alle gemeinsam: Sie fürchten sich vor dem Leben! Irgendetwas macht ihnen tiefe Angst. Hier ein kleiner Ausschnitt aus dem, was wir auf die Frage nach der größten Angst im Laufe der Jahre gehört haben:

*Lehrmeisterin Angst*

*„Ich fürchte mich vor den dunklen Zeiten der Eidechse, die nicht genügend Licht und Wärme hat."*

*„Ich habe Angst vorm Fallen, keinen Boden mehr unter den Füßen fühlen zu können. Ich hatte Angst vor dem Tod! Ich sah ein totes Tier, ich schrie und lief davon."*

*„Ich habe nie Angst – auch nicht vor dem Tod! Ich bin einfach nicht bereit dazu! Doch, ich habe Angst, ich habe Angst davor, nicht genügend auf den Tod vorbereitet zu sein. Ich möchte in Frieden sterben dürfen. Ich habe Angst zu verlieren."*

*„Ich habe Angst davor, daß mein Glück zerbricht und alles wieder so wird, wie es vorher war und vor meinen selbst erzeugten Ängsten, die mich lähmen."*

*„Ich habe Angst, meine Selbstbeherrschung zu verlieren, z. B. unter Alkoholeinfluß, oder weil mich jemand oder etwas so provoziert, daß ich meine Beherrschung verliere. Angst macht mich aber auch vorsichtig und das ist gut!"*

*„Ich fürchte mich manchmal, aber Angst? Ich habe Verlustangst, Angst davor, daß Krieg ausbrechen könnte, Angst vor Mangel und Not, wie z. B. in der Dritten Welt."*

*„Ich fühle keine bestimmte Angst, nur so eine allgemeine Angst davor, daß die Menschen alles kaputt machen und alles vorbei ist."*

*„Ich habe keine Angst vor meinem eigenen Tod, aber vor dem Tod der Menschen, die ich liebe, denn ich habe Angst davor, sie zu verlieren. Ich habe Angst davor, daß die Werte und Dinge, die mir heilig sind, plötzlich nicht mehr da sind."*

*„Vor dem VisionQuest hatte ich Angst davor, mich „aufzulösen", jetzt fühle ich meine Angst davor, daß mich geliebte Menschen ganz plötzlich verlassen, ohne daß ich eine Chance habe, mich von ihnen zu verabschieden."*

*„Ich habe Angst zu versagen und das hindert mich daran, im Hier und Jetzt zu sein."*

*„Ich komme mir hier in der Gesellschaft so unwichtig vor! Werde ich überhaupt gebraucht? Viel zu wenig! Wie soll ich mich einbringen, wo sind meine Stärken? Ich habe Angst vor seelischen Verletzungen, davor zu explodieren; ich bin sehr geladen! Ich möchte lernen, mich mitzuteilen und meine Verletzlichkeit zuzulassen. Ich habe das Gefühl, daß mich keiner versteht! Ich sehe so viele grausame Dinge..."*

(alle Zitate aus dem CreaVista Camp-Tagebuch)

Mit diesen Gefühlen und Empfindungen über die Welt und sich selbst kommen sie zur VisionsSuche. Bereit, sich zu verwandeln. Damit gehen sie auf den Berg der Wahrheit, und Mutter Natur redet dort ohne Umschweife mit ihnen. So werden sie bereit, alte Grenzen, die ihnen die Angst diktiert, zu erkennen und zu überschreiten. Sie fangen an, sich in einem größeren Zusammenhang zu erleben. Sie erleben, daß sie nur Teil einer größeren Gemeinschaft sind, daß sie zum Kreis des Lebens gehören. Es mag eine schreckliche Erkenntnis sein, daß wir in einer Ego-Kultur aufwachsen, in der die Ich-Sucht der größte Antrieb ist. Wenn die Jugendlichen in ihrem Herzen beginnen, die Wirkungen des Heiligen Schreckens zu verdauen, können sie beginnen, ihre Kompetenz für das Leben zu entdecken und zu entfalten.

*Der große Albert Einstein oder der letzte Dummkopf, die sind sich selbst wichtig, alle. Wir hingegen sehen, auch der Fürst, der Häuptling, der Schamane: „Ich bin wichtig für meinen Stamm, für die Nachwelt." An mich als Schriftsteller und Schamane wird man sich in der Geschichte meines Volkes bestimmt lange erinnern – diese Gewißheit habe ich. Trotzdem weiß ich, daß ich überhaupt nicht wichtig bin für die große Natur. Ich bin vergänglich, ich bin nur zeitweise da. Ich bin gekommen, ich werde gehen.* (Galsang Tschinag)[2]

Die Jugendlichen, die auf den heiligen Berg gestiegen sind, um das uralte Ritual zu durchlaufen, müssen sich drunten im Tal der Alltäglichkeiten bewähren. Sie müssen ihre neue Verfassung im Kontakt und Umgang mit den Daheimgebliebenen erlernen. Und diese Menschen können in der Regel nicht wirklich nachvollziehen, was draußen in der Natur mit den jungen Leuten geschehen ist. Es gibt dafür schlicht keine passende Schublade. Da wird so mancher junge Mann, manche junge Frau sehr stark auf sich selbst zurückgeworfen. Das ist sicherlich nicht immer ganz einfach. Sie kommen zurück von einer Erfahrung, die sie vor allem einer großen Andersartigkeit des gesamten Umfeldes zuschreiben können. Aber diese Andersartigkeit ist die der Basis allen Lebens, sofern sie wirklich von der Natur kommt. Es ist die Andersartigkeit des Verbundenseins, im Gegenteil zur Deliquenz.

2 in: Politik des Herzens, Arun, 2003. Galsang Tschinag ist mongolischer Schamane vom Stamm der Tuwa.

Deshalb ist es wichtig, ein Netzwerk herzustellen, auf das sich die jungen Initiierten beziehen können. Sie brauchen dringend Ansprechpartner, Mentoren, verständnisvolle Freunde. Und darum ist es uns ein wichtiges Anliegen, diese Vernetzung zu unterstützen und unsere Strukturen dafür zur Verfügung zu stellen.

Im Lauf der Jahre haben wir uns angewöhnt, die jungen VisionsSucher etwa ein Jahr nach ihrer Erfahrung noch einmal anzusprechen und sie um eine Rückschau, ihrer Zeit im wilden Land zu bitten. Nicht alle antworten, wie man sich denken kann. Aber wir erhalten dennoch einen Einblick, der zeigt, daß es fast immer eine deutliche Kompetenzsteigerung in grundsätzlichen Lebensdingen zu verzeichnen gibt.

*Ich wollte mich bei euch bedanken für alles, was ihr für mich getan habt. nicht nur, daß ich wieder glücklich bin und gerne lebe, nein, ich habe auch Freunde gefunden. Wahre Freunde. Und ich mußte erkennen, daß es einzig und allein an mir lag und daran, daß ich nicht vertraut habe. Jetzt habe ich so viele wirklich gute Freunde, auf die ich mich verlassen kann, wie ich es nie für möglich gehalten hätte. Und ich bin so dankbar, daß ich diese Erfahrung machen durfte, und auch die „schlechten" davor, noch dankbarer als ich eh schon dafür war, denn ohne sie hätte ich meiner Freundin nicht helfen können. Denn dadurch, daß ich dasselbe auch erlebt und überwunden habe, konnte ich mich gut in sie hineinversetzen und ihr auch ein bißchen helfen, so daß sie jetzt wenigstens mal einen Neuanfang versucht und sich nichts mehr antun will. Das Ganze hat mich sehr berührt und ist mir sehr nahe gegangen. Und der Erfolg dabei für mich ist, daß ich es endlich geschafft habe, mitzufühlen ohne mitzuleiden und, wie es aussieht, sogar mit ein wenig Erfolg.*

„Unfolding Butterfly"

Es gibt systematische Untersuchungen wie die im Anhang erwähnte von Dayana Schauseil und anderen, die eine deutliche Steigerung im subjektiven Lebensgefühl, in der Alltagsompetenz, und in der Entscheidungsfindung in Bezug auf Berufsleben und Familienplanung zweifelsfrei belegen. Sehr berührend sind für uns Rückmeldungen des jungen Menschen selbst oder von Menschen, die mit ihnen täglich zu tun haben.

Jede und jeder, die vom Berg zurück kommt, hat in der Zeit des Alleinseins für sich fundamentale Lebensentscheidungen getroffen. Es ist Teil des alten Rituals, und auch Teil unserer modernen Interpretation davon, diese Lebensentscheidungen in kraftvolle Sätze zu gießen. Diese Sätze sind ein individueller Ausdruck davon, wo der oder die Einzelne vor der VisionsSuche in ihrem inneren Leben stand, und wohin sie sich von da aus bewegt.

*Auf mich warten erfüllende Aufgaben und ein kraftvolles, gutes Leben!*

„Unfolding Butterfly"

*„Ich bin da, ich zeige mich“*

## Die klingende Welt

Es scheint eine tiefe Beziehung zwischen Bewußtsein und Musik zu geben, sieht man sich den traditionellen Gebrauch von Musik unter ethnisch-kulturellen Aspekten an. Keine Religion, kein Kult, keine schamanische Zeremonie, kein ganzheitlich therapeutischer Prozeß, welcher Provenienz auch immer, kommt ohne den regulierenden, sammelnden, schützenden oder gelegentlich provozierenden Einsatz von Klang, Rhythmus, Melodie und Harmonie aus.

Wenn die jungen Menschen draußen im wilden Land sitzen und beginnen, auf ihrem verflossenen Leben herumzukauen wie auf einem Stück Trockenfleisch, ist es eine große Hilfe für sie, die Trommel aus dem Tal zu hören. Sie sind in der Regel nicht weiter als zwei Kilometer vom Basislager entfernt. So besteht eine gute Chance, daß sie das regelmäßige, pulsierende Signal der Verbundenheit wahrnehmen können. Das Team der VisionsSuche-Hebammen trifft sich täglich zwei- bis dreimal im Tipi, um gemeinsam für die VisionsSucher zu singen, zu beten, die Kraftsätze vorzulesen und ganz unisono bestimmte, sehr ruhige Trommelrhythmen zu schlagen. Herzschlag der Erde, Puls der Gemeinschaft, die trägt und verbindet. Erinnerung an unser Leben im Mutterbauch und die Verbundenheit im Uterus. Diese drei Stunden am Tag sind für den gesamten Organismus des Schwellenrituals von großer Bedeutung. Wir synchronisieren unseren Atem und unsere Bewegung, den Puls und unsere somatischen Vorgänge. Der Geist wird ruhig und frei. Alle fühlen die gemeinsame Mitte.

Die Trommel ist rund, ebenso der Kreis der Spieler in der Anordnung um das Feuer in der Mitte. Der gemeinsam erzeugte Klang strahlt aus, wird von Wind, Wolken und Licht aufgenommen und hinausgetragen in die Weite. Manchmal entsteht ein Augenblick, in dem wir alle staunend erkennen, daß sich draußen eine Tierstimme harmonisch in unseren Rhythmus eingefügt hat, ja daß alles harmonisch zusammenzuklingen scheint. So sind die Rhythmen und ihre Geschwindigkeiten, ihr Charakter und ihre jeweilige Interpretation immer stark abhängig von der Stimmung im Camp. Wenn das Wetter sehr kühl und feucht ist, werden die Trommeln weich. Sie klingen tief, erdig, wie nach innen gewandt, ruhig. An heißen, sonnigen Tagen spannen sie sich wieder und klingen sehr scharf, durchdringend. Dann entstehen eher heiße Rhythmen, die fordern, wecken, antreiben. Das kann sehr passend sein, wenn es darum geht, Mut und Lebensfreude auszustrahlen, wenn aus dem Land der VisionsSuche der Eindruck einer gewissen Ermüdung zu uns herunterweht...

Wenn sich die Klänge der Verbundenheit durch das wilde Gelände schleichen, erkennt das tiefe Bewußtsein der einsam Fastenden den Puls des „Großen Ganzen“. Zugehörigkeit wird aktiviert ...

## Rassele, damit du hörst

Eine besondere Bedeutung für die Schwellenphase hat die Rassel. Sie gehört zu den urtümlichsten und ältesten Musikinstrumenten der Menschheit. Es gibt Rasseln in allen erdenklichen Gestalten. Die spezielle Art und Weise der Rassel, Töne zu erzeugen, ermöglicht eine unendliche Variationsbreite der Konstruktionen. In der Zeit der Vorbereitung bauen wir stets mit den jungen Initianden Rasseln aus den verschiedensten Materialien. Bevorzugtes Material ist allerdings Hirschhaut, denn daraus lassen sich nach sehr persönlichen Schnittmustern alle möglichen Gestalten, Bilder und Formen herstellen. Auch Rasseln aus Kürbissen, Kokosnüssen, Walnußschalen, leeren Haselnußhülsen, Bucheckern, dünnen Scheibchen aus Holz, fester Kürbisschale oder Stein haben wir schon mit Erfolg hergestellt und viel Freude daran gehabt.

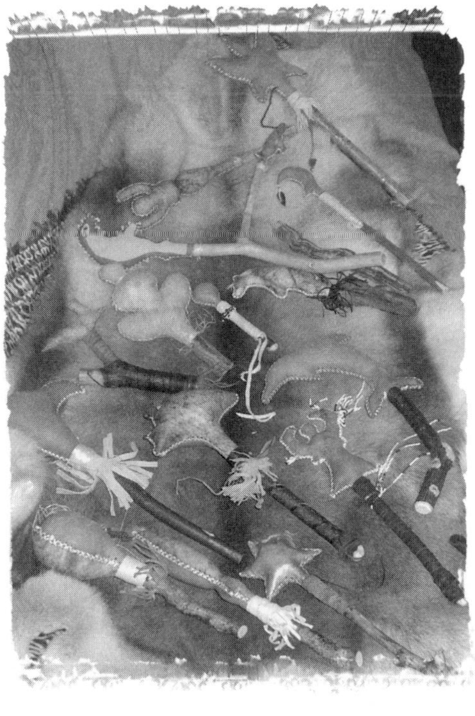

*Eine eigene Rassel bauen...*

Diese Rasseln werden vollständig aus Naturmaterialien hergestellt. Sie können kunstvoll mit Materialien aus der Natur geschmückt werden, vertragen es, angemalt, mit Brandzeichen versehen oder graviert zu werden.

Während wir diese Rasseln miteinander herstellen, läßt es sich wunderbar plaudern und die Arbeit fließt munter fort ...

Es ist ein besonderes Gefühl, später im wilden Land zu sitzen, dem Sterben des Alten und der Geburt des Neuen zu lauschen und mit der selbst gebauten Rassel die strengen Kanten und Ecken der Zeit abzuschleifen. Rasseln hat eine magische Wirkung. Ähnlich wie beim Trommeln gibt es auch hier sehr differenzierte Wirkungen, abhängig von Rhythmus, Geschwindigkeit und Art und Weise der Bewegungen, die wir mit dem Rasselkörper machen. So lassen sich verschiedene Zustände des Bewußtseins ansteuern, die uns mit verschiedenen Schichten und Strömungen unseres inneren Kontinuums in Kontakt bringen. Die ruhigen, gleichmäßigen Bewegungen und das zunächst monoton erscheinende Geräusch des hin- und herfliegenden Inhalts der Rassel öffnen das Hören. Wer es schafft, längere Zeit gleichmäßig durchzuhalten, kann besondere Erfahrungen einer großen, kraftvollen inneren Ruhe, einer somatisch-seelischen Ausgeglichenheit oder gar einer sanften Trance erleben. Er kann sich angekommen, angenommen und vollständig in Fluß erleben, angeschlossen an das Strömen in der Tiefe.

Erinnern wir uns an die Geräusche im Mutterleib? Klinken wir uns ein in das Urvertrauen, daß wir geborgen und am rechten Platz sind? Findet unser Unterbewußtsein diese tiefe Entspannung, weil es daran erinnert wird und weiß, daß alles gut ist, wenn das Blut der Mutter in ihrem ureigenen Rhythmus durch die Adern rauscht?

# Verbundenheit mit der Erde

## Kraft aus der Tiefe

Eine der wesentlichen Erfahrungen der VisionsSuche ist die Verbundenheit allen Lebens. Kaum jemand ist bisher in der Lage gewesen, drei Tage und Nächte dort draußen im wilden Land zu sitzen, ohne von diesem Fluß jenseits der Zeit, hinter der Langeweile, erfaßt worden zu sein. Wenigstens für einige Augenblicke ... Vor den Augen des Staunenden geschieht es: Alles hat miteinander zu tun, bedingt sich gegenseitig. Alles geht seinen Weg, fließt ins Andere hinüber, verwandelt seine Gestalt.

*Beim Wasserholen treffe ich auf einen toten Koloß. Riesenarme reckt er in die kahle Luft. Als wollte er jetzt noch Hilfe holen. Er ist gefallen, vielleicht im tobenden Sturm: Hart und unbarmherzig hat es seinen Körper in drei große Stücke zerschmettert. Kantige Felsen haben seinen Rücken gebrochen, ich spüre für ein paar Sekunden diesen stechenden Schmerz. Und nun liegt er da, beginnt langsam zu zerfallen. Überall in den modrigen Resten seines Körpers nisten sich kleine Pflänzchen ein. Ich glaub', es sind Pilze, Flechten und ein ganz zartes Moos, wie kleine Tannenbäumchen. Aus dem wohl schon vor Jahren gestürzten, meterdicken Baumriesen rieselt rostfarbiges Mehl. Ein paar unglaublich fette Ameisen tragen geduldig einzelne Körnchen zu ihrem Haufen in der Nähe. Sie haben es nicht eilig. Sie sind viele und der Haufen ist schon fast einen Meter hoch und hat genau die Farbe des verrotteten Holzes: Mächtig erinnert er an die einstige Größe des Urwaldriesen, aus dessen Körper er Stück für Stück gebaut wird.*

„Dancing Cloud Invisible“, 28 Jahre, 1998

Und mitten in diesem Tanz des Lebens sitzt ein junger Mensch und besinnt sich auf seinen ganz eigenen Part. Fragt sich, was er hier will, soll und kann! Der Hunger nach Leben bohrt sich durch den Bauch und schafft einen Ausgang für die Langeweile. Wie ein lange festgehaltener Furz entfährt sie seinen Eingeweiden: Das Leben ist endlich, auch ich werde sterben und meinen Körper den Ameisen hinlegen müssen. Und die werden ihre sämtlichen Verwandten anrufen und anfangen, meine Überreste gemeinsam zu zerlegen, bis nichts mehr von mir zu finden ist, als vielleicht ein paar unscheinbare Bröckchen auf einem Ameisenhaufen.

*„Eigentlich eine beruhigende Vorstellung“*, sagte eine junge Frau, *„daß alles, was ich bin, von anderen Lebewesen gut gebraucht wird, und ich gleichmäßig über den ganzen Wald verteilt werde ...“*

Wird ein Mensch, der eine gute Zeit seines Lebens, einen besonderen Moment alerter Wachheit darauf verwendet hat, der Natur auf die Finger zu schauen, Respekt vor dem bekommen, was er da sieht? Wird diese junge Frau sich weiterhin verbunden fühlen mit dem Wilden Land? Wird sie sich an all das erinnern, wenn sie wieder im Alltag der gegenwärtigen Realität versinkt, um das Überleben im Großstadtdschungel zu meistern? Wird sie die Verbundenheit mit der Kreatur noch fühlen können, wenn ihre müden Füße über die unendlichen Pfade von Asphalt und Beton tasten?

Es dürfte von entscheidender Bedeutung sein, wie tief das Erlebte sie zu berühren imstande ist. Aus der Körpertherapie wissen wir, daß, wer die Oberfläche berührt, auch die Tiefe ertastet. Gehirn, Nervensystem und Haut stammen aus einer gemeinsamen Entwicklungsstruktur (dem Ektoderm), aus den gleichen Urzellen.

Wenn wir also „dort draußen" sinnliche Erfahrungen machen, von Wind, Wetter, Pflanzen und Tieren, von den einfachen Dingen des Überlebens buchstäblich berührt werden, spricht die natürliche, materielle Welt direkt über die Haut zu unserer tiefen Wahrnehmung. Eine essentielle Kommunion, einelebendige Verbindung werden hergestellt. Das gesamte System mit Herz, Verstand und Bauch wird in seiner Tiefe stimuliert und zu weiterer Entwicklung angeregt. Die Botschaften, die außen an der Sinnesoberfläche der Haut ankommen, werden über die Nervenbahnen in die Tiefe weitergegeben. So erleben wir die Verbundenheit von Innen und Außen.

Im Inneren verarbeiten alle lebendigen Wesen die Nachrichten, die sie durch ihre Sinneskanäle erhalten. Sie nähren sich aus der Peripherie: Sie lesen im Buch der Natur. Das ergibt als Effekt Veränderungen in den Zellstrukturen, Resonanzen in den zugehörigen Energiemustern. Aus dem Vergleich mit gespeicherten Mustern aus den früheren Erfahrungen entsteht Erinnerung und Innerlichkeit. Deutung führt zum Erkennen der „Bedeutung" und ordnet das Geschehen ein: Es wird bewertet, erhält eine Markierung, „leuchtet ein", wird zur Geschichte, die wiederum ihrerseits das nachfolgende Verhalten des Wesens strukturiert und ein Stück weit vorgibt.

Ein junger, sehr kräftiger Handwerker aus der Millionenstadt Wien war wegen schwerer, anhaltender Depressionen in therapeutischer Behandlung. Nach einer Behandlungsdauer von acht Monaten entschied sich die Therapeutin, O. zur VisionsSuche zu schicken, um ihn aus dem Dunstkreis seiner Alltäglichkeit herauszulösen.

*Bei meiner Auskunft am Prebersee hatte ich ja keinen blassen Schimmer, was mich eigentlich erwarten würde. Nach einer kurzen Eingewöhnungsphase mit allen Kursteilnehmern und der neuen Umgebung fühlte ich mich geistig und körperlich im Vergleich zu Olsberg viel besser. Ich wußte gar nicht mehr, wie es sich anfühlt, seine Seele baumeln zu lassen, mit unserer Mutter Erde im Einklang zu sein. Der Heilige Berg mit seiner ganzen Größe, Bäume, Pflanzen, Tiere, Steine, Gewässer und alle anderen wunderschönen Dinge, die ich zuvor nicht wahrnehmen konnte, gaben mir so unglaublich viel Kraft. Im Grunde genommen bin ich immer mit Scheuklappen durch die Welt gegangen.*

*Es ist extrem schwer für mich, Dir diese erlebten Dinge zu beschreiben, so daß Du mich verstehst. Ich war ja in so einem tiefen Loch, daß es mir selbst nicht gelungen ist, mich zu befreien. Mit Deiner, Shanti's – und anderer Menschen, die an mich glauben – HILFE weiß ich, daß ich es schaffen werde. Step by step, mit einer neuen Lebenseinstellung und etwas Geduld befinde ich mich schon auf dem richtigen Weg. Ich erlaube mir, Dir einen kleinen Auszug aus meinem Tagebuch, das ich in den drei Tagen geführt hatte, zu schreiben.*

*3. Tag*

*... nach einer anstrengenden Nacht, mit Donner, Blitz, Hagel und Regen liege ich noch faul in meinem Schlafsack. Mein Kreuz, sämtliche Knochen tun mir weh. Trotzdem überwinde ich mich aufzustehen, da ich mit meinen Vorbereitungen noch nicht fertig bin. Schön langsam verschwindet auch der Regen und die Sonne zeigt sich wieder.*

*Wieder packt es mich, und ich begebe mich mit meiner Trinkflasche hinauf, in den oberen Preberkessel, zu diesem überwältigend kraftvollen und magisch anziehenden Quarzstein. Einerseits frage ich mich, ob ich nicht das VisionQuest Ziel verfehle, denn es steht geschrieben: Suche Dir einen Platz und bleibe „bewegungslos" drei Tage sitzen und schone Deine Kräfte. Liebe Maria, ich bin überglücklich, daß ich meinem Trieb gefolgt bin. Denn ich fand einen winzigen kleinen Stein („ich"!) ... und so begab ich mich dann später zu meinem auserwählten Platz um „mich" / den Stein in den Kreis für mein Sterbe-Ritual mit einzubeziehen.*

*Ich verweilte noch einige Zeit, erst dann öffneten sich meine Ohren, Augen, Nase, Lunge und mein Herz. In diesem Moment wünschte ich, diesen Augenblick immer in mir zu tragen und auf andere abzufärben. Gleich wiederum wußte ich nicht, ob ich lachen oder weinen sollte. Unbeschreibliche Gefühle durchdrangen mich tiefer und tiefer ...*

O. K., „Tearful Spark", 24 Jahre, 1998

Dieser Brief von O. ist primär an seine Gönnerin und Therapeutin Eva Maria (80 Jahre!) gerichtet, die ihn zum VisionQuest geschickt hat, ohne ihm zu sagen, worum es dabei genau geht. Sie hat ihm die Teilnahme an dieser Erfahrung geschenkt! So wußte er nur, daß er sich um gute, alpine Ausrüstung – gemäß der Materialliste – zu kümmern hatte, ein Tagebuch vorbereiten sollte und wo er sich wann einzufinden hatte. Er kam mit großen Augen und einer unvergleichlich reinen, kindlichen Offenheit und voller Vertrauen am Seminarhaus an. Er verstand es, sich wirklich auf den Prozeß ganz einzulassen und hat viel für sich gewonnen.

Nach der VisionsSuche ist er nach England gegangen und hat auf einem Segelschiff mit weltumspannenden Fahrrouten angeheuert. Dies war immer sein Traum gewesen, seit er in „seinen frühen Zwanzigern" für eine Saison in hawaiianischen Gewässern auf einem Fischerboot Dienst getan hatte. In den unbeschreiblichen Nächten auf der tropischen See hatte er Wale singen gehört und vor Rührung geweint, konnte das aber nie mit seinen Kameraden teilen.

Die letzten Jahre in Wien war er in seinem Ursprungsberuf als Schlosser sehr unglücklich und zunehmend in depressive Zustände abgerutscht. Per Zufall hatte er bei einem Aufenthalt in Deutschland seine Gönnerin kennengelernt, und diese hatte bereits vorher über unsere Arbeit gelesen.

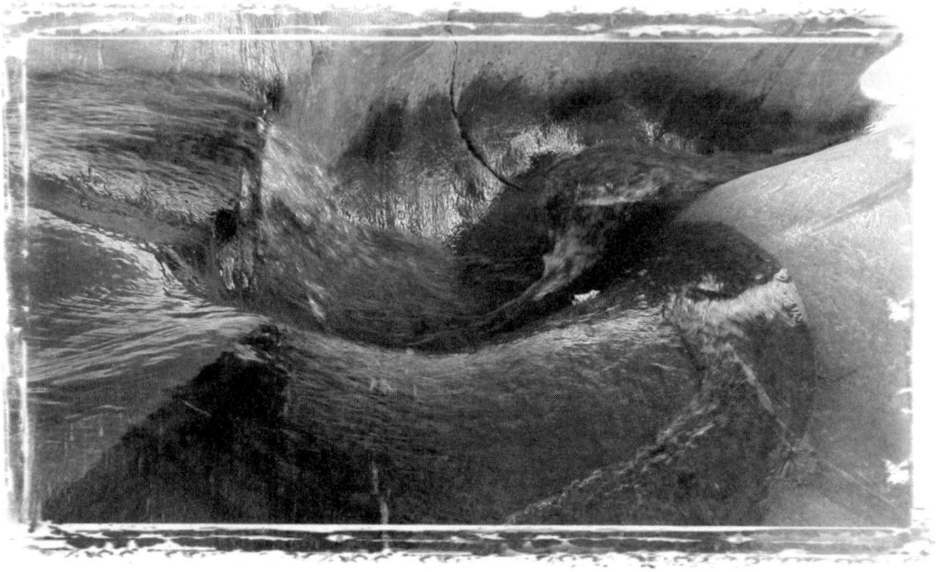

*Wasser besiegt den härtesten Stein ...*

*Was ich gelernt habe in diesen wenigen Tagen am Preber, ist mit Geld überhaupt nicht aufzuwiegen. Die Natur hat so viel Gutes grundlos auf mich abgefärbt, so daß ich dort oft mit intensivsten Glücksgefühlen umherlief.*

*Aufmerksam lauschte ich stundenlang, wie Wind und Wasser für mich die tollsten Symphonien spielten. – Ich fühlte, daß ich eine echte Verbundenheit zu allem gefunden hatte!*

O. K., „Tearful Spark“, 24 Jahre,1998

## Das Strömen in der Tiefe

Jedes offene System, insbesondere der Mensch, braucht Verbundenheit als Basis für seine Offenheit. An der Geschichte von „Tearful Spark“, in der er kurz und bündig erzählt, wie er aus einer traumatisch erstarrten, depressiven Grundstimmung zurückgefunden hat in die Offenheit des Fließens, können wir vieles über die tiefen Prozesse in der Natur des Menschen lernen.

Nur, wenn diese Verbundenheit zwischen wilder Welt und tiefer Seele lebendig und aktiv ist, kann ein Austausch stattfinden. Lernen, Entwicklung und Wachstum sind eben auf *Flow* und Kontinuum angewiesen.

Doch die Fenster zur Welt, die jedes Lebewesen für seine Entwicklung braucht, sind sehr empfindsam und verletzlich. Sie brauchen die Fähigkeit des Verschließens ebenso, wie eine kleine, weiche Schnecke ihr Haus! Sie müssen selektiv sein, in dem sie etwas zu Grobes, etwas Zerstörerisches und Verletzendes draußen halten, das feine Innere schützen.

## Vision als Motivation, sich einzulassen

Unter ziemlich ungünstigen Umständen wird der Mensch heute auf das Erforschen und Aktivieren seiner tieferen Potentiale verwiesen. Eine Vision ist etwas, das auf dem Wege der Inspiration „eingeatmet“ wird und so das Leben erleichtert. Und wenn diese beiden Dinge zusammentreffen, wird es möglich, daß der junge Mensch einen anderen Bewußtseinszustand erfährt als den der im alltäglichen Leben üblich ist.

Manche Menschen, die zu uns kommen, um sich auf ihrem Weg auf den heiligen Berg begleiten zu lassen, haben durchaus ihre eigenen Methoden einer inneren VisionsSuche entwickelt. Wenn sie sich nun hinaus begeben in die Wildnis, um sich dort den extremen Kräften von Hunger, Alleinsein und dem Spiel der Elemente auszusetzen, werden ihre Kapazitäten aktiviert. So mancher geht durch die Phasen von Langeweile, Hunger und Perspektivlosigkeit, ohne sich besonders beeindrucken zu lassen. Andere haben es nicht so leicht. Sie brauchen es, daß die wilden Kräfte sie anstoßen, kratzen und schütteln, damit die Verhärtungen oder die völlig erschlafften Bereiche in ihrem System aufgeweckt und aktiviert werden.

## Schnee im Sommer

*Ich gehe nach dem Schwellenritual eilig los, habe Lust auf Alleinsein! Im Westen ist meine Initiation, der Weg zur Selbstliebe, ich will mich endlich selbst finden! Doch seltsam, nach ein paar Minuten wende ich in einem unmerklichen Bogen um eine große Felsengruppe, stelle verdutzt fest: Ich gehe ja genau Richtung Osten! Ich nehme die Höhe, die Luft, den Himmel wahr und ich will niemanden sehen. Ich fühle mich kräftig! Werde ich von den knorrig verwachsenen Tannen höher und höher gerufen?*

*Ich steige über eine Stunde zwischen riesigen, bizarrer werdenden Felsentrümmern hinauf. Kniehohes wildes Kraut, betörender Geruch. Ein ewiger Schlängelpfad, mit vielen Umwegen. Mein Weg am Ende das vielfache der Luftlinie. Ja, so ist auch mein Leben, ich trabe endlos in der Gegend umher, finde nichts auf direktem Wege!*

*Dann finde ich einen Felsenvorsprung mit allem, was ich gesucht habe. Aussicht, Rundblick, weit oben und mit einigen schönen, dichten Bäumen als Schutz. Finde, als ich gerade aufgeben wollte. Aber bei genauerer Untersuchung entdecke ich den Haken: Der Platz ist voller Müll, ist noch besetzt. Sieht nach Schafhirten aus, die hier gefeiert haben. Flaschen, Spritedosen, rostige Blechteller, erbärmlich stinkende Sardinenbüchsen. So ist es immer, die guten Sachen sind schon in festen Händen, besonders die tollsten Frauen. Und die Kerle sind alles andere als zart besaitet und lassen nur verbrannte Erde zurück. Ich habe es satt, immer der „Frauenversteher“ zu sein. Ich höre verständnisvoll zu und laß mir den ganzen Müll erzählen, den die Mädels durchgemacht haben. Aber ich komm nie wirklich an sie ran ...*

*Ich gehe weiter hoch. Die Bäume werden kleiner, ich kann sie alle schon an der Spitze berühren, es sind kräftige Lärchen, die vom Wind und Schnee sehr zerzaust sind, keine sieht aus wie die andere. Ich finde meinen Platz und breite sorgfältig die Plane aus, muß kunstvoll in den Felsen kleine Fugen und Risse für die Giebelschnur und die Abspannleinen ausnutzen. Ich erkunde die Umgebung, bin sehr zufrieden; es ist zweihundert Meter höher als der erste Platz und viel freier, irgendwie kühn! Ich stehe auf einer Klippe, tausend Meter über dem Tal und schreie mein Glück in die schattige Schlucht hinter dem Grat: höre mein Echo im Osten, höre mich selber. Also muß ich ja jetzt da sein!*

*Ich setze mich auf den Baum mit seinen riesigen, narbenübersäten alten Wurzeln. Er klammert sich an die Brocken, muß sich zwischen zwei zerborstenen Steinplatten durchzwängen. Es tut sehr weh; ich habe den Baum nicht um Erlaubnis zu bleiben gefragt, es ist doch sein Platz. Jetzt erst merke ich es!*

*„VisionQuest-Nacht!“, sagt mir der verbogene Baum, ein wenig spöttisch: „Du hast es gut, bist ein Mensch, kannst gehen, wohin du willst! Ich muß immer hier*

*La Rosa im Morgenlicht*

*stehen! Kannst du dir vorstellen, wie es hier im Winter zieht? Wie die Eiskristalle gegen meinen Leib trommeln, wenn es hagelt und stürmt?" Ich schaue ihn lange an, von allen Seiten, dann verstehe ich. Er spricht vom Bleiben! Ein etwas mulmiges Gefühl, ehrlich gesagt.*

*Ich habe ein Nest zwischen den Wurzeln des Baumes unter zwei überhängenden Felsplatten. In der ersten Nacht schlafe ich gut. Ich träume von meiner Schwester und meiner Mutter. Bin nach dem Aufwachen lange wie betäubt, verwirrt. Am ersten Vormittag erkunde ich die Umgebung, sehe einen Adler, klettere hoch hinauf, um eine Quelle zu suchen. Finde nur Steine und steile Abstürze, Geröll und ein paar Steinböcke, die von weiter oben, aus sicherer Entfernung zu mir herabschauen. Stolz und gelangweilt. Da wird mir klar, daß ich in der völlig falschen Richtung suche, da oben ist nur Stein und Luft, der Durst ist bei mir geblieben, sagt laut und dröhnend in meinem Kopf: Hole Wasser!*

*Fürs Wasserholen brauche ich eine Stunde, muß weit hinab und über einen schmalen Pfad über Brocken und Kraut nach Westen, doch ich fühle mich kräftig genug. Endlich finde ich es: Unter den Steinen gluckert und rauscht es, aber es gibt nur einige wenige Stellen, wo man wirklich dran kann! Ich versorge mich selber. Schreibe mit meinem Filzstift an vier Flaschen Wasser „Ich kann für mich selber sorgen!" Es sieht unheimlich schön aus, wie die Flaschen so in Reih und Glied unter meiner Plane stehen. Wasser für zwei lange Tage ...*

*Ich baue meinen Steinkreis mit Mutter im Westen. In einer Meditation gehe ich langsam barfuß über einen Felsen. Ganz langsam, ganz schlicht. Es ist mein Westtag. Ich massiere meine Füße mit Erde, reibe mich rundum ein, ich esse Erde. Mit der Zeit kennt man die Steine. Ich treffe einen großen steinernen Bären. Seine Botschaft ist: „Du bist auch ein Kojote, ein Trickster. Du veräppelst dich selbst! Und tust so, als merktest du's nicht. Aber wenn du weiterkommen willst, geh weiter auf deinem Weg, suche das Wasser, bis du es gefunden hast: Es geht um loslassen von dem, was du dir vorstellst, wenn du zu hoch hinaus willst wird es gefährlich; es ist ernst. Du mußt das Wasser dort suchen, wo es hinfließt! An seinem Lauf entlang nur findest du die Quelle!"*

*Darf ich dich umarmen? „Ja!" Darf ich dich rufen, und wie heißt du? Darf ich dich benutzen wie einen Bären? Mich anlehnen, Halt suchen?*

*Seine Botschaft ist einfach, ohne Schnörkel: „Du kannst dir selbst nicht mehr ausweichen! Du mußt dich selbst halten!"*

*In der zweiten Nacht tropft der Regen auf die Plane. Fein! Ich sammle das Wasser ein und brauche nicht zum Bach gehen, bin etwas müde und schwach vom Fasten. Der dritte Tag ist mein Nordtag: Ich stelle Mutter und Vater in den Norden und meine Opas zwischen Norden und Osten. Ich verzeihe meiner Mutter. Ich schreie es tränenreich heraus. Ich kann erst vergeben, wenn ich meine Selbstliebe finde. Ich sehe jeden Tag einen Adler. Er zieht ohne einen einzigen Flügelschlag vorbei, wirkt so selbstsicher und frei. Sieht mich von da oben und kreist eine Runde, um zu mir herzuschauen. Denke wieder an meine beiden wunderbaren Opas, die mich oft vor der Hysterie meiner Mutter beschützt haben.*

*Am letzten Tag sehe ich zwei Adler. Sie spielen und streiten. Unglaubliche Flugmanöver. Jetzt wird es ernst. Der Abend kommt mit dichten Nebelfetzen und treibendem Sturm von Norden herunter. Düstere Wolken wälzen sich über den Kamm weiter oben und der Wind fegt mit Heulen um meinen Baum, beutelt ihn und springt zwischen die Felsen. Es fängt zu allem Überfluß auch noch an zu nieseln.*

*Trotz allem werde ich jetzt mein Abschiedsritual machen. Ich breite meine Plane über den Steinkreis, verabschiede mich von allen Freunden, indem ich ihnen tschüß und danke sage. Es wird rasch dunkler und ziemlich ungemütlich. Gut, daß ich so wunderbare warme Klamotten habe und diese Filzjacke. Ich zünde ein tagelang vorbereitetes Feuer an. Der Wind heult und im Schein der ersten Flammen erkenne ich, daß es jetzt Schnee ist, der waagerecht durch die Luft fliegt. Und das im Juni! Durch einen heftigen Windstoß fliegt die Plane davon und das Wasser auf der Plane ergießt sich punktgenau ins Feuer: Kaum entzündet, ist's auch schon wieder aus! Aber – Glück im Unglück – die Plane verheddert sich im Baum und knattert da im Sturmwind. Eine wilde Lust an diesem Chaos der tobenden Elemente läßt mich schreien ohne Zurückhaltung, bis ich ganz leer bin, so gut und so stark wie ich mich fühle!*

*Dann, nach einer Stunde der hingebungsvollen Mühe, ging es doch noch, ein züngelndes, schlangengleiches Feuer nahe am Boden, mitten im klatschnassen Schneesturm: wallende Dankbarkeit, weiche Herzenswärme, heiße Freudentränen. Mit Steinen wärme ich mich den Rest der Nacht, denn mein Feuer hab ich über vier Stunden am Brennen gehalten!? Der nasse Sturm ließ um Mitternacht nach, die Wolken wurden vom Sturm zerrissen. Es wurde richtig hell: Auf alles schien der messingfarbene pralle Vollmond. In „meinem" kriechenden Baum hing noch etwas Schnee von der Sterbenacht. Wie Spitzendeckchen in die zitternden Zweige gewoben, voller Hingabe.*

„Snowy Crawling Tree", 25 Jahre, 2001, Monte Rosa

Das ist die Geschichte eines vorwärts stürmenden, hoffnungsvollen jungen Mannes, der zunächst sein Ziel genau zu kennen scheint. Er will weg von den Menschen, allein sein, in den Westen, um auf direktem Wege erwachsen zu werden. Aber etwas in seiner Tiefe weiß es besser. Er folgt schließlich dem Ruf der hohen Bäume weit oben, am östlichen Horizont. Er ist ein junger starker Mann, der seine Lehrer in der Natur sucht und doch erst dem eigenen Ungenügen, den eigenen Schwächen, Verlusten und dem ganzen Schrott aus der Vergangenheit begegnen muß. Aber er gibt nicht auf, folgt seinen Impulsen. Er steigt weiter hinauf, wo er am Ende einen verwundeten, kriechenden Baum findet, der ihn lehrt, wie man um etwas Medizin bittet.

Er darf bleiben und erinnert sich an die Zeit, als er den Müll der anderen schluckte, die keinen Respekt vor der Feinheit des Lebens, dem weiblichen Prinzip, der Liebe und der Hingabe hatten.

Es ist die Geschichte eines jungen Mannes, der mit großem Mut seinen inneren Schweinehund in eine gefährliche Welt mitnimmt, der sich nicht scheut, einen weiten Weg zu gehen, um für sich selbst zu sorgen und Wasser zu holen, der zwei Adler sieht, die spielen, wie seine Eltern, die es verstehen, im Sturm zu leben, ihm ihren verletzlichen Bauch zu zeigen und das Dasein zu genießen. Er findet Verzeihung für die Wunden der Kindheit und ehrt seine Großväter.

Der nasse Schneesturm lehrt ihn, die Welten von Kampf und Wut auch zu durchleben. Er muß sein Feuer zweimal entzünden und schafft es, die Feuerschlange Litima zu zähmen. Eine große Tat! Denn er ist ein Mann, der seine Grenzen ganz weit außen sucht. Ich achte den Mann, der aus dem Stein trinkt, der erkennt, daß er keinen anderen außer seinem eigenen Platz einnimmt. Ich achte den Sohn des Steinadlers, der vier Tage und Nächte gekämpft, getanzt, gefühlt, sich hingegeben und Frieden geschlossen hat und der mit seinen Eltern, seinen Großeltern und den Ahnen ins Reine gekommen ist! Er hat den Schnee der Hingabe im Mondlicht glänzen sehen. Seine Lektion war die Lehre vom Bleiben.

Sein Leben hat eine starke und bezogene Wendung genommen. Er ist wirklich zu seinen Eltern gegangen und hat die alten inneren Vorwürfe und unausgesprochenen Anschuldigungen bereinigt und aus der Welt geschafft. Er hat ein warmes, kraftvolles Herz mit tiefem Gefühl für die Mitgeschöpfe gezeigt. Der erwachsene Mann, der an dem Morgen nach dem *Junischneemond* vom höchsten Platz im VisionsSuchegebiet vor der leuchtenden *La Rosa* zurückkam, war voller Liebe für alle, die er in seine starken Arme schließen wollte. Und er hatte ein offenes Gesicht mit leuchtenden, sehenden Augen.

# Reifungsphase

## Den eigenen Platz neu definieren und sich neu in Beziehung setzen

*... endlich wieder essen ...*

*die ersten warmen Happen zum Fastenbrechen*

# Nach Hause zum Selbst

*Was mir diese Zeit auf dem Berg gebracht hat, war ein Riß in meinem Schutzpanzer, ich war bereit, jemanden in die Arme zu nehmen, meinen Betreuer auf dem Berg und alle anderen auch. Ich fühlte mich am Tag nach dem Berg fast wie zu Hause. Ich glaube, ich hatte ein Gefühl von Willkommensein.*

„Nosey Shell", 17 Jahre, 1999

## Der Weg zurück ins Tal

Nach der letzten Nacht im Uterus des Bestimmungskreises, die nach der Tradition heldenhaft zu durchwachen und rituell zu vollenden ist, kehrt jeder in den Kreis der Menschen zurück. Aber nicht, bevor der Platz achtsam und gründlich wieder aufgeräumt wurde. Es gibt da noch einiges zu tun: Die Steine, die als Medizinrad für das Würdigen und Beenden des Vergangenen gedient haben, werden sorgfältig wieder in der Natur verteilt. Manche verstreuen die Asche ihres kleinen Ritualfeuers in der Umgebung und nehmen tief im Inneren das Bild des wilden Ortes in seinem ursprünglichen Zustand mit sich. Der vorher zum Schutze der Wurzeln ausgehobene kleine Erdteller wird wieder an seinen ursprünglichen Platz zurück gelegt, um die Feuerstelle spurlos zu beseitigen und mit dem restlichen Wasser aus der Trinkflasche eventuell noch heiße oder glühende Asche gelöscht. Die abgetrennten Wurzeln der Pflanzen sollen sich bald wieder in die feuchte Erde senken können. Eventuell umgebogene Äste sollten wieder in ihre gewohnte Position zurückkehren dürfen. Jetzt erst darf der Ort der Wandlung verlassen werden ...

*Wenn ich jetzt, zwei Jahre nach meiner VisionsSuche an den Platz zurückdenke, der mir so eine wunderbare Zeit ermöglicht hat, spüre ich wieder die Wärme und Kraft, die ich besonders am letzten Tag dort erleben konnte. Ich sehe den großen, gebückten Felsen deutlich vor mir, der abends die etwas unangenehmen kühlen Winde, die vom Nordhang herabkamen, abhielt. Er ist mir ein guter Freund geworden. An ihn habe ich mich angelehnt, manchmal viele Stunden, wenn ich in meinem Tagebuch geschrieben habe oder mir einfach die Sonne auf den Pelz brennen ließ. Er weiß von mir so manches und war mir ein großer Halt.*

*Die Alpenrosenbüsche mit ihren dunkelgrün schimmernden Blättern und dem unbeschreiblichen Duft, der an den warmen Nachmittagen Stunden aus dem Bergwald hinter mir herunterwehte; dieser Platz ist ein Platz in meiner Seele geworden. In meinem Zimmer ist ein kleiner Altar, auf dem ich ein paar urige Wurzelstückchen, einen kleinen dreieckigen Quarzstein, der auf meinem Felsen lag, und eine Häherfeder aus dem Buschwerk aufbewahre.*

„Root Treasure Smile", 19 Jahre, 1999

Nicht erst auf dem Weg zurück ins Basislager fragen sich die jungen Helden, wie sie den Menschen, die sie lieben, begegnen werden, wie sie auf Menschen zugehen wollen, mit denen sie Konflikte haben, zu denen Sie vielleicht eine ungewollte, gleichgültige oder unfreundliche Distanz haben entstehen lassen.

Dann macht sich ein oft erschöpfter junger Mensch auf den Rückweg in die Gemeinschaft der Gruppe, hinab zum Basislager. Die Füße massieren die Life-Line wie am ersten Morgen des Alleinseins. Es ist der Geburtskanal, nur matt und mühsam geht es voran. Aber jetzt kommt jemand Anderes zurück, denn viel ist geschehen in der langen Nacht am Feuer und in der Mitte des großen Kreises: dreimal sind Sonne und Mond ganz um dich herum gewandert, während du wach warst und es in vollem Bewußtsein in dich aufnehmen konntest ...

*Nachdem ich aus dem Steinkreis herausgetreten bin, wollte ich wirklich nur noch zurück. Eiligst vom Berg herabsteigen. Aber es ging einfach nicht annähernd so schnell, wie ich wollte. Ich war schwach wie ein Lappen. Alles langsam. Dann, als ich aufgab, konnte ich mir mehr Zeit lassen. Und es gab ja wirklich allerhand zu tun. Als ich mit den Steinen fertig war, rieb ich mir mit der schwarzen Holzasche das Gesicht ein. Als Zeichen der langen Sterbenacht ...*

„Tree in the House", 21 Jahre, 2003

Die Kleider und die Haut mögen schmutzig geworden sein, aber der Körper ist inwendig gereinigt. Starke, unbekannte Gefühle haben sich wie ein donnernder Sturmwind durch alle Kammern und Nischen der Erinnerung bewegt. Das Haus ist gründlich gelüftet worden. Frisches klares Quellwasser ist in Strömen durch das System geflossen, hat alte Gifte aus verstaubten und verborgenen Winkeln gelöst und ausgeschwemmt. So mancher jahrelang unerkannte oder unterdrückte Schrei hat die Kehle geöffnet, die Enge beseitigt. Die Puppenhülle ist aufgesprungen.

Das Fasten hat die Wahrnehmung vertieft und die jungen Helden ganz in die Gegenwart geholt. Reale Bedürfnisse sind von Süchten und Ersatzbefriedigung unterscheidbar geworden. Der Blick ist jetzt strahlend, klar und offen wie nie zuvor. Jetzt erst spürt die junge Frau ihre ganze Kraft. Jetzt erst kann sich der junge Mann auch in seiner Schwäche lieben.

*Auf der Life-Line treffe ich Marius, er glotzt mich einen Moment an, ah, mein Gesicht! – aber wir ignorieren uns getreulich der Regeln... trinken nur zusammen seine Flasche leer. Schweigend. Ich lasse ihn nach vorne, er hat noch ein bißchen mehr Saft in der Batterie. Auf dem Weg kommt mir das tiefe BumBum aus dem Tipi entgegen. Mutter Trommel, Ruf der Kultur. Da spüre ich erst richtig meinen Löwenhunger. Und meine Schwäche: bin wackelig. Der Weg ist steil und etwas rutschig, aber langsam komme ich auch an!*

„Tree in the House", 21 Jahre, 2003

*Zurück in die Gemeinschaft der Menschen:*
*wieder über die Schwelle*

Aus dem Tal, aus der Richtung des Basislagers erschallen die Trommeln, machtvoll und doch sehr zart in ihrem weichen, warmen Ton. Dunkel ist ihre Sprache und doch eine Herzens-Einladung, zurückzukommen. Wenn die Wolken zu dieser Zeit der Rückkehr durch das Gelände streifen, wie ein Rudel wirbelnder, grauser Geister, erschallt alle paar Minuten ein altes tibetisches Nebelhorn, um den Weg und die Richtung immer zu verdeutlichen. Anhaltspunkt: Dort gehe ich hin, dort ist die menschliche Wärme.

Der Weg zurück zum Basislager, wo das Team auf sie wartet, ist für die Initiierten oft von Schwächegefühlen, großer Dankbarkeit, starken Gefühlsstürmen und einem heftigen Verlangen, den Menschen ihre Liebe zu zeigen, begleitet. Der Rucksack ist schwer, drückt und zieht den erschöpften „Quester" beinahe zu Boden. Manchmal, wenn es in der Nacht naß war, wiegt alles besonders schwer. Dennoch ist es wichtig, den Weg zurück bis zur Schwelle zum Wiedereintritt in die Gemeinschaft der Menschen vollkommen eigenständig, mit eigener Kraft, zu gehen.

## Willkommen bei den Menschen

Zunächst geht es für die jungen Helden darum, wieder in der Gemeinschaft anzukommen. Zurück im Basislager legen sie ihren Rucksack ab.

Es ist früh am Tag, noch in den ersten Morgenstunden. Das Versammlungs-Tipi, in dem die Reise hinaus ins Wilde begann, ist festlich geschmückt. Ein knisterndes, kräftiges Feuer brennt in der Mitte, die Luft riecht nach Räucherwerk und würzigem Kräutertee. Die Leiter des Rituals und das ganze Team der Helfer sind im Tipi um das Feuer versammelt. Sie schlagen einen ruhigen, gleichmäßigen Rhythmus auf den großen afrikanischen und indianischen Trommeln, der den Herzschlag der Gemeinschaft repräsentiert. Der Fußboden des Tipi ist komplett mit einer dichten Lage frischen Farns ausgekleidet. Das gibt eine erfrischende, aufweckende und einladende Atmosphäre. Die Pforte, die schon beim Hinausgehen als Schwellendurchgang definiert wurde, ist nun erneut der konkrete Ort des Übergangs zurück in die menschliche Gemeinschaft.

*Als ich beim Tipi ankomme, bin ich mächtig froh. Das Schwellenritual holt mich so richtig zurück: Ich stehe vor dem Eingang, muß einen Moment lang gegen die Tränen kämpfen. Etwas bewegt sich tief in meiner Brust. Ich höre kaum, was Shanti sagt, außer daß ich jetzt hereinkommen darf.*

*Ich schreie aus Leibeskräften und ich springe mit einem riesen Satz über die Schwelle. Ich bin mächtig glücklich, all die leuchtenden Gesichter zu sehen und stolz, jetzt auch dazuzugehören. Es machte gar nichts aus, daß ich der letzte war, im Gegenteil, ich fühlte mich noch nie so willkommen, in allen Gesichtern war Freude. Nach Hause kommen, so soll das sein!*

„Tree in the House", 19 Jahre, 2003

*neuer Mut ...*

Wenn die junge Heldin über diese Pforte tritt, wird sie von den Leitern des Rituals in Empfang genommen. Sie wird gewürdigt und gesegnet und mit Rauch, der Kraft der Adlerfeder, den besten Segenswünschen für ihr neues Leben als Erwachsene und einer kräftigen, herzlichen Umarmung eingeladen. Bevor sie mit einem beherzten Schritt über die Schwelle in den Kreis des *Tipi* kommt, das den gesamten menschlichen Lebenskreis repräsentiert, spricht sie laut und deutlich den Satz, den sie für sich draußen in der Natur gefunden hat. Nicht selten ist dies der gleiche Satz wie beim Hinausgehen, meistens aber hat er eine Wandlung, Stärkung oder Präzisierung erfahren. Im Tipi wird sie mit großem Hallo, vielen warmen Umarmungen und einer Tasse Tee oder warmer Gemüsebrühe empfangen. Zu diesem Zeitpunkt gibt es noch keine großen Erzählungen. Es ist wichtig, das Erlebte eine Zeit lang einfach im Herzen zu tragen. Wird zu früh und zu schnell darüber geplaudert oder geschwätzt, kann es unvermittelt an Kraft verlieren. Sie werden im Kreis der Versammelten mit einer langen, herzvollen Umarmung und den Worten *„Willkommen bei den Menschen"* begrüßt. Das ist sehr wichtig, denn nur wenn der vorher ausgesprochene „Zauber" des Schwellenrituals wieder gelöst wird, kann der VisionsSucher sich ganz auf den Weg zurück in seine menschliche Gemeinschaft machen und dort auch wirklich ankommen! Das ist ein wenig so, als ob wir eine Nabelschnur zu durchtrennen hätten. Warten – ein wenig – bis sie nicht mehr pulsiert. Erst dann kann das Neugeborene seinen Weg in die Welt fortsetzen ...

Wenn das zentrale Basislager an einem anderen Ort (etwa Monte Rosa) als dem Vorbereitungscamp eingerichtet wurde, gibt es vor dem Abstieg und der Fahrt zurück zum Ausgangspunkt der Schwellenphase einen ersten stärkenden Happen, um das Fasten sanft zu brechen.

*vorher ... nachher*

*Nach diesem ersten kleinen Picknick machen wir ein gemeinsames Abschiedsritual unter einer ehrwürdigen alten Lärche, die uns das Harz für den Rauch schenkt. Diese Handlung, das ganze Ritual, erlebe ich als heilend – als heilig. Ich bin tief berührt. Den Rauch aus Wacholder, Lärchenharz, Salbei und Alpenrosenbutten atmen wir bewußt ein. Wir danken diesem Ort für die liebevolle Aufnahme und alles, was er uns geschenkt hat und segnen ihn.*

*Danach geht es an den Abstieg. Ich staune, wie schnell sich meine Kräfte regeneriert haben, schreibe es den Beeren und Äpfeln zu. Keine Spur mehr von Schwäche, jedenfalls nicht zu vergleichen mit dem Abstieg ins Basislager. In der Rückschau wird mir klar, daß dieser Kraftstrom wohl sehr viel Nahrung durch das Ritual erhalten haben muß. Es waren nicht nur die Beeren und Äpfel.*

„Root Treasure Smile“, 19 Jahre, 2000

## Du bist hinaus gegangen, um gesund und heil zurückzukommen

Die menschliche Qualität der Betreuung und Begleitung durch die VisionsSuche-„Hebammen“ ist in ihrer ganzen Tragweite erst zu erkennen, wenn man erfühlt, welches Maß an Vertrauen und Offenheit ihnen entgegengebracht werden muß, damit das Ganze überhaupt erst stattfinden kann. Sie müssen als eindeutige Verbündete anerkannt worden sein! Verbunden mit sich selbst, mit den Menschen und der großen Mutter. Sie müssen sich auch in der Prüfung durch den kritischen und wachen Verstand der jungen Initianten als absolut vertrauenswürdig, kompetent und zuverlässig erwiesen haben.

Gestützt auf dieses Vertrauen gingen die Initianden hinaus und suchten sich einen Platz in der Wildnis, an dem sie für drei Tage und drei Nächte fasten, beten und auf die Stimmen ihrer inneren und äußeren Natur lauschen würden. Sie verzichteten auf den unter Umständen gewohnten Gebrauch von allerlei Drogen und Ablenkungen. Sie konnten oft auch das Ausleben ihrer Alltags-Süchte in der vollständig anderen Umgebung des wilden Landes einschränken. Sie waren gehalten, ein Tagebuch zu führen, ihren inneren Dialog und die wichtigsten Ereignisse im „Außen“ zu protokollieren. Die meisten taten das auch wirklich! Sie wissen, daß diese Aufzeichnungen später, in der Zeit der Integration und einer fast immer eintretenden Krise, zu einem Vorrat ihrer ganz eigenen Weisheit und Richtungsweisung werden können.

*Erst gestern habe ich wieder in meinem Tagebuch geblättert, dabei nicht schlecht gestaunt. Besonders spannend fand ich, was ich über meine Beziehung zu meiner Mutter geschrieben habe. Ich hatte ein bißchen in den Kindheitserinnerungen geschwelgt. Aber irgendwann habe ich gemerkt, daß doch nicht alles so rosig war, wie ich am Anfang gedacht hatte. Ihre ewigen Männergeschichten und der anschließende Kater, wenn es wieder einmal Schluß war, haben mich ziemlich fertig gemacht. Und von meinem Vater hatte ich auch nicht gerade ein Bild in den zartesten Farben von ihr mitbekommen! Was mir damals auf dem Berg klar geworden ist, stand astrein in meinem Tagebuch: Daß ich mir selbst ein ganz neues Bild von meiner Welt, von meinem Vater und den Männern überhaupt machen müßte. Und meiner Mutter wollte ich das sagen, daß sie ihren ganzen alten Kummer irgendwie selber verarbeiten muß. Ich muß mir selbst ein Bild machen, sonst kann ich gar nicht auf andere vorurteilsfrei zugehen, schon gar nicht auf Männer.*

„Second Fire Dreamer Woman", jetzt 23 Jahre

Die Zeit auf dem Berg hat eine Wandlung in einsamer Zurückgezogenheit ermöglicht. Nun folgt eine Zeit von drei bis fünf Tagen im Lager für die Aufbereitung und Integration der Erfahrungen. Dort würdigen wir gemeinsam in Ritual und Gespräch das Erlebnis und suchen nach praktischen Lösungen, um es ins Alltägliche zu transferieren und zu integrieren. Dabei können Herausforderungen und Chancen erkannt und genutzt werden. Die durch innere Schau, Ahnungen oder Bilder (Visionen) veränderte Lebensperspektive kann so Schritt für Schritt umgesetzt werden, um einen gangbaren Pfad für das Leben zu erschaffen ... das Tagebuch wird zum Schatzkästchen, zur „Medizin" für die Zeit danach ...

## ... um wirklich und ganz zurück zu kommen!

Die Wiedereingliederungsphase zielt auf das Erkennen und Annehmen des Geschenkes, das uns die Zeit des Fastens gegeben hat. Jetzt wird die Tatsache bedeutsam, daß es sich beim Team der Leitenden wirklich um gereifte Menschen handelt, ELDERS[1], wie die englische Sprache es so treffend nennt. Sie repräsentieren die Erfahrung, Offenheit, Weisheit, Liebe und Anerkennung der menschlichen Gemeinschaft, in die der junge Held zurückzukehren hofft. Zugleich sind sie Zeugen der erfolgreichen Reise durch das Land der Einsamkeit, des Hungers und der Härten, des Reifeschrittes und der Einweihung.

Ihre Aufgabe ist es, mit ganzer Aufmerksamkeit der Erzählung jedes Einzelnen zu lauschen, mit dem Herzen zu hören. Die erzählte Geschichte klingt wieder in den *Elders:* Bilder und Gefühle (vor allem Mitgefühl) auslösend.[2] Aus dieser zutiefst empathischen Grundhaltung heraus, werden sie im Anschluß an das aufmerksame Lauschen das Gehörte „spiegeln". Sie erkennen dabei die Leistung des Fastens und Alleinseins, das Erfahren von Stille, authentischem Ausdruck, tiefem Fühlen, mutigem Erkennen – was auch immer geschehen ist – vorbehaltlos ohne jegliche Abwertung an. Nicht im Infragestellen sehen sie ihre Aufgabe, sondern in der Ermutigung (Em-

1 Elders: Dieser engl. Begriff umfasst in seiner Bedeutung sowohl das deutsche Wort „Ältere", als auch „Älteste".
2 Mitgefühl: Empathie, nicht Sympathie oder Mitleid.

powerment), Würdigung und vielleicht in der Unterstützung durch einige wenige Klärungsfragen.

*Hier ist nur Geburtshilfe möglich. Es ist auch nicht unser Leben, das sich auf diese Weise entwickelt, wir sind nicht seine besserwissenden Ratgeber. Wir sind hier, um zuzuhören, den Sinn zu teilen und davon selbst zu lernen. Um die Person und ihr inneres Ringen zu ehren. Um die Tatsache zu würdigen, daß diese Geschichte der drei oder vier Tage und Nächte wie auch das persönliche Leben, in das sie eingebettet ist, in sich ein wertvoller Beitrag zum Ganzen des Lebens sind – einfach weil sie da sind.*[3]

Dies ist auch im alten, tradierten Kontext der Heldenreise von größter Bedeutung: Daß die Reise ein erkennbar, gutes Ende hat, wenn die Gemeinschaft die Geschichte hört, würdigt und durch ein großes Fest ihre Wertschätzung für diese große Heldentat zum Ausdruck bringt, das Geschenk der jungen Heldin dankbar annimmt.

## Familienbande

Die zu dieser Phase des Rituals geladenen Eltern der jungen Initiierten sehen mit tiefer Überraschung, Berührtheit und Anteilnahme den Mut ihrer Kinder. In der Regel sind sie tief beeindruckt von der enormen Leistung. Sie erkennen an, daß sie, hätten sie in ihrer Jugend selbst vor solch einer umfassenden Herausforderung gestanden, vielleicht nicht den Mut gehabt hätten, allein dort hinauszugehen. Sie sind angesichts dieser Erkenntnis vielleicht in der Lage, das Erwachsensein ihres Sohnes oder ihrer Tochter in einem neuen, klareren Licht zu sehen. Das Außergewöhnliche der Situation und die Gegenwart der die Gruppe leitenden *Elders* schaffen einen besonderen Raum der emotionalen Sicherheit, des Vertrauens für Eltern und Kinder. Der kann genutzt werden für den ehrlichen Austausch von authentischen Gefühlen und einer neuen, echten Nähe, die oftmals bis dahin verhindert oder allzu selten war.

*Ich kann heute sagen, daß ich erschüttert war, als ich erkannte, wie sehr ich mein Kind unterschätzt hatte! Es fiel mir wie Schuppen von den Augen, daß ich ihn immer nur unter dem Aspekt gesehen hatte, daß er es nicht schafft. Der ständige tägliche Streß mit seinen Unfertigkeiten, mit seiner Schlampigkeit und*

3 Haiko und Verena Nitschke in: VisionQuest, Koch-Weser & von Lüpke.

*seinen ewigen Verspätungen und Ausreden hatte in mir schon eine kalte Wut entstehen lassen. Ich wollte es gut machen, aber ich schaffte es einfach nicht, ihn aus dem Sumpf herauszuholen. Oft habe ich auch seinen Vater verflucht, weil es eigentlich schon lange angestanden wäre, daß er ihn zu sich holt. Ich war verzweifelt und allein. Irgendwann habe ich aufgegeben. Ich habe ihn aufgegeben.*

*Als ich ihn da auf dem Platz zwischen den jungen Frauen sitzen sah, dachte ich, das kann nicht mein Sohn sein. Ich habe einen blassen, pickeligen, völlig desorientierten Jungen losfahren sehen. Und da saß ein braungebrannter junger Mann, der sich zeigen konnte und mir auf gleicher Augenhöhe gegenübertreten konnte. Er war gewachsen an Selbstbewußtsein, und zwar deutlich! Er bewegte mich vor allem dadurch, daß er von sich aus auf mich zukam und mich in den Arm nehmen wollte. Er sagte nichts, aber er hatte Tränen in den Augen, als er mich ganz lange festhielt. Als er da in dem großen runden Zelt auf dem Ehrenplatz saß, überwältigten mich die Gefühle. Ich fühlte Stolz und ein großes Glück, daß ich seine Mutter bin. Er war in meinem Bauch gewachsen und was hatte ich alles schon mit ihm erlebt, als er noch so ein Winzling war ... (schluchzen, lachen, weinen ...)*

*Ich spürte sehr deutlich, daß ihr ihn alle sehr gerne mochtet, und er euch in sein Herz geschlossen hatte. So etwas hatte ich während der letzten drei Jahre, während der er fast ständig bekifft war, bei ihm schmerzlich vermißt. Er war sehr zurückgezogen und isoliert, machte kaum mehr seinen geliebten Sport, sein Tennisschläger und sein Paddelboot gammelten im Keller vor sich hin.*

*Was er dann erzählte, löste die tiefsten Gefühle in meinem Herzen aus. Daß er mir dabei in die Augen schauen konnte, als er mir sagte, daß er die 1000 D-Mark vor einem halben Jahr gestohlen hatte, und vor aller Augen, Ohren und Herzen mich um Verzeihung bat, mir versprach, sie mir wieder zurückzugeben, empfand ich als den Anfang einer Heilung unserer mittlerweile sehr gestörten Beziehung. Alles, was er erzählte, bewegte mich sehr und ich bin sicher, daß ich es in seinem Alter niemals geschafft hätte, so etwas fertig zu bringen.*

*Ich hatte in jungen Jahren auch einmal etwas gestohlen, aber dann so viel Angst bekommen, daß ich es heimlich wieder zurückbrachte. Ich habe große Scham dabei empfunden und glaube, daß mein Sohn auch sehr starke Schamgefühle kennt. Deswegen fand ich es bewundernswert und auch erwachsen, wie er sich hier hinstellte, und vor allen unter Tränen zu seiner Tat stand.*

Mutter von „Second Fire“

## Erdung

Die jungen Leute, die morgens vom Berg zurückgekommen sind, haben einen Tag Zeit, sich zu regenerieren, den versäumten Schlaf der Ritualnacht nachzuholen, zu duschen, ihre Sachen zu ordnen, zu essen und sich im Camp wieder neu einzuleben. Die *Erde* der Gemeinschaft muß sie wieder integrieren. Sie sind in ihrem Bestimmungskreis, draußen in der Wildnis, im Uterus der Großen Mutter durch die Verwandlung gegangenen und am Morgen wiedergeboren worden. Sind durch den Geburtskanal der Life-Line zurückgekommen. Deutlich sehen wir alle Qualitäten des Neugeborenen an ihnen.

*Dann wird das Kind der Mutter übergeben, um die Bindung zwischen den beiden zu festigen. In unserem Fall ist das „Bindungs-Medium" das Essen: Nahrung vom Körper der Großen Mutter und das Teilen mit den anderen in der Kommunion. Darüber hinaus ist es wichtig, daß die Initiierte jetzt alle Geschenke verteilt, die sie mitgebracht hat, etwa einen besonderen Stein, ein Stückchen Holz, ein Gedicht, ein Lied oder etwas selbst Gemachtes. Das stellt den Kontakt zu den anderen wieder her und stärkt die sozialen Bindungen. Das Schenken symbolisiert den Wunsch, die Vision mit den anderen zu teilen und ist ein Hinweis auf das „Hergeben" der Erinnerung an ihr vergangenes Leben. Wurde ihr als Geschenk für ihr Volk Kraft zuteil, so ist nun die Zeit gekommen, diese Kraft auf die anderen zu übertragen.* (Steven Foster)[4]

Während dieser Zeit im Lager ist es wichtig, den jungen Menschen genügend Raum zu geben, sich selbst zu fühlen, in aller Ruhe anzukommen. Kleine Blessuren und Wehwehchen können als Zeichen gedeutet werden: Ich möchte Zuwendung, berühre mich, sei bei mir! Für die „Hebammen" ist es in dieser Phase wichtig, ein Augenmerk auf das körperliche und seelische Wohlbefinden der Kandidaten zu haben! Es sind starke Energien, die im Inneren wirken, und häufig treten Symptome von körperlicher Erschöpfung gleichzeitig mit Anzeichen latenter Erregung auf; so können Schwindelgefühle, Leib- und Bauchschmerzen beunruhigen. Als Nachwirkungen des Fastens sind auch eventuell Kopfschmerzen, leichte Übelkeit und gelegentlich Appetitlosigkeit nicht unwahrscheinlich. Aber die ersten leichten Speisen, die liebevoll angerichtet bereitstehen, können helfen, wieder ganz anzukommen und sich mit der irdischen Realität neu zu verbinden. Das Team der „Hebammen" sollte sich in dieser Zeit unterstützend bereithalten, um Fragen zu klären und, im akuten Fall, auch mit sanfter (homöopathischer) Medizin ausgleichen zu können.

Es kann auch wichtig sein, einen Raum für den Ausdruck starker Gefühle und Empfindungen zu schaffen, damit es keinen seelischen Stau gibt und Zurückgehaltenes das Klima innen und außen zu vergiften beginnt! Das Fasten und Alleinsein hat die jungen Kandidaten transparent, verletzlich, empfindsam und offen gemacht. Was sie

---

4 Foster, Little, VisionsSuche: Das Raunen des Heiligen Flusses, Sinnsuche und Selbstfindung in der Wildnis, Arun 2002.

jetzt am meisten brauchen, ist das Wissen, daß das Team für sie da ist, daß es bald etwas Köstliches zum Essen gibt, daß jemand zuhören wird und Verständnis hat, daß sie umarmt werden und Schutz erhalten, daß Fürsorge für sie da ist und sie Freude, Trauer und alle möglichen, vielleicht völlig unbekannten Gefühle zum Ausdruck bringen dürften.

Sie sollen das *Willkommen* in ihrem ganzen Wesen spüren!

## Der Wolf kommt...

Am Abend nach der Rückkehr gibt es ein opulentes Fest mit einem außergewöhnlich hergerichteten „Wildnis-Büffet", besonders feiner, auch optisch ansprechender Speisen. Reich dekoriert mit Blumen, schönen Steinen und Rindenstücken, Federn und den selbst gebauten Rasseln. Dieses fröhliche, unbeschwerte und durchaus reichhaltige Essen findet zu Ehren der jungen Initiierten statt. Wir feiern das Leben, den Reichtum und die Fülle, die Wiederkehr und den Wandel. Wir feiern auch das Sterben, das Loslassenkönnen und das Ende einer dunklen Nacht. Deswegen gibt es da ein großes Feuer, über das manche gerne springen möchten – und das auch immer wieder mit einigem „Halli und Hallo" tun.

Der Schutzpatron dieses Festes ist Gevatter Wolf. Er ist der Meister des Ostens, Herr über die Wandlung in der dunklen Nacht. Er hat die Welt erschaffen. Er ist der, der uns jederzeit fressen kann, wenn er will. Mit dem großen Maul und den blinkenden Zähnen! Aber er hat uns in diesem Ritual draußen auf seinem heiligen Berg nicht appetitlich genug gefunden, oder haben wir träumend die Verdauung in den scharfen Säften seines riesigen Magens heil überstanden? Sind wir davon so naß geworden und müde und schmutzig, weil er uns mit Haut und Haaren verschlungen und dann, am Ende der Nacht wieder ausgespien hat?

*Das Festmahl für den Wolfshunger*

Du mußt wissen, er kommt nie allein, er bringt seinen Neffen mit, den Fuchs oder den schlauen *Coyoten*[5]. Er ist auch ein Symbol für die Kraft der Transformation, des Chaos sowie der Transparenz und täuschenden Zweigesichtigkeit dessen, was wir *Wahrheit* zu nennen pflegen. Aus diesem Grund soll an diesem Abend nichts „Wahres" gesprochen werden. Also weiß niemand, ob irgendetwas, das jemand anderer zum besten gibt, wahr ist. Harlekin und Clown, Ekstase, Ulk und Unsinn sind für wenige Stunden jetzt die Herren auf dem Platz und nehmen der Maske der Ernsthaftigkeit die Königswürde. Heute abend darf der toll gewordene Hofnarr auf des Königs Schoß die besten Brocken vom Teller des Herrschers stibitzen und unter dem Tisch den Coyoten damit necken.

Die Zweifelhaftigkeit ist Programm und enthebt die jungen Initiierten der Verpflichtung, etwas von ihren Erlebnissen in der Schwellenwelt (quasi vorab) in kleinen Portionen preiszugeben. Das vermeidet, daß die Geschichten der jungen VisionsSucher zu früh feil geboten werden, man in einen Plauderton darüber verfällt und der Kraft der Geschichte zur Unzeit ein Leck verpaßt. Denn die Solo-Zeit ist ein durch zwei Schwellen abgetrennter, sehr persönlicher und sehr geschützter Raum, auf den nur dann ein Blick geworfen werden darf, wenn bei allen Zuhörern eine demütige Reinheit und offene bescheidene Bereitschaft des Herzens vorhanden ist.

Erst am nächsten Morgen beginnt deshalb die abschließende, viertägige Würdigungszeremonie, bei der wir uns gemeinsam im großen runden, weißen Tipi um das Knistern des Ratsfeuer versammeln. Dann werden alle da sein, die eingeladen sind und der Geschichte lauschen, wie einer auszog, das Lieben zu lernen.

## Das Geschenk

Der eigenen Mutter und dem Vater zu begegnen, wenn man vom Berg zurück kommt, ist eine große Sache. Ein Anlaß zu feiern. Ein Anlaß und eine Gelegenheit für die jungen Initiierten, noch einmal genauer hinzuschauen, zu würdigen, anzuerkennen und wertzuschätzen, was diese beiden Menschen für das eigene Gedeihen und Werden getan haben. Wenn es gelingt, in dieser sakralen, ernsthaften und durch das Ritual sicher gehaltenen Situation eine Verbindung zwischen den Herzen herzustellen, dann geschieht etwas Großartiges.

Das Ritual der Würdigung findet im heiligen Raum des großen Gemeinschafts-Tipis statt. Zur ersten großen und sehr feierlichen Eröffnungszeremonie der abschließenden Wiedereingliederungsphase holen wir die Eltern mit ins Zelt. Wir beschreiben den Rahmen der nächsten vier Tage, in denen wir die Geschichten der jungen Leute vorbehaltlos und mit offenen Herzen hören wollen. Jede einzelne Familie und jedes

5 Denn dieser ganze Tag steht unter dem Zeichen des Ostens, wo sich im Medizinrad der Tod und der Neubeginn des Lebenskreislaufs findet.

einzelne Familienmitglied hat die freie Wahlmöglichkeit zu entscheiden, ob sie an dieser zeremoniellen Runde teilnehmen möchte oder nicht. Vor allem aber ist es eine Entscheidung der jungen Leute, die vor ihrer eigenen Würdigungszeremonie jeweils nur die Menschen in das Zelt einladen, die sie dabei haben möchten. Das ist sehr wichtig, denn sie sollen unbefangen über ihre Erlebnisse und Erfahrungen auf dem heiligen Berg berichten können. Und doch ist es auch gut, viele Zeugen für den Sprung über den Graben zu haben ...

*Meine Eltern haben sich getrennt, als ich 14 Jahre alt war. Wir leben derzeit alle in einem Haus, aber in getrennten Wohnungen. Mein Bruder und ich haben viel und auch guten Kontakt zu beiden Elternteilen. Wir halten unsere Eltern zusammen. Wir haben ein freundschaftliches Verhältnis, Respekt und Liebe zu unseren beiden Eltern; es fühlt sich jetzt sehr gut an. Es gibt keinen Streit um Finanzielles. Unsere Eltern sind uns Vorbilder für Beziehungsleben, auch über ihre Trennung hinaus. Meine Erinnerung an die Trennung meiner Eltern ist die, daß es öfter Streit gab, Sonntagmorgen waren sie nicht mehr wie vorher zusammen im Bett. Ich habe aber insgesamt wenig Erinnerung an die Trennung, weil es auch letztendlich ganz undramatisch verlief. Sie vertragen sich jetzt wieder ganz gut!*

Benny, 19 Jahre, im Interview eine Woche vor seiner VisionsSuche, 2001

*... bereit zu hören*

Nach seiner Rückkehr von der VisionsSuche beschreibt Benny im Beisein seiner Mutter seine Erfahrungen auf dem Berg. Seine Sätze sind schlicht und lapidar, ohne Schnörkel. Er sitzt aufrecht und schaut mit klaren Augen in die Runde.

*... Eine Steinlawine löst sich am Berg hoch über mir. Ich erschrecke nicht, kann die große Staubwolke sehen. Steige weiter hinauf, denn ich will oben sein, wo die Aussicht gut ist.*

*Ich treffe auf einen großen Baum und einen kleinen jungen, davor eine schöne Mulde, in der ich gut schlafen kann. Es ist ein wunderschöner Platz – vielleicht der beste, den ich finden konnte. Wenige Minuten nach dem Sonnenuntergang schlafe ich ein und wache kurz nach dem Sonnenaufgang wieder auf, habe bestens ausgeschlafen. Ich bin jetzt bereit, mehr von meiner Umgebung wahrzunehmen. Ungefähr dreißig Meter von meinem Platz entfernt fließt ein kleiner Bach – er dient mir zum Erfrischen. Das Wetter ist super: volle Sonne und blauer Himmel. Ich habe mich lange gesonnt und gebräunt. Kaum Gedanken, nur: Jetzt bin ich da und der Tag geht vorüber. Wenn ich nicht weiß, was ich tun könnte, rassele ich. Dicht vor dem kleinen Baum steht ein schräger Felsen. Ich kann gut auf ihm stehen und meine weitere Umgebung beobachten. Mein Problem ist, ich bin oberflächlich.*

*(...) Ich baue meinen Steinkreis: Eltern, Bruder, bester Freund, beide Omas, Klassenlehrer (super Lehrer), TaekwanDo-Lehrer – zwischen Süden und Osten meine Exfreundin (meine wirkliche Liebe). Mein Steinkreis befindet sich auf einer guten, riesengroßen Steinplatte.*

*Ich bereite mein Feuer vor – ohne zu wissen, warum ich es anzünden soll. Ich schaue nach Angela, um mich an ihr zu orientieren. Ich zünde mein Feuer an. Meine Haupteigenschaften sind Faulheit und Schüchternheit, die habe ich zu verbrennen. Ich verbringe die ganze Nacht im Halbschlaf, wache immer wieder auf. Am nächsten Morgen habe ich Hochgefühle: Ich werde wieder vom Berg runtergehen und die Leute sehen, die ich am meisten liebe.*

Benny, „Dark Sacred Fire“, 2001

Alle im Tipi hören aufmerksam und gebannt zu. Seine Mutter sitzt ihm gegenüber. Sie ist sehr gerührt und bedeutet ihm mit Gesten, daß sie sich sehr freut.

Nach kurzer Stille steht Benny auf und geht langsam, aber bestimmt, auf seine Mutter zu. Sie bedeutet ihm mit sanfter Geste, dicht vor ihr stehen zu bleiben. Unendlich liebevoll sieht sie ihm in die Augen:

*Ich bin deine Mutter – Du bist mein Sohn.*

*Ich habe dich in meinem Körper getragen. Für mich ist es ein großes Geschenk gewesen, daß du mit unserer Familie gelebt hast, daß wir dein Wachsen begleiten durften. Jetzt hast du einen großen Platz in meinem Herzen. Ich bin beeindruckt, was aus dir geworden ist. Bevor du deinen Weg gehst, möchte ich dich segnen. Ich segne dich in deiner Männlichkeit und wünsche dir, daß du mit Freude, Lust und Sinnlichkeit Mann bist. Ich segne dich mit dem großen Herzen. Ich wünsche dir Offenheit, wo es gut für dich ist und Schutz, wo es nötig ist.*

Sie berührt ihren hoch aufragenden Sohn an der Stirn:

*Ich wünsche dir einen Ort der Klarheit und Hingabe an deine Aufgabe als Mann in dieser Welt. Mit diesem Segen verabschiede ich mich von dir als meinem Kind und komme dir jetzt anders entgegen!"*

Mutter von Benny

*Meine Mutter, mein Sohn!*

Das ist das größte Geschenk und bedeutet Heilung für die ganze Familie. Wie wir in den vergangen Jahren erlebt haben, gibt es aber eine wichtige Voraussetzung dafür, daß das geschehen kann: Wahrhaftigkeit und Echtheit auf beiden Seiten. Und deshalb auch auf der dritten Position in diesem Geschehen: bei den Leitern des Rituals.

Die Eltern kommen oft mit sehr gemischten Gefühlen auf den Platz. Wenn es schon im Vorfeld nicht immer ganz einfach ist, sie davon zu überzeugen, wie wichtig es ist, in der dritten Phase der VisionsSuche das Ritual, den Kreis durch ihre Anwesenheit zu würdigen, so ist es dann real vor Ort auch nicht gerade leicht. Für niemanden! Denn was an die Oberfläche geholt wird und möglicherweise vor vielen Ohren und Augen angehört und betrachtet wird, ist nichts weniger als das empfindsame, heikle und sehr verletzbare Seelenleben einer ganzen Familie.

Die Eltern aber fühlen sich in der Regel verantwortlich. Sie entwickeln Schuldgefühle, daß sie es nicht besser konnten, fühlen sich beschuldigt, angegriffen, mißverstanden. So kommt mancher Vater mit einer kräftigen Schutzhülle, mit einer Abwehrhaltung, die sich in Geringschätzigkeit, Aggressivität oder scheinbarem Desinteresse äußern kann. Bei den Müttern mag das gelegentlich in Übereifer, Selbst-Beschuldigungen oder in dem offen zur Schau getragenen drohenden Kollaps ausgedrückt werden, immer jedoch wird es uns Leitern darum gehen, den Eltern zu vermitteln, daß hier eine Chance für eine tiefgehende Reinigung und einen kraftvollen, würdigen und vor allem liebevollen Neuanfang der Begegnung mit ihrem Kind liegt.

Und wir müssen ihnen klarmachen, daß es kaum noch irgendeine Familie in unserem Lande gibt, die ihre innere Balance in Zeiten des radikalen Wandels gut halten kann. Es sind schwere Zeiten für die Familien und eben ganz besonders, wenn Vater und Mutter nicht mehr zusammenleben oder gar die Kommunikation abgebrochen ist. Die Entscheidung ihres Sohnes oder ihrer Tochter, sich auf den alten Pfad zu begeben und das archaische Ritual zu durchlaufen, ist auch im Besonderen ein großer Segen für die Familie des jungen Menschen. Er kommt in großer Würde zurück, selbst wenn er von den starken Gefühlen naß, von der Berührung mit der großen Mutter dreckig und vom Fasten schwach geworden ist.

Wenn die Atmosphäre im Camp und innerhalb der Gruppe tragfähig, verbindlich und offenherzig war, ist das immer sehr leicht gelungen, denn die Eltern konnten es einfach *spüren*.

*Wenn ich an die Tage bei euch auf der Alpe denke, bin ich sehr froh, daß ich mich darauf eingelassen habe, dorthin zu kommen. Ich habe ein großes Geschenk erhalten: Ich konnte sehen und dabei sein, wie meine Tochter buchstäblich vor meinen eigenen Augen erwachsen wurde. Ich wußte immer, daß es einmal einen Moment geben müßte, wo wir uns im Bewußtsein dieser Veränderung gegenüberstehen würden, von Frau zu Frau. Vor dem Abschiednehmen meines einzigen Kindes hatte ich immer einen großen Bammel. Aber im Tipi habe ich es dann als etwas sehr Großes und Heiliges erlebt, denn ich konnte fühlen, daß sie jetzt selbst für sich sorgen kann und daß sie in einem größeren Kreis geschützt ist. Sie ist jetzt eine Tochter der Erde. Das ist, was jetzt geschehen ist, und in meinem Herzen ist eine große Dankbarkeit. Ich bin auch sehr froh darüber, daß es mir möglich war, meine Bedenken und Ängste zu Gehör zu bringen. Daß nicht einfach alles in Weihrauch und Wohlgefallen verschleiert wurde. Ich habe das Ganze als eine ernsthafte und für alle Menschen sehr wichtige Sache erlebt.*

*Auch auf Rias Vater hat es einen tiefen Eindruck gemacht. Er hatte vorher große Angst, dafür gescholten und blamiert zu werden, daß er seine Aufgabe als Vater viele Jahre lang nicht richtig ausfüllen konnte. Für mich war es sehr wichtig zu sehen, daß er in dieser Zeremonie geachtet, aber auch an seine Verantwortung erinnert wurde.*

*Ich erlebe seine Art und Weise, mit mir und seiner Tochter umzugehen, seither als viel einfühlsamer und ehrlicher. Aber was am Wichtigsten ist: Er ist wieder da!*

*Was für mich bleibt, ist die Frage, ob ich mich selbst auch noch einmal einem solchen Ritual stellen sollte, damit ich auf gleicher Augenhöhe mit meiner Tochter bleibe, die jetzt eine selbstbewußte junge Frau wird. Könnt ihr mir da einen Rat geben?*

Beate, Mutter von „Sailing Hammock", 18 Jahre

Für die Eltern ist es das größte Geschenk, wenn sie sehen können, wie ihre Tochter, ihr Sohn die Flügel aufspannt und sich auf den Absprung vorbereitet oder tatsächlich losfliegt. Wenn lange verborgene Dinge, die der freien, liebevollen Begegnung im Wege standen, achtsam zur Sprache gebracht werden können. Der bevorstehende Abschied aus dem Verband der Familie ist ein Ereignis, das seine Schatten voraus wirft und im Unbewußten eine Menge an Unsicherheiten, Verwirrung und konfliktgeladenen Prozessen in Bewegung setzt.

Eine Mutter spricht zu ihrer Tochter, nachdem diese ihre Geschichte vom Berg ihrer VisionsSuche sehr lebendig und ergreifend erzählt hat:

*Ich bin froh, daß du dich jetzt öffnest. Ich konnte die Mauer, die zwischen uns entstand, nicht durchbrechen. Ich weine, denn es sah so aus, als wiederholtest du meine Geschichte. Ich konnte dir in der schwierigsten Phase meiner Krankheit nicht geben, was ich dir geben wollte: Geborgenheit ... Ich hatte selbst so viel Angst, gehen zu müssen. Ich wünschte, dir all die Liebe geben zu können, die ein Kind braucht und habe sehr gekämpft. Es war unendlich anstrengend und ich hatte in der letzten Zeit das Gefühl, daß wir uns verlieren und ich keine gute Mutter sein konnte.*

*Aber jetzt sehe ich wieder sehr klar, du bist so stark, meine Tochter! Du hast Kraft, Schönheit, Liebe und im Herzen fühle ich eine große Dankbarkeit, daß ich deine Mutter sein darf.*

*Lebe deine Offenheit, schone mich nicht, denn auch ich bin stark. Sage, was du denkst! Egal, was es ist! Meine Liebe ist immer bei dir! Trage deine Kreativität nach außen! Du bist so wunderschön – innen und außen!*

Es entsteht eine Pause tiefster Berührung. Warme Tränen, als würden sich die Seelen der beiden Frauen im Raum über dem tanzenden Feuer in der Mitte ganz sachte und vorsichtig berühren und umarmen. Ein zauberhafter Moment unendlicher Klarheit und echter Begegnung. Dann spricht die Tochter (15 Jahre) zu ihrer Mutter mit fester Stimme und klarem Blick:

*„Ich hatte sehr große Angst um dich, als du krank wurdest, da mir niemand gesagt hat, was du wirklich hattest. Ich aber spürte, daß es sehr schlimm sein mußte. Ich wurde anscheinend geschützt, obwohl die ganze Wucht der Bedrohung im ganzen Haus zu spüren war, zu mir irgendwie voll durchkam! Da habe ich nicht mehr ein noch aus gewußt! Der Tod stand draußen im Garten!*

*Jetzt weiß ich und verstehe, daß du großen Schmerz von mir fern halten wolltest. Ich vergebe dir, daß du nicht da warst, daß du mich allein gelassen hast. Ich vergebe dir mein größtes Leiden! Denn ich sehe deines."*

Jetzt wendet sich die junge Frau ihrem leiblichen Vater zu, der zu ihr spricht:

*„Ich freue mich über deine Einladung, hierher zu kommen. Ich lese das als Einladung für einen Neuanfang zwischen uns. Und ich wünsche dir, daß du noch eine Zeitlang Kind sein kannst. Ich will dir sagen, ich bin dir in meiner Verschlossenheit ähnlich. ...*

*Du hast unheimliche Kraft, das weiß ich, und ich vertraue dir darin. Du bist stark, klug und du bist unabhängig. Finde Leute, bei denen du auch schwach sein kannst. Meine Tochter, ich bin stolz! Ich bin immer für dich da und möchte mich dir aber nicht aufdrängen!"*

Es ist eine Atmosphäre von tiefer Dankbarkeit im Raum, alle spüren es, alle nehmen Anteil daran. Vater und Tochter geben sich einen langen, liebevollen Blick und verneigen sich voreinander. Die Tochter spricht ruhig und mit offenem Blick:

*„Ich wünsche mir, daß es intensiver wird zwischen dir und mir. Ich verzeihe dir. Ich habe es dir nicht übelgenommen, daß du nicht da warst. Es ist schade! Ich bewundere dich!"*

Vater: *„Ich wünsche mir mehr Offenheit. Bitte, laß' die Jalousien nicht runter. Und ich wünsche mir eine Verbindung zwischen deinem und meinem Herzen. Ich bin dein Vater, du bist meine Tochter! So wird es immer sein! Ich lasse dich los in dein eigenes Leben!"*

Am Ende spricht auch der Adoptivvater, in dessen Obhut die junge Frau aufgewachsen ist:

*„Ich sehe deine Stärke und deine Liebe. Ich sehe einen schönen Schmetterling vor mir und ich danke dir, daß ich dich als Schmetterling sehen darf! Die Adoption hat nicht richtig funktioniert. Ich habe deinem Vaterbild nicht entsprochen. Ich wollte in Wahrheit keine eigenen Kinder, keine wirkliche Vaterschaft. Es tut mir leid, daß ich dir so viel Kummer bereitet habe. Ich bin nicht dein richtiger Vater, ich kann es auch*

*nicht sein – dein richtiger Vater sitzt dort! Gehe deinen Weg! Ich gebe dir meinen Segen als der Mann, der ich bin!"*

Die junge Frau hatte im Vorfeld von den großen Schwierigkeiten berichtet, die sie im Hause ihres Adoptivvaters erlebt hat. Für ihn war es ebenfalls alles andere als leicht, und seine Situation wird durch die abschließenden Worte der Tochter noch einmal klar gewürdigt:

*„Ich danke dir für deinen guten Willen, aber es hat nicht funktioniert! Ich bitte um Verzeihung, weil ich die Situation bis zum „geht nicht mehr" ausgereizt habe durch Trotz und Kampf gegen dich. Ich schulde dir nichts mehr und du schuldest mir nichts mehr!"*

Das ist für die Eltern eine durchaus schwierige Situation, in der sie in einem mächtigen Spannungsfeld stehen. Von allen Seiten dringen im Alltag fordernde Stimmen auf sie ein, von allen Seiten werden Ansprüche und Grenzen an sie herangetragen. Vieles davon haben sie nach innen genommen, glauben daran. Die Eltern tragen in der offiziellen Lesart an allem Schuld, wenn etwas im Leben der Kinder schiefgeht. Dabei leben wir heute in einer Zeit, in der der Einfluß der Eltern auf ihre Kinder auf ein Minimum geschwunden ist, denn, wie wir schon gesehen haben, die Position der Familie und die Position der Eltern ist in unserer Gesellschaft durch Verteilung auf Institutionen und Medien und die Pervertierung des allgemeinen gesellschaftlich-wirtschaftlichen Wertekodex geschwächt. Und wo sind die Großeltern?

Und trotzdem ist es so, daß nichts die Qualität einer guten Familie ersetzen kann. Es bleibt eher die Ausnahme, daß eine Ersatzmutter oder ein Ersatzvater das gesunde Kontinuum der seelischen Entwicklung der Kinder gewährleisten kann, wie es etwa in „guten" Adoptivfamilien ist.

*Dankbarkeit für die Großväter („Pfad im Rad")*

Und schließlich gibt es da noch die unendlich lange Reihe der Ahnen. Sie haben die Eltern und die Großeltern und die Ur-Großeltern bis in graue Vorzeiten in die Welt gerufen, die Fackel und die Perle des Lebens durch die Generationen weiter gereicht, bis diese Insignien des Lebens bei uns in der Gegenwart angekommen sind. Sie sollten wir nicht vergessen, niemals! Ihr Einfluß auf das, was wir als Kinder und Kindeskinder in dieser langen Reihe geworden sind, ist kaum zu ermessen. Wir Heutigen sind ein Geschenk an die, Die Vor Uns Gegangen sind. Und sie sind ein Geschenk an uns!

Wie es seit alten Zeiten in unserem Kulturkreis immer üblich war, erhalten die jungen Menschen an der Schwelle zum Erwachsenwerden von ihren Eltern den *Segen*. Das ist in meinen Augen ein zentrales, unverzichtbares und nicht wegzudenkendes Element eines solchen Schwellenrituals, wie es eine VisionsSuche ist. Ich ordne dem Wort „Segen“ durchaus eine sakrale Bedeutung zu, die ich jedoch nicht in Verbindung mit irgendeiner spirituellen oder kirchlichen Richtung festgelegt sehe. Ich halte den Segen vielmehr für einen grundsätzlich energetisch und biologisch begründeten Prozeß, der sogar in der Tierwelt viele Parallelen findet und sich aus der Heiligkeit des Natürlichen und Wilden ableitet. Insofern könnte man sagen, es ist der Segen der natürlichen Eltern (oder ihrer Stellvertreter), zusammen mit dem Segen der umgebenden wilden Natur.

„Segnen“ ist eine Zeremonie, in der die Eltern ihre Wertschätzung, Würdigung und Achtung vor dem heranwachsenden Kind kundtun. Dafür gibt es einen Rahmen, der dem Ganzen Halt gibt, der darauf verweist, daß es hier auch eine Anbindung an uralte Traditionen und einen transpersonalen Bezug gibt. Aus diesem Grund haben wir uns dafür entschieden, in unserer Zeremonie eine klare Linie vorzugeben, einen roten Faden, dem wir gemeinsam folgen.

*Vater & Sohn: Segnung*

*Die Umarmung der Großmutter auf dem Lebensrad: Nord-Ost*

## Wer steht vor dem Spiegel

*Hänschen klein ging allein in die weite Welt hinein,*
*Stock und Hut steh'n ihm gut, ist gar wohlgemut*
*Aber Mutter weinet sehr, hat ja nun kein Hänschen mehr*
*Doch Hänschen Klein geht allein in die Welt hinein*

*Sieben Jahr, trüb und klar, Hänschen in der Fremde war*
*Jetzt besinnt sich das Kind, kehrt gar heim geschwind.*
*Doch ist's nun kein Hänschen mehr, nein, ein großer Hans ist er,*
*Braun gebrannt, Stirn und Hand. Wird er wohl erkannt?*

*Eins zwei drei gehen vorbei, wissen nicht wer das wohl sei,*
*Schwester spricht: ‚Welch Gesicht!', kennt den Bruder nicht.*
*Doch da kommt sein Mütterlein, schaut ihm kaum ins Aug hinein*
*Spricht sie schon mit stolzem Ton: „Grüß dich, Hans, mein Sohn"!*

nach dem bekannten Volkslied

*„Grüß Dich, Hans, mein Sohn"*

Die Bewährungsprobe kommt, wenn man wieder im Tal ist. So mancher hat einen langen, langen Blick in den Spiegel getan, erstaunt die Augenbrauen hochgezogen und noch einmal geschaut. Es ist normal und gehört zu den natürlichen Rhythmen einer VisionsSuche, daß die Bewegung vom Berg hinab ins Tal eine ebensolche Bewegung in der Seele des Initiierten auslöst. Nach einer Hoch-Zeit, vielleicht mit vielen Gipfelerlebnissen, geht es in die Tiefe. Die Niederungen des alltäglichen Lebens möchten neu erobert werden, verlangen gnadenlos den Beweis des Wandels.

Bereits in den Unterlagen, die wir unseren Initianden zur Vorbereitung zuschicken, steht die Warnung vor einer Fehldeutung dieser Zeit schwarz auf weiß. Auch im Brief an die Eltern ist davon die Rede, daß jeder Wandel seine Zeit in Anspruch nimmt, Geduld ist vonnöten! Und dennoch muß sich niemand davor fürchten, zwangsläufig wieder ins alte Fahrwasser zu geraten. Der Wandel hat in der Tiefe stattgefunden und bewegt sich von innen heraus zur Oberfläche. Er wird also erst nach und nach sichtbar.

Unsere Metapher vom Schmetterling: Wenn der fertige Falter aus der gesprengten Puppenhülle schlüpft, kann er noch mehrere Stunden lang nicht fliegen. Solange seine Flügel noch zusammengefaltet und nicht mit Blut vollgepumpt sind, könnte man ihn immer noch auf den ersten Blick für eine dicke, unförmige Raupe halten. Nanu, hat sich denn hier nichts verändert?

Doch meist sind es Mutter und Vater, die den Blick für den Wandel haben ...

## Im Strom des Lebens

Eine VisionsSuche ist die ritualisierte Form des Aufgebens und Loslassens einer überlebten, nutzlos gewordenen Gestalt zurück in den Fluß des Lebens. Aus dem Vergehenden tritt etwas Neues hervor und übernimmt die Regie. Das Bild vom Phönix, der aus der Asche aufersteht, macht deutlich, wie dies gehen kann. Tief innen, im Verborgenen – quasi unter der noch heißen Asche des Feuers, das den alt gewordenen Vogel verzehrte – hat die Stimme des Lebens eine neue Gestalt ins Sein gerufen. Fast so, wie uns ein neuer Fingernagel schon nachwächst, wenn der alte, abgestoßene noch seinen Schutzschild darüber hält ...

*Die Zeit nach meinem VisionQuest:*

*Ich habe mich noch nie so gut gefühlt. So viel Energie in meinem Herzen!*

*Meine Freunde haben mich mit Begeisterung empfangen:*

*- Bist du das, Joos?*

*- Du bist so schlank geworden!*

*Das war das Größte. Ich war immer der Dicke, wog schon 125 kg und wurde ständig gehänselt. Jetzt höre ich solche Worte, ich war (bin) so stolz – ich hab's ge-*

*schafft! Während des VQ habe ich unbewußt 10 kg abgenommen, danach noch einmal 5 kg – jetzt wiege ich 85 kg. Ich mache viel Sport & bin Vegetarier geworden. Ohne VisionQuest hätte ich niemals so viel Kraft gehabt, mein Leben so zu verändern.*

*Ein Traum ist in Erfüllung gegangen!*

*Mein Selbstbewußtein ist gewachsen (es ist mindestens doppelt so groß geworden) – ich bin mehr ICH geworden – oder: Ich habe einen großen Schritt zur eigenen Mitte gemacht. Leider habe ich wieder mit dem Rauchen und Kiffen angefangen. Ich kiffe aber nicht mehr jeden Tag, wie vor der Zeit auf unserem Berg, und ich rauche auch weniger als vorm VQ. Früher hatte der Rausch Priorität, jetzt hat das Leben Vorrang. Bekifft versucht man sich dem Leben zu entziehen – man flüchtet vor dem eigenen ICH. Jetzt weiß ich, wie wichtig es ist, einen klaren Kopf zu haben.*

*Der Stein des Erwachsenseins ist ins Rollen gekommen. Er rollt langsam, doch er wird mit der Zeit größer und größer!!*

*Ich habe so viel mitgenommen von den Bergen.*

„Playful Star-Cloud“, aus seinem Bericht
ein halbes Jahr nach der VisionsSuche

Das nennen wir mit Recht einen Übergang. Gleich dem Schritt über eine Schwelle in der physischen Welt, gelingt dies umso besser, je gesammelter das Bewußtsein den Schritt mitvollzieht. Die nächste Stufe des Lebens, die einem noch unbekannten Wirken unterliegt, verlangt Ausdehnung, Wachsen, Wachheit und konzentrierte, achtsame Ausrichtung.

Es geschieht dabei etwas mit uns, das wir nicht steuern oder meistern können. Vielmehr erleiden wir etwas, das uns überwältigt und sehr bestimmt die Richtung der Entwicklung und die Führung übernimmt. Wir sind wirklich Opfer unseres eigenen Wachstums, keineswegs lenkende Herren!

*Gesund, geschafft und froh zurück*

# Der Wandel vom Kind zum jungen Erwachsenen

Von Helen U. Schulz

*Schmetterling, du streifst die Sonne*
*Sanft mit deinem seidnen Kleid*
*Fliegst zum Mond und küsst die Sterne*
*Bist schon für den Tod bereit*
*Glänzt so schön wie Morgentau*
*Der erwacht in neuer Zeit*
*Ein schnell verflogener Tagestraum*
*Empfunden, doch nicht Wirklichkeit*
*Schmetterling, du zeigst mir jeden Tag wie neu*
*Sodaß ich mich wach über die Wolken freu*
*Du bist ein Hauch vom Sommerwind*
*Du bist das Kind des Blütensturms*
*Du lachst am Tage, wenn Du noch bestehst*
*Du lachst, wenn du nach kalter Nacht in der Morgenluft vergehst*
*Du kennst, was Verwandlung heißt*
*Tod und Leben liegen in Dir*
*Du bist der Bote des Ostens, der Begleiter-Wegbereiter*
*Der vom Ende zum Anfang führt*
*Schmetterling du streifst die Sonne*
*Sanft mit deinem seidnen Kleid*
*Fliegst zum Mond und küsst die Sterne*
*Bist schon für den Tod bereit*

„Moving Heart Tears“, 16 Jahre, 2003

## Welcher Reichtum an junger Weiblichkeit!

Ich durfte als Elder (Älteste) diesen besonderen und schönen, einmaligen jungen Frauen meinen Segen schenken! Dankbar beschreibe ich, ihnen gewidmet, einen kleinen Ausschnitt aus der Vielfalt der Erfahrungen mit ihnen. Sie sind über die Schwelle in die Solozeit des Fastens geschritten, mutig und bewußt ihr bisheriges junges Leben hinter sich lassend. Sie wählten diese Prüfung, um *„eine unabhängige, verantwortungsbewußte Frau zu werden, die sich ihrer Schwächen und Stärken bewußt ist und um meinen neuen Lebensweg nach der Schulzeit mit Freude und Liebe zu gestalten.“* („Empty Bowl-Richness“, 19 Jahre, 2003)

Manche wollten die Erfahrungen der Kindheit nicht mehr als Belastung mit sich herumschleppen, hatten den Verlust eines Elternteils zu verdauen, waren auf der

Suche nach ihrer Aufgabe, ihrer Weiblichkeit, wollten sich aus starker Abhängigkeit lösen. Ich fand ein erstaunliches Wissen um Zusammenhänge: Das Wissen, daß eigene unverdaute Erlebnisse und Konflikte den Zugang zu ihrer weiblichen Kraftquelle verschließen.

Sie sind zu erstaunlichen Einsichten fähig, gehen mit Intuition, Mut und Tiefgang an das Er-Lösen ihrer verborgenen Kräfte, ihrer Themen, bereit in die dunklen Winkel ihres Seelenkellers zu leuchten. Ernsthafte, verbundene junge Frauen, sie ahnten, was auf sie zukommt an Herausforderungen, Ängsten, Höhen und Tiefen, körperlicher Schwäche … Sie waren bereit, sich gänzlich fallen zu lassen in den Schoß der großen Mutter und das Weiblichste zu üben: Warten, Hingabe leben, in Einfachheit sein, kreativ und spontan mit dem Kreislauf der Natur zu leben….in tiefer Ruhe dem Leben lauschend. Sie wußten um die Wende, die dieses Ritual für sie bedeuten kann, und wie schwierig es sein würde, in der Zeit danach in ihrem normalen Umfeld all ihre neuen Erfahrung zu integrieren und anzuwenden. Sie kamen gut vorbereitet, hoch motiviert und bereit für den Wandel.

Ich habe mit ihnen gelacht und gesungen, gearbeitet, gespielt, geweint und gebetet, ihnen gelauscht, mit und von ihnen gelernt, ich bin unendlich dankbar für diese Erfahrungen. Sie zeigten sich mir als mit der Mutter Erde ganz verbundene junge Frauen mit vielen weiblichen Qualitäten, die wir Menschen so sehr brauchen, um auf unserm schönen Heimatplaneten eine Chance zu haben, eine neue Lebensweise im Einklang mit der Erde und allen unsern Mitgeschöpfen zu gestalten.

Ein Beispiel für die gelungene Initiation einer Jugendlichen: Julia, die, in einer intakten Familie aufgewachsen, nie die erste tiefe Verbundenheit mit der Natur verloren hat, genau wußte, daß sie eine VisionsSuche braucht, um den Schritt ins Erwachsenwerden bewußt zu vollziehen.

Ein zartes junges Mädchen (14 Jahre jung), sehr feinfühlig, musikalisch, freundlich, hilfsbereit, mit einem stark ausgeprägten sozialen Sinn. Julia ist hoch motiviert, ernsthaft und tiefgründig, sie hat sich sehr mit dem Thema beschäftigt und weiß genau, was sie will. In den ersten Tagen der Vorbereitung wirkt sie eher zurückhaltend bis schüchtern, jedoch wirkt ihre feine stille Art sehr anziehend auf einige andere junge Leute …

Die erste Frage nach ihrer Motivation für diesen Quest beantwortet sie so :

*„Ich möchte mit mir selbst ins Reine kommen, mich selbst finden. Kung Fu hat mich dazu gebracht, mehr auf meine Gefühle zu achten. Ich habe andere mir vorgezogen und mich hinten angestellt. Ich kann gut auf andere zugehen und Leute gut trösten. Ich handle stets vorsichtig. Nun will ich mich selbst und meinen Körper achten lernen!"*

Im Interview vor der Solozeit entdecken wir gemeinsam ihre Stärken und Schwächen in ihrem Schildesystem:

Julia wirkt sehr erwachsen in ihrem Verhalten. Sie scheint zu wenig Süd-Energie zu haben. Ihr Nord-Potential: Nachdenken, viel schreiben. West-Potential: Verantwortung und Sorge für alle und jeden! Vielleicht zu viel? Sie glaubt, daß sie nicht gut genug für sich selbst sorgt.

Julia ist ruhig und still. Sie überlegt und wägt ihre Worte ab, aus Angst andere zu verletzen. Sie wirkt insgesamt sehr angepaßt, zu hilfsbereit („um geliebt zu werden") hat Angst vor Kritik und eigenen „negativen" Emotionen, kann nicht nein sagen. Julia möchte ihre Selbstzweifel überwinden, sicherer werden im eigenen Tun und sich nicht mehr von anderen verunsichern lassen. Wenn Julia an den Berg denkt, hat sie Angst davor, daß sie Angst bekommen könnte, z.B. vor Dunkelheit, davor, daß sie in der Dunkelheit nicht sehen könnte, vor Einsamkeit, Gewitter, Angst, daß da jemand sein könnte, Angst vor Menschen da draußen. Ihr größter Wunsch für die Zeit auf dem Berg und danach:

Sie möchte ihr eigener Mittelpunkt sein, für sich selbst gehen und stehen, sich zeigen, wie sie ist und sich nicht beirren lassen. Ihre Fähigkeit, anderen zu helfen, wieder zur Stärke werden lassen, indem Sie lernt, Grenzen zu setzen, ohne sich ausnutzen zu lassen, ist Teil davon.

Ihr Lebensrad:

NORDEN

*Sehr überlegt, vom Kopf gesteuert*
*Hat schon die Weisheit, daß es „Aufs und Abs" gibt.*
*Bei Angst hat sie Vertrauen, daß sie gut aufgehoben ist.*
*Will lernen: Grenzen setzen.*

WESTEN

*Sehr reflektiert, tiefe Innenschau,*
*„ziehe mich viel zurück",*
*vielleicht zu viel?*
*„Finde Trost in mir" (Tagebuch)*

*OSTEN*

*Ich bin kreativ, künstlerisch, ich mache Musik, male, schreibe Gedichte, beim „in der Natur" sein kann ich das Göttliche erfahren*

SÜDEN

*Der Süden ist zu schwach, muß ausgebildet werden.*
*Diese Schwächen will sie ändern. Gefühle zeigen, ist für sie ein Problem:*
*„Fresse sie rein!"*

Sie bekommt eine Süd-Aufgabe für ihr Solo: sich im Wasser wohl fühlen, sich suhlen, ihren Körper der Sonne darbieten, ihn anmalen. Sie arbeitet an ihrer Intention, dem Absichtssatz, mit dem sie auf den Berg gehen will, um ihn zu bestätigen. Sie entscheidet:

*„Ich bin mir selbst am Wichtigsten! Ich zeige mich und sage, was ich will!"*

Und sie übt, diesen Satz mit Kraft und ohne Hindernisse oder Zweifel auszusprechen.

Nach dem Segen am letzten Morgen geht sie sehr bewußt und aufrecht den Berg hinauf. Sie fastet drei Tage und drei Nächte, sie kommt heil zurück und in ihren leuchtenden Augen ist zu erkennen, daß sie in sich ruht, sie hat gefunden, wonach sie gesucht hat, sie ist die geworden, die sie sein will, alle können es sehen und fühlen.

Mit großer Sicherheit und stiller Gelassenheit empfängt sie ihre Familie. Eltern, Bruder und ihr Hund sind gekommen, um ihre Geschichte zu hören, sie zu würdigen. Das feine Leuchten und freudige Singen bleibt bei ihr während der ganzen Zeit. Sie erzählt ihre Geschichte:

*„Ich habe meinen Platz gewählt, es ist ein Westplatz mit Aussicht auf den Norden und Felsen im Westen: der Lärchenhügel. In die Lärche hat der Blitz eingeschlagen und die Spitze fehlt. Auf einem Felsen mit Aussicht ins Tal richte ich meinen Schlafplatz ein und finde Reste von einem Ritual in einem verborgenen tiefen Spalt. Ich habe Körperfarbe zum Anmalen mitgenommen und male meinen Körper gleich am ersten Tag an, es macht mir Spaß! Ich schnitze meine Stöcke, ein kleiner schwarzer Schmetterling mit orangefarbenen Punkten setzt sich dabei auf mein Bein.*

*Ich baue die Plane sorgfältig auf, sie dient mir bei der Hitze auch als Sonnenschutz. Ich beschrifte die Stöckchen mit einem Filzer, doch der plötzliche Regen verwischt die Schrift. Der zweite Tag: Meine Plane ist zu klein und ich bekomme nasse Füße und einen nassen Biwaksack. Ich habe viele Gefühle, bin müde und döse, mir fehlt menschlicher Kontakt. Mein Briefkasten ist von unseren Begleitern so schön hergerichtet, daß ich weinen muß... Ich sehne mich nach meiner Familie und träume von ihnen. Zwischendurch höre ich Vincent, es gibt mir viel Kraft zu wissen, daß die anderen das Gleiche tun! Am dritten Tag richte ich meinen Steinkreis sorgfältig ein. Es regnet und ich sitze unter der Plane. Nachdem ich mein Lager abgebaut habe, sitze ich ab dem Sonnenuntergang im Steinkreis. Zuerst bekomme ich das Feuer nicht an, erst als ich die Kerze benutze, brennt es. Es ist ein zartes weibliches Feuer, das Unterstützung braucht... erst später hole ich meinen Schlafsack in den Kreis, total müde schlafe ich drei Stunden... Im Traum werde ich gebeten, wieder jemandem zu helfen. Das ist genau der Grund, warum ich hier bin und die VisionsSuche mache. Ich beobachte das Wetterleuchten und die schöne Sichel des Mondes. Langsam wird es heller und ich warte sehnlichst, bis die Sonne aufgeht. Im Osten stehen zwei Birken, ich lege einen Stock dazwischen und gehe mit meinem Intentionssatz über meine Schwelle. Beim Hinuntergehen, im Camp angekommen, genieße ich den Zauber des*

*Ortes. Ich bin bei den Menschen willkommen: Es berührt mich so tief...und dazu Petras Lächeln ...!"*

...und Julia läßt ihre Eltern wissen:

*„Ich lernte durch die VisionQuest schätzen, wie viel ihr mir bedeutet, wie froh ich bin, in dieser Familie „gelandet" zu sein. Ich bin dankbar, daß es mich gibt, daß ich euch alle habe und dafür, daß ich euch alle liebe! Meine Angst ist weg – auch im Dunkeln oder bei dem unheimlichen Wetterleuchten fühlte ich sie nicht mehr. Insekten saßen auf mir, ich sah oft Raben und hörte den Bussard. Im Steinkreis bedachte ich meine Familie, meine Großeltern und Freunde, meine Gruppe und das Team. Ich verbrannte meine Selbstzweifel und Masken und ich schrieb Gedichte. Durch die Aufmerksamkeit, die ich jetzt bekomme, fühle ich mich erhaben. Ich sitze aufrecht; es ist ein großes und starkes Gefühl! Ich möchte dieses Lebensgefühl immer in mir fühlen und es behalten. Ich möchte ganz aufrecht im Zentrum meiner Aufmerksamkeit sitzen und mich mit Menschenliebe einrichten!"*

Ihre Geschichte wird von den Ältesten gespiegelt:

*„Das ist Würde! Wir alle können es sehen. Dies ist die Geschichte einer jungen Frau, die ihren Weg auf den heiligen Berg allein gefunden hat. Sie hat gut für sich gesorgt, da sie ihre Selbstliebe gesucht hat, sie hat gefunden, was für sie gut und wichtig ist: Ihre Platzsuche zeigt uns, daß sie vom sicheren Platz, den sie sich schon erobert hat (Norden und Westen) mit Abstand auf ihr Leben schauen möchte, eine „andere Perspektive" einnehmen. Die Sicherheit der Felsen (Westen) im Rücken bietet ihr den Schutz, um in die Weite der Zukunft zu schauen, sie hat festen Halt und eine gute Basis. Die Birken haben ihr Feinheit und Geschmeidigkeit gespiegelt, sie willkommen geheißen. Der Regen hat ihr geholfen, ihre Tränen zu weinen, sie hat gemerkt, wie wichtig ihr die Menschen sind. Die große Lärche mit der abgebrochenen Spitze bietet ihr Schutz, ein anpassungsfähiger Baum, extrem kraftvoll, er übersteht heftige Winterstürme, schwere Schneelast und pralle Sonne! Ein weiblicher und zarter Baum; dennoch wild und stark, er kann sich dort halten, wo andern die Puste ausgeht, selbst eine abgebrochene Spitze, ein Blitzschlag, kann die Lärche nicht hindern.*

*Diese junge Frau hat die Lebensfreude, den Lebenswillen und die Zartheit der Lärche, die hoch oben im Westen wächst ...*

*Ihr Initiations-Name: „Western Larch Woman"*

Ihre Eltern spiegeln ihr die Achtung, Liebe und Anerkennung, die sie für ihre Tochter empfinden:

Vater: *„Du hast aus deinem Schneckenhaus heraus die größere Geborgenheit wahrgenommen! Wie aufrecht und klar Du bist! Ohne etwas leisten zu müssen! Ich achte und liebe Dich."*

*Vater begrüßt seine initiierte Tochter*

Mutter: *„Ich bin sehr berührt von der Achtung, die du gegenüber deinem Leben und anderen Menschen gefunden hast, von deiner Eigenliebe und Nächstenliebe und der Heilung für dich selbst und unsere Familiengeschichte. Ich wünsche dir, daß dich diese Liebe auf all deinen Wegen begleitet!“*

Nach der Spiegelung im Tipi durchwandert sie symbolisch, gemeinsam mit ihrer Familie, alle Stationen ihres Lebens bis zur Initiation im Rad des Lebens, der schamanischen Familienkonstellation, sie dankt, segnet, klärt ihre Beziehungen zu

Eltern, Bruder und Großeltern in Klarheit, Würde und Anmut. Sie benennt sicher alle Muster und prägenden Verhaltensweisen, die sie zurück an den Ort der Heilung bei den Ahnen gibt, stärkt ihr Band zu ihnen und empfängt am Ende des Durchgangs den Segen ihrer Eltern.

*Dein Pfad im Rad: Würdigung der Eltern, am Platz der Empfängnis*

Western Larch Woman mit ihrer zarten Seele, durch die Erfahrungen beim VisionQuest noch mehr sensibilisiert, erlebt bei der Rückkehr in die Alltagswelt besonders hart die große Entfremdung der normalen zivilisierten Welt von der Natürlichkeit und Einfachheit des verbundenen Da-Seins in der Berg-Wildnis, mit Mutter Erde ganz in Kontakt, so wie sie es während des Jugendcamps und ihrer VisionsSuche erlebt hatte.

Sie sucht Kontakt zu jungen Menschen, die wie sie dieses verbundene Da-Sein leben wollen und schließt sich, da sie mit ihren Klassenkameraden kaum über ihre Erfahrungen sprechen kann, einer Mädchengruppe an, die sich regelmäßig trifft, um Naturerfahrungen zu machen und ihre werdende Weiblichkeit zu unterstützen. Sie steht in regem Austausch mit einer Assistentin, die sie lieb gewonnen hat und holt sich aktiv Unterstützung und Kraft, um ihre Vision zu realisieren.

Ungefähr 10 Monate nach ihrer VisionsSuche schreibt uns Western Larch Woman, die immer wieder den Kontakt zu uns sucht:

*... Und ich finde dafür oft auch gar nicht die Worte, die das ausdrücken, was ich alles gefühlt habe ... Seit der Quest vergeht kein Tag, ohne daß ich gesungen habe. Ich singe mit Gitarre Mantren und viele Indianerlieder. Zudem schreibe ich selber Lieder und singe viele von „unseren" Liedern (vom Berg) mit Gitarrenbegleitung.*

*Da wir schon bei „Indianern" sind, ich bin total interessiert an ihrer Kultur (Musik, Schamanismus, Religion) und habe in Erdkunde kurze Zeit nach der Quest auch ein dreistündiges Referat über Indianer „früher" gehalten. Mein Traum ist später einmal (das ist bei mir nach dem Abi) in ein Indianerreservat zu gehen (vielleicht Lakota), um dort ein soziales Jahr zu machen. Ich würde gerne bei einem Schamanen lernen, und sobald es an der Zeit ist, werde ich einen finden, der mich in die Kultur der Indianer einführt.*

*Die Zeit insgesamt nach der Zeit auf dem Berg hat ziemlich niedergeschlagen begonnen und erst spät zarte Lärchennadeln sprießen lassen – der Schock, in diese Welt mit Zivilisation, Umweltproblemen, Lärm, Hast, viel Taktlosigkeit und wenig Liebe zurückzukehren, war einfach überwältigend.*

*Ich fühlte mich total fremd und schrieb viel und ausführlich mit D. (einer Assistentin), die mir nach und nach half, die Wärme und das Licht, das ich seit der Quest verborgen in mir trug, auch in die Welt im Tal zu tragen.*

*Ich stehe nun auch mehr zu mir (was sehr viel Mut braucht), da habe ich mich in der Klasse fast schon geoutet mit Kleidung und vielen Arten zu denken. Ich empfinde auch noch viel viel stärker für andere Lebewesen. Z.B. hatte eine Referendarin aus Texas in einer Stunde eine Raupe auf dem T-Shirt. Als ich es ihr sagte, schnipste sie sie brutal auf den Boden mit angewidertem Gesicht. Ich hob sie behutsam auf, während ich mir überlegte, was sie wohl getan hätte, wenn ein Schmetterling auf ihrem Hemd gesessen wäre...*

*Ich besuche auch oft meine Schwestern, die Lärchen, und habe mit ihnen eine liebevolle, vertraute Beziehung. Leider gibt es hier kaum einen Platz, an dem man sich mal wirklich allein fühlen kann.*

*Das „Nein-Sagen" fällt mir nun auch leichter – ich wurde deshalb mal einen ganzen Tag ignoriert, doch ich fühle mich letztendlich besser, als wenn ich „Ja" gesagt hätte.*

*Wie Du weißt, werde ich in den Ferien mit Hilfe meiner Mutter (aber nicht unter ihrem Kommando) ein Album zusammenstellen, in dem Bilder der Quest sind, dabei auch Fotos meiner Ahnen. Zu ihnen habe ich in den letzten Wochen auch engere Beziehungen – vor einem Monat fiel es mir auch noch schwer Hilfe anzunehmen, doch ich werde mir der Hilfe anderer immer bewußter und erbitte sie auch von meinen Ahnen. Halbunbewußt hatte ich vor 2 ½ Jahren meinem Tagebuch auch den Namen meiner Urgroßmütter gegeben, die beide Margareta hießen. Und nun ist mir auch noch eine Münze „vor die Füße gefallen", die meine Urgroßmutter als Talisman benutzte. Ich trage sie nun regelmäßig und bat sie auch einmal in einer Lateinarbeit um Hilfe – ich schrieb eine glatte 1.*

*Ich bin glücklich über Hilfe, und wenn ich sie mal nicht brauche, dann kann ich noch immer „Nein" sagen ...*

*Nach und nach wachsen mir die zarten Lärchennadeln, und ich war glücklich über den Kontakt mit D. und nach einem Traum, in dem ich Petra zum dritten Mal versprach, ihr zu schreiben, begann ich, auch ihr regelmäßig zu schreiben.*

*Was mir grad bei Traum einfällt. Manchmal bekam/bekomme ich auch im Traum Musik/Lieder geschenkt. Manchmal kann ich sie mir merken und wenn nicht, so weiß ich, daß sie (die Musik) wieder da sein wird, sobald ich sie brauche...*

*Seit der Quest vergrößert sich meine Liebe zu allen Geschöpfen (Tiere, Pflanze, Steine und Menschen) noch mehr. Ich bin glücklich über jede Schwester und jeden Bruder, der mit über den Weg „läuft". Ich male auch weiterhin gerne meine große Familie, mit der ich in der letzten Nacht auf dem Berg eins geworden bin, was ich schon schrieb: „Durch Alleinsein gelangte ich zum All-Eins-Sein."*

*Nach der VisionQuest gab mir meine Mutter Bachblüten und zwar „Larch". Sie hat auch solche Bachblütenkarten, auf denen vorne die Pflanzen abgebildet ist und hinten etwas darüber steht. Bei der Lärche stand:* Larch-Lärche-Selbstwertgefühl.

*Du hast oft Zweifel in Deine eigenen Fähigkeiten und Angst, zu versagen. Diese Angst lähmt Dich, und es entsteht ein Gefühl von Mutlosigkeit. Du fühlst Dich vielem nicht gewachsen, und traust Dir manches nicht zu, da Du meinst, andere können es besser. Ich helfe Dir, Dich von den beschränkenden Vorstellungen über Dich und Deine Fähigkeiten zu trennen. Ich mache Dir Mut, anstehende Dinge zu realisieren und Deinen Fähigkeiten und Deinem Können zu vertrauen. Du entfaltest deine Persönlichkeit mehr und mehr in dem Wissen: „Ich kann es und ich tue es.",Ich vertraue mir und meinen Fähigkeiten und bin erfolgreich in meinem Tun."*

*Wie Ihr merkt, habe ich mich stark in den Lärchen wieder gefunden. Ich danke Euch noch einmal von dem Grund meines Herzens und den Erfahrungen meiner Seele für meine wunderbare Quest und ich hoffe nun auch von Euch zu hören. Ich umarme Euch ganz warm und fest im Herzen,*

Eure Western Larch Woman

Sie stellt dieses Album, von dem sie sprach, wirklich fertig und beschreibt darin voller Wärme und Dankbarkeit ihre Erfahrungen während der Zeit auf dem Berg. Sie widmet ihr Album:

*allen Völkern dieser Erde. Denen der Luft, des Feuers, der Erde und des Wassers, dem Volk der Tiere, der Pflanzen, der Steine und der Menschen. Ganz besonders in tiefer Liebe und Verbundenheit meiner Questgruppe und meinen Ahnen. Und ich widme es allen, die nach mir kommen werden.*

Ein Lied, welches eine andere junge Frau auf der anderen Seite der Erde (danke Ruth!)[1] während ihrer VisionsSuche geschrieben hat, ergänzt sie mit einer eigenen Strophe. Ich hatte es ihr vorgesungen, weil ich es so passend für sie fand:

*I am a woman of the earth*
*And I shall not be broken*
*And I shall fight*
*For the rights of my people*

*I am a woman of the air*
*And I shall not be broken*
*And I shall fly*
*Spread my wings to the sky*

*I am a woman of the water*
*And I shall not be broken*
*And I shall dive*
*To the depths of my ocean*

*I am a woman of the fire*
*And I shall not be broken*
*And I shall burn*
*To take my spirit higher.*

Sie beschreibt in bewegenden Bildern und Worten ihre Erfahrungen und endet mit einer Danksagung:

*In erster Reihe möchte ich mich bei meinen Vorfahren bedanken, die mir ermöglichten, in diese Welt zu treten, ganz besonders meinen Eltern, die meiner Seele einen Körper gaben.*

*„Ich danke für meine wunderbare Kindheit, die mir die Möglichkeit gab, Erfahrungen in und mit der Natur zu sammeln und mir sehr viel Raum für meine eigene Entwicklung ließ. Ich danke meinen Eltern, daß sie es mir ermöglichten, eine Quest zu machen. Ich danke C. (Bruder) für unsere bisherige gemeinsame Zeit, in der ich viel gelernt habe und voll Liebe denke. Ich danke unseren Haustieren, Zora, die*

1 Ruth Wharton, School of Lost Borders.

*mich den Naturkreislauf lehrte und Siki, die mich immer wieder zu neuen schönen Plätzen führte. Ich danke den Indianern, durch die ich Zugang zu einer kraftvollen Verbundenheit zur Natur gefunden habe. Ich danke den Geistern meines Platzes, daß sie mich aufnahmen und geschützt haben. Ich danke den Lärchen, meinen geliebten kraftvollen Schwestern, die mir immer, wenn ich zu ihnen komme von ihrer sensiblen, kraftvollen Medizin geben. Ich danke allen, die mich auf meinem Lebensweg unterstützt haben:*

*Meiner geliebten treuen Freundin A., mit der ich seit meiner frühen Kindheit viele starke Erlebnisse geteilt habe und bestimmt noch teilen werde, D., meiner tief geliebten und geachteten Freundin; P., meiner geliebten Schwester, durch die ich erst richtig verstanden habe, was Glücklichsein bedeutet.*

*Ich danke F., und bitte, daß er seinen Weg, der richtig für ihn ist, findet. Ich danke J., mit der ich gleich von Anfang an reden konnte und mich verstanden gefühlt habe. Ich danke J., in dessen Nähe ich mich immer sehr wohl gefühlt habe. Ich danke H., die mir den Mut gab, meinen eignen Weg zu gehen, egal was andere davon denken. Ich danke V., zu dem ich als erste „nein" sagen durfte. Ich danke B., durch die ich lernte, immer den Humor zu bewahren.*

*Ich danke M., und hoffe, daß er nun seinen eignen Weg finden kann. Ich danke für die spirituelle Führung und unsere wunderbare Quest. Ich danke allen Teamern und Helfern...*

*MITAKUYE OYASIN – allen meinen Verwandten.*
In Liebe, Eure Western Larch Woman (nun 15 Jahre)

Dies alles spricht für sich und bedarf wohl kaum eines Kommentares. Es ist für mich sehr berührend und besonders ermutigend, zu erleben, daß eine so junge Frau mit solcher Entschiedenheit und Aufrichtigkeit den Mut hat, sie selbst zu sein und zu ihrer Individualität zu stehen. Eine junge Frau, die danken, beten und segnen kann!

Ihre Mutter berichtet uns von ihrem Eindruck der gemeinsamen Arbeit auf dem Berg:

*Ich als Mutter war in der Woche Dabeisein sehr überrascht und bewegt davon, wie Julia mit Eurer Unterstützung in so relativ kurzer Zeit auf ihre Hauptlebensthemen gestoßen ist. Diese sind gleichzeitig die Themen, von denen ich weiß, daß sie die Frauen in unserer Familiengeschichte beschäftigten und somit auch mich! Z.B ihr Satz: Ich bin mir selbst am Wichtigsten, damit verbunden die Angst vor Nein-Sagen und Ablehnung/Nicht-Angenommensein, wenn ich eben nicht für andere da bin, immer funktioniere, mich selbst aufgebe.*

*Das Leben dieser Intention (das Ausgleichen von Geben und Nehmen, Selbstliebe und Liebe zu anderen Wesen) bedeutet für sie Selbstheilung sowie damit verbunden auch Heilung der Familiengeschichte.*

*Das Neue seit und mit der Quest:*

*Daß ihr diese Themen bewußt geworden sind, sie selbst sie mit 14 Jahren! (ich brauchte dazu 20 Jahre länger mit mancher Leiderfahrung, da diese Themen unbewußt waren) erkennen, beim Namen nennen und anfangen konnte, mit der Unterstützung der Gruppe, daran zu arbeiten.*

*Ängste und Schwierigkeiten sind bei ihr wohl nicht weggeblasen, können aber eher wieder erkannt werden. Das Bewußtsein für solche Situationen und Verhaltensweisen ist da und neue Möglichkeiten des Umgangs haben begonnen. Der erste Schritt ist getan, auf dem aufgebaut wird, ein Richtungswechsel hat begonnen. Die Kommunikation ihrerseits, „ich mache" oder „ich mache nicht", ist klarer geworden, sie hat ein klareres Gefühl für sich und ihre Standpunkte und Beweggründe.*

*Auch uns Eltern ist die Möglichkeit gegeben, wacher für sie zu sein durch das Wissen, daß Wille und Bereitschaft zur Veränderung bei ihr da sind, wir können z. B. rückfragen: „Ist das jetzt wirklich für dich ok ...?"*

*Insgesamt hat es ihr sehr wohl getan, sich in der Gemeinschaft als Individuum angenommen und unterstützt, geachtet zu fühlen, sich tragen zu lassen von der Atmosphäre des Vertrauens als Unterstützung in ihrem Selbstwert und So-Sein, Unterstützung auch in der Erfahrung einer spirituellen Gemeinschaft ...*

Vom Alleinsein zum All-Eins–Sein hat Western Larch Woman ihre Quest überschrieben. Sie zeigt uns, wie ein junges Mädchen aus Einsamkeit herausfindet, mehr Vertrauen zu sich selbst und zu den Menschen faßt und in Wachheit, Verantwortung und Dankbarkeit bewußt neue Wege geht. Solche junge Frauen machen mir Mut, weiter den Weg als „Geburtshelferin" bei der JugendVisionsSuche zu gehen, in Freude und Dankbarkeit für diese Aufgabe.

## Junge Männer: Phönix aus der Asche

*Deine Hand öffnet sich und schließt sich*
*Öffnet sich und schließt sich*
*Wäre sie immer zur Faust geschlossen*
*Oder immer offen*
*So wärst du gelähmt*

Mevlana Rumi, Mathnawi, III

Das gerade entfachte Feuer im Bauch des jungen Mannes brennt heiß. Die Flammen züngeln, schießen aus allen Öffnungen. Das Federkleid der Kindheit verbrennt. Es riecht scharf, ätzend, kraß; häufig müssen die Turnschuhe und Socken der Jungs darunter leiden, daß sie die einzigen Gegenstände im Umfeld des von der *Litima* Überwältigten sind, die dazu fähig sind, einen solch abseitigen Mief zu produzieren. Das Chaos im Jungenzimmer fletscht die Zähne, vertreibt jeden Erziehungsversuch der verunsicherten Eltern. Aber egal, ob der Sohnemann die Rolle des fiesen Macho, des überheblichen Besserwissers oder des schnieken Typen mit eigenem Handy, Mp3-Player und Kreditkarte mimt – in ihm brodeln Kräfte, denen er kaum gewachsen ist, die ihn hin- und herreißen und ihn mit geballten Fäusten in der Hosentasche herumlaufen lassen.

*Meine Probleme und ein paar mögliche Lösungen: Als ich heute über die Entscheidung nachdachte, daß ich nach meiner Zeit hier auf dem Berg nach W. zu meinem Vater gehen könnte, kamen mir im Gespräch mit Shanti einige interessante Gedanken, die für mich neu waren.*

*Eins meiner Probleme zu Hause war ein Typ aus meiner Nachbargemeinde, er heißt Röbi. Er will 300 sFr von mir für eine blöde Sache, für die ich überhaupt nichts kann.*

*Ich suche nun eine Lösung für dieses Problem, da ich nicht bereit bin, das an ihn zu bezahlen. Aber eines ist klar: Wenn ich jetzt wieder nach W. gehe und die 300 sFr nicht bezahle, bekomme ich also auf die Fresse. Ich will mir das aber nicht gefallen lassen und gebe das zurück, weil ich sowieso besser kämpfen kann. Also kommt er mit mehreren Leuten und ich werde verprügelt, hinter dem Bahnhof, wo es sowieso immer solche Probleme gibt, und bekomme so einen Haß auf ihn und es eskaliert und es ist dann nur noch eine Frage der Zeit, bis Waffen – und damit meine ich Schußwaffen – ins Spiel kommen. Denn er lebt in einer HipHop Gangsterszene, da gibt es alles Mögliche an Waffen, und für mich ist es auch nicht schwer, an solche Dinge heranzukommen, und stellt euch vor, ich wohne ja bloß in einem Schweizer Kuhkaff!*

*Wenn der Kampf eskaliert, wie es in unserer Szene zwischen den Dörfern immer üblich ist – denn nach den Straßenregeln ist die Sache eigentlich erst geklärt, wenn es einen Sieger und Verlierer gibt. Und wer will schon Verlierer sein? Deshalb befürchte ich, wird es wirkliche Verletzungen und Dinge geben, die nicht wieder gutzumachen sind. Und eben das Reden macht keinen Sinn, denn in seinem Freundeskreis würde er ja so nur verspottet werden, wenn er überredet wird, sich auf eine friedliche Art und Weise in dem Konflikt zu einigen, ihn zu beenden. Ich glaube, er ist auch so, weil er keinen Vater hatte und seine Mutter ihn alles machen ließ und er keine Autoritätsperson hatte, die ihm half und ihm die Richtlinien vorgab. Er wird erst zuhören, wenn er so auf die Fresse fliegt und sein Freundeskreis nicht mehr wichtig ist. Ich weiß nicht, wie ich der Sache ausweichen soll, außer ich gehe nicht nach W. zu meinem Vater.*

„Two Owl Dreamer", 17 Jahre, 2004
aus dem schriftlichen Bericht über seine Situation zu Hause

Der junge Mann in der *Litima* zettelt mit jedem Streit an, aber ganz besonders mit den gleichaltrigen Konkurrenten aus der übernächsten Straße, aus dem nächsten Dorf. Dort, wo die Probleme ähnlich sind, und viel zu spät entdeckt er das Gesetz der Eskalation, wenn das Feuer über den Rand der Feuerstelle hinaus züngelt. Er hat gelernt, Feuer zu machen, aber er weiß nicht, wie er es löschen soll, so flüchtet er sich in seine Bande, seinen subkulturellen Hafen, seine Clique, seine Ersatzfamilie, und begegnet allen jenseits davon mit Mißtrauen. Es geht ihm nicht gut, er weiß nicht warum, ja er weiß nicht einmal mehr, wer er ist! Und deshalb gerät er genau an die, die ihm selbst am ähnlichsten sind.

Folgende Geschichte aus Afrika zeigt dies deutlich: Ein Junge wird nur mit einer rechten Körperhälfte geboren. Er ist auf der Suche nach seiner zweiten Seite... Eines Tages verläßt er das Dorf und schleppt sich weiter – so, wie eine halbe Person sich eben durchs Leben schleppt. Das geht so lange, bis er an eine Stelle kommt, wo die

*Feuer im Bauch: „Litima"*

Straße einen Fluß kreuzt. An dieser Wegscheide trifft er einen anderen Jugendlichen, von dem nur die linke Seite lebt. Als würde ein Magnet sie anziehen, bewegen sie sich aufeinander zu. Doch als sie einander erreicht haben, beginnen sie, miteinander zu kämpfen und kugeln durch den Staub, bis sie beide über die Böschung in den Fluß stürzen. Nach einiger Zeit taucht aus dem Fluß ein ganzer Mensch auf, denn die Teile fügen sich zusammen. Doch wegen des Kampfes und der Strömung im Fluß hat er die Orientierung verloren und weiß nicht, wo er ist. So beginnt der junge Mann, sich auf den Weg in sein Dorf zu machen. Am Rand der Siedlung trifft er einen alten Mann und fragt ihn, wo er sei: „Ich habe gekämpft und weiß nicht, wo ich bin!"

Da antwortet der Alte: „Du bist nach Hause gekommen. Dorthin, wo du schon einmal geboren wurdest. Nun, da du ganz bist, wollen wir tanzen und feiern."[3]

Das Leben des jungen Mannes vor der Initiation ist ein großer Widerspruch, bedeutet Kampf, Abgrenzung, Widerstand, mit wilden Auseinandersetzungen in allen Richtungen. Während er versucht, sich von der Kontrolle und dem Einfluß der Eltern zu entfernen, sich gegen seine Geschwister zu behaupten, seine Autonomie zu bewahren und eigene Meinungen auszuprobieren, die er in sich entwickelt oder draußen in der Unsicherheit des „freien Feldes" aufgeschnappt hat, entdeckt er neue Regungen, neue Impulse, neue Antriebe in sich. Sein Gerechtigkeitsgefühl wird bis zum Äußersten belastet. Sein Bedürfnis, anerkannt und respektiert zu werden, macht ihn dünnhäutig, hellwach und aggressiv.

*Ich habe mit 16 als Tellerwäscher gearbeitet. Ich wurde angeschrien und geschubst, wie ein Stück Dreck. Meine Kollegen waren aus Nigeria, Vietnam und ein Palästinenser. Da habe ich erlebt, was es heißt, keinen Respekt zu erhalten. Ich bin nach 14 Tagen gegangen, und der Antreiber hatte Glück, daß ich ihm nicht die Zähne eingeschlagen habe. Hab auf meinen Lohn verzichtet, das war ganz schön hart. Wäre ich noch einmal hingegangen, hätte ich denen die Bude angezündet. Mit den Nigerianern habe ich mich angefreundet, weil es echt lustige Leute waren, echt cool. Und die hatten immer ein bißchen Marihuana, um die Stimmung zu heben. Irgendwie war ich die Wurst, auf die man kräftig Senf geschmiert hat ... Also habe ich Hilfsarbeiterjobs angenommen. Immer nur gedient und kaum was dafür bekommen! Eigentlich möchte ich studieren und Programmierer werden. Aber derzeit fühle ich mich leer und abgetrennt, hab kaum Freunde, weiß nicht wohin.*

„Dancing Bear Heart", 18 Jahre, 2002

Dancing Bear Heart ist ein ausgesprochen kräftiger junger Mann mit der Statur eines jungen Silvester Stallone. Als er zur VisionsSuche kommt, bekundet er als erstes, daß es eine freie Entscheidung ist, daß er lediglich von seiner Mutter, mit der er ein „freundschaftliches Verhältnis" habe, auf diese Möglichkeit aufmerksam

3 aus: Crossroads, Initiatory Rites of Passage, zitiert von Meade, Michael.

gemacht wurde, etwas für sich zu tun. Von seinem Vater sagt er, daß dieser stets nur an seine Arbeit gedacht hätte, „gelegentlich am Wochenende mal etwas Schönes mit ihm unternahm, aber eigentlich schon lange nicht mehr wirklich erreichbar“ sei. Es sei jetzt schon klar, daß der Vater zu dem abschließenden Ritual keinesfalls auf unsere Alpe kommen werde. Ihn mache das nicht besonders traurig, da er ohnehin wisse, daß Väter immer etwas Wichtigeres zu tun haben!

Seine Geschichte ist gekennzeichnet von Krise, Rückzug, Verweigerung, Aufbegehren, Kampf. Und dennoch ist er gekommen, um Leute zu finden, die auf seiner Wellenlänge liegen. Sein Werben um die Zuneigung der anderen Gruppenmitglieder, um Anerkennung und Wertschätzung von Seiten des Teams wirkt unbeholfen und etwas widersprüchlich. Immer wieder stößt er die anderen vor den Kopf, wenn er – wie er findet – „lustige“ Geschichten erzählt, bei denen es um Verletzungen, Respektlosigkeiten und zotenhaft Gruseliges geht.

Im Work-Camp sucht er sich stets die körperlich anspruchsvollsten und schwersten Arbeiten aus, erfüllt diese aber mit großer Kraft, Zähigkeit und Ausdauer. Allerdings ist er dort meistens allein, denn fast niemand hält den Lärm des Preßlufthammers so lange aus wie er. Er ist der junge Mann in Flammen.

*Ich glaube, daß die Menschen sich in der normalen Welt ohne Grund Steine in den Weg legen, einfach nur, weil es ihnen Spaß macht! Für mich hat das kein Niveau, sich so durchs Leben zu schlagen! Ich bin kein Fan von unserem Schulsystem, das produziert nur Schleimlecker, Eingekastelte und quadratische Idioten. Mich hat es völlig kaputt gemacht. Ich bin froh, daß ich aus dieser Klapsmühle raus bin. Aber jetzt würde ich gerne was lernen. Es gibt so viele Regeln, die doch nur dafür sorgen, daß die Reichen noch reicher und die Armen immer ärmer werden. Mir hört niemand zu, weil ich kein Abitur gemacht habe! Irgendwie bin ich wie ein Schlauchboot mit starkem Motor – aber leider ohne Treibstoff und ohne Ziel!*

„Dancing Bear Heart“, 18 Jahre, 2002

Es scheint so, daß Dancing Bear Heart mit regelrechtem Grimm, glühender Leidenschaft und wilder Entschlossenheit diese Steine zu sprengen, zu zerbröseln und zu beseitigen versucht, um in seinem eigenen Leben als junger, erwachsener Mann freie Bahn für freie Begegnungen zu haben. Aufgefordert, sich ein Bild aus meiner Fotoserie für seine Geschichte auszuwählen, wählt er das Bild einer kunstvoll gefügten, dennoch recht kraftvoll wirkenden Trockenmauer, vor der zartgrüne Farne ihre feinen Blätter entrollen. „Die Festigkeit und Härte der Mauer ist die Kraft, die ich von meinem Vater geerbt habe. Der weiche grüne Farn, das ist meine weiche Seite. Die habe ich von meiner Mutter.“

Die drei Tage und Nächte seiner VisionsSuche verbrachte Dancing Bear Heart weit oben in den Bergen, nahe der Baumgrenze. Dort gab es nur noch wenige, von Schnee und den Winterstürmen gebeugte und recht zerzauste Lärchen. Mitten in

einem Feld gigantischer Felsbrocken schlug er sein Lager auf, nicht weit von einer sprudelnden, gluckernden Quelle. So hatte er Schutz und etwas Schatten durch die Bäume, eine kräftige, männliche Unterlage auf einer großen Felsplatte, zwischen mächtigen, uralten Kameraden und nur wenige Schritte bis zum Wasser des Lebens. Eines Morgens stand ein mächtiger Steinbock keine 10 m von seinem Lager entfernt, und schaute ihn lange an. Das war der Moment, indem er von sich selbst das Gefühl bekam, ein Bär zu sein, der gerade aus dem Winterschlaf erwacht. Als der Steinbock ganz gemächlich davon trottete, begann er vor Glück auf seiner Steinplatte zu tanzen, urinierte in die vier Himmelsrichtungen und schüttete sein gesamtes Wasser auf die umgebenden Felsen. Er begann sich als Mann zu fühlen und sich auf das Leben im Tal unter den Menschen zu freuen.

Auch Two Owl Dreamer kam verändert und geklärt von seiner Fastenzeit auf dem Berg:

*Die Quest hat mir gezeigt, wie viel man von anderen lernen kann, und das wichtigste war eigentlich, daß, als ich zurückkam vom Berg, ich nicht alles so gemacht hatte, wie man es uns gesagt hatte. Ich hatte meinen eigenen Weg und trotzdem kam ich mit einer solchen Leere in mir zurück. So ein Gefühl hatte ich noch nie in meinem Leben, das fühlte sich wunderbar an. In mir gab es so viel Platz, alles leer, alles frei. Ich war bereit, meiner Vision, meinem Traum zu folgen, das zu tun, wofür ich geschaffen wurde und meine Welt zu verändern. Diese Leere war wie ein Neuanfang: Ich war und bin immer noch bereit, aufzuräumen, die alten Dinge, die mich sehr belasten, aus der Welt zu schaffen und völlig neu zu beginnen. Ich glaube, so ein für sich selbst klarer Neuanfang ist unheimlich wertvoll, und ich denke, ich werde es noch mehr schätzen, wenn ich es erst geschafft habe und vergleichen kann, wie es vorher war. Ich glaube, so was ist unglaublich wertvoll, es sollte einfach jedem möglich gemacht werden, eine VisionSuche durchzuziehen. Ich glaube, so könnte man die Welt verändern.*

„Two Owl Dreamer", 17 Jahre, 2004

Wenn in der Seele, im Geist und dem Körper Platz geschaffen wird durch das Fasten, das Alleinsein und die Kraft der Rituale, dann kann die der Schmetterling wachsen und sich entfalten. Die Initiation findet statt, wenn der Initiand in den Fluß des Lebens gefallen ist. Statt das alte Selbst zu vernichten, darf es ausfließen, sich verströmen. Es wandelt sich, indem das Neue die Kräfte und Mittel an sich zieht.

*„Aus der egozentrischen Kinderpsyche“*, so der Psychologe und VisionQuest-Leiter Werner Sachon, *„wird ein gemeinschaftsbezogenes Erwachsenenbewußtsein.“*[4] Nicht durch Umformen, Umbiegen und Druck wie bei einem Knetgummi-Tier entsteht das neue Wesen, sondern durch vollständiges Leerwerden und das Aufblühen der vorhandenen, schlummernden Knospen! Auf einmal verändert sich die Perspektive: Nicht mehr die Raupen mit ihrem egoistischen Freßwahn ist von Bedeutung, sondern die Welt der Begegnung, des Kontaktes und des *Du.* Der Schmetterling ist zur Paarung bereit, sobald er die hoch-energetische Nahrung der Blüten erobert hat.

## Scheinbarer Mißerfolg: die VisionsSuche abbrechen

Ein anderer junger Mann meldete sich zur VisionsSuche an, weil die Schulprobleme übermächtig wurden und er psychosomatische Störungen entwickelte. Er macht für sich die Entdeckung, daß er, seit er exzessiv kifft, in seinen sportlichen Leistungen enorm nachläßt. Er ist stark verunsichert und aufgewühlt, kommt mit fragendem, sehr offenem Blick in unser Camp. Er ist gerade 15 Jahre alt geworden und in der Gruppe der jüngste männliche Teilnehmer.

Dieser VisionQuest fand im Gebiet des Monte Rosa statt, das Basislager liegt dort bei 1.850 m in einem wilden, von gigantischen Felsbrocken übersäten Gelände, mit rauschenden Wasserfällen, urigen Berglärchen, dem Duft von Wacholder und alpiner Rose.

Nach dem Ritual ging Samuel zügig los und steuerte einen Platz recht weit oben am Berg an. Bereits nach der ersten Nacht konnte er sich dort nicht halten. Es war zugig, man war gnadenlos der Witterung ausgesetzt und so suchte er seinen Weg zurück zum Basislager. Dort kam er niedergeschlagen, enttäuscht und hungrig nach Berührung an. Vor allem von mir, als älterem Mann, wollte er gehört, gesehen und berührt werden. Im Gespräch am Rande des Bergwaldes zeigte sich sein Kindergesicht, das voller Verlorenheit und Verzweiflung war. Der Gang auf den extremen Platz hatte ihn gelehrt, die Maske abzunehmen. Bereits da ahnte er, daß er sich nicht zu vergleichen brauchte, weder mit den Älteren noch mit seinen eigenen Wünschen und Vorstellungen. Doch zunächst ging es darum, deutlich zu fühlen, daß er seine Mutter noch immer brauchte, daß auch Vaterkraft in seinem Leben fehlte und daß er noch längst nicht bereit war, auf eigenen Füßen ins Leben hinauszugehen.

Aber auch er saß am Ende des Rituals während der Eingliederungsphase auf dem Ehrenplatz im Tipi und hatte Gelegenheit, seine Geschichte zu erzählen. Es geschah kurz, präzise und ohne Schnörkel. Bereits da erklärte er, daß er wiederkommen werde in ein paar Jahren, um diese begonnene Sache würdig zu Ende zu führen.

„Warum wolltest du auf den Berg gehen?“

---

4 Sachon, Werner in: erleben & lernen, S. 8.

*„Ich weiß es jetzt nicht mehr, denn ich war vorher wirklich meist völlig bedröhnt. Beim Ritual unter dem riesigen Baum bin ich voll motiviert. Ich will es hinter mich bringen, fühle große Kraft, laufe sehr weit hoch und suche einen Platz. Ich finde keinen, suche und suche. Der Berg zeigt mir die kalte Schulter! Ich breche zusammen: Ich kann nicht mehr!*

*Ich gehe mühsam zum Basislager zurück und spreche mit dem Team. Daraufhin verbringe ich eine Nacht im nahen Wald und kehre wieder zum Basislager zurück. Ich habe ein riesiges Problem mit der Vorstellung, drei Tage allein zu sein. Es erinnert mich an früher, als ich zu Hause allein war, mich völlig verlassen gefühlt hab, als meine Mutter auch keine Zeit für mich hatte, weil sie zur Arbeit ging."*

Mutter: *„Es tut mir leid!!!"* (Tränen fließen bei beiden)

Samuel spricht nicht weiter, schaut seine Mutter durch die Tränen an, zeigt seine tiefe Verletztheit, seine Rasta Dreadlocks zittern vor seinem Gesicht.

*Ich entdecke ein Raupennest mit großen und kleinen Raupen, ein gespannter Faden verläuft vom Nest zum Baum, in dem sie sich über die Blätter hermachen. Die Großen gehen ihren Weg, die kleinen bleiben im Nest. Ich gehöre zu den kleinen! Ich bin noch nicht bereit, ich will noch ein bißchen Kind sein dürfen!*

„Frage: Du bewegst dich trotzdem aus dem Nest. Du rauchst Zigaretten und kiffst, überschätzt dich vielleicht auch manchmal dabei? Ich schlage dir folgendes vor: Sprich mit deiner Mutter über das Kindsein, was du brauchst, möchtest und spürst, ziehe Konsequenzen daraus!"

Mutter: *„Ich werde dich unterstützen, du mußt es aber auch annehmen, was ich anbiete. Das hast du in letzter Zeit oft abgelehnt. Ich bin völlig offen für dich und habe großen Respekt vor deinem Mut. Dein Handeln hat immer Konsequenzen, positive und negative!"*

Samuel hatte einen relativ schlechten Schlafsack und eine schlechte Ausrüstung! Hänschen klein ging allein ... naiv auf schönes Wetter vertrauend! Dann konnte er es nicht einmal im Sonnenschein aushalten ... Jetzt schaut er zurück und sieht, daß er sich selbst falsch eingeschätzt hat, seine Ausrüstung, seine Ausstattung und die Stärke seines Willens. Ihm wird klar, daß er mit mehr Sorgfalt planen und vorausschauend handeln muß, wenn er sich dort draußen in der Wildnis halten möchte. Aber es gibt da noch ein Problem: Er hat sich noch nicht genügend klar gemacht, welche Konsequenzen sein Kiffen für ihn hat:

„Wie denkst du übers Kiffen?"

*Es gibt mir ein bißchen Geborgenheit!*

„Kannst du Geborgenheit auch auf andere Weise erhalten?"

*Ich bin dankbar für das Team. Ihr habt mir Schutz gegeben, Essen und eine Art gutes Familienleben. Jetzt habe ich eine Vorstellung davon bekommen, wie es sein könnte, bei einem Vater zu leben: Shanti hat mir als Vaterersatz gedient. Er ging mit mir in die Berge und hat mich dort abgeholt, wo ich mich selbst verloren habe.*

Samuel hat eine tiefe, schmerzhafte Vaterwunde. Er ist nicht einmal bereit, über seinen leiblichen Vater zu sprechen, und wenn er es tut, kommt es mit verächtlicher und herablassender Mine über seine Lippen. Seine Stimme wird hart, sein Körper zieht sich zusammen, der ganze junge Kerl wird Abwehr. Als ein anderer junger Mann in der Gruppe davon spricht, seinen unbekannten Vater suchen zu wollen, sagt Samuel laut und deutlich: „...das würde ich niemals tun, das ist er überhaupt nicht wert!"

Reflektionen von den Kreisschließern[5], Harry, Lena und Jürgen:

*Du bist sehr mutig. Mutig genug, um deine Schwäche zu zeigen! Wir schätzen und ehren dich!*

*Respekt, du hast die Ruhe weg und bist auf angenehme Weise zurückhaltend. Du wünschst dir, noch etwas Kind sein zu dürfen. Dein Verantwortungsgefühl ist noch nicht so stark, noch etwas kindlich. Aber das ist gut so. Du bist trotzdem sehr stark!*

*Suche die väterliche Qualität in einem Mann, der dir nahesteht. Setze dich auf jeden Fall mit deinem leiblichen Vater auseinander! Es wird die Zeit kommen, wo du bereit bist, ihm zu begegnen.*

Samuel möchte den VisionQuest zu einem passenden Zeitpunkt wiederholen!

5 VisionsSucher des Vorjahres, die ihren Quest in Jahresfrist als Begleiter der Initianden abschließen wollen.

Mutter: *„Mein Sohn, ich danke dir, daß du mir Unterstützung gibst! Ich kann aber sehr gut für mich stehen, auch ohne deinen Vater, auch ohne Mann! Auch, damit du für dich selbst stehen kannst. Unterstütze mich nicht so sehr. Schau auf dein Leben. Es ist dein Ding, dein Leben! Das ist genug."*

Hier die Geschichte von Henry, 22 Jahre, Student:

*Der Aufstieg ist anstrengend. Das Schwellenritual empfinde ich als sehr bewegend.*

*Ich nehme mir vor, in Richtung Osten zu gehen, entscheide mich dann aber für Richtung Norden, klettere den Berg hinauf bis ganz oben und wandere weiter in Richtung Westen. Es ist ein schwieriger Weg. Ich klettere das Geröllfeld wieder herunter, bin in Eile und rutsche aus. Ich gehe jetzt langsamer, vorsichtiger und erreiche den Lärchenwald im Westen. Hier schlage ich mein Nachtlager auf. Es ist aber irgendwie nicht der richtige Platz. Ich habe ein inneres Bild von meinem Platz: Ich möchte keine Menschen und keine Zivilisation sehen. Auf der Suche nach einem neuen Platz gehe ich ungefähr 20 m den Berg hinunter und richte meinen neuen Platz ein. Ich fühle mich geschwächt und habe Hungergefühle. Der Bach, den ich im Westen entdecke, versorgt mich mit frischem Wasser. Ich träume durch den Tag und schlafe früh ein. Nach einer unruhigen Nacht – schlafe in Schräglage am Hang, wache ich früh morgens auf und sehe den rot leuchtenden „Monte Rosa" – wow!*

*Ich laufe zum Bach und hole viel Wasser, reibe mich mit Schlamm ein, lasse ihn ein paar Stunden trocknen und wasche mich wieder ab. Die Dinge, die ich mir hier vorgenommen habe zu tun, sind mir jetzt nicht mehr sehr wichtig (z.B. schreiben). Ich hocke hier, und es geht mir einfach nur gut. Einfach nur sein! Also, wenn das alles ist ...*

*Ich schlafe ein und werde von einem fürchterlich schimpfenden Reh geweckt. Entdecke viele Ameisen und vergleiche mich mit ihnen. Sie erkunden die Erde, suchen immer nach etwas – ich auch. Ich sehe aus größter Nähe einen Vogel: Wir schauen uns an. Ich fühle mich angekommen bei den Wurzeln der Natur. Ich möchte mir Klarheit verschaffen über die Zivilisation, zu der ich ja wohl gehöre. Ich finde, ich muß mich damit abfinden. Von meinem Platz sehe ich keine Zivilisation – vom Aussichtsfelsen fünfzig Meter nach schräg oben kann ich sie sehen: die kupfergedeckte Kirche von Macugnaga und die Schindeldächer der Walsersiedlung. Der Parkplatz, Busse, Fähnchen, Touristen an der Seilbahn, alles ein Spuk, der spätestens um halb sechs wieder hupend im Talschlund verschwindet.*

*Zwei Adler kreisen, stehen in Beziehung, tanzen miteinander. Ich fühle mich mittlerweile sehr, sehr schwach. Ich zertrampele Pflanzen. Gehe darüber weg.*

*Ich sammle am wilden Bach die Steine für alle wichtigen Personen, wie Freunde, Familie und Lehrer, um meinen Steinkreis bauen zu können. Im Südosten ist gar nichts (keine erste Liebe, wenn ich ehrlich bin, nicht wirklich). Ich richte meinen Steinkreis ein und sammle Feuerholz.*

*Das Wasser aus dem Bach ist irgendwie moosig, und ich trinke nicht viel am dritten Tag.*

*Ich sehe mehrmals Schmetterlinge mit Behinderungen; sie haben auf der einen Seite keine Beine und können trotzdem landen.*

*Als die Sonne hinter dem Horizont versinkt, wird mir bang. Jetzt geht es los, es gilt! Mein Feuer will nicht gleich brennen, erst beim zweiten Versuch helle, aber ein bißchen zögerliche Flammen. Ich verbrenne einige Sticks für vergossene Tränen, für alles Negative, für Depressionen, für zwei bestimmte Personen, für meine negativen Einstellungen und für meine schwache Seite (ich) und meine starke Seite (Vater).*

*Mein Feuer geht aus, es ist nicht alles verbrannt und ich denke: Das ist ein Scheißgefühl, ich hab's falsch gemacht. Ich entscheide, wenn der neue Tag anbricht, verbrenne ich den Rest. Ich träume in der Nacht von einem jungen Mann, er arbeitet irgend etwas und ist sehr vertieft in seine Arbeit. Ich fühle Kälte. Ich bin der Mann. Ich fühle gierigen Blick. Eine Gruppe von Jugendlichen ist da (WG), und ich stehe allein in der Gruppe. Beziehungslos!*

*Als ich aufwache, rassele ich und singe, bin nach wie vor noch sehr mit dem Feuer beschäftigt – es ist etwas übrig geblieben – ich habe versagt! Ich möchte die Sonne ganz sehen und warte. Versuche, noch einmal Feuer zu machen, um ALLES zu verbrennen, aber die restlichen Sticks verbrennen auch diesmal nicht ganz. Ich steige den Berg herunter, begegne Anda, und wir begrüßen uns. Wir erinnern uns, daß wir nicht reden sollen. Den Weg zurück finden wir irgendwie. Das tibetische Horn tutet. Im Basislager ist es wunderschön. Leuchtende Gesichter, stille Augen, offene Herzen.*

*Wir umarmen uns alle und essen Bratäpfel. Duft und Süße!*

*Der Hammer ist, als wir unten im Tal an der Seilbahn ankommen. Das ist ein wunderschönes Gefühl – so voller Power den ganzen Tag lang. Die Zivilisation ist schon heftig. Ich möchte die Energie vom Berg so lange wie möglich behalten. Ich gehe zu sehr nach den Regeln (Sticks). Ich muß mehr auf mein Inneres hören. Ich ging auf den Berg, damit ich mich selbst mehr lieben kann, um Frieden mit der Welt zu schließen, um etwas zu verändern, um Verantwortung zu übernehmen, um Liebe für meine Eltern (nicht nur Dankbarkeit, sondern Liebe) zu fühlen und um die Welt auch mit Humor sehen zu können. Ich ging auf den Berg, um Weisheit, Kraft und Liebe zu fühlen.*

„Mirror of the Mountain", 22 Jahre, Monte Rosa 2001

Sein Vater, der in Begleitung der jüngeren Schwester in das Basislager gekommen ist, um mit seinem Sohn die Initiation zu feiern, spricht im Tipi zu ihm, nachdem er Henrys Geschichte gehört hat: „Ich unterstütze dich, aber du mußt deinen Weg selbst gehen! Ich habe auch Sorgen um dich, du beschäftigst mich. Aber das gehört alles dazu, da muß man als Vater durch!"

*„Ich werde selbst das Holz nachlegen in das Feuer der Liebe! Ich werde meine Liebe zu euch, zu den Menschen und zur Welt selbst finden. Ich wünsche mir mehr Feinfühligkeit von dir! Oft fühle ich mich von dir nicht gemeint, wenn du zu mir sprichst! Ich bin nicht so, wie du mich siehst. Ich brauche mehr Vertrauen. Du hilfst mir immer, wenn du kannst, aber es ist auch oft nicht wirklich, was ich brauche ... Es ist jetzt angebracht, mich zu lassen. Meine Vorstellungen von meinem Leben sind nicht dein Leben! Wir sind sehr verschieden. Vater, was bedeutet für dich Liebe?"*

Vater: *„Ich liebe meine Familie. Die Welt kann ohne Liebe nicht sein, aber..."*

*„Kein 'aber', ich will kein 'aber', das alles wieder in Frage stellt, alles in den Hintergrund drängt, für ungültig erklärt!"*

Der Vater nickt nachdenklich, scheint tatsächlich das erste Mal seinen Sohn wirklich als jungen Mann wahrzunehmen. Schließlich nickt er dem Sohn freundlich zu, findet zu einem liebevollen Lächeln:

*„Echte Liebe ist bedingungslos, ich sehe, daß du das verstanden hast."*

Henry wendet sich nun an die Mutter, die symbolisch (ähnlich dem Familienstellen von Bert Hellinger) durch eine andere, von Henry ausgewählte Person vertreten wird und neben dem Vater im Osten des Tipis einen Platz gefunden hat:

*„Mutter, ich habe sehr viele Schwächen und Halbheiten von dir übernommen. Ich gebe sie dir in diesem Symbol (alter, halber Kieferknochen) zurück. Bitte trage sie an einen Ort, wo sie geheilt werden können. Du suchst auch nach Liebe und hast von deinen Eltern und Vorfahren wohl so manches übernommen. In unserer Familie wird geschwiegen über das, was immer noch und immer wieder zwischen uns steht. Wir sagen oft nicht, was nötig ist. Ich wünsche mir, mehr Tacheles zu reden mit dir! Ich möchte, daß die Liebe zwischen uns freier fließen kann."*

Mutter: *„Als deine Mutter segne ich dich und gebe dich frei. Du schuldest mir nichts mehr, und ich schulde dir nichts mehr. Alles Negative ist weg. Wir wollen uns nichts mehr nachtragen. Wir gehen in die Freiheit! Geh' deinen Weg als eigenständiger Mann!"*

## Den alten Mist aufräumen

Auch heute noch gibt es Dämonen und Monster. Wir sind täglich von ihnen umgeben. Sie haben keine grünen, glasigen Augen, keine haarigen, mit Warzen übersäten Krallenpranken, hausen nicht in feuchtkalten Höhlen oder hinter dem Gerümpel auf unseren Dachböden. Sie sitzen mit uns am Frühstückstisch, teilen mit uns das Bett, sitzen mit uns vor dem Computer und werfen zusammen mit uns einen Blick in den Kühlschrank. Sie wohnen in uns und um uns her zwischen Schreibtischen und Tiefgaragen, zwischen U-Bahnstationen und Zeitungskiosken, zwischen Windschutzscheiben und Einbauküchen. Sie sind unsere eigenen Schattenseiten, die Geschöpfe der dunklen Stunden unserer eigenen Seele. Viele von ihnen haben wir in der Vergangenheit hinausgeschickt in unsere Welt, und sie haben begonnen, sich in unsere Gewohnheiten zu verkleiden, sich in unsere Begierden zu verwandeln, sich in unseren Verhaltensmustern einzunisten. Ja, häufig sind sie zu tragenden Kräften unseres Alltags geworden.

Wenn wir zurückkommen von dem heiligen Berg, finden wir sie in unserem zurückgelassenen Gepäck. Sie sitzen schon da und warten auf den kleinsten Fehler, auf die kleinste Nachlässigkeit, auf die unscheinbaren Schwächen, an denen sie uns packen können. Das ist die Zeit, in der wir uns bewähren müssen mit unseren neu gewonnenen Kräften, Einsichten und Visionen. Es geht darum, die hohe Zeit auf dem Berg mit den Füßen auf die Erde zu stellen, sie Wurzeln treiben zu lassen, damit das Leben im Tal etwas von der Kraft auf dem Berg erfährt.

*Ich will auch nicht nach W. Und zwar deshalb, weil alle in meinem Freundeskreis bis auf S., P. und N., vollkommen hängengeblieben sind. Es ist einfach beschissen dort, die Leute kann man einfach nicht brauchen, es läuft immer das Gleiche. Dort wird man nicht akzeptiert und respektiert, es ist immer alles falsch, was man macht, und das Schlimmste ist, die Leute leben nur das, was sie sehen. Und es ist keiner bereit, ein wenig weiterzudenken – sogar mein Vater, obwohl ich große Hoffnungen in ihn setze. Wenn ich nach W. gehen sollte, dann nur wegen meinem Vater. Ich möchte eine gute Beziehung aufbauen, täglich mit ihm sprechen, vielleicht zusammen kochen, essen, einen Film anschauen oder zusammen snowboarden. Ich würde gerne noch etwas von meinem Vater lernen. Aber das geht nicht, denn wenn ich von ihm weg bin wenn er arbeiten geht, komme ich zurück ins alte Fahrwasser, muß mit Leuten herumkämpfen und alten Streß austragen, ich kann meinen Traum nicht leben, ich werde es zu nichts bringen, und das Schlimmste ist, ich kann meine Persönlichkeit nicht weiterentwickeln. Irgendwie bräuchte ich neue Leute um mich oder nur ein paar wenige aus der alten Clique.*

*Ich denke, daß es auch bei meiner Mutter nicht so gut wäre, nicht wegen dem Umfeld, sondern wegen ihr, weil sie mich irgendwo nicht loslassen kann und ich immer wieder in die alten Fallen tappen würde: Sie hat manches für mich glatt gebügelt. Ich hätte Sorge, daß wir das nicht schaffen; obwohl ich eine deutliche Verbesserung bei ihr und mir sehe. Ich will ja auch meine eigenen Sachen machen und für alles geradestehen, was ich in der Vergangenheit gemacht habe und was noch kommt. Ich möchte mir ein Leben aufbauen und es nicht verpfuschen. Da gibt es noch ein paar Leute, zu denen ich gehen muß, die ich um Entschuldigung bitten muß, weil ich sie angelogen habe. Ich habe immer gelogen, nur damit es mir besser geht und ich meinen Vorteil nicht verliere. Ich habe in diesen Tagen auf dem Berg gelernt, zu dem zu stehen, was ich wirklich denke und meinen Herzensweg herausgefunden. Ich bin ein ziemlich talentierter Snowboardfahrer und möchte mir in diesem Gebiet eine Zukunft aufbauen – vielleicht als Snowboardlehrer – und in einem Laden eine Lehre als Verkäufer machen. Ich kann gut mit Menschen sprechen und gut mit ihnen umgehen. Ich habe keine Probleme, jemanden anzusprechen, und wenn es um etwas geht, das mir Spaß macht, kann ich sicher auch sehr gut verkaufen.*

*Was ich sicher noch brauche, ist eine bessere Arbeitshaltung. Ich habe kaum Durchhaltevermögen, und wenn es schwer wird, gebe ich schnell auf. Während meiner Zeit auf der Alpe Pianezzo habe ich von Thomas und Isabell unglaublich viel gelernt über den Umgang mit Tieren, Maschinen und auch, wie man einen Haushalt mit einfachsten Mitteln am Laufen hält. Sicher würde ich in meinem Leben vieles ganz anders machen als der Thomas, aber er hat eine geniale Art, mich immer wieder auf*

*Freude auf dem Platz der Ehre*

*meine Weise, die Dinge zu tun oder zu vermeiden, hinzuweisen. Und da habe ich mich so gut kennen gelernt, wie noch nie in meinem Leben.*

„Two Owl Dreamer“, 17 Jahre, Reflexionen aus seinem Bericht,
Sommer 2004 auf der Alpe Pianezzo

*Suche nicht nach zu viel Ruhm*
*Aber suche auch nicht Dunkelheit*
*Sei stolz*
*Erinnere die Welt nicht an deine Taten*
*Tu dich hervor, wenn Du es mußt*
*Aber übertreffe nicht die Welt*
*Viele Helden sind noch nicht geboren*
*Viele sind bereits gestorben*
*Leben und dieses Lied zu hören*
*Das ist schon ein Sieg*

Volkslied aus Westafrika

## Die Arbeit im Tal

Wer vom Berg zurückkommt, ist voller Tatendrang und Enthusiasmus. Ach, so viele gibt es, denen man von dieser tollen Erfahrungen erzählen muß, die man begeistern möchte, die man mitreißen und gleich am nächsten Wochenende mit auf den Berg nehmen möchte. Alle, alle müssen Visionsuche machen, nur so ist die Welt zu retten. Das Wasser des Lebens schwappt lustig in den gefüllten Kesseln, und alle sollen davon trinken und heil werden...

Wer so mit fliegenden Fahnen ins Tal eilt, die Arme und das Herz weit offen, die Füße kaum noch den Boden berührend, wird sich Beulen und Schrammen holen im Zusammenstoß mit der täglichen, harten Realität. Zunächst ist jeder selbst für sich auf seinen heiligen Berg gestiegen, um seinen inneren Schweinehund zu besiegen, um dem Potential an Höhen und Tiefen auf die Spur zu kommen, um aus all dem alten Mist Gold zu machen. Was immer es auch sei, dies muß erst ins Tal gebracht und an einem sicheren Ort verwahrt werden: im Herzen des Alltags. Dort ist die Herausforderung am größten, denn die Veränderungen treffen auf alles Alte, das beharrlich und träge, einfach ganz borniert, so geblieben ist, wie es schon immer war. Das Interesse an dem, was im Inneren des VisionsSuchers geschehen ist, hält sich durchaus in Grenzen. Die gleiche Geschichte, die noch vor wenigen Tagen im Tipi atemlose, aufmerksame Stille hervorgerufen hat, geht am Tisch in einem Altstadtcafé, den gelangweilten alten Freunden erzählt, sang- und klanglos vor die Hunde. Was soll es, die Geschichte *ist* erzählt und ist mit der größtmöglichen Aufmerksamkeit gehört worden. Von denen, die zum Zuhören fähig und bestimmt waren. Von denen, die selbst diesen Weg gegangen sind und ihre eigenen Kratzer und Schrammen zu pflegen hatten. Allein die vollzogene Wandlung selbst ist fähig, die Geschichte vom Heiligen Berg drunten im Tal mit Nachdruck und Würde zu erzählen.

*Was habe ich gelernt außer*
*Dem sauberen Gebrauch einiger Werkzeuge?*
*Die Augenblicke*
*Zwischen harten, wohltuenden Aufgaben...*
*Im Schweigen sehend:*
*Nie ist es zweimal dasselbe*
*Wenn du es aber recht verstehst, gibst du es weiter*

Gary Snyder

Wenn die jungen VisionsSucher sich im Alltag wiederfinden, ist es oft von unschätzbarem Wert, wenn sie den Kontakt zu denen, die mit ihnen auf dem Berg gesessen sind, aufrechterhalten. Denn sie werden den alten Dämonen und Geistern begegnen, die sie vor ihrer Pilgerschaft in ihrer Welt zurückgelassen haben. Vieles, was nicht aufgeräumt wurde, kommt jetzt und fordert vehement Einlaß in die neue Welt. Manchmal mag sich das anfühlen wie eine Lawine, die allerdings mit vertrauten Zügen und bekannten Tricks schnell und kompromißlos die freien Plätze besetzt. Die wundervolle, kraftvoll leuchtende Leere, die sich im Ritual des Fastens und Alleinseins eingestellt hat, bekommt vielleicht einen schalen Geschmack, fühlt sich kraftlos, langweilig und eintönig an, sobald sie zur Erinnerung verblaßt. Es war ein Sprung, auf dessen Höhepunkt eine einmalige Perspektive erkennbar war. Am Horizont: die heiligen Berge!

Alles, was während der stillen Zeit der Einkehr, im nach innen gewendeten Innehalten, aus den Kellerräumen der Seele hervorgerufen wurde, kann und muß nun erarbeitet werden. Die Speisekammern der Konsumgesellschaft bieten reichlich Gelegenheit, das rechte Fasten in den Alltag zu integrieren, zu erkennen, was wirklich vonnöten ist. Die Gewichte des Lebens sind neu geeicht. Bedeutungen und Werte erscheinen verwandelt im Lichte der Vision, die schlicht und ergreifend auf dem Berg der Einsamkeit den Luftballon der Illusionen zerplatzen ließ. Die erste Naivität der Kindheit ist zerronnen. Der gewitzte, kluge Rückkehrer regt sich nicht darüber auf, daß Konsum die Welt beherrscht, daß die Süchte der Gier jede Bahn brechen, daß Ungerechtigkeit, Verzweiflung, Hochmut und vor allem Unwissenheit die Herzen verdunkeln. Er bekommt kein schlechtes Gewissen, weil er nicht imstande ist, alles sofort zu verändern.

Aber er weiß, daß er zurückgekommen ist, um Verantwortung zu übernehmen und seinen Platz in der Welt zu beanspruchen. Er spürt die Kraft in seiner eigenen Mitte, weiß aber auch um die Empfindlichkeit seines Gleichgewichts. Er kennt den Unterschied zwischen *brauchen* und *wollen*, weiß, daß das *Sein* die Basis des Habens ist.

Es wird gut sein, die Zurückgekehrten daran zu erinnern, daß Schönheit und Menschlichkeit in jeder Person gefunden werden können, daß es auf die Augen ankommt, mit denen sie die Welt betrachten. Beim Hinausgehen und beim Zurückkommen über die Schwelle haben sie den Satz „Ich tue es für mich und für die Welt" laut und beherzt ausgesprochen. Der Schatz, nach dem sie auf die Suche gegangen sind, war etwas, das in der englischen Sprache *Common Sense*[6] heißt und das ich hier gerne mit *Gemeinsinn* übersetzen möchte. Wenn damit eine tief empfundene Verbundenheit mit der Gemeinschaft der Menschen, Tiere und Pflanzen wiedergefunden wurde, können sich daraus so wesentliche Fähigkeiten wie die Bereitschaft zur Solidarität, zur freundschaftlichen Unterstützung, zur Toleranz gegenüber dem Fremden, soziale Kompetenz bis hin zu politischem Engagement entwickeln.

---

6 Common Sense ist eine der Lieblingsvokabeln meines Freundes und Lehrers Jalum Baigal Banyalaam aus Queensland, Australien.

## Sich selbst verantworten: Das Ende der Gleichgültigkeit

*Du, Flee, schreibst was von „junge Menschen aus der Gleichgültigkeit führen". Bei mir kam da gleich das Bild, was mich in den letzten Tagen unglaublich fesselt (mal wieder). Es hat was von „sich selber führen". Selbst entscheiden, wer ich bin – ich hab's ja in meinem letzen längeren Beitrag an Simon schon beschrieben. Mein Gefühl ist ein bißchen so, wie sich wohl jemand fühlt, der ewig gedacht hat, für ihn gibt es nicht genug und der halbwegs ärmlich vor sich hingelebt hat, ohne wirklich eine Chance auf „sein großes Glück" oder so was gesehen zu haben. Ein armer, schüchterner Mann von der Straße. Und jetzt auf einmal stehen da drei schicke Autos vor ihm und er soll sich eins aussuchen. Und die Autos sind nicht nur schick, sie sind schnell und laut und ganz schön kräftig, oh Mann! Kriegt ihr mit, was ich meine? Irgendwie ist es doch auch ganz okay, auf sein altes, klappriges Fahrrad zu steigen und noch ein Weilchen in der eigenen kleinen Welt rumzugurken. Und dennoch wartet da doch auch viel mehr!*

*Hey Shanti! Ich dachte, man ist erwachsen, wenn man aus so einer VisionQuest rauskommt? Was verdammt ist das, Erwachsensein? Mal hab ich das Gefühl, ich bin mit meinem Schiff ganz draußen auf hoher See. Und es geht voll ab, und ich steh mitten drin und genieße die Fahrt, und es geht richtig voran, und ich treffe wichtige Entscheidungen. Dann plötzlich bricht alles über mir zusammen, und ich krieche zu den Ratten im Keller der Hafenkneipe.*

*Ich kenne einige Männer, von denen ich glaube, daß sie schon lange nicht mehr bei den Ratten waren. Sie sind wie die Autos, die ich vorher beschrieben hab. Tja, ich weiß es auch nicht. Eigentlich fällt es mir nur schwer, authentisch zu bleiben in den verschiedenen neuen Rollen, die ich ausprobiere. Und noch viel heftiger ist, daß ich immer wieder das Gefühl habe, ich bräuchte irgendeine Erlaubnis, so zu sein, wie ich sein will. Ja, ich fühle mich nicht wirklich frei in meiner „Selbstdefinition" und dann wieder doch. Es ist wirklich ein auf und ab.*

*Wißt ihr, ich wittere in diesem meinem Umzug eine Chance. So, wie Kindergartenkinder mitunter unglaubliche Entwicklungssprünge machen, wenn sie den Kindergarten wechseln. Die eingefahrenen Beziehungen fallen weg und die alte Rolle bleibt zurück in der Erinnerung der Zurückgelassenen. Neues tut sich auf. Ich komme als Joker. Wer ist dieser Typ? Was macht er? Wie reagiert er auf mich, fragen sich die Leute. Ja, ich hab das Gefühl, das ist eine Riesenchance und gleichzeitig die Angst: Alles bleibt, wie es war! Ich weiß ja auch nicht, wie ich sein will. Wenn ich eine Vision von mir male, dann kommt mir das aber gleich mal drei Nummern zu hoch für mich vor. Mindestens.*

*Versteht mich nicht falsch, ich bin gar nicht so unzufrieden mit mir und ich suche auch nicht krampfhaft da draußen nach Modellen, wie ich ein ganz Anderer werden könnte. Es ist aber so, daß ich ganz viel ungenutztes Potential in mir spüre. Und*

*Hemmungen und Widerstände dagegen. Angst, groß zu sein. Naja, und jetzt kommt einiges auf mich zu. Großer Umzug, Zusammenleben mit Julia, selbständige Arbeit, Vaterschaft, Familie. Puh. Ich seh da also sowohl eine Herausforderung, als auch eben eine Chance. Dahinter steckt auch das Gefühl, daß der, der ich jetzt gerade bin, das nicht schaffen kann. Und dennoch weiß ich, daß ich es schaffen werde. Daß ich hineinwachsen werde in diese Rollen, daß ich wachsen werde an und mit den Herausforderungen.*

*Ich lerne immer mehr, mir Unterstützung zu holen, anstatt aufgebläht gegenüber allen liebevoll bereiten Schultern und Schößen die „Ich kann das doch locker auch alleine"-Tour durchzuziehen. Das macht mich krank und einsam.*

*Ich leg mich in Gedanken in eure tragenden Arme. Ganz liebe Grüße und Danke für euer Dasein!*

„Falling Arms", 24 Jahre, vier Jahre nach seiner Visionsuche
im Internet-Forum der Gruppe

## Über Mut, Würdigung und den Mythos von sich selbst

Wenn die jungen Initiierten zurück in ihre Gemeinschaft gegangen sind, haben sie einen völlig anderen Blick für die Zusammenhänge und die Phänomene unserer Zeit. Einerseits sind sie vielleicht verunsichert, schockiert, aufgewühlt. Sie haben Dinge neu gesehen, die sie immer für gesichert gehalten haben, die eben „so" waren. Oder sie haben ihre Ahnungen über den Zustand der Welt bestätigt bekommen. Das Drama ist wahr. Und es ist alltäglich! Auch wenn es scheinbar normal ist, ist das Wahnsinn. Diese Zeit der Wiedereingliederung verlangt von den jungen Questern, ziemlich große Brocken zu verdauen. Es kommt für sie darauf an, mit den Füßen wieder ganz auf den Boden zu kommen, ihren Platz in der Gemeinschaft der Menschen zu beanspruchen und zu gestalten. Dazu braucht es sehr viel Mut.

*Ich weiß ehrlich gesagt gar nicht, wo ich anfangen soll. Ihr habt so viel in mir bewegt, gelöst und geklärt. Es ist unglaublich, was bei mir abgegangen ist! Und es geht mir so gut dabei, ich bin so glücklich.*

*Ich habe es geschafft, die Energie und Kraft, die ich bei der VisionsSuche bekommen habe, in meine Welt, mein Umfeld, den Alltag mitzunehmen! Ich trete völlig anders, mit einem ganz anderen Körper- und Geistgefühl auf.*

*Die Rückfahrt, erst mit dem Zug, war ein Schock! Die Zivilisation war der Horror! Die Straße zu überqueren, hat mir Angst gemacht – und ich konnte erst gar keine Toleranz für die Touristen in Friedrichshafen finden. Bei der Autofahrt haben wir stundenlang zu dritt Gedanken- und Erfahrungsaustausch gemacht. Das tat gut, ich hatte aber den Kopf noch ziemlich voll mit Dingen, die noch nicht ganz für mich auf dem Berg geklärt waren, und so war ich doch auch noch sehr mit mir selbst beschäftigt, was ich momentan sogar noch intensiv tue. Auf dem Berg habe ich mich sehr wenig mit mir selbst beschäftigt, was ja eigentlich mein Vorhaben war. Dafür hat mir die Zeit einen Anstoß gegeben, mich jetzt mit mir selbst, meinen Gedanken und Gefühlen, zu beschäftigen.*

„Golden Wisdom Fly“

Die Dinge, die sich im Inneren neu geordnet haben, häufig auch ohne, daß die junge Questerin es bewußt mitbekommen hat, verlangen auch im Blick und im Handeln nach draußen, eine Veränderung. Dabei geht es um Würdigung, Anerkennen und Toleranz im Umgang mit den Menschen. Die Bedingungen, unter denen wir leben, zeigen sich in einer ganz anderen Wirkungsintensität, wenn wir einmal Abstand genommen haben, quasi unsere Sinne im Spiegel der Natur gereinigt haben. Dieser Blick in den Spiegel der Natur hat in tiefgreifender Weise das Bild von sich selbst in der Seele der jungen Menschen verwandelt. Sie wissen jetzt in ihrem Inneren, daß sie „richtig“ sind! Daß ihre Wurzeln immer noch stark genug sind, um bis ganz durch den Beton und den Asphalt des Alltäglichen in die noch immer lebendige Erde darunter zu gelangen. Von dort kommt die Energie, die den Reifungsprozeß voranbringt. Das tief in die Seele eingebrannte Bild der eigenen Natürlichkeit, der eigenen Zugehörigkeit zum großen Medizinrad des Lebens ist die Quelle für die Kraft, den Alltag auf neue Weise zu bestreiten.

*Enkelin & Oma*

*So langsam entdecke ich Dinge an mir und meinem Umfeld, die mir jetzt klarer werden, die ich anders oder neu sehe und deute. Ich habe es endlich geschafft. Ich habe endlich die Toleranz in mir gefunden, die ich gesucht habe. Nach Italien war sie gestärkt. Jetzt ist sie kraftvoll und sprudelt. Ich begegne den Menschen in der Schule anders, gehe neu mit ihnen um und kann sie nehmen wie sie sind. Ich habe einen sehr starken Reifeprozeß begonnen, der vor drei Wochen am Rotieren war. Ich komme langsam auf eine ruhigere Ebene. Ich betrachte mich, was sich in mir in dieser Zeit getan hat. Ich habe die stärkste Veränderungsphase meines kurzen Lebens erlebt. Ich habe mich irgendwie selbst gefunden.*

„Golden Wisdom Fly“

Die Zeit auf dem Berg brachte Gipfel-Erlebnisse, war wirklich eine hohe Zeit. Es ist völlig natürlich, daß drunten im Tal in den nächsten Wochen und Monaten das Pendel auch in die andere Richtung ausschlagen muß. Es wird auch Zeiten neuerlicher Dunkelheit, neuer Zweifel geben! Aber diese Zeit wird innerlich vor einem anderen Hintergrund abgehandelt. Es stehen neue Ressourcen und Energien zur Verfügung! Es ist ein großer Unterschied, ob man die Lebensprobleme mit dem Bewußtsein angeht, ein Kind zu sein, oder ob sich schon eine Spur der Gelassenheit einer gewissen Reife bemerkbar macht. Erwachsen sein heißt früher oder später auch, irgendwelchen unerwarteten Komplikationen in der profanen Gemeinschaft der Zivilisation begegnen zu können. Das Bewußtsein des vollzogenen Wandels, in das bewußte Erwachsenwerden hinein, ist erst ein paar Stunden alt. Und deshalb brauchen wir einerseits eine gewisse Behutsamkeit und andererseits ein gestärktes Vertrauen in die gesteigerte Lernfähigkeit des Neuankömmlings.

*Ich weiß, ich werde noch viele Selbstfindungs- und Reifeprozesse durchlaufen, aber dieser ist jetzt da, und es ist erstaunlich schön, endlich mal eine so starke Veränderung an mir selbst, und nicht an anderen, feststellen und beobachten zu können.*

*Ich habe so viel Energie. Körperlich und geistig. Und ich merke, daß ich diese auf andere Mitmenschen übertrage. Mein Auftreten ist ganz anders. Meine Haltung ist gerader und aufrechter, ich fühle mich geöffnet. Meine Augen sind weiter als sonst. Ich kann Fremden in die Augen sehen und ein Lächeln herausreizen. Ich bin offen und wach! Ich laufe klar durch die Welt. Die Erkenntnisse auf dem Berg waren schon so aufwühlend und bewegend. Und jetzt kommt die Welle danach. Es ist so erfüllend! Meine innere Ruhe habe ich noch nicht ganz. Es wird noch eine Weile dauern bis dahin. Ich bin aber auf dem besten Weg. Denn ich denke, Vertrauen, Akzeptanz und Toleranz habe ich schon in ganz guten Mengen. Jedoch fehlen mir manchmal noch die klaren Gedankengänge über mich selbst. Mein Kopf ist sehr stark beansprucht, durch starkes Nachdenken über „Gott und die Welt“.*

„Golden Wisdom Fly“

Auf dem Rückweg in die Gemeinschaft der Menschen ist es wichtig, die jungen Initiierten gut zu „erden". Wir haben sie hinaus auf den Berg geschickt, damit sie gestärkt und gereinigt zurückkommen, damit sie sich selbst finden und mit sich selbst einig sind. Die VisionsSuche ist in einem tieferen Sinne auch eine Bestätigung: „Wir haben festgestellt, daß du völlig in Ordnung bist! Wir können es dir spiegeln und als die Elders in diesem Kreis ausdrücklich bestätigen. So ist es!" Die Menschen aus der vertrauten Umgebung sind nicht immer der gleichen Meinung. Da kann es durchaus sein, daß Fragen gestellt werden. Nach dem Wieso und Warum dieser merkwürdigen Veränderung. Auch wenn sie positiv erscheint, so ist sie doch ein wenig unheimlich. Und schließlich hat der junge Mensch immer noch seine alten Schwächen und manch unbeliebte Macke. Oder vielleicht doch nicht? Das muß überprüft werden, und so mancher junge Quester, manche junge Initiierte hat erlebt, wie schnell die „Prüfer" des Lebens verhalten knurrend um sie herumstanden ...

Im Falle von *Golden Wisdom Fly* indes scheint dies vielleicht nicht ganz typisch verlaufen zu sein, denn sie hat überwiegend Bestätigung und positive Reaktionen ernten dürfen.

*Die Frauen begrüßen den initiierten jungen Mann*

*Ich bekomme in meiner Veränderung durch Freunde viel Bestätigung, Bestätigung, die ich auch von Euch bekommen habe. Und das tut gut! Das gibt mir noch mehr Kraft. Dazu kommt noch, daß wir in der Schule viele philosophische, menschliche und gesellschaftliche Themen durchnehmen, die mich noch mehr zum Nachdenken anspornen. Ich war wirklich am Rotieren. Aber es war superangenehm. Ich bin so dankbar gegenüber allen und allem, was mir bei meiner Veränderung hilft. An Euch sage ich DANKE. Ihr habt ein super Team aufgestellt, einen schönen Platz gesucht und ihr wart einfach ganz mit Euch dabei: Euer Team war voll mit sehr starken Menschen, die mir viel geben konnten.*

*Vor einiger Zeit hat mir die Natur einen absoluten Kick gegeben. Es war ein Kick, den ich mir eigentlich auf dem Berg gewünscht habe. Der Wind war gigantisch! Er hat nicht nur die Blätter und Bäume, sondern auch mein Herz aufwirbeln lassen. Ich bin durch den Wald gerannt, habe gesungen, war voller Euphorie. Es hat geregnet und die Sonne hat gleichzeitig geschienen. Der Regen im Wald war so schön.*

*Mein Herz hat wild geschlagen und doch war ich voller Ruhe. Ich war ein Teil der Natur. Ich hätte sie aufsaugen können, gigantisch! Ich glaube vor der VisionsSuche wäre mir ein solches Erlebnis nicht passiert. Denn ich achte jetzt bewußt auf Zeichen der Natur und auf mein inneres Gefühl. Ich habe eine Art zweite VisionQuest gemacht, auf eine ganz andere Art. Der, welches ich mit euch erlebt habe, war, damit ich die Natur besser verstehen kann und um Dinge in mir zu wecken, die geschlafen haben. Es hat den jetzigen VisionQuest herausgereizt. Dieser ist für mein ICH: für meine Gedanken und Einstellungen. Ich entdecke mich, nehme mich bewußter wahr und beobachte Beziehungen zwischen Menschen mit einer noch größeren Leidenschaft als vorher. Ich lebe! Mit all meinem Herzen, mit voller Hingabe. Ich glaube, diese Phase könnte ich nicht durch das Alleinsein erfahren, sondern in gewohnter Umgebung, in der Zivilisation und in Gesprächen mit Freunden. Ich kann meine Gefühle nicht in Worte fassen, es ist vielleicht auch nicht nötig. Aber ich bin schlicht und einfach von oben bis unten gefüllt mit Glück. Helen, Dir möchte ich noch sagen, daß mir Dein Rat für das Ritual der Weiblichkeit auch geholfen hat. Ich glaube, ich fühle mich jetzt weiblicher. Runder, weicher, einfach eine Frau. Ich kann mit meiner Menstruation anders umgehen. Offener und mit mehr Akzeptanz. Ich möchte mich als Frau zeigen, mit allem, was dazu gehört. Mit dieser Akzeptanz kann ich leichter und unbeschwerter als Frau leben. Ein schönes Gefühl. Danke für den schönen weiblichen, kräftigen Rat.*

„Golden Wisdom Fly"

Viele junge Frauen erleben in diesem Zusammenhang auch eine besonders starke und kraftvolle Bestätigung ihrer Weiblichkeit. Und umgekehrt ist es für die jungen Männer von größter Bedeutung, sich in ihrer maskulinen Identität klar zu bestätigen. Dem Bedürfnis, sich als Frau oder Mann wiederzuerkennen, seine eigene Geschlechtsidentität im Rahmen dieses Rituals zu bekräftigen und sich so der Welt zu zeigen, muß ein Raum angeboten werden. Die VisionsSuche ist an sich ein Ritual, das den ganzen Menschen meint und damit über geschlechtsspezifische Kriterien und Grenzen weit hinausreicht. Deswegen erscheint es uns wichtig, in dieser Frage immer flexibel zu bleiben und auf das individuelle Bedürfnis der jungen Menschen genau eingehen zu können. Das schafft einen Raum von Offenheit, Klarheit, Toleranz und eindeutiger Zuwendung, die immer das Menschliche meint. So wird der Platz des Menschen in der großen Gemeinschaft der Wesen, aller *Irdischen* verdeutlicht, ohne in eine gleichmacherische Beliebigkeit zu führen

*Eure Arbeit ist wichtig. Ich wünsche allen Jugendlichen, einmal eine solche Erfahrung zu machen. Ich habe vielen Freunden von meinen Erfahrungen erzählt. Ich habe dies mit großer Begeisterung getan und diese auf sie übertragen. Ihre Augen leuchteten richtig beim Zuhören, weil ich selbst so tief mit meinen Gefühlen drinstecke. Ich habe bei vielen die Lust darauf geweckt; was sie daraus machen, bleibt ihnen selbst überlassen. Genauso ist es jedem selbst überlassen, ob er aus einer VisionsSuche lernt oder nicht. Ich denke, es kommt immer darauf an, mit welchem Bewußtsein man darangeht. Ich denke, mein Bewußtsein ist dabei sehr groß. Dieses zeigt mir sehr viel, mit dem ich durchs Leben gehen kann. Ich beginne mein Umfeld zu kritisieren, was ich früher nicht so stark gemacht habe, aus Angst, jemanden zu verlieren. Aber das Vertrauen in die Menschen wächst. Und mein Selbstbewußtsein ist so groß, daß ich nicht abhängig oder nicht zu abhängig von anderen bin. Mich nervt die Kifferei in meiner Clique ein bißchen, das erste Mal seit fünf Jahren. Und jetzt bekomme ich immer mehr Lust, mit klaren Menschen in Kontakt zu treten. Mal sehen, was sich ergibt. Ich bin gespannt auf mein Leben, auf mich und die Menschen, die ich liebe!*

*Alles Alles Liebe und eine lange innige Aloha-Umarmung.*

„Golden Wisdom Fly", jetzt 18 Jahre alt

Ja, es kündigt sich bereits an, daß sie, wenn sie ins Tal hinab geht, mit ihrem kleinen Boot auf den Wellen schaukeln würde. Dann ginge es auf und ab, so wie immer und überall, aber es wäre anders, denn das Vertrauen würde wachsen ...

*Am Ende einer erfüllten, gemeinsamen Zeit*

# Epilog

## Tradition, sozialer Druck, morphische Felder

Während meiner Unterweisungen durch den Medizinmann Semu Huaute hörte ich vor allem Geschichten über sein Leben in der Jugend und Kindheit. Geschichten voller Sehnsucht, Schwermut und Poesie. Geschichten einer Zeit, die im Dämmerlicht der Vergangenheit versinkt. Aber es waren Geschichten, die in lichte Höhen der Menschlichkeit blickten. Seine Art zu unterrichten, das alte Wissen seines Volkes weiterzugeben, war es, seine Erinnerungen zu beschreiben. Bei den stundenlangen Autofahrten, die ich als sein Chauffeur erleben durfte, geschah es des öfteren, daß ich mich fühlte wie ein Enkel auf dem Schoß seines Großvaters. Er war großartig! Seine Fähigkeit, das alte verlorene Leben seines Stammes vor meinen inneren Augen erstehen zu lassen, war phänomenal. Obwohl ich die Landschaft des pazifischen Südwestens der USA bis dahin noch nie zu Gesicht bekommen hatte, wurde alles sehr plastisch und deutlich, wenn er erzählte. Es waren viele Geschichten – und immer eine starke große Bewegung des Herzens.

An eine der besonderes langen Geschichten erinnerte ich mich erst viele Jahre später wieder, als ich mit Steven Foster über das Schreiben von Büchern sprach. Steven wies mich auf einen Artikel hin, den er für das Buch *Crossroads, Initiatory Rites of Passage* geschrieben hatte. Was er mir über den Inhalt dieses Artikels sagte, ließ mir die Haare zu Berge stehen.

Hier meine Übersetzung des wesentlichen Teiles dieses Beitrages:

## Karnickel-Dreschen[1]

*In der Sprache der Anthropologen wäre „Karnickel[2]-Dreschen" ein informelles Pubertäts-Schwellenritual, halb tabuisiert, durchgeführt in einem „wilden Gelände" außerhalb des sicheren Kreises des Dorfkerns. Es ist sanktioniert durch die stillschweigende Zustimmung der männlichen „Bend City Elders". Obwohl Karnickel-Dreschen seine Wurzeln in den alten Jagdgebräuchen der Paiute Indianer zu haben scheint, ist es nicht ausschließlich indianisch. Eine beachtliche Anzahl weißer Jugendlicher nimmt freiwillig daran teil. Die alljährliche feierliche Wiederholung dieses Rituales ist durch die Tatsache sichergestellt, daß viele der jungen Männer, die am Karnickel-Dreschen teilnehmen, niemals die kleine Stadt oder die Reservation verlassen. Eine bemerkenswert große, sogar wachsende Anzahl von Karnickel-Dreschen-Initianden, – man kann auf 20 Jahre Geschichte zurückblicken – garantiert, daß auch im nächsten Jahr die Ernte von männlichen Schulabsolventen ebenfalls wieder Karnickel-Drescher sein wird.*

---

1 Von Steven Foster; aus Crossroads, siehe ebd.

2 Die hier gemeinten Hasen werden in ganz Kalifornien *Jackrabbit* genannt.

*Das Karnickel-Dreschen existiert, weil die erwachsenen männlichen Elders von Bend City keine andere Art und Weise kennen und insgeheim stolz darauf sind, daß es die jungen Kerle genau auf die Weise tun wie sie selbst:*

*... Der „Junge-der-ein-Mann-wird“ verläßt seine Mutter und das mütterliche Nest und geht auf Abenteuersuche in die Wildnis, das Unbekannte, die „heilige Welt des Karnickel-Dreschens.“ Er macht die Erfahrung, daß das bedeutet, ein erwachsener Mann in Bend City zu sein!*

*Heilige Symbole:*

*- Alkohol (normalerweise Bier)*

*- eine gefährliche Waffe (vorzugsweise ein Gewehr)*

*- ein Allrad-Pickup (falls einer zu haben ist)*

*- ein helles Licht (möglichst Halogenleuchten)*

*Heilige Arena:*

*- unten am Fluß, die weitläufigen Ebenen östlich der Stadt, wo die Hasenkrautbüsche wachsen*

*Heiliges Ritual:*

*Besaufe dich, besauft euch, quetscht euch in die Autos, fahrt querfeldein ins Dunkle der Nacht, fahrt alle Büsche über den Haufen, brüllt und schreit wie Wahnsinnige! Fangt ein Kaninchen im Lichtkegel ein, blendet es und nagelt es auf der Stelle fest, blast es mit euren Gewehren weg, schießt es in Fetzen, das Dreschen ist erfolglos, solange der Leichnam als Kaninchen erkennbar ist. Kehrt nach abgeschlossenem Morden, nach Hause zurück, ruht Euch aus, putzt Euch heraus und um 22:00 Uhr gehi ihr aus zur All-Night-Party!*

*Das gesamte Ritual ist selbstverständlich illegal. Minderjährige Jungs trinken, fahren Auto und spielen mit Schußwaffen! Mehr von einer ethischen Perspektive aus betrachtet, ermorden sie unschuldige Kreaturen und übertreten Naturschutzgesetze (Töten als Sport!). Was ist der Grund dafür, daß es solch ein sinnloses, gewalttätiges, widerliches und unverantwortliches Ritual überhaupt gibt, ganz besonders zu einer Zeit, in der es darum gehen sollte, daß bei den jungen Schulabgängern Zeichen von Maturität sichtbar werden?*

*Die erste und offensichtlichste Antwort ist, daß solch eine Zeremonie besteht, weil sie die stillschweigende Anerkennung der kleinen Stadt hat. Eine männlich dominierte Kultur, der die unterdrückten Frauen zwangsläufig zuzustimmen haben. „Es sind und bleiben eben Jungen. Himmel, die tun doch nichts, was ich nicht auch getan habe, als ich ein Kid war. Nix passiert, hey! Ein paar von Flöhen zerstochene Karnickel, ein paar umgeknickte Büsche. Sie haben halt ein bißchen Spaß!“ Tatsache ist, daß viele der Karnickeldrescher das Gewehr ihres Vaters ausleihen.*

*Aber die Tatsache, daß das Karnickel-Dreschen sich auf die derzeitigen männlichen Werte in Bend City bezieht, erklärt nicht vollständig seine Existenz. Setzt man einmal voraus, daß alle anderen Möglichkeiten für diese jungen Leute offen stünden, und bedenkt, wie nahe die Wildnis, die wahrhaftig gefährlich sein kann, ihrem Lebensraum ist, bleibt dennoch die Frage: Warum gerade diese spezielle Zeremonie an diesem speziellen Abend? Wie kann man überhaupt auf so etwas kommen? Warum besteigen sie nicht einen Berg, swimmen durch einen Fluß, gehen eine Meile mit verbundenen Augen oder tun etwas wirklich Gefährliches, wie einen Berglöwen jagen oder eine lebendige Klapperschlange fangen?*

*Der Psychologe jungscher Prägung würde vielleicht anmerken, daß das kollektive Unterbewußtsein der Jungs die Notwendigkeit erkannt hat, eine Gren-zerfahrung herzustellen, abseits vom Pomp und den Begleitumständen der Abschlußfeierlichkeiten; daß die Jungs unbewußte, alte Triebe ausleben müßten, um Schatten und Ungeheuern gegenüber zu treten und sich als Männer zu beweisen. Schließlich gehen sie in die Dunkelheit der Nacht hinaus, wie Jason und die Argonauten, um heldenmütig den fürchterlichen, feuerspeienden Drachen aufzustöbern und mit ihm zu kämpfen. So weit so gut. Aber an dieser Stelle bricht die Allegorie zusammen. Die Argonauten von Bend City besitzen Waffen und Werkzeuge mit großer Macht, und ihre heilige Beute ist nicht der fürchterliche, feueratmende Drache, vielmehr das lammfromme, knospenknabbernde Wüstenkaninchen, dessen einzige Möglichkeit, sich zu verteidigen, ist, zu flüchten und sich zu verstecken.*

*Aus irgendeinem Grund werden unsere jungen „Helden“ selbst der feueratmende Drache, nach dem sie gesucht hatten, sie werden selbst zur Macht des Übels, das sie auszulöschen gedenken. Ihre Beute hat nicht einmal den Schimmer einer Chance. Und ihre Geschichte nimmt auch kein gutes Ende. Sie erringen niemals das goldene Vlies! Ihre Odyssee in die Männlichkeit scheitert, denn sie pumpen ihre Ladung vorzeitig in den Körper eines vollkommen harmlosen Wesens. Die Reise in die Männlichkeit verkommt, wird anti-heroisch und sadistisch. Gegen das Herz der Natur war Gewalt wird ausgeübt. Und die Jungs kommen als Jungs zurück.*

*Die Mentalität der männlichen Red Necks*[3] *kann in dieser Geschichte nichts als Spaß entdecken. „Teufel auch, Jungs sind Jungs. Waren doch nur auf einen Jux aus. Müssen auch irgendwie Dampf ablassen, ne! Sei man froh, daß sie es nur an einem Karnickel abgelassen haben!“ – Die Jungs würden dem zustimmen. „Wir wollten nichts Schlimmes machen, niemand weh tun. Hat verdammt Spaß gemacht!“ Aber man fragt sich, setzt man einmal die Bend-City-Mentalität voraus, ob noch irgendetwas jenseits*

3 Red Necks (Rote Hälse) ist in Amerika die Bezeichnung für eine Mentalität überwiegend weißer Männer, die sich selbst für die Krone der Schöpfung halten. Ihre Hälse sind rot, weil sie einen Sonnenbrand haben, das bedeutet, das Licht im Freien auf ihrer Haut einen Stau von Zorn und Zerstörungswut, Frustration und verdrängten Minderwertigkeitsgefühlen sichtbar macht. Sie sind das weiße Abbild des Macho, der keine Selbstreflexion kennt, sich nicht scheut, sich die ganze Welt untertan zu machen, weil er „sooo einen Hals hat“.

*von „Spaß" in der Psyche dieser jungen Männer vorgehen mag. „Jungs sind Jungs", so ist es wohl. Aber wann werden sie denn zu Männern? Und was macht überhaupt einen Mann aus? Könnte es sein, daß diese Jungs den Versuch unternehmen, auf etwas seltsame Art sich als Männer zu erweisen? Daß sie in einem psychologischen Sinne in die Dunkelheit ihrer eigenen Tiefe gehen, um das verängstigte, verwirrte, hilflose Kaninchen in sich selbst zur Strecke zu bringen? Daß sie das Heilige, Unschuldige, Hilflose in sich opfern, damit der tödliche, gefährliche, machtvolle Werkzeuge schmiedende „Mann" leben kann?*

*Wenn es so ist, liegt die Torheit ihrer Handlungsweise offen vor uns. Es ist die Torheit der „Macho"- Psychologie des männlichen Red Necks, zu glauben, daß er mit seinem Gewehr das Kaninchen der Furcht in sich selbst zerstören könnte. Je häufiger dies passiert, desto mehr wird er aussehen wie der ewig Pubertierende, der zu beweisen versucht, daß er ein Mann sei.*

*Obwohl die jungen Männer von Bend City gelobt werden müßten dafür, daß sie überhaupt ein Schwellenritual als Komponente in ihre Schulabschlußprüfung einzufügen versuchen, liegen sie weit daneben, soweit es darum geht, ihre Mannhaftigkeit zu bestätigen. Wenn der Mann sich darin „beweist", bestimmte Prüfungen, Belastungen oder Bewußtseinszustände auszuhalten, ist nichts davon im Karnickel-Dreschen enthalten. Die so wichtigen Bedingungen der Einsamkeit und den Naturkräften ausgesetzt zu sein, fehlen. Die Jungs gehen nicht allein hinaus, wie es der traditionelle Indianerjunge bei der VisionQuest getan hat, zu einer schicksalhaften Begegnung mit der Großen Mutter. Statt dessen jagen sie als Meute, kichernd, sich gegenseitig anstiftend. Es ist alles ein großer Witz und zum größten Witz wird das Wüstenkaninchen gemacht. Der Gruppendruck erlaubt dem einzelnen Jungen wenig Raum, einen Sinn dafür zu entwickeln, wer er ohne die anderen ist. Das vordringliche Ziel ist dazu zu gehören, akzeptiert zu sein und eine Selbstentdeckung zu vermeiden.*

*Fasten oder „leer gehen", ein beinahe universeller Bestandteil in traditionellen Schwellen- und Übergangsritualen, fehlt beim Karnickel-Dreschen ebenfalls. Die Jungs übertreten die uralten Tabus von Enthaltsamkeit einfach dadurch, daß sie sich selbst mit Bier abfüllen. In diesem Fall wirkt die heilige Droge, das Bier, als schmerzstillendes Mittel auf das schlechte Gewissen. So können sie die gesellschaftlichen Regeln wie „du sollst nicht töten" oder „wenn Du trinkst, fahre nicht Auto" vergessen. Bier dient als soziale Droge ebenfalls dazu, jeglichen Respekt kurzzuschließen, den sie gegenüber der Natur als einer Manifestation von „Geist" oder Gott fühlen könnten. Sie sind aber nichts weiter als ein besoffener Haufen, und endlich kommen sie einmal dazu, mit richtigem Männerspielzeugen umzugehen: die Kleinlastwagen mit den großen schweren Motoren, die gefährlichen Gewehre, das (immer noch) verbotene Bier. Die traditionelle Einsamkeit und der leere Bauch des verletzlichen Initianden werden auf diese Weise zu einem sozialen Jux, einem Ausdruck wilder Schadenfreude, die sich zu einem technisch ausgerüsteten Morden steigert. Und in Bend City heißt es noch immer: „Jungs werden Jungs bleiben".*

Dies ist noch nicht das Ende des Artikels, jedoch der signifikante Teil. Ich möchte im Folgenden die Geschichte von Semu Huaute wiedergeben, an die ich mich angesichts des Artikels erinnert habe.

Semu Huaute ist ein Angehöriger des Stammes der Chumash. Dieser Stamm war an der amerikanischen Westküste einer der größten und zahlreichsten und lebte im Gebiet nördlich und östlich von Los Angeles. Zum Stammesgebiet gehörten lange Küsten, weite Berg- und Wüstenareale bis hinauf in die Nachbarschaft der Paiute, die das mittlere und obere Owens-Valley bewohnten und als entfernte Verwandte betrachtet wurden. Obwohl beide Volksgruppen ihre eigenen Sitten und Gebräuche hatten, gab es doch in vielerlei Hinsicht Ähnlichkeiten, Übereinstimmungen und vor Allem regen Austausch.

*Bend City* in dieser erschütternden Geschichte von Steven Foster liegt im Herzen des alten Stammesgebietes der Paiute.

Semu erzählt:

*Die kleinen Jungen in unserem Stamm waren uns sehr wichtig! Nicht daß die kleinen Mädchen uns nicht so wichtig gewesen wären, aber hier will ich über die Jungs erzählen: Wenn sie etwa sieben Jahre alt geworden waren, machte ihr Großvater für sie den ersten richtigen Bogen! Nicht zu groß und nicht zu klein, gerade richtig, daß ein Junge mit sieben Jahren ihn mit eigenen Händen, mit eigener Kraft spannen konnte. Nun, hat der Großvater dem Jungen auch Pfeile gegeben? Wozu ist ein Bogen gut, wenn du keine Pfeile hast?*

*Die Pfeile, die der Großvater machte, hatten stumpfe Spitzen. Der kleine Junge bekam auch kleine, runde Platten aus Ton, gerade so groß, wie der Ring, den du mit Daumen und Zeigefinger machen kannst: so groß wie das Auge eines Wüstenhasen. Die haben sehr große Augen, denn sie kommen hauptsächlich nachts aus den Büschen hervor.*
*Nun, was sollte der kleine Junge mit seinen Pfeilen und Bögen nun tun? - Sie übten den genauen Schuß. Alle Chumash-Jungs lernten, auf mindestens 50 Schritt diese winzig kleinen Tonscheiben zu treffen! Sie stellten sie zwischen das Rabbitbrush und übten das Treffen aus allen möglichen Lagen. Es war der Sport der kleinen Jungen, nur zum Baden gingen sie noch lieber.*

*Versuche es einmal, dann wirst du dein blaues Wunder erleben: Es ist schwer, sehr schwer zu treffen! Aber sie übten und übten und sie lernten es gut, denn sie wußten, daß ein Mann das können muß.*

*Oh, ja ... und wenn sie von zehn Schuß nur noch einen verfehlten, durften sie sich für ihre erste VisionsSuche vorbereiten, denn das zielsichere Bogenschießen war eine ebenso wichtige Voraussetzung, um zum Mann zu werden, wie die große Prüfung. Die Initiation der Chumash Jungen war eine sehr heilige Zeremonie, über die ich dir an anderer Stelle erzählen werde, denn du mußt wissen, niemand wurde zum Mann, ohne diese Prüfung bestanden zu haben.*

*Was ich dir aber erzählen werde, ist, wie es nach der Schwellenprüfung für die jungen Männer weiterging:*

*Sie waren nun zwischen 12 und 15 Jahren alt und hatten alles gelernt, was ein junger Chumash dort draußen kennen und können muß. Aber das größte Privileg, das ihnen nach dieser Prüfung gegeben wurde, war das Recht, für ihre Großeltern zu jagen. Dabei mußten sie sehr genau darauf achten, daß es nur ein ganz bestimmtes Wild gab, das sie erlegen durften: Steinhühner und Wüstenhasen (Jackrabbit)! Sie hatten all die Jahre das genaue, treffsichere Bogenschießen geübt, damit sie sicher mit dem ersten Schuß das Lebenslicht des Tierchens auslöschen konnten. Und wehe, wenn sie einen der kleinen Flitzer nicht richtig trafen; wenn er nur verletzt war und schrie, war das eine große Schande, und der junge Held mußte für einen Mond seine Jagdpfeile abgeben und mit stumpfen Übungspfeilen trainieren.*

*Du kannst dir sicher den Stolz der Jungen vorstellen, die erfolgreich von der Jagd zurück kamen und ihren geliebten Großeltern das frische Fleisch übergeben konnten? Denn es war eine große Ehre, für die Ältesten im Stamm sorgen zu dürfen.*

Was ist nur aus dieser heiligen Zeremonie geworden? Hat die eine Geschichte mit der anderen etwas zu tun?

Mein Eindruck ist, daß sich hier ein Drama um ein morphisches Feld ausdrückt! Dabei wird sichtbar, was geschehen kann, wenn die kulturellen Rahmenbedingungen und die vorherrschenden Betrachtungsweisen der Welt, die kollektive Mentalität und geistige Verfassung der Menschen, die auf der Matrix des alten morphischen Feldes ihr Leben entwickeln, nicht demütig vom Land und den Leuten erlernt werden und aus der Verbundenheit mit „ihrem" Platz fallen. Ich sehe in diesem Beispiel eine erschreckend genaue Beschreibung von Delinquenz, einen Bruch der Verbindung zwischen einer Kultur und der sie umgebenden Natur.

Ich wünsche nicht nur den jungen Männern von Süd-Kalifornien, sondern uns allen das Glück, daß sie den hohen Wert der alten Traditionen und Zeremonien für sich selbst erkennen. Mögen sie, ihre Eltern und Familien erkennen, daß das Land die kraftvollen Rituale, die früher auf dem heiligen Boden zelebriert wurden, noch immer in sich trägt. Mögen sie erkennen, daß sie dort bekommen, *was sie wirklich brauchen* für ihren Weg als Menschen der Erde.

# Starke Medizin für schwere Fälle

VisionsSuche mit delinquenten Jugendlichen im modernen Südafrika

*(Transskription einer Radiosendung von Dr. Geseko von Lüpke, Redaktion Kirchenfunk, Sender Freies Berlin)*

## Wenn die Kindheit stirbt ...

Wildes Land. Gigantische Felsbrocken liegen auf der Hochebene, als hätte eine riesige Hand sie achtlos verstreut. Abgeschliffen von Wind und Wetter, ähneln sie mal einem Elefanten, mal einem Adlerkopf, mal einem menschlichen Profil. Zwischen diesen stillen Wächtern tauchen Menschen auf. Wie im Gänsemarsch bewegen sie sich durch die weglose Einöde der Groot Windhook Mountains.

Fünfzehn junge Farbige, die schweigend ihre schwere Last durch die Bergwildnis Südafrikas schleppen. Sie ähneln aus der Ferne einer archaischen Jägergruppe. Doch wer ihnen näher kommt, erkennt an ihnen die modernen Statussymbole: Baseballmützen, Nike-Schuhe, nachgemachte Designerklamotten, martialische Tattoos an den Armen. Schwere Jungs aus den zahllosen Straßengangs der südafrikanischen Metropole Kapstadt.

**Wenn die Kindheit stirbt ...**

Wer vor den Jugendlichen steht, blickt in Gesichter, die weit älter wirken als sie tatsächlich sind. Kindergesichter, die vom Drogenmißbrauch gezeichnet sind, traurige Augen, die von Mord, Totschlag, Überfällen und Diebstählen erzählen, die sie tagtäglich in den Townships erleben und die sie nicht selten selbst begehen. Hinter dem coolen Gehabe und dem wiegenden Gang, mit dem sie sich auf den Weg in die Wildnis machen, stecken zutiefst verunsicherte, haltlose junge Menschen, deren Familien meist zerfallen und deren Gemeinschaften Brutstätten der Gewalt sind.

*Das Leben war schlimm, wirklich schlimm. Ich lebte auf der Straße. Das ging los, als ich sechs Jahre alt war. Ich ging nach Kapstadt, um meine Eltern zu suchen. Irgendwann habe ich sie gefunden, aber ein Zuhause war's nicht mehr. Also blieb ich auf der Straße. Ich bettelte um Geld und Essen. Und wenn ich es bekam, kaufte ich das Falsche: Drogen.*

Granwell ist gerade mal 18, sieht aus wie Ende 30 und hat eine Stimme wie ein 60jähriger. Jetzt will er raus aus der Spirale, die jeder der Jugendlichen hier kennt: Orientierungslosigkeit, Erniedrigung, Kriminalität und Gewalt.

*In jedem zweiten Haus nehmen sie Drogen. Ich wollte einfach so sein wie die anderen. Und jeder in der Clique war auf Drogen. Es begann mit Überfällen, Autodiebstählen, wir raubten Läden aus, besorgten uns Drogengeld mit der*

*Knarre, rauchten eine Pfeife und drehten das nächste Ding. Dann haben sie mich geschnappt. Ich kam vor Gericht. Jetzt bin ich hier.*

*I came to court. So I am here now.*

Das ist Ricardo, gerade mal 16, aber schon knasterfahren und meist von Crack, dem „Heroin für Arme“, zugenebelt. Weil er hinter Gittern Schutz brauchte, hat er sich einer der Gefängnisgangs angeschlossen. Als Gegenleistung zwang man ihn nach seiner Freilassung dazu, mit einer Schlägertruppe säumige Schuldner halbtot zu prügeln. Dann ist da Geoffrey, 17 Jahre alt, ein halbes Kind mit langer Drogenkarriere, daheim wegen seiner Brutalität gefürchtet. Zusammen mit seinen Kumpels von der Straße hat er zahllose Überfälle auf dem Kerbholz: Körperverletzungen, Diebstähle, Messerstechereien. Seine Familie ist in den Wirren der Apartheid zerrissen worden. Seine Eltern, die sich am Schulstreik gegen das weiße Regime beteiligt hatten, haben nach dem Sturz der Rassisten nicht mehr Fuß gefaßt im neuen Südafrika. Die Mutter geht auf den Strich, der Vater wurde zum Drogendealer.

*I can't remember the cases because I was drugged ...*

*Was ich getan hatte, wußte ich gar nicht mehr, weil ich völlig zugenebelt war, aber es ging um versuchten Mord. Es war so 'ne Party, wo sich zwei Gangs gegenüberstanden. Sie gingen auf mich los. Ich hab zwei von ihnen niedergestochen. Schuldig bin ich schon, auch wenn's irgendwie Notwehr war.*

*... guilty for commiting the crime but it was more in a defence.*

Klassische Biographien am Kap der „Guten Hoffnung“! Die straff organisierten kriminellen Gangs haben in den Metropolen Südafrikas längst das Vakuum jener einstmals funktionierenden sozialen Gemeinschaften gefüllt, die vom Regime der Apartheid bewußt zerschlagen wurden. Längst haben die jungen Menschen jede kulturelle Identität verloren. Nur die Gangs geben den haltlosen Kindern enttäuschter Eltern eine trügerische Sicherheit und verkehrte Werte, die auf den sozialen Organismus so wirken wie AIDS auf den menschlichen Körper. 70.000 Gangmitglieder, so wird geschätzt, verunsichern allein die Straßen Kapstadts. Was Deutschland nur als das Problem sozialer Randgruppen kennt, hat unter den Farbigen Südafrikas ein epidemisches Ausmaß erreicht, berichtet der südafrikanische Sozialarbeiter Oufy Ryklief:

*They come out of coloured communities ....*

*Sie kommen aus den Townships der Farbigen, gangverseuchten Gebieten, Ghettos. Bandenkriege sind der Alltag dieser Kinder. Sie sehen, wie Menschen aufeinander schießen, sich auf offener Straße umbringen – und es ist völlig normal für sie. So, wie es halt sein soll. Sie erleben Diebstähle, bewaffnete Überfälle, Gewalt. Das alles wird Teil ihrer Normen und Werte. Es wird zu einem Teil von ihnen, zur Grundlage ihres Selbstbilds. Das gilt es zu knacken und aufzubrechen.*

Die Republik Südafrika sitzt auf einer Zeitbombe. Die tiefen Erniedrigungen durch Rassentrennung, Apartheid und moderne Sklaverei haben eine ganze Generation traumatisiert. All die unverarbeitete Gewalt und Hoffnungslosigkeit hat die Seelen verdunkelt. Sie wirkt weiter und zerstört die Gemeinschaften, die Familien, die Ehen. Alle Werte stehen zur Disposition, sagt Coleridge Daniels. Er war bis vor kurzem Streetworker für die obdachlosen Jugendlichen und arbeitet in der Organisation „EDUCO Africa" auch mit jungen Kriminellen:

*Because of the pain and the damage, that has...*

*Wegen all diesem seelischen Schmerz brauchen wir etwas, um mit diesen Traumata umzugehen, einen Mechanismus, der den tiefen Ärger in unserer Gesellschaft kanalisiert. Ich will nicht sagen, daß es schon zu spät ist. Aber wenn wir nichts unternehmen, sehe ich schwarz. Denn die Jugendlichen von heute sind jetzt schon die schlechten Vorbilder der Kinder von Morgen. Wir müssen eingreifen. Denn sie wissen nicht, wer sie sind und haben keinen Lebenssinn. Und so lange sie das nicht wissen, geht es keinen Schritt weiter. Genau da setzt unsere Organisation an. Wir nehmen sie aus ihrer vertrauten, kaputten Welt raus und gehen mit ihnen in die Wildnis. Wir nutzen die Natur für diese Jugendlichen als therapeutischen Rahmen, in dem sie sich selbst finden können. Und sie nutzen diese Chance, um herauszubekommen, wer sie sind, was der Sinn ihres Lebens sein kann und um zu verstehen, welche Potentiale in ihnen ruhen. Denn eigentlich wollen sie ihrer Gemeinschaft helfen.*

Hier draußen in der Wildnis haben sie ihr martialisches Gehabe abgestreift wie ein altes Hemd, weil es nutzlos ist. Je tiefer sich die Jugendlichen mit ihren erwachsenen Führern in die Wildnis wagen, desto stiller, verletzlicher und offener zeigen sie sich. Im Spiegel der gewaltigen Natur schrumpfen die aufgeblasenen Selbstbilder. Was vor den jungen Männern liegt, ist eine weit größere Herausforderung als ein Überfall von Zehn gegen Einen in den dunklen Gassen von Kapstadt: Jetzt werden sie irgendwo in diesem wilden Land fastend Tage und Nächte verbringen, ganz allein mit sich und der Natur, um der inneren Wildnis Herr werden. In der Nachbarschaft von Ameisen, Schlangen oder Leoparden darüber zu reflektieren, was sie bisher gemacht haben aus ihrem Leben. Welchen Platz sie einnehmen in der großen Ordnung der Dinge.

Das Team von „EDUCO Africa" hat die drogenabhängigen jugendlichen Straftäter gemeinsam mit ihrem Sozialarbeiter in die menschenleere Bergwildnis der Groot Windhook Mountains nordöstlich von Kapstadt gebracht. In einem Basislager wurde die erste Nacht verbracht. Für viele von den Jugendlichen ist es das erste Mal, daß sie aus dem Dschungel der Stadt herauskommen. Am Morgen werden die Rucksäcke gepackt: Schlafsäcke für die kalten Nächte, Planen gegen den Regen, Nahrungsmittel für eine Woche geschultert. Dann brechen sie auf in eine gänzlich fremde Welt, in der das Klappmesser, der Schlagring, die kleinkalibrige Waffe nichts mehr nützen.

Am Anfang des Trips legen die Halbstarken selbst die Regeln fest: Wer mit Drogen oder Waffen erwischt wird, muß zurück. Dann wird die Nabelschnur zur Zivilisation endgültig durchtrennt. Gewaltmärsche bei Tag und Nacht. Die Gruppe durchquert eisige Flüsse, seilt sich über senkrechte Klippen ab. Immer wieder auftretende Phasen einsamer Reflexion lassen den Körpern keine Zeit, den Drogenentzug zu spüren und lehren gleichzeitig die Psyche, daß es hier draußen andere Wege gibt, den 'Kick' zu spüren. Coleridge Daniels, der Initiator dieser Reise in die innere und äußere Wildnis, spricht von einer doppelten Herausforderung, weil sie durch äußere und innere Gebiete führt. Denn wenn die Jugendlichen einen Berg erklimmen, nehmen sie auch innerlich die Hürde, wenn sie sich abseilen, geht es immer auch in die eigene Tiefe. Immer wieder sitzen sie zusammen im Kreis und der Sozialarbeiter, der aus den gleichen Verhältnissen stammt wie die Jugendlichen, redet ihnen ins Gewissen.

*Ihr glaubt: 'Wir müssen die Knarre nehmen und sie den Leuten ins Genick drükken, wir müssen ihnen das Geld abnehmen, wir müssen rauben und einbrechen. Wir brauchen die Drogen'. Mann, Ihr macht das, weil Ihr mit Euch selbst nicht klarkommt. Es ist verdammt traurig. Und damit werdet Ihr ein Teil des ganzen Mistes. Aber Ihr tut so, als ginge es Euch nichts an. Jungs, wir haben einen Grund hier zu sein. Wir sitzen hier, weil es so sein sollte. Das war nicht nur der Jugendrichter, der Euch hergeschickt hat. Es geht um eine Chance, für die Ihr Euch entschieden habt. Viele andere Kinder könnten jetzt hier im Kreis sitzen in diesem Moment. Aber Ihr seid es.*

Im Kern geht es nur um eins: Erwachsenwerden! Verantwortung zu übernehmen für das eigene Leben. Die Sackgasse, in der jeder einzelne steckt, anschauen. Prüfen, ob man darin sterben will. Entscheiden, einen anderen Weg einzuschlagen. Gegen alle Hindernisse und Verlockungen der „Gang" den Rücken zu kehren. Nicht weil irgendjemand es von einem will, seien es die Eltern, ein Richter oder ein Sozialarbeiter. Nicht weil sie es müssen, sondern weil sie es selber wollen!

*As young people we want to become young men...*

*Jugendliche wollen junge Männer werden. Als junge Männer müßt Ihr der Welt ins Gesicht schauen können und wissen, wer Ihr seid. Ihr müßt in der Lage sein, das Leben ganz zu genießen und das Beste und Größte draus zu machen. Das geht nur, wenn Du weißt, wer Du bist und wofür Du auf der Welt bist. Du hast die Wahl. Du kannst ein sinnloses Leben führen oder ein wahrhaftiges. Du kannst eines Tages dasitzen und Deine Kinder durch ihre Krisen führen, weil Du's geschafft hast und gelernt hast, was Erwachsensein heißt. Du kannst als Ältester Deinen Teil tun, die Gemeinschaft zusammenzuhalten, ihr helfen, über den Schmerz zu kommen. Es ist Deine Verantwortung.*

*...help to overcome the pain. It is your responsability.*

Die vierzehn Jugendlichen nicken stumm zu diesen Worten. Für die Sozialarbeiter gehören sie zur Gruppe der „hochgefährdeten Wiederholungstäter". Zwei sind Straßenkinder, die hier endgültig entscheiden sollen, ob sie den Absprung aus dem vertrauten Elend wagen. Alle standen vor Gericht, die meisten haben Knasterfahrung. Um sie für die Zukunft des Landes nicht völlig zu verlieren, haben die Jugendrichter ihnen ein Rehabilitationsprogramm vorgeschlagen. Die Hälfte der fünfzehnmonatigen Maßnahme haben sie schon hinter sich.

'YES' heißt das Programm und steht für 'Youth Empowerment Skills', zu deutsch etwa: Handwerkzeug zur Ermutigung Jugendlicher. Sie haben sich mit den Opfern ihrer Straftaten getroffen und nach Ausgleich gesucht, das erste Mal über ihr Selbstbild nachgedacht, haben den Sinn von Gesetzen erklärt bekommen. Nur wer diese Schritte gemacht hat, erhält die Chance für den Trip in die Wildnis. Nicht als Belohnung, sagt der Bewährungshelfer Oufy Rieklief vom südafrikanischen Instititut für Verbrechensprävention NICRO. Sondern als Wendepunkt.

*That is what we call the peak experience, because...*

*Das ist der eigentliche Höhepunkt. Es sind zwar nur ein paar Tage, aber sie haben einen enormen Einfluß. Denn im Rahmen dieser Initiation werden sie vor Herausforderungen gestellt, gehen auf ihre ganz persönliche Heldenreise und haben die Chance, ihre innersten Schätze zu heben. Und der Höhepunkt dieser Wildnistherapie ist eine Phase, in der sie 24 Stunden ganz alleine in der Wildnis sind. Diese Solozeit ist entscheidend für das, womit sie zurückkehren. Und in der Regel sind das ein ganz neuer Lebensplan und tiefe Einsichten. Sie kennen sich besser, haben sich ein Stück gefunden, wissen, was zu tun ist und sind in der Lage, die richtigen Entscheidungen zu treffen.*

*...know what they do and are able to make the right decisions.*

**Persönliche Heldenreise, einsamer Rückzug, Initiation ...**

Wirklich neu? Die Initiation ist das wohl älteste Regulativ traditioneller Gesellschaften, sagt der afrikanische Schriftsteller Malidoma Somé, der in seiner Jugend beim Stamm der Dagara in Burkina Faso selbst noch durch eine solche Erfahrung gegangen ist.

*Die Trennung vom Gewohnten und die Erfahrung einer Prüfung ist nötig, um der Psyche, der Seele, die Möglichkeit zur Transformation zu geben. Ich erinnere mich daran, daß sich der Weg durch diese Initiationsprüfung für mich so anfühlte, als ginge ich in den Tod. Und das ist auch die Absicht des Ganzen: Es ist tatsächlich so, daß man sterben muß, um ein anderer zu werden. Im Leben einer jeden Person gibt es einen Zeitpunkt, an dem man einen kleinen Tod zulassen muß. Bei der Initiation ist das der wichtigste Teil: Wenn ein Junge zum Teenager wird, dann ist es notwendig, daß der Junge stirbt, um zum Erwachsenen zu werden. Um diesen symbolischen Tod erfahrbar zu machen, ist es unumgänglich, daß er von allem, was ihm vertraut ist, getrennt wird. Eine Initiation, die auf eine Trennung vom Gewohnten verzichtet, mag zwar so bezeichnet werden, aber sie erfüllt nicht den eigentlichen Zweck.*

*...something else that is just called initiation.*

Daß die Kindheit symbolisch sterben muß, bevor der Erwachsene geboren werden kann, ist ein Wissen, daß fast allen Kulturen auf der Welt einmal vertraut war. Und erstaunlicherweise wird es heute rund um den Globus wiederentdeckt. In Amerika sind es die Psychologen Meredith Little und Steven Foster, die seit 30 Jahren alte Übergangsrituale neu beleben und sie jugendlichen Gangmitgliedern aus den Slums von Los Angeles anbieten.

Auch in Deutschland wird damit begonnen, das alte Wissen neu zu nutzen: Übergangsrituale in der Natur werden unter dem Begriff *VisionsSuche* auf dem privaten Seminarmarkt angeboten. In Deutschland arbeitet der gemeinnützige Verein STEP e.V. so mit Jugendlichen. Auch erste Institutionen übernehmen diesen Ansatz: Das Münchner Pädagogische Institut mit drogengefährdeten Jugendlichen, das Wuppertaler Jugendamt mit jugendlichen Kriminellen. Die Klientel ist groß. Haiko Nitschke, Shanti E. Petschel und andere bilden deshalb bundesweit Bewährungshelfer und Pädagogen in Übergangsritualen aus.

Haiko Nitschke: *Ich verstehe Initiation als ein planmäßiges, vorbereitetes und durchgeführtes Erfahrungserlebnis, das unabweisbar und unwiderruflich wandelt, so daß man nicht mehr derselbe ist, der man vor dem Ritual war. Welche Form das jeweils annimmt und welchen Inhalt, hängt von der jeweiligen Situation ab. Der Kern bleibt erhalten: ein unwiderruflicher und unabweislicher Wandel.*

Geseko von Lüpke: *In Deutschland stecken derartige Ansätze noch in den Kinderschuhen und stoßen bei den meisten zuständigen Institutionen auf Mißtrauen. In Südafrika ist die Situation genau umgekehrt. Wegen der explosiven sozialen Situation ist die Nachfrage dort gewaltig. Jugendgefängnisse, Reha-bilitationseinrichtungen, besorgte Bürgermeister und Schuldirektoren stehen Schlange, um ihre Jugendlichen durch die Initiation zu schicken. Denn Untersuchungen haben gezeigt: Die meisten der Beteiligten verlassen danach die Gangs, nehmen Ausbildungs- und Rehabilitationsangebote wahr, schwören den Drogen ab, starten Initiativen gegen die Gewalt, und sie übernehmen in ihren Gemeinschaften Verantwortung für die Zukunft.*

Dabei waren auch im modernen Südafrika Rückgriffe auf das traditionelle Wissen bislang verpönt. Wildnis galt als schmutzig, die alten Rituale als überholt. Nur was aus der weißen Welt kam, galt als gut. Heute aber nutzen selbst kirchliche Institutionen das alte Wissen. Pater Daniel Brown zum Beispiel, der in Kapstadt im Auftrag des Salesianer-Ordens eine Einrichtung für die Betreuung obdachloser Jugendlicher leitet, schickt seine Straßenkinder gerne zu Coleridge Daniels in die Wildnis und bedauert, daß die moderne Welt die alten Initiationen vergessen hat:

*In a sense it is a terrible pity, because from...*

*Eigentlich ist das ein Jammer, denn aus der katholischen Perspektive wäre es eigentlich das Sakrament der Firmung, die genau das leisten sollte. Aber das gibt es bei uns kaum mehr, diesen ganz klaren Schnitt, der zum Ausdruck bringt: Ich habe eine neue Phase meines Lebens erreicht und meine Beziehungen zu den Mitmenschen müssen sich entsprechend wandeln. Es ist ein enorm wichtiger Schritt.*

*Sie lassen das Alte hinter sich, um mit der Unterstützung anderer nach vorne zu gehen. Und es liegt völlig in ihrer Hand. Sie müssen sich entscheiden, was sie vom Leben wollen.*

*...They must decide and choose where they want to go to.*

Oben in den Groot Winterhook Mountains werden die Jugendlichen Schritt für Schritt an die Zeit herangeführt, die sie ganz alleine und fastend in der Wildnis verbringen werden. Sie stellen sich den Schatten, die über ihrem jungen Leben liegen. Das erste Mal sprechen viele aus, was ihnen auf der Seele liegt. Und was für die jungen Machos vorher unvorstellbar war: Es wird geweint! Denn Abgründe werden sichtbar.

*The worst thing that I came across was that night...*

*Das schlimmste war diese Nacht, als wir einen nigerianischen Dealer in ein Hotel gelockt hatten, um ihm seinen Stoff abzunehmen. Wir waren alle betrunken. Sie banden ihn an einen Stuhl und sagten mir: Wenn du ihn nicht fertig machst, machen wir dich fertig. Sie befahlen mir, ihm ins Gesicht zu treten. Als er daraufhin nur lachte, gaben sie mir ein Messer. Ich habe die Augen zugemacht und zugestochen, in den Nacken und in den Arm. Dann haben sie mir das Messer abgenommen, auf ihn eingestochen und ihm die Kehle durchgeschnitten. Dann sind wir mit der Beute abgehauen. Ich erinnere mich an seine Kette mit seinem Namen drauf, er hieß Frank ...*

*...he had a bracelett on with his name, Frank.*

Halbe Kinder! Die meisten halten es kaum zehn Minuten alleine in der Dunkelheit aus, weil die Gesichter ihrer Opfer vor ihnen auftauchen. Manche von ihnen brechen mit Weinkrämpfen zusammen. Und doch wollen sie nichts als raus aus dieser Art von Leben. Nicht noch mehr Leid auf sich laden. Aus Begleitern werden Beichtväter.

Nach vier Tagen Vorbereitung stehen die Jugendlichen am Basislager in den Bergen unsicher im Kreis. Es wird ernst. Sie haben sich gegenseitig mit den Farben der Erde geschmückt, Kriegsbemalung für die Begegnung mit den Schatten der Vergangenheit und der Angst. Dann treten sie in den Kreis.

*Now you stand in the circle ...*

*Jetzt steht Ihr im Kreis und seid bereit herauszufinden, was Ihr wirklich vom Leben wollt. Und wenn Ihr heraustretet und in die unbekannte Wildnis hier geht, laßt das Schlechte hinter Euch und bringt das Gute in Euch zurück. Mit welcher Absicht gehst Du hinaus? „Ich gehe hinaus, um dieses kleine Stück Gold in mir zu finden und den ganzen Müll hinter mir zu lassen."*

*... and leave my junk stuff behind.*

Dann schultern sie ihren Rucksack und verschwinden lautlos in der Bergwildnis. Stille tritt ein, gebanntes Warten für 24 Stunden.

Statt des Denkens tritt die Erfahrung mit allen Sinnen in den Vordergrund: Das Spüren, Fühlen, Sehen. Ängste machen sich breit, wenn der Wald nachts knisternd und raschelnd lebendig wird, und sie weichen nach und nach einer wachen Aufmerksamkeit. Weil der Magen leer bleibt, schaut, hört und riecht man sich satt. Taucht ein in die Landschaft, die sich sprachlos mitteilt, Gefühle auslöst und Erinnerungen hochschwemmt. Die Jugendlichen beginnen, auf dem nackten Leben zu kauen und die eigene Vergangenheit zu verdauen, sie fühlen sich einsam, schutzlos und allein, sich selbst ausgeliefert ...

Dann, im Morgengrauen, kehren sie nach und nach mit verweinten Augen und erhobenem Kopf aus der Einsamkeit zurück. Abends berichten sie im Kreis über ihre Einsichten und Erkenntnisse, reden offen über ihre Ängste und erleben, oft zum ersten Mal, miteinander eine Gemeinschaft, die auf Ehrlichkeit und Vertrauen beruht.

*I tried to forgive myself. I just thought I wanted to...*

*Ich habe versucht mir zu vergeben. Erst wollte ich nur weglaufen. Und gleichzeitig wollte ich es schaffen. Ich dachte viel über die Drogensucht nach. Einerseits ist es ja nicht nur mein Problem, sondern das meiner ganzen Familie. Dann habe ich kapiert, daß – trotz allem – ich die Wahl habe. Dann dachte ich an meinen kleinen Bruder, den ich so sehr mag. Ich dachte an das, was wir ihm da vormachen. Und daß er, wenn ich nicht aufhöre, durch die gleiche Hölle geht und meiner Mutter den gleichen Kummer bringt. Vielleicht sogar noch schlimmer als ich. Es nützt nichts, wenn mir jemand sagt, wo es lang geht. Ich muß es selber wissen.*

*... it must come out of myself.*

Ein jeder der Jugendlichen hat während dieser einsamen vierundzwanzig Stunden in die Schatten seines Lebens geschaut. Erlebt, wie mit dem Verschwinden der Morgennebel auch der eigene Kopf klarer wurde. Alle haben die Herausforderung angenommen und sie auf ganz eigene Weise bewältigt. Und jeder ist voll von Geschichten, Gedanken, Bildern, Plänen.

Und wie in vergangenen Zeiten sitzen die Alten und hören der jungen Generation zu, helfen bei der Entschlüsselung der Träume und Erfahrungen, damit aus der

Schwellenzeit ein ganz persönlicher Mythos wird: Ein positives Beispiel dafür, wie jeder Einzelne durch die Prüfungen kommt, die noch vor ihnen liegen.

*Over this week you had the opportunity to be ...*

*In dieser Woche konntet Ihr mit anderen jungen Männern zusammensein. Ihr habt Schmerzen und Tränen geteilt und wißt, wo Ihr steht. Nehmt die Lektionen an und tut, was zu tun ist. Hier draußen waren wir mitten in der Natur und mitten in uns. Morgen geht es zurück in die Gemeinschaft, in der Ihr lebt. Und Ihr werdet Euch dieser Welt stellen müssen. Was Ihr hinter Euch gelassen habt, wird Euch unverändert locken. Doch es wird nicht umsonst gewesen sein. Wendet an, was Ihr gelernt habt und in der Natur erkannt habt. Und wendet es gut an!*

Daheim in Kapstadt warten die Eltern auf die jungen Männer. Viele von ihnen sind nun, oftmals das erste Mal seit Jahren, bereit zur Versöhnung mit ihren Eltern. Sie bitten um Verzeihung, viele zeigen den staunenden Vätern und Müttern offen ihre Liebe. Es wird eine weitere tränenreiche Runde, bevor Coleridge Daniels die Jugendlichen endgültig verläßt.

Verlassen, das wissen sie, sind sie trotzdem nicht. Sie haben ihr Leben nicht nur neu verwurzelt, sondern auch Freunde gewonnen, bei denen sie die Macho-Spielchen nicht mehr brauchen. Und der Sozialarbeiter Oufy Rieklief hat für die nächsten Schritte schon gesorgt.

*What now? You open them up, and they cry ...*

*Und nun? Ihre harte Schale ist aufgebrochen, sie beginnen zu fühlen und gehen zurück in die harte Welt. Dort warten Mentoren auf sie, ausgewählte ältere Männer in jedem Viertel, die als Modelle wirken und bereit sind zuzuhören. So erhalten wir das, was ihnen in der Wildnis widerfahren ist.*

*... What ever happened in the wilderness.*

Mit zahlreichen Angeboten und Gesprächen wird jedem der Teilnehmer geholfen, den Weg zurück in die Gesellschaft tatsächlich zu schaffen. Und der Erfolg der ganzen Maßnahme ist mehr als erstaunlich. 91% der teilnehmenden Jugendlichen, so haben Untersuchungen der Universität Kapstadt ergeben, beenden ihre kriminelle Karriere endgültig. Und rund 85% der obdachlosen Straßenkinder fassen danach Fuß im bürgerlichen Leben.

Solche guten Bilanzen sind ein wichtiger kleiner Trost angesichts der Aufgabe, vor der Coleridge Daniels und seine Kollegen stehen. Denn Zigtausende befinden sich im Strudel aus Erniedrigung, Drogen und Gewalt. Und es fehlt überall an Geld. Doch Daniels vertraut den Samen, die er geduldig in die zerstörte Gesellschaft legt.

*It has a positive impact not only amongst the youth ...*

*Es wird sich weiter positiv auswirken. Denn die Menschen wollen ihre eigene Wahrheit finden und leben. Da draußen ist keiner, der sich nicht fragt: Wozu bin ich da? Was habe ich zu tun? Wir sind nicht auf der Welt, um nur zu vegetieren.*

*Wir haben alle unsere Aufgabe. Und solange wir sie nicht entdeckt und verstanden haben, sind wir dieser Erde nicht von Nutzen.*

# Nachhaltigkeit

## In den Augen des Partners

*Als T. nach der VisionQuest wiederkam, war ich davon sehr beeindruckt und ich möchte versuchen, einige Zeilen dazu zu schreiben, solange es noch möglichst frisch ist.*

*Er kam mit der Bahn zurück, ich ging ihn abholen. Als er ausstieg, kam ich gerade auf den Bahnsteig, wir liefen uns fast in die Arme. Wir gingen zu mir und waren vorsichtig miteinander, weil wir vor seiner Reise eine schwere Zeit miteinander hatten, es war vor der Abreise nicht klar, ob wir unserer Partnerschaft noch eine Chance geben konnten. Er war offen, alles an ihm, sein Gesicht, seine Arme, seine Haltung. Und, was ich später noch deutlicher spüren sollte, sein ganzes Herz.*

*In unserer Umarmung spürte ich Weichheit und Wärme, Durchlässigkeit seines Körpers, letzteres war in der Ausprägung für mich an ihm neu. Er strahlte und war voll seiner Erlebnisse und voller Herzenswärme.*

*Langsam begann er zu reden in dem Raum, den ich zu halten versuchte, ohne Drängen, ohne Anspruch – es war in dem Moment nicht wichtig für mich, wann er etwas erzählte, sondern, daß er da war.*

*Das Auffälligste in diesem Moment war jedoch – ER WAR DA!!! Mit seiner ganzen Seele und allem, was er ist. Wir haben uns nicht nur in die Augen geschaut, sondern unsere Seelen sind sich begegnet.*

*Es waren am Ende etwa vier Stunden, die er mich mit offenem Herzen an vielen Erlebnissen teilnehmen ließ. Ich bin tief berührt von dem Vertrauen, das er mir damit schenkte und von seinen Erfahrungen allein und in der Gruppe.*

*Um eine vage Vorstellung davon zu bekommen, was ich an ihm verändert erlebt habe, möchte ich hier kurz Eindrücke von der Zeit vorher berichten, auch wenn das, ebenso wie das Danach, nur unvollkommen und unvollständig in Worte gekleidet werden kann.*

*Er hatte sich maßlos unter Druck gesetzt, irgendwie zu sein. Er hatte keine Antworten auf die Frage nach seinen Werten. Es war, als hätte er unglaubliche Mühe, sich selbst zusammenzuhalten. Er vermied eher den herzlich warmen Kontakt zu Menschen in seiner Freizeit, hatte lange Zeit nicht mehr herzlich und schallend gelacht.*

*Er war sehr auf Partnerschaft und Zweisamkeit fixiert. Und dennoch war da sein voller Wunsch nach sinnlichem Erleben und Freunden und das vielfach gehemmte Bestreben in seinem Wesen nach Offenheit und Gemeinschaft, vieles auch aus zu viel Rücksichtnahme auf andere, insbesondere auf mich als seine Partnerin.*

*Er hat sehr viel eingesteckt in den letzten Jahren im Zuge unserer und anderer Reibungspunkte.*

*Im Vorfeld der VisionQuest wurde er gefaßter, ich bin überzeugt, daß er die Aussicht auf diese Zeit als Anker benutzt hat, und damit die Bereitschaft zum Loslassen aufgekeimt ist, die einfach notwendig war, um neue Betrachtungsebenen zuzulassen.*

*Er brachte eine weitere erstaunliche Fähigkeit mit, nämlich die, ohne Worte zu kommunizieren und auf seine Wahrnehmung dabei zu vertrauen.*

*Er hörte die Stimme meines Herzens und sprach auf diese Weise mit mir, wohingegen längere Zerredungsakte diesen Zauber früher in kopfgerechte Stücke zerteilt hatten und am Ende nichts als Mißverständnisse dabei herausgekommen waren, die uns das Miteinander-Leben fast unmöglich gemacht hatten. Heute herrscht die Erfahrung vor, daß unsere Empfindungen füreinander authentisch und reinen Herzens sind. Was auch immer die Zukunft bringen mag, das ist für diesen Moment zu Gewißheit geworden und für dieses große Geschenk bin ich voller Dankbarkeit.*

*Es liegt nahe, daß die Intensität dieser Veränderungen, die ich lieber als Intensivierung der Essenz des einzigartigen und wunderbaren Menschen bezeichne,im Alltag nachlassen wird.*

*Dennoch bin ich davon überzeugt, daß seine Seele speichert, was ihre Natur zu leben beflügelt und sich in den richtigen Augenblicken an ihre Kraft erinnert.*

*Mehr kann ich zum jetzigen Zeitpunkt nicht sagen, und das Gesagte ist sicher meine sehr subjektive Ansicht. Sicher wäre eine weitere Erklärung dazu in vielleicht drei/vier Monaten noch einmal interessant.*

*Ich hoffe, Dir und der VisionQuest als kraftvolles Heilungsritual mit diesen Zeilen gedient zu haben und sage:*

*Bis bald, herzlichst, Aloha!*

B., Partnerin von „Laughing Thunder“, 28.

# Initiatorische Arbeit in der Schule

## Warum Natur-Rituale im Unterricht?

Im Schulunterricht erlebe ich die Zeichen unserer digitalisierten Zeit immer stärker. Kinder kommen verunsichert, überladen und nach außen orientiert in die Erste Klasse. Ihr intellektuelles Wissen ist beträchtlich, sie sind firm im Umgang mit Rechner, Datenträgern, Digitalkamera, Internet etc.

Viele Kinder haben keine Märchen erzählt bekommen, kennen das erkundende Spiel im Wald und in der Natur nicht. Ihre Beziehung zur Natur entspringt eher einer Konsumhaltung als dem Gefühl „Ich lebe in und mit ihr“. Es erinnert mich an „Die unendliche Geschichte“[1]: Das Nichts, das die Welt der kindlichen Kaiserin aufschluckt und verschwinden läßt…, so wirkt unsere Zeit der digitalen Welten, die das Leben nur imitieren und unser wirkliches Sein als Menschen, das Teil der Natur ist, unmerklich verschwinden macht und immer mehr entfremdet und fremdgesteuert wird.

Im Umgang mit Ritualen im Unterricht habe ich erlebt, wie die Kinder nach der allumfassenden und allgegenwärtigen Kraft der Natur hungern. Sie saugen förmlich diese Rituale in sich auf und, offen wie sie sein können, lassen sie sich innerlich berühren und wollen dann mehr. Mehr an Geschichten, mehr an rituell gestalteten Abläufen, ja sie beharren sogar darauf und machen mich aufmerksam, sollte ich einmal etwas auslassen oder vergessen. Rituale helfen sowohl mir als Lehrperson als auch den Kindern, zur Ruhe zukommen, nach innen zu finden und so bereit und konzentriert zu werden für den Unterricht und den Umgang miteinander.

## Wann und wozu Naturrituale im Unterricht?

Neben den themengebundenen Naturritualen verwende ich Rituale vor allem, um Neubeginn und Übergang zu begehen, vertieft zu erleben und die „Kraft“ für den neuen Schritt in sich selbst erfahren zu können. Neubeginn und Übertritt in der Schulzeit sind auch fast immer mit Angst verbunden:

• Die Angst der Eltern, ihr Kind frei zu lassen, ihm den Schritt ins Leben zuzutrauen.

• Die Angst des Kindes vor dem Neuen: die neue Lehrerin, die neue Klasse, der neue Ort – das ist ziemlich viel für ein Kind!

• Aber auch die Angst der Lehrperson: Sind meine Schüler/-innen gerüstet für die nächste Stufe, bin ich ihren Ansprüchen und denen der Eltern und der Schule gewachsen?

---

1 Michael Ende: Die unendliche Geschichte.

Durch rituell gestaltete Übergänge gelingt es, diesen Schritt bewußter zu tun, einen Raum für diese Empfindungen anzubieten und dadurch auch die genannten Angstgefühle zu formulieren und sich davon zu befreien. Da ich selbst die starke Kraft der VisionsSuche in einer wilden Berglandschaft erfahren habe, weiß ich, daß gerade heutzutage das Sein in und mit der Natur eine heilsame Kraftquelle ist. Nicht umsonst gibt es in den letzten Jahren plötzlich Waldkindergärten, Waldschulen, Waldprojekte, Wildnisschulen etc.! Ich denke, wir sind es der Natur und unseren Kindern schuldig, achtsam miteinander umzugehen, um an dieser großen, alten und starken Quelle wieder anzuknüpfen.

Beispiele aus einer Schulklasse ...

... die aus pädagogischen Gründen im Mehrklassensystem (also wie in den früheren Dorfschulen) unterrichtet wird. Es sind zwanzig Kinder der ersten, zweiten und dritten Klasse im Alter von sechs bis elf Jahren. Allein aus dieser altersgemischten Zusammensetzung ergeben sich viele gute Möglichkeiten und Chancen, Rituale im Unterricht einzusetzen.

## Im Schulzimmer

**„Die vier Himmelsrichtungen"**[2]

Unser Klassenkreis, Morgenkreis oder Klassenrat ist immer am gleichen Ort im Klassenzimmer, gekennzeichnet mit den vier Farben der Himmelsrichtungen: Gelb für Osten, Rot für Süden, Schwarz für Westen, Weiß für Norden.

Die Stühle, in unserem Fall Bänke, sind so gestellt, daß der Kreiseingang im Osten liegt. Die Kinder kennen die Bedeutung der Himmelsrichtungen im „indianischen Sinn" und geben ihr Wissen jedem neuen Kind weiter. Wenn wir uns in diesem Kreis aufhalten und bewegen, wird darauf geachtet, daß die Sonnenrichtung beibehalten wird, das heißt, daß jedes Kind sich im Uhrzeigersinn bewegt und so den Kreis auch wieder verläßt.

Je nach Situation oder Thema, setzen sich die Kinder auch in die Richtung, nach der ihnen gerade zumute ist, beispielsweise *„Ich will heute fest arbeiten, ich setze mich in den Westen... oder ich bin noch müde und würde lieber kuscheln, ich bleibe im Osten... Ich, die Lehrerin, habe meinen festen Platz im Norden... und wenn ich nicht gerade gebraucht werde, sitze ich auch gern mal im Süden."*

Dies alles geschieht nicht gekünstelt, sondern hat im Lauf von drei Jahren eine Selbstverständlichkeit erlangt, daß es allen auffällt, wenn jemand Fremdes einfach über die Bänke steigt, um in den Kreis zu gelangen.

---

2 Die vier Schilde oder Indianisches Medizinrad .

Der Sinn für mich dahinter: Zum einen hilft diese „rituelle Weise" in den Kreis zu kommen, ganz einfach der sanften, aber bestimmten Disziplinierung der Kinder. Zum anderen verinnerlicht sich durch das Gehen in Sonnenrichtung ein Ablauf, den uns die Natur vorgibt, also eine naturgegebene Struktur. Wie die Erfahrung damit zeigt, lieben die Kinder solche „simplen" Strukturen.

**„Jahreszeiten"**

Sie sind einfach und sehr wirksam: Wenn die Tage kürzer werden und es am Morgen noch dunkel ist, sollte man einmal bewußt kein Licht anmachen und die ersten Minuten im Dämmerlicht sitzen, dann beobachten wie die Sonne kommt. Die Kinder sollte man erzählen lassen, wie sie sich fühlen, wenn die Sonne so spät aufgeht. Es ist wichtig Bezüge schaffen – von uns zur Natur und umgekehrt.

## Naturrituale im Wald

**Der Schleier des Schweigens**

Ich gehe sehr gerne mit der Klasse regelmäßig in den Wald: „Lernen im Freien" ist meine offizielle Überschrift.

Den Anfang dieses Tages gestalte ich immer gleich: Wir versammeln uns am Ausgangsort, machen eine sogenannte Wohlfühlrunde, das Thema wird bekannt gegeben, wenn's nicht schon bekannt ist. Zuerst gehen die Kinder frei den Berg hinauf bis zu einer bestimmten, verabredeten Stelle. Da warten wir aufeinander. Es ist eine Wegkreuzung, von wo ein kleiner Reit- und Fußpfad den breiteren Waldweg verläßt.

Ich lege eine Schwelle auf den Pfad (großer Ast), die Kinder stellen sich hinten auf und werden langsam ruhig. Jedes Kind geht von hier aus alleine den Pfad hinauf, und damit es bewußter sein kann, zieht es vor der Schwelle den „Schleier des Schweigens" über seinen Kopf. Das ist ein imaginärer Zauberschleier, der dem Kind hilft, ruhig zu gehen und den Wald und seine Bewohner wahrzunehmen.

Anfänglich haben meine Begleiterinnen und ich den Schleier den Kindern übergezogen. Mittlerweile geht auch diese Handlung ins Selbstverständliche über. Die Kinder machen es selbst und gehen auch immer ruhiger, in sich versunken, den Pfad hoch. Oben angelangt (ca. nach 200-300 Meter) warten wieder alle aufeinander. Jetzt beginnt der Unterricht. Die Kinder sind jetzt wirklich bereit.

**„Gehe, wohin dein Herz dich trägt"**

Nach einer kurzen Einführung, die uns hilft, geerdet und „bei uns selbst" zu sein, schicke ich die Kinder aus.

Beispiel: einige Schritte gehen, jedes für sich allein, und spüren, wohin sein Herz gehen möchte…Wenn das Kind angekommen ist, schauen, ob es etwas findet, das ihm etwas sagen möchte… Die Kinder gehen langsam los, es ist ein anderes Gehen als sonst. Natürlich gelingt es nicht gleich beim ersten Mal, so gesammelt durch den Wald zu schreiten, aber die Kinder bekommen mit dem Wiederholen immer mehr Übung und Verbindung zu sich und trauen sich, ihrem inneren Gefühl zu vertrauen. Nachdem alle Kinder zurückgekommen sind, machen wir eine Runde und jedes Kind erzählt, wie es ihm ergangen ist, was es gefunden hat …

Ein elfjähriges Mädchen kam mit einer Wurzel zurück, die ganz viele kleine Seitenwurzeln hatte, es berichtete:

*„Diese Wurzel ist für mich wie mein Leben, ich kenne viele Menschen, die wie diese Seitenwurzeln mir und meiner Familie Kraft geben"* (das Mädchen entstammt einer türkisch-kurdischen Familie, die in Angst vor der Ausweisung lebte, dann tauchte der Vater unter und deswegen wurde das Verfahren eingestellt… die Familie wird von verschiedenen Seiten unterstützt).

Oder, ein sechsjähriger Junge berichtete:

*„Ich mußte nur drei Schritte gehen, da sah ich dieses kleine schwache Pflänzchen; es zeigt mir, wie schwach und fein ich selber noch bin"* (der Junge ist ein ganz zarter, feinfühliger Bub, der seine Antennen ständig ausgestreckt hat; im Unterricht kaum zur Ruhe kommt, dauernd in Bewegung ist… und große Leistungsprobleme hat, obwohl er sehr intelligent ist).

Was bei diesen Runden sehr wichtig ist: daß alles wohlwollend und wertfrei geäußert werden kann. Jedes Kind und jede Erfahrung ist wichtig. Die kleineren Kinder sagen anfänglich nur wenig oder nichts, auch das wird angenommen. Die größeren Kinder gehen sehr verständnisvoll mit ihren jüngeren Mitschüler/-innen um und versuchen auch zu helfen, wenn ein Kind nicht die richtigen Worte findet.

Ich staune immer wieder, wie bereitwillig die Kinder ihre Erlebnisse erzählen, über die Offenheit und Tiefe, die aus Kindermund hervorsprudelt und über das Gemeinschaftsgefühl, das daraus für uns alle erwächst.

**„Platz–finden"**

Nach einer Einführung wie oben schicke ich die Kinder aus, für sich einen Platz zu finden, wo sie sich einfach wohlfühlen können. Sie sollen sich dann hinsetzen, still werden und nur schauen … Ohh ... bis ich ein bestimmtes Lied oder Zeichen singe. Dann kommen alle langsam wieder in den Kreis zurück.

Für mich als Beobachterin und Leiterin dieser Übung ist es faszinierend, zu erleben, was da passiert:

Die Kinder schwärmen aus, zappeln und krabbeln am Platz herum. Plötzlich tritt eine Stille ein, die vorher nicht wahrnehmbar war. Ich spüre förmlich, wie die Kinder mit ihrem Platz äußerlich und innerlich Kontakt aufnehmen. Jetzt heißt es diese Situation so lange halten, wie es für die Kinder angemessen ist. Ein paar Minuten vielleicht. Hier hängt das Gelingen des Rituals vom richtigen Zeitpunkt ab.

Es ist gut, auf der „Höhe der Stille“ abzubrechen, nicht zu lange zu warten, um den Kindern das Erleben ihres Platzes gut zu verankern. Nach solchen Ritualen sind die Kinder sehr ausgeglichen. Es gibt kaum Streitereien und wir können gut arbeiten. Der Umgang untereinander wird auch feiner und wohlwollender, verständnisvoller.

## Übertrittsritual: Wechsel von der Unter- in die Mittelstufe

Nach drei Schuljahren wechselt die Dritte Klasse zu einer neuen Lehrkraft in die Mittelstufe. Dieser Wechsel von einer Lehrperson zur anderen ist für alle Beteiligten, je nach emotionalem Engagement, ein Loslösungsprozeß. Auch die betroffenen Eltern der Kinder sind beteiligt, vor allem dann, wenn ihr Kind das Erstgeborene ist. Ich gestalte diesen Wechsel zusammen mit der nachfolgenden Lehrerin. An einem der letzten Schultage kommen die Drittklässler/-innen am Nachmittag oder frühen Abend freiwillig (!) in die Schule. Gemeinsam fahren wir mit zwei oder drei Begleiterinnen in „unseren“ schon bekannten und geliebten Wald.

Den Kindern hatte ich zwei Tage zuvor schon erklärt, was wir machen werden. Dieses Jahr sollen die Kinder eine ganze Stunde alleine an einem Ort sitzen und ein paar Aufgaben erfüllen, die ich ihnen erst kurz vorher stellen werde.

Bevor die Kinder hinaus gehen, setzen wir uns wieder, gestalten eine Befindlichkeitsrunde und anschließend eine Reinigungs-Räucherung mit Feder, Schale und gutem, wohlriechendem Räucherwerk. Je nach Platz und Möglichkeiten – es gibt in diesem Wald eine frische Wasserquelle – haben wir uns auch schon richtig gewaschen.

Die Aufgaben sind zweierlei:

Zum einen sollen sie sich am Platz umschauen, was da ist, es in ihr Waldbüchlein notieren. Dann denken sie an die vergangenen Jahre in der Unterstufe zurück und schreiben ein, zwei schöne Erinnerungen auf. Zum anderen schreiben sie auf extra Papierstreifen, was nicht gut war und was ihnen Angst macht vor der neuen Stufe. Diese Papierstreifen stecken sie auf einen Holzspieß, den sie sich draußen im Wald geschnitzt haben. Mit diesen Aufgaben begleiten wir die Kinder an „ihren“ Ort.

Die Begleitpersonen bleiben in ca. 50 Metern Nähe, so daß sie zwar von den Kindern nicht gesehen werden, aber die Kinder doch wissen, wo sie im Zweifel ihren Ansprechpartner finden.

Aus der Beobachterposition sehe ich, wie etwa ein Kind seine Decke ausbreitet, seine Wasserflasche hinstellt, seine Sachen auspackt und nun bereit ist für das, was kommt. Das anfänglich etwas ängstliche Gefühl weicht bald einer „gemütlichen Sicherheit“. Das Kind beginnt sich umzuschauen, und nach einer Weile sehe ich, wie es in seine Arbeit vertieft ist. Eine Stunde scheint lang zu sein für die Kinder. Sobald sie aber vertieft sind, geht die Zeit im Flug vorbei. In der Zwischenzeit habe ich bei unserem „Waldsofa" ein kleines Feuer angemacht.

Die Kinder kommen zurück. In der Hand halten sie ihren Holzspieß voller Zettel. Sofort wollen sie sich ihre Erlebnisse erzählen; aber das hat noch Zeit. Zuerst verbrennt jedes, ohne darüber zu sprechen, seinen Zettelspieß, die Sorgen und die Ängste und die schlechten Erinnerungen. Es ist still bei dieser Handlung und alle schauen auf die brennenden Spieße. Ich staune, wie ernst sie ihre Aufgaben erledigt haben. Jedes Kind hat etliche Zettel an seinem Holzspieß und hält diesen ernsthaft in die Flammen, bis er ganz verbrannt ist.

Ich denke mir, das sind viele Sorgen und Ängste! Wie wichtig, daß sie verbrannt werden können, wie gut, daß die Kinder sie durchs Aufschreiben hervorholen konnten. Ohne daß sie es wissen, wird dies zum reinigenden Akt.

Dann führe ich die Kinder, die jetzt ganz munter sind, zu einem Weg, den sie noch nie gegangen sind. Ich binde jedes Kind einzeln an ein Band und führe es einige Schritte auf diesem Weg. An einer bestimmten Stelle schneide ich mit dem Messer das Band entzwei, verabschiede mich vom Kind: *„...so, nun habe ich dich in der Unterstufe ein Stück deines Weges begleitet, ich habe dich am Band gehalten, gesagt wo's lang geht. Nun ist diese Zeit vorbei und wir trennen uns. Ich wünsche dir eine gute Zeit auf deinem weiteren Weg in der neuen Klasse, immer genug Kraft und Mut."*

Mit solchen Worten führe ich also jedes Kind an die Stelle, wo sein Weg nun alleine weiter führt. Das Kind geht weiter und ich weiß für mich, daß ich als Lehrerin nun dieses Kind entlasse aus meiner inneren Obhut und Verantwortlichkeit. Es tut gut, das bewußt zu fühlen und zu wissen, daß dort am Ende die Kollegin wartet, die das Kinder von nun an drei weitere Jahre begleiten wird.

Nach etwa drei- bis vierhundert Metern erwartet sie am Wegende die neue Lehrerin, mit einer Fackel in der Hand, und übergibt diese Fackel dem Kind, als wäre es ein olympischer Feuerträger. So wird jedes Kind von ihr empfangen und in der neuen Stufe begrüßt. Gemeinsam marschieren sie dann zu unserem Lagerfeuer, wo die Kinder ihre Geschichte erzählen und kurz gespiegelt werden. Einige Beispiele von dem, was die Kinder erzählen:

Mara: *„Ich habe mich hingesetzt und wollte mit schreiben anfangen, da raschelt es plötzlich und ein „Bambi" springt vorbei. Ganz nahe bei mir rennt es vorbei und es schaut mir direkt in meine Augen ... und ich sehe seine Augen ... das war schön ..."*

Priska: *„Bei mir war das Bambi auch, ganz nah, es ist stehengeblieben und hat mich beobachtet und ich habe es auch beobachtet. So nahe habe ich noch nie ein Bambi gesehen ... dann habe ich noch ein Käuzchen gehört. Das war etwas unheimlich ..."*

Ardit: *„Bei mir sind immer kleine Mücken um den Kopf herum getanzt. Ich wollte sie verscheuchen, aber sie sind geblieben. Danach habe ich es gelassen und gewartet, da habe ich plötzlich eine schöne Feder gesehen (Mäusebussardfeder). Die Zeit ging so schnell vorbei und ich habe gar keine Angst mehr gehabt ...“*

Bedirjie: *„Ich habe plötzlich Angst gehabt und geweint, dann bin ich zu Andrea (Begleitperson) gegangen, sie hat mir die Hand auf den Rücken gelegt und ich habe Kraft gespürt. Dann bin ich wieder zurück, habe meine Decke genommen und mich an einen anderen Ort gesetzt, da hatte ich keine Angst mehr. Ich habe da eine große Rinde gefunden und einen Brief darauf geschrieben.“*

Raphael: *„Ich habe einen schönen Platz gehabt. Ich habe rumgeschaut und dann ist gerade vor mir ein Blatt vom Baum gefallen, das habe ich in mein Büchlein geschrieben. Als ich mich so umschaute, sah ich plötzlich ein ganz spezielles Blatt, es hat ganz feine, weiße Äderchen gehabt, so ein Blatt habe ich noch nie gesehen ... ich habe mich sehr wohl gefühlt und die Vögel gehört, es war mir gar nicht langweilig.“*

Claudio: *„Als ich die Decke ausgebreitet hatte und es mir gemütlich machen wollte, haben mich die roten Ameisen gestört. Immer sind sie über meine Decke gekrabbelt... ich wollte schon zu Katrin (Begleitperson) laufen, aber ich bin dann doch geblieben. Ich habe auch zwei Vögel beobachtet, die so laut geschrieen haben, als würden sie sich streiten. Hinter mir hat es plötzlich geraschelt, aber ich habe nichts gesehen ...“* (das war das „Bambi“, das wenige Meter von dem Jungen im Dickicht versteckt war und ihn anscheinend beobachtet hatte).

Es sind kleine, wichtige Erfahrungen gewesen, in ihrer Art verschieden und die Kinder haben diese Stunde intensiv erlebt. Sicher hatten sie zum ersten Mal so lange alleine im Wald gesessen und es wird ihnen als wichtige Erfahrung in Erinnerung bleiben: *erlebt zu haben, daß die Natur uns einhüllt und uns Überraschungen schenkt, daß wir keine Angst haben müssen, daß wir sogar gestärkt werden und spüren können, wie wir geliebt werden.*

Später als geplant bringen wir an diesem Abend die Kinder zu ihren Eltern zurück. Alle Kinder sind innerlich ein Stück gewachsen und stolz auf sich, dieses anfänglich etwas unbehagliche Ritual nun ihren Eltern erzählen zu können.

Die Eltern haben indes am Lagerfeuer für die zurückkommenden Kinder ein Essen vorbereitet. Es ist eine besondere Qualität, daß die Eltern ihre Kinder unmittelbar nach dem Ritual erleben und die neue Lehrerin an diesem Abend kennenlernen können.

**Erfahrungen mit diesem Übertrittsritual:**

Ich erlebe, daß die Kinder in ihrer neuen Klasse angekommen sind, sobald das neue Schuljahr beginnt. Sie schauen auch nicht wehmütig in ihr altes Klassenzimmer zurück. Ich erlebe sie im Schulhaus als sichere Mittelstufenschüler/-innen, die den üblichen Abstand zu mir wahren und sich voll auf die neue Lehrperson eingelassen haben. Wenn sie zu mir kommen, dann um Naturerlebnisse zu berichten oder über's Räuchern zu reden. Eben über die Dinge, die sie bei mir gelernt und erfahren haben.

Die Eltern der Kinder berichten mir von einem guten Schulstart. Sie konnten spüren, daß eine Ablösung stattgefunden hat und sind froh und dankbar deswegen.

In den drei Jahren, seit ich diese Rituale in den Schulunterricht einbezogen habe, verfeinert sich das Ganze in dem Maße, wie ich für mich selbst mein Eingebundensein in die Kräfte der Erde und ihrer Geschöpfe entwickeln und leben kann. Das bedeutet für mich immer wieder, rauszugehen, Beobachtungen zu machen, die Sprache der Natur aufzunehmen und zu lernen. Das heißt auch, äußeres Wissen und „altes Wissen" gleichermaßen zu lernen und zu vertiefen.

Jede Schulstunde, die ich draußen ansetze, bedarf in der Regel mehrerer Stunden der Vorbereitung im Wald: Plätze aufspüren, Abläufe überlegen, Strukturen finden … auch hier ist mir die Natur behilflich, sie gibt mir die Ideen und Impulse; ich muß einfach offenen Auges und Herzens „da" sein.

Iréne Kraus, „Woodpecker Butterfly Woman", Lehrerin,
in der Ausbildung zur „VisionsSuche-Hebamme"

# Anhang

*Internationale Kooperation*

# CreaVista Academy International

CreaVista Academy, gegründet 1995 in Freiburg, ist heute eine international funktionierende Organisation, mit Sitz in Norditalien und Geschäftstelle in Potsdam. Ihre Aufgabe ist es, Menschen in Lebensübergängen zu begleiten und ihnen benötigte Handreichung für ihren Neu-Anfang zu geben. Dafür erforscht CreaVista Academy in professioneller Praxis die pädagogisch-therapeutische Arbeit in und mit der Natur betont und fördert deren heilsame, gesunden Wandel unterstützenden Wirkungen. Die Academy steht dafür, die Bedürfnisse moderner Menschen in Zeiten des Wandels ernst zu nehmen und die Anwendung alten, vergessen geglubten Erd-Wissens neu zu beleben, zu ergründen und es in angemessenen Formaten für heutige Menschen nutzbar zu machen.

CreaVista Projekte richten ihren Fokus auf die Wirksamkeit von Schwellenritual und Initiationszeremonie. Die praktischen Ansätze münden in Angebote der Erwachsenenbildung, Angebote für Kinder und Jugendliche, Fortbildungsmaßnahmen für junge Leute, Eltern, Pädagogen und Therapeuten.

Im folgenden einige Projektbeispiele, die CreaVista Academy trägt:

## Wildnis-Work-Camp

Diese erlebnispädagogisch und tiefenökologisch gestalteten Jugendfreizeiten (von einer Woche bis zu Langzeitphasen von einem Jahr) sind für junge Menschen zwischen 16 und 30 Jahren konzipiert. Die Teilnehmer arbeiten täglich zwischen vier und sechs Stunden in einem ganzheitlichen oder tiefenökologisch orientierten Projekt unter fachkundiger Anleitung und Betreuung mit. Ein erfahrenes Team von Pädagogen, Künstlern und Therapeuten etc. steht für Struktur und einfühlsame Betreuung bereit. Langjähriger Erfahrungsschatz, Motivation und Pioniergeist bieten zusammen mit den kraftvollen Umgebungsqualitäten der ausgewählten Plätze wegweisende Eindrücke und nachhaltige Erlebnisse für die jungen Teilnehmer.

## VisionsSuche und „Dein Pfad im Rad"

Bei diesem speziellen CreaVista-Format des alten Initiationsrituals sind die jungen Teilnehmer für mindestens 21 Tage zusammen auf dem Platz. Die Vorbereitung ist in ein kurzes Wildnis-Work-Camp integriert, das dem ökologischen Wert des jeweiligen Ortes und der Leichtigkeit des Lebens im Outdoor-Camp dient. Größter Wert wird dabei auf die angemessene und überschaubare Dimension der Arbeitsprojekte gelegt.

Größter Wert hat die Begegnung zwischen den Generationen und eine Belebung ihrer Beziehungen.

Aus diesem Grunde werden stets Eltern, Geschwister und Älteste aus den Familie der jungen Teilnehmer eingeladen, die letzten fünf Tage des VisionsSuche-Rituales miteinander zu erleben und zu feiern. Die dabei wirkende Arbeit von „Dein Pfad im Rad“ ist eine von Shanti E. Petschel entwickelte Form „Schamanischer Familienkonferenz“, bei der Elemente der systemischen Familientherapie, des Medizinrades, moderner Ritualarbeit und Naturpädagogik miteinander verwoben sind.

Die Arbeit von CreaVista Academy wird stets als Beitrag zur Stärkung der Beziehungsfähigkeit junger und alter Menschen verstanden und möchte die heilen Qualitäten von „Familie“ im modernen Leben kräftigen und fördern durch

• erlebenspädagogische Langzeitbetreuung von gefährdeten Jugendlichen auf dem Wildnis-Areal, dem Bergbauernhof oder der Finca, int. Jugendaustausch

• Jugendwerkstatt (Landschaft, Biogarten, Arbeit im Bergwald, Bauen mit Naturmaterialien etc.)

• Fortbildung von Fachkräften zum Wilderness Guide oder VisionsSuche Leiter

• Seminare zu den Themenbereichen Elternschaft, Erziehung und Grundbedürfnisse – Geburt und frühe Kindheit – Klang, Rhythmus und Stille – Tanz und Meditation – Mann- und Frau-Sein – Soziale Kompetenz – gut Leben und Sterben

• Vorträge zu allen genannten Themen

Wenn Sie sich angesprochen fühlen und mehr über das CreaVista-Programm wissen möchten, fordern Sie bitte detaillierte Informationen unter folgender Adresse an:

*CreaVista Academy International*
*c/o Centro d`Ompio*
*Via Pratolungo 47*
*I-28028 Pettenasco*
*www.creavista.org*

*CreaVista, Büro Deutschland.*
*Luna Bolz*
*Uhlandstr. 22*
*D-14482 Potsdam*
*Telefon: +49 (0)331 8672816*
*info@creavista.org*

# Internet-Adressen

## Handwerk:

www.weidenstrum.de : Peter Sturm, lebendige Bauwerke, Flechtwerk
www.archadom.ch : Ralf u. Karin Niethammer; professionelle Tipis, Jurten, Dome
www.zeltwelt.ch : Thomas Beco; schöne preiswerte Tipis, Zelte, Planen
www.segelmanufaktur.de : David du Bellier; individuelle Zelt-Lösungen
www.schamanentrommel.net : Stefan Bermann; solide, ästhetische Trommeln
www.schamanen-trommel.ch : Urs Bucheli; allerlei gutes Trommelwerk

## Netzwerke & Verknüpfungen:

www.worldshiftnetwork.org : Erwin Laszlo, Inspiration für heile Wandlung
www.cheesefondue-workshops.uni-bayreuth.de : Symposium zur Nachhaltigkeit
www.chaordic.org : Freie Vernetzung zukunftsfähig, gewachsen...
www.earthship.org : erdnahes Leben im selbstgebauten Earth-Ship
www.elementarkreise.de : moderner Schamansimus für Leute von heute
www.schamanismus.net : Sonja Emilia Roppele, Heilende Kräfte
www.huna.org : hawaiianischer Schamanismus, Huna; Serge Kahili King

## Lebens(t)räume & Gemeinschaften:

www.lebensgarten.de : Sitz der deutschen Gaia-University
www.tamera.org : Heilungsbiotop in Portugal, Lebensentwürfe
www.damanhur.org : interessantes, erdnahes und doch spirituelles Leben
www.bordo.org : buddhistisches Retreat-Center in den Bergen
www.tollense-lebenspark.de : großes Projekt mit viel Platz
www.ompio.org : wunderschöner Basis-Platz für unsere Arbeit

## Persönliche Entwicklung:

www.jakus.org : die andere Jugendhilfe, Kulturförderung
www.mannepotsdam.de : Männer- und Jungenarbeit in Cooperation
www.scpt.ch : Entfaltung der Lebenskraft, C. Christinger, P. Schröter
www.antaria.cc : Kompetenz in Liebes- und Lebenskunst
www.shambhala.at : Tai - Chi und andere Kraftquellen
www.eli-berlin.de .: Weg des Singens, in großen Gruppen, Therapie

## Wildniswissen und Visionssuche:

www.schooloflostborders.org : die Mutter-Schule der Visionssuche
www.natur-wildnis-schule.de : Ralph Müller; unser Partner, Life - Ornithologe
www.wildniswissen.de : Wolfgang Peham; aus Erfahrung solide und einfühlsam
www.visionssuche.net : Seite des deutschsprachigen Visionssuche - Netzwerks
www.visionssuche-heiten.de : Kollegen mit weitreichender Angebotspalette

## Wissenschaftl. Grundlagen:

www.gaiauniversity.org : freie und chaordische Universität
www.pik-potsdam.de : Klimafolgenforschung aus erster Hand
www.naropa.edu : Spirituelle Ökologie, buddhistischer Hintergrund
www.sheldrake.org : Morphische Feldtheorie, Rupert Sheldrake
www.brucelipton.com : Denken - jenseits der Gene, neueste Zell-Biologie
www.drdansiegel.com : Hirn-Physiologie mit Dr. Daniel Siegel, kreatives Sein
www.win-future.de : wichtig neuronales Entwicklungswissen, Prof. Gerald Hüther
www.psychophysik.com : Knotenpunkt im Wissensnetzwerk, cutting edge...
www.psychotherapie-prof-bauer.de : neurobiologische Wert-Kost
www.rolf-verres.de : Arzt, Psychotherapeut, Künstler, Forscher;

## Systemisches Denken, Prinzipien des Wandels:

www.joannamacy.net : spirituelle Ökologie, Arbeit der Verbundenheit
www.zeri.org : systemisches Design schlägt Microsoft
www.bioneers.org : das Leben ehren und die Netzwerke stärken...
www.foeeurope.org : Friends of the Earth Europe; Netzwerk-Knotenpunkt
www.gardensforhumanity.org : Biophilia, Liebe zum Leben durch Gärtnern
www.transitionculture.org : den Wandel realisieren, individuell und kollektiv

## Gesellschaft, Energie und Politik:

www.beyondnuclear.org : Aufklärung, Stellungnahme zur Nuclear-Technologie
www.mothersforpeace.org : Engagement mit Herz, Kopf und Mutterbauch
www.rainforestinfo.org. : Hintergründe und Aktionsimpulse für Waldschützer
www.mountainwilderness.org : Schutz der Wildnisgebiete im Gebirge, weltweit
www.bergwaldprojekt.de : aktiv vor Ort, Freunde und Partner unserer Arbeit

# Quellen und weiterführende Literatur


Anderson, W.: Green Man. The Archetype of our Oneness with the Earth. London u. San Francisco 1990

Arlt, Marianne: Pubertät ist, wenn die Eltern schwierig werden. Tagebuch einer betroffenen Mutter. Herder1994

Beck, Charlotte Joko: Zen im Alltag. Knaur 1998

Bly, Robert: Eisenhans. Ein Buch über Männer. Knaur 1993

Bly, Robert: The sibling society. Penguin Books 1996

Bornemann, Ernest / Körner, Heinz / Kübler, Roland / Rauschenbach, Erich / Schmidt, Adalbert: Männertraum(a). Ein Lesebuch für Erwachsene. lucas körner 1984

Bosselmann, K.: Im Namen der Natur. Der Weg zum Ökologischen Rechtsstaat. München 1992

Bosselmann, K.: Vom Umweltrecht zum Ökorecht. In: Jahrbuch des Umwelt- und Technikrechts. 1994

Campbell, Joseph: Der Heros in tausend Gestalten. Insel 1999

Campell, J.: Der Flug der Wildgans. Mythologische Streifzüge. München/Zürich 1994

Capra, Fritjof: Lebensnetz. Ein neues Verständnis der lebendigen Welt. Scherz 1996

Capra, F. / Weizsäcker von, C.F.: Neues Bewußtsein – neues Leben. München 1988

Chardin de, P.T.: Der Mensch im Kosmos. München 1983

Chardin de, P.T.: Die Zukunft des Menschen. Freiburg i. Br. 1987

Chardin de, P.T.: Geheimnis und Verheißung der Erde. Freiburg i. Br./München 1961

Club of Rome: Die Herausforderung des Wachstums. Bern/München/Wien 1990

Conell, Robert W.: Der gemachte Mann. Konstruktion und Krise von Männlichkeiten. Leske & Budrich 1999

Csikszentmihalyi, M.: Flow. Das Geheimnis des Glücks. Stuttgart 1993

Csikszentmihalyi, M.: Kreativität. Wie Sie das Unmögliche schaffen und ihre Grenzen überwinden. Stuttgart 1997.

Dahlke, Ruediger: Die Leichtigkeit des Schwebens. Beschwingte Wege zur Mitte. Integral 2001

Dahlke, Ruediger: Fasten Sie sich gesund. Das ganzheitliche Fastenprogramm. Irisiana 2004

Dahlke, Ruediger: Krankheit als Sprache der Seele. Be-Deutung und Chance der Krankheitsbilder. C. Bertelsmann 1992

Dawkins, R.: Auf welche Einheit richtete sich die natürliche Selektion? In Meier, H. (Hrsg.): Die Herausforderung der Evolutionsbiologie. München/Zürich 1989

Dawkins, R.: Das egoistische Gen. Berlin/Heidelberg/New York 1987

Deschner, K.-H.: Kriminalgeschichte des Christentums. (Bd. 1,2,3). Hamburg 1988 - 1990

Drewermann, E.: Der tödliche Fortschritt. Von der Zerstörung der Erde und des Menschen im Erbe des Christentums. Freiburg 1991

Dürr, Hans Peter: Traumzeit. Über die Grenze zwischen Wildnis und Zivilisation. Syndikat 1978

Dürr, H. P.: Dreamtime: Concerning the Boundary between Wilderness and Civilization. New York 1985

Dürr, H. P.: Physik und Transzendenz. Die großen Physiker unseres Jahrhunderts über ihre Begegnung mit dem Wunderbaren. München 1990

Ebert, W.: Lernen ist Evolution. Theorien, die Bildung und Erziehung revolutionieren. Trostberg 1993

Einstein, A. / Infeld, L.: Die Evolution der Physik. Reinbek bei Hamburg 1987

Eliade, M.: Das Heilige und das Profane. Frankfurt a. M. 1990.

Eliade, Mircea: Rites and symbols of initiation. The mysteries of birth and rebirth. Spring Publications 1994

Flatischler, Reinhard: Die vergessene Macht des Rhythmus. Synthesis Verlag 1984

Foster, Steven / Little, Meredith: Die Vier Schilde. Initiationen durch die Jahreszeiten der menschlichen Natur. Arun 2000

Foster, Steven: Ithaka. Ein Buch für Männer auf ihrem Weg nach Hause. Arun 2004

Fromm, E.: Haben oder Sein? Die seelischen Grundlagen einer neuen Gesellschaft. Stuttgart 1990

Gabriel, Vicky: Der alte Pfad. Wege zur Natur in uns selbst. Arun 1999

Gaskin, Ina May: Spiritual Midwifery. Summertown 1978

Gimbutas, M.: Die Sprache der Göttin. Frankfurt a. M. 1996

Gross, Werner: Hinter jeder Sucht ist eine Sehnsucht: Alltagssüchte erkennen und überwinden. Herder 2002

Göttner-Abendroth, H. / Derungs, K. (HG.): Matriarchate als herrschaftsfreie Gesellschaften. Bern 1997

Gottwald, Franz-Theo / Klepsch Andrea (Hrsg.): Tiefenökologie. Wie wir in Zukunft leben wollen. Diederichs 1995

Greenway, R.: Healing by the Wilderness Experience. In: David Rothenberg (Hrsg.) Wild ideas. Minneapolis, MN. University of Minnesota Press 1995

Greenway, R.: Wilderness Experience and Ecopsychology. In: International. Journal of wilderness. Bd. 2, Nr. 1, May 1996

Grof, Stanislav: Geburt, Tod und Transzendenz: Neue Dimension in der Psychologie. Rowohlt 1991.

Grun, A.: Der Wahnsinn der Normalität. München 1989

Hart, Mickey with Stevens Jay: Drumming at the edge of Magic. A Journey into the spirit of percussion. Harper San Francisco

Hartley Linda: Wisdom of the Body Moving. An Introduction to Body-Mind-Centering. North Atlantic Books 1995

Hartmann, Thom: Unser ausgebrannter Planet. Von der Weisheit der Erde und der Torheit der Moderne. Riemann Verlag 2000

Hellinger, Bert: Finden, was wirkt. Therapeutische Briefe. Kösel 1993

Höffe, O.: Abschied vom anthropozentrischen Denken? In: Universitas, Nr. 575, 5/94

Hultkrantz, Åke: Schamanische Heilkunst und rituelles Drama der Indianer Nordamerikas. Diederichs Gelbe Reihe 1996

Jantsch, E.: Die Selbstorganisation des Universums. München 1992

Jung, C. G.: Archetypen. München 1990

Juhan, Deane: Körperarbeit. Die Soma-Psyche-Verbindung. Ein Lehrbuch. Knaur 1997

Kalweit, Holger: Naturtherapie. Initiationsreise zur Erdmutter. Arun 2004

Kauffman, Stuart: Der Öltropfen im Wasser. Chaos, Komplexität, Selbstorganisation in Natur und Gesellschaft. Piper 1995

Kaufmann, Jean-Claude: Frauenkörper – Männerblicke. UVK Universitätsverlag Konstanz 1996

Keen, Sam: Feuer im Bauch. Über das Mann-Sein. Bastei-Lübbe 1993

King, Serge Kahili: Kahuna Healing. Die Heilkunst der Hawaiianer. Lüchow 1996

Kipnis, Aaron / Herron, Elizabeth: Wilder Frieden. Das Experiment einer neuen Partnerschaft zwischen Frauen und Männern. Rowohlt 1995

Koch-Weser, Sylvia / v. Lüpke, Geseko: Vision Quest. VisionsSuche: allein in der Wildnis auf dem Weg zu sich selbst. Ariston 2000

Kübler-Ross, E.: Interviews mit Sterbenden. Stuttgart 1969

La Chapelle, Dolores: Weisheit der Erde. Das Grundwerk der Tiefenökologie. Neue Erde 1978

Laudert, Doris: Mythos Baum. Was Bäume uns Menschen bedeuten. Geschichte, Brauchtum, 30 Baumporträts. Blv 2000

Laszlo, E.: Kosmische Kreativität: neue Grundlagen einer einheitlichen Wissenschaft von Materie, Geist und Leben. Frankfurt 1995

Lebert, Benjamin: Crazy. KiWi 2000

Leboyer, Frèdèrick: Das Fest der Geburt. Kösel 1982

Lee, Scout Cloud: Der Heilige Kreis. Ein Medizinbuch für Frauen. Arun 1999

Lenzen, Dieter: Mythologie der Kindheit. Die Verewigung des Kindlichen in der Erwachsenenkultur. Versteckte Bilder und vergessene Geschichten. rowohlt 1985

Levine, Peter A. mit Ann Frederick: Trauma-Heilung. Das Erwachen des Tigers. Unsere Fähigkeit, traumatische Erfahrungen zu transformieren. Synthesis 1998

Lievegoed, Bernhard: Der Mensch an der Schwelle. Biographische Krisen und Entwicklungsmöglichkeiten. Verlag Freies Geistesleben 1985

Lörler, Marielu: Hüter des Alten Wissens. Schamanisches Heilen im Medizinrad. Schirner 2001

Lovelock, J.: Das Gaia-Prinzip. Zürich, München 1981

Lovelock, J.: Gaia – Die Erde ist ein Lebewesen. München 1995

Luhmann, N.: Ökologische Kommunikation. 2.Aufl. Opladen 1988

Macy, Joanna: Die Wiederentdeckung der sinnlichen Erde. Wege zum ökologischen Selbst. Theseus 1994

Macy, Joanna / Brown, Molly Young: Die Reise ins lebendige Leben. Strategien zum Aufbau einer zukunftsfähigen Welt. Junfermann 2003

Mahdi, Louise Carus / Foster, Steven / Little, Meredith: Betwixt & Between. Patterns of Masculine and Feminine Initiation. Open Court 1987

Mayer-Abich, K.M.: Vom Baum der Erkenntnis zum Baum des Lebens. Ganzheitliches Denken der Natur in Wissenschaft und Wirtschaft. München 1997

Meade, Michael: Die Männer und das Wasser des Lebens. Wege zur wahren Männlichkeit. List 1993

Metzner, Ralph: Das Mystische Grün. Die Wiedervereinigung des Heiligen mit dem Natürlichen. Arun 2000

Metzner, R.: Der Brunnen der Erinnerung. Von den mythologischen Wurzeln unserer Kultur. Braunschweig 1994

Morgan, Marlo: Traumfänger. Goldmann 1994

Moore, Michael: Querschüsse. Downsize This! Piper 2003

Mudrooroo: Die Welt der Aborigines. Das Lexikon zur Mythologie der australischen Ureinwohner. Goldmann 1996

Nerburn, Kent: Letters to my son. A father's wisdom on manhood, women, life and love. New World Library 1994

Pearce, J.C.: Der nächste Schritt der Menschheit. Freiamt 1994

Pelletier, Wilfred / Poole, Ted: Frei wie ein Baum. Ein Indianer erzählt sein Leben. Diederichs 1981

Perkins, John M.: Psychonavigation. Techniques for travel beyond time. Destiny Book 1990

Perkins, John M.: The world is as you dream it. Shamanic teachings from the Amazon and Andes. Destiny Books 1994

Perkins, John M. / O-Naami: Das Leben ohne Streß. Integral 1994

Perkins, John M. / Shakaim Mariano Shakai Ijisam Chumpi: Spirit of the Shuar. Wisdom from the last unconquered people of the Amazon. Destiny Books 2001

Prekop, Jirina / Schweizer, Christel: Unruhige Kinder. Ein Ratgeber für beunruhigte Eltern. dtv 2000

Prigogine, I.: Dialog mit der Natur. München 1981

Recheis, Käthe / Bydlinski, Georg / Mayer-Skumanz, Lene: Weißt du, daß die Bäume reden. Weisheit der Indianer. Herder 1986

Richter, H.-E.: Der Gotteskomplex. Düsseldorf 1997

Rosenberg, Jack Lee / Rand, Marjorie L. / Diane, Asay: Körper, Selbst und Seele. Ein Weg zur Integration. Transform 1993

Rozak, T.: Öko-Psychologie. Der entwurzelte Mensch und der Ruf der Erde. Stuttgart 1994

Russell, Peter: Im Zeitstrudel. Die atemberaubende Erforschung unserer Zukunftschancen. Integral 1994

Russell, P.: Die erwachende Erde. Unser nächster Evolutionssprung. München 1982

Sauer-Sachtleben, Monika (Hrsg.): Kooperation mit der Evolution. Das kreative Zusammenwirken von Mensch und Kosmos. Diederichs 1999

Schäfer, Reinhold Hermann: Männer Quest. Die Reise ins Herz des Mannes. Arun 2001

Schenk, Amèlie / Tschinag, Galsan: Im Land der zornigen Winde. Unionsverlag 1997

Schnack, Dieter / Neutzling, Rainer: Kleine Helden in Not. Jungen auf der Suche nach Männlichkeit. Rowohlt 2000

Schröter, Peter A. / Meyer, Charles: Die Kraft der männlichen Sexualität. Pendo 2003

Sheldrake, R. / Mc Kenna, T. / Abraham, R.: Denken am Rand des Undenkbaren. Über Ordnung und Chaos, Physik und Metaphysik, Ego und Weltseele. Bern, München, Wien 1992

Sheldrake, R.: Die Wiedergeburt der Natur. München, Basel 1996

Shepard, P.: Nature and Madness. San Francisco: Sierra Club Books 1982

Skolimowski, H.: Öko-Philosophie. Entwurf für neue Lebensstrategien, Reihe. Alternative Konzepte, Nr. 61, Karlsruhe 1988

Sloterdijk, Peter: Sphären I. Suhrkamp 1998

Staley, Betty: Pubertät. Überleben zwischen Anpassung und Freiheit. Urachhaus 1996

Steindl-Rast, David: Die Achtsamkeit des Herzens. Ein Leben in Kontemplation. Goldmann 1992

Suchantke, Andreas: Metamorphosen im Insektenreich. Verlag Freies Geistesleben 1994

Swimme, B. / Berry, T.: Die Autobiographie des Universums, München 1999

Szabo, Eva / Schröter, Aman Peter / ten Hövel, Gabriele: Verführung zur Ekstase. Tantrische Gespräche über Liebe, Leib und Lust. Hans Nietsch Verlag 2000

Talbot, M.: Das holographische Universum. Die Welt in neuer Dimension. München 1992

Thich Nhat Hanh: Schlüssel zum Zen. Der Weg zu einem achtsamen Leben. Herder 1997

Tomatis, Alfred: Der Klang des Universums. Vielfalt und Magie der Töne. Artemis & Winkler 1997

Umweltgipfel: Rio-Deklaration von 1992

Van Gennep, Arnold: The Rites of Passage. A classic study of cultural celebrations. The University of Chicago Press 1960

Van Kampenhout, Daan: Die Heilung kommt von außerhalb. Schamanismus und Familien-Stellen. Carl-Auer-Systeme Verlag 2001

Vester, F.: Denken. Lernen, Vergessen. München 1982

Vester, F.: Neuland des Denkens. München 1984

Vester, F.: Unsere Welt – ein vernetztes System. München 1985

Von Lüpke, Geseko: Politik des Herzens. Nachhaltige Konzepte für das 21. Jahrhundert. Gespräche mit den Weisen unserer Zeit. Arun 2003

Walker, Andreas: Zeichen am Himmel. Wolkenbilder und Wetterphänomene richtig verstehen. Birkhäuser 1997

Walsh, R.N.: Kartographie von Bewußtseinsebenen. In: Der Geist des Schamanismus. Frankfurt 1998

Walter, Erhart / Britta Herrmann (Hrsg.): Wann ist der Mann ein Mann? Zur Geschichte der Männlichkeit. Metzler 1997

Watts, Alan W.: Weisheit des ungesicherten Lebens. Otto Wilhelm Barth 1983

Watzlawick, Paul / Weakland, John H. / Fisch Richard: Lösungen. Zur Theorie und Praxis menschlichen Wandels. Hans Hubert Bern 1984

Welch, Martha G.: Die haltende Umarmung. Reinhardt 1991

Wilber, K.: Halbzeit der Evolution. Der Mensch auf dem Weg vom Animalischen zum kosmischen Bewußtsein. Bern, München, Wien 1981

Wilber. K.: The Eye of Spirit. An integral Vision for a World Gone Slightly Mad. Boston & London, Shambhala 1997

Williams, Heathcote: Kontinent der Wale. Zweitausendeins 1988

Worldwatch Institute, Washington. DC: Jahresberichte Zur Lage der Welt.

Wrangsjö, Björn: Jugendliche brauche Werte. Wie Eltern ihren Kindern in der Pubertät Halt und Orientierung geben. Scherz 1997

Zimmermann, Jack M. / Coyle, Virginia: The way of council. Bramble Books 1996

# Weiterführende Literatur aus dem Arun-Verlag

Reinhold Hermann Schäfer

**Wüstlinge**

Männerquest im Sinai

Können die monotheistischen Wüstenreligionen dem Mann von heute noch die Richtung weisen?

Beduinen (*Wüstensöhne*) und Europäer, die mit Visionen von ihrer Suche aus der Wüste (*Wüstlinge*) zurückkehren treffen in heilenden Ritualen aufeinander.

Packend und glaubwürdig erzählt das Buch von den Schatten und Dämonen der fastenden Männer und legt dabei kraftvolle Potentiale frei.

*Wüstlinge* legt den Keim für eine neue Männerkultur - und einen anderen deutsch-arabischen Dialog.

320 S., Broschur, 17 x 24 cm
ISBN 978-3-86663-033-8
€ 18,00 / 31,50 SFR

Holger Kalweit

**Erdmutter will Rituale**

Einweihung ins Gedächtnis der Erde

Wir spüren: „Natur ist stärker als Erziehung", aber wir getrauen uns nicht, die Natur anzurufen. Alle alten Völker dagegen hatten erkannt: Pan will uns nackt und einsam schulen in der Wildnis!

In diesem Werk geht es um Extremerfahrungen in der Natur: Einsamkeitsschulungen, langes Sitzen in Wüsten, Höhlenmeditation, VisionsSuchen am Meer. Doch halten wir das durch, wenn wir Rituale zu Hilfe nehmen.

Es geht um die Neugeburt des Rituals in der Gegenwart, denn die Erdmutter braucht Rituale!

192 S., 26 Abb., Broschur,
17 x 24 cm,
ISBN 978-3-935581-91-2
€ 18,00 / 31,50 SFR

Bill Plotkin

**Soulcraft**

Die Mysterien von Natur und Seele

Schlichtweg *das* Kompendium der initiatorischen Wildnisarbeit.

Das Buch beschreibt theoretisch wie praktisch ein breites Spektrum an Ritualen, die zusammen mit intensiven, teils archaischen Naturerlebnissen initiatisch wirken.

*Soulcraft* zeigt, wie wir das *Wilde* (in) unserer Seele befreien können.

Bill Plotkin ist Tiefenpsychologe, Ökotherapeut, VisionsSuche-Mentor sowie seit über 20 Jahren Gründer und Leiter des Colorado Anima Valley Institute.

368 S., Broschur, 17 x 14 cm
ISBN 978-3-935581-76-9
€ 22,00 / 37,90 SFR

Steven Foster & Meredith Little

**Visionssuche**

Das Raunen des Heiligen Flusses.
Sinnsuche und Selbstheilung
in der Wildnis

„Gehe in die Wildnis, segne Dich selbst und erfahre, was getan werden muß."

Diese Aufforderung steht am Beginn einer Visionssuche. Ziel dieser Reise in die äußere und innere Einsamkeit ist die Auseinandersetzung mit dem ewigen Kreislauf von Leben und Sterben. Sie ermöglicht es, sich immer wieder neu mit dem Leben zu verbinden, den Sinn des eigenen Daseins zu erkennen und seine ganz persönliche Lebensaufgabe zu finden.

Meredith Little, Steven Foster und ihre School of Lost Borders zählen seit über 20 Jahren zu den führenden Lehrern. Sie haben schon tausende Menschen bei Visionssuchen begleitet.

304 S., 20 Abb., Broschur,
13,5 x 22 cm,
ISBN 978-3-935581-09-7
€ 19,95 / 34,50 SFR

Steven Foster & Meredith Little

**Die Vier Schilde**

Initiationen durch
die Jahreszeiten
der menschlichen Natur

In zwölfjähriger Arbeit entstand dieses Grundlagenwerk einer initiatorischen Therapie, die sich auf die Vier Jahreszeiten und Himmelsrichtungen der menschlichen Natur stützt.

Das Buch beschreibt die innere Natur des Menschen auf einsichtige, weise, lebens-praktische, lyrische und humorvolle Art. Es bietet einen neuen – und doch sehr alten – psychologischen Denk- und Handlungsrahmen und ist für Ökologen, Anthropologen, Geistliche, Wildnisführer und Angehörige lehrender, helfender und heilender Berufe von großem Wert.

Das Buch bezeugt, daß und wie auch moderne, westliche Menschen die sinnstiftende Kraft des alten initiatorischen Rituals der Visionssuche bei der Gestaltung von Lebens-Übergängen nutzen können.

288 S., 20 Abb, Broschur,
17 x 24 cm,
ISBN 978-3-935581-72-1
€ 19,95 / 34,50 SFR

Geseko von Lüpke

**Politik des Herzens**

Nachhaltige Konzepte
für das 21. Jahrhundert
Gespräche mit Vordenkern
und Visionären

Politik des Herzens, das heißt: Aus dem Herz, über den Kopf, in die Hände!

Politik des Herzens ist eine Grundhaltung, die statt rationaler Distanz mitfühlende Identifikation fordert und – eine Synthese versucht, in der Politik und ökologisches Engagement zur spirituellen Disziplin werden, wo der rational-wissenschaftliche Blick ehrfurchtsvolles Staunen auslöst, wo das Zulassen von Gefühlen zu vernünftiger Politik führt und die Natur als kreative, beseelte und intelligente Kraft verstanden wird, in der wir uns spiegeln und von der wir lernen können. Diese Politik muß nicht erst neu entwickelt werden. Sie ruht bereits in unseren Herzen.

416 S., 40 s/w Abb., Broschur, 17
x 24 cm,
ISBN 978-3-935581-33-2
€ 19,95 / 34,50 SFR

Regula Meyer

**tierisch gut**

Tiere als Spiegel der Seele
Die Symbolsprache der Tiere

*Im Garten, beim Spazierengehen, beim Joggen – wir genießen die freie Natur um uns herum. Plötzlich ein Tier – es hält kurz inne – und verschwindet ebenso schnell wie es gekommen ist. Ein erhebender Moment! Und wir rätseln, was das Tier uns sagen wollte.*

Die Schweizerin Regula Meyer beschreibt aus eigener, langjähriger Erfahrung den *Sinn* und die Deutungsmöglichkeiten für solche Begegnungen anhand von über 190 Tiercharakteren.

Der schamanische Ansatz der Autorin erklärt, wann und wie Tiere als Spiegel unserer Seele wirken. Alle Beschreibungen handeln von Tieren aus dem mitteleuropäischen Raum und sind mit Fotos versehen.

Um jedem Interessierten den Einstieg zu erleichtern, gibt Regula Meyer Tipps und Ratschläge, was bei der Begegnung mit den Vertretern aus der Tierwelt zu beachten ist.

488 S., über 190 Abb.,
15,1 x 22,8 cm, Hardcover
ISBN 978-3-86663-008-6
€ 26,00 / 46,50 SFR

Holger Kalweit

**Naturtherapie**

Initiationsreise zur Erdmutter

Mit diesem Buch bricht Holger Kalweit die Bahnen der modernen Psychologie, zeigt ihre Schwächen, ja ihre wahrhaftige Nutzlosigkeit auf. Ohne pseudospirituelle Schnörkel geht er in die Wildnis und zeigt uns, was sie uns lehren kann, sind wir nur bereit, ihr zu lauschen, oder mehr noch: selbst in ihr Sein einzutauchen, ihr Rauschen zu fühlen, selbst Rauschen zu sein.

Natur heilt allein durch Beobachtung, Versenkung, pures Sein. Mit Worten ist nicht zu fassen, wie das funktioniert. Nur erahnen kann man es – und Kalweit versucht, uns hineinzulocken in das Dämmerlicht der Naturtherapie.

192 S., 26 Abb., Broschur,
17 x 24 cm,
ISBN 978-3-935581-48-6
€ 18,00 / 31,50 SFR

Reinhold Hermann Schäfer

**MännerQuest**

Die Reise ins Herz des Mannes

Schäfer entwickelt entlang seiner Autobiografie, d.h. seiner eigenen Lebens-Helden-Reise und seinen praktischen Erfahrungen aus der Männerbewegung sein eigenes Konzept einer initiatischen MännerQuest in der Waldwildnis Nordschwedens. Quest bedeutet in diesem Zusammenhang *Suche* oder *Weg*. Das grundlegende Konzept und die Dynamik dieses Buches erfassen die zyklische *Heldenreise* wie sie bei Joseph Campbell (*Der Heros in tausend Gestalten*), in vielen Märchen und auch in der *Ritterquest* Parzivals beschrieben ist. Zwei Initiationsmentoren, Gregory Campbell und John Bellichi, denen der Autor auf seiner Lebensquest begegnete, werden ausführlich porträtiert.

256 Seiten, Broschur, A5
ISBN 978-3-927940-93-2
€ 18,00 / 31,50 SFR